*George H. Stein*
Geschichte der Waffen-SS

*George H. Stein*

# Geschichte der Waffen-SS

PANORAMA

Titel des amerikanischen Originals: »The Waffen SS
Hitler's Elite Guard at War 1939-1945«

Autorisierte Übertragung von
WALTHER SCHWERDTFEGER

Genehmigte Lizenzausgabe
Panorama Verlag, Wiesbaden

ISBN 3-926642-18-1

© by Droste Verlag GmbH, Düsseldorf

Alle Rechte, auch die des auszugsweisen Abdrucks und der photomechanischen Wiedergabe, vorbehalten.

Umschlagentwurf: Helmut Schaffer, Hofheim
Druck: GGP Media GmbH, Pößneck

# Vorwort

Das komplizierte und mächtige Gefüge der SS mit Heinrich Himmler an der Spitze hat jeden gefesselt, der über das Dritte Reich geschrieben hat. Die Aufmerksamkeit der Autoren galt in der Hauptsache SS-Greueln wie der Rassenausrottung, wie medizinischen Experimenten an Lebenden, Massenversklavung und Gestapofoltern. Diese ungeheuerlichen Taten sind mit Hilfe der für die Nürnberger Kriegsverbrecherprozesse gesammelten Akten gründlich und erbarmungslos ans Licht gebracht worden, und das ist gut so.

Für den normalen Menschen in aller Welt wurden die beiden Buchstaben SS zum Wahrzeichen all dessen, was in Hitlers Europa am entsetzlichsten war. Doch die in der Nürnberger Zeit verkündete Doktrin von verbrecherischer Verschwörung und Kollektivschuld kann ernsthafte Forscher nicht mehr befriedigen. Ohne das Ausmaß der von Himmlers Schutzstaffel begangenen erschütternden Verbrechen verkleinern zu wollen, haben neuere Untersuchungen erbracht, daß die SS in Wirklichkeit mannigfaltiger und komplexer gewesen ist als die vor dem Internationalen Militärgerichtshof angeklagte monolithische verbrecherische Organisation. Zwischen den verschiedenen Teilen der SS scheint zu allen Zeiten wenig Übereinstimmung geherrscht zu haben, und als dann der Krieg ausbrach, gewannen einige Teile, wie das Konzentrationslagersystem, das Polizeisystem und die Waffen-SS, ein Eigenleben und gingen ihre eigenen Wege. Darum kann es auch keine sinnvolle Deutung oder Bewertung der gesamten SS-Organisation geben, solange nicht jede ihrer bedeutenderen Komponenten auf Grund der immer noch weitgehend unausgeschöpften SS-Akten eingehend untersucht worden ist.

In diesem Buch wird der Versuch gemacht, eine dieser Komponenten zu analysieren: die Waffen-SS, den militärischen Zweig des Nazi-Elitekorps und größten Baustein in Himmlers Imperium der Kriegsjahre. Dabei wurde die Entwicklung der Waffen-SS besonders betont: ihre Zweckbestimmung, die Art und Weise ihres Ausbaus, ihre Struktur und Organisation, ihre

Verwendung fremden Menschenpotentials, ihre Beziehungen zur Wehrmacht, die Faktoren, die sie vom Heer absonderten, ihre Erfolge und ihr Versagen im Kampf und die Rolle, die sie im militärischen Schicksal des Dritten Reiches spielte. Darüber hinaus wurde versucht, das heikle und umstrittene Problem der Kriminalität der Waffen-SS zu behandeln.

Es ist vielleicht angebracht, einige der Dinge aufzuführen, die der Leser in diesem Buch nicht finden wird. Erstens wurde, obwohl die wichtigeren Feldzüge und Schlachten in beträchtlichem Umfang berücksichtigt worden sind, kein Versuch gemacht, so etwas wie eine vollständige Kriegsgeschichte der Waffen-SS zu schreiben. Ein solches Unternehmen wäre zwar eine logische Ergänzung der vorliegenden Untersuchung, würde aber, wollte man dem Thema gerecht werden, mindestens einen zweiten Band erfordern. Ebenso ist es nicht möglich gewesen — obwohl in einem Kapitel die Auswirkungen weltanschaulicher Unterweisung auf die militärischen Leistungen der Waffen-SS erörtert werden —, das größere Thema der SS-Ideologie eingehend zu behandeln, das von Rechts wegen in den noch größeren Themenkreis der nationalsozialistischen Ideologie gehört, der über den Rahmen dieses Buches hinausgeht[1]. Schließlich wird eine Vertrautheit mit den Grundbegriffen des Nazisystems und den wesentlichen Linien des Kriegsverlaufes in Europa als bekannt vorausgesetzt.

Der eigentliche Zweck dieses Buches ist also eine Schilderung der Entwicklung der Waffen-SS und die Ermittlung der Rolle, die sie in der Geschichte des Dritten Reiches gespielt hat. Wenn es außerdem noch dazu beitragen kann, ein fehlendes Steinchen zu dem Mosaikbild der gesamten SS zu liefern, wäre mein weitergestecktes Ziel erreicht.

New York City *George H. Stein*

---

[1] Gedruckte Literatur über die Weltanschauung der SS ist so gut wie nicht vorhanden. Jeder an dem Thema Interessierte sollte mit dem Aufsatz von Robert Koehl, »The Character of the Nazi SS«, in The Journal of Modern History, XXXIV (September 1962), 275—283, beginnen, der eine gedrängte Übersicht über das Thema bietet. Einige der bedeutsameren Arbeiten über die SS, worin ideologische Fragen erörtert werden, sind Karl O. Paetel, »Die SS: Ein Beitrag zur Soziologie des Nationalsozialismus«, Vierteljahrshefte für Zeitgeschichte, II (Januar 1954), S. 1—33; Hans Buchheim, »Die SS in der Verfassung des Dritten Reiches«, a. a. O., III (April 1955), S. 127—157; Ermenhild Neusüß-Hunkel, »Die SS« (Schriftenreihe des Instituts für wissenschaftliche Politik in Marburg/Lahn, Nr. 2, Hannover 1956); Eugen Kogon, Der SS-Staat (Frankfurt a. M. 1946); Hans Buchheims eindrucksvolle Studie »Befehl und Gehorsam« und Hans Buchheim u. a.: Anatomie des SS-Staates (Olten 1965), I, 225 ff. erschienen erst, nachdem der vorliegende Band (Originalausgabe) bereits im Druck war, und konnten deshalb von mir nicht berücksichtigt werden.

## Zu den Quellen des Buches

Eine kritische Untersuchung der Waffen-SS ist bisher noch nie veröffentlicht worden. Es gibt, soweit ich informiert bin, überhaupt nur drei Arbeiten, die sich speziell mit diesem Thema befassen: das tendenziöse und oberflächliche Buch des ehemaligen SS-Oberstgruppenführers (Generaloberst) Paul Hausser »Waffen-SS im Einsatz« (Göttingen 1953), das anspruchsvollere, aber nicht minder tendenziöse »Die Armee der Geächteten« (Göttingen 1963) von dem ehemaligen SS-Obergruppenführer (General) Felix Steiner und die scharfsinnige Analyse »Die Waffen-SS« von Walter Görlitz, eine kurze, 29 Seiten umfassende Abhandlung, die 1960 in Berlin in »Das Dritte Reich«, Nr. 5, erschienen ist.

Freilich gibt es eine Anzahl guter Bücher und Aufsätze über die SS, in denen auch die Waffen-SS behandelt wird; keiner der Autoren aber hat die erbeuteten SS-Akten benutzt, die kürzlich der Forschung zugänglich gemacht worden sind. Gerald Reitlingers maßgebliche Untersuchung der gesamten SS-Organisation, »The SS: Alibi of a Nation« (New York 1957), bietet, auch wenn sie sich nicht in erster Linie mit der Waffen-SS befaßt, eine außerordentlich wertvolle Einführung in das Thema. Ebenso unerläßlich für den, der sich mit dem Studium der Waffen-SS befaßt, sind, besonders für die Zeit ihrer Vorkriegsentwicklung, Ermenhild Neusüß-Hunkel, »Die SS« (Schriftenreihe des Instituts für wissenschaftliche Politik in Marburg/Lahn, Nr. 2, Hannover 1956) und die beiden Abhandlungen von Hans Buchheim, »SS und Polizei im NS-Staat« (Staatspolitische Schriftenreihe, Bonn 1964) und »Die SS in der Verfassung des Dritten Reiches« (Vierteljahrshefte für Zeitgeschichte, III, April 1955, S. 127–157).

Die vielen anderen Bücher und Artikel, die ich herangezogen habe und deren Verfassern ich zu Dank verpflichtet bin, werden in den Fußnoten zitiert und in der Bibliographie aufgeführt. Meine Darstellung stützt sich jedoch größtenteils auf Originalquellen, meist erbeutetes deutsches Aktenmaterial, das früher in die Sammlung der »World War II Records

Division« des Nationalarchivs (vormals »Adjutant General's Office, Departmental Records Branch, U.S. Army«) in Alexandria (Virginia) aufgenommen worden war. In den Jahren 1956 bis 1963 ist der größte Teil dieser Sammlung vom »American Historical Association's Committee for the Study of War Documents« in Zusammenarbeit mit den National Archives und dem Department of the Army auf Mikrofilm festgehalten worden und lagert jetzt in den National Archives in Washington, D. C. Die Originalakten sind größtenteils der Bundesrepublik Deutschland zurückgegeben worden.

Der Hauptteil des Materials über die Waffen-SS ist in zwei Aktengruppen enthalten. Die erste und wichtigste Quelle, aus der die vorliegende Untersuchung geschöpft hat, sind die Akten des Reichsführers SS und Chefs der deutschen Polizei, eine riesige Sammlung, die ursprünglich aus mehr als 300 Meter Dokumentenordnern bestand. Der größte Teil dieses Materials ist freigegeben und gefilmt worden und kann jetzt im Nationalarchiv eingesehen werden, wo er als Microcopy T-175 registriert ist[1]. Drei fotomechanisch vervielfältigte Suchhilfen enthalten eine Beschreibung von 536 Rollen Mikrofilmmaterial dieser Aktengruppe[2].

Die zweite Aktengruppe besteht aus Einsatzberichten von Einheiten der Waffen-SS, die in Deutschland und Westeuropa standen (die der an der Ostfront eingesetzten Verbände wurden noch nicht freigegeben). Sie sind auf den Filmrollen 116–342 der National Archives Microcopy T-354 festgehalten[3]. Ich habe einige Berichte des Kommandoamts der Waffen-SS aus dieser Sammlung geprüft, aber sie erwiesen sich als enttäuschende Routinemeldungen. Dennoch wird dieses Material für jeden, der eine eingehende Darstellung der Feldzüge der Waffen-SS oder eine Studie über Einheiten beabsichtigt, deren Berichte sich in dieser Sammlung befinden, zweifellos von beträchtlichem Wert sein.

Einiges Material, das sich auf die Waffen-SS bezieht, kann man auch in den Akten des Oberkommandos der Wehrmacht (National Archives Microcopy T-77) finden, in den Akten des Oberkommandos des Heeres (National Archives Microcopy T-78), in den Akten der NSDAP (National Archives Microcopy T-81) und in der riesigen Sammlung von Akten deutscher Stäbe, die eine ganze Anzahl von Mikrokopien des Nationalarchivs umfassen. Wer Waffen-SS-Akten in diesen Sammlungen aufspüren will, für die ich hier keine besonderen Hinweise gegeben habe, dem bleibt nichts anderes übrig, als die betreffenden Guides von vorn bis hinten durchzugehen.

---

1 Zitiert als RFSS/T-175 mit Angabe der Nr. der Rolle und der Aufnahme.
2 Guides to German Records Microfilmed at Alexandria, Va., Nr. 32, 33 und 39 (Washington, National Archives, 1961–1963).
3 Eine Beschreibung dieses Materials findet man in den oben erwähnten Guides to German Records, Nr. 27.

Neben den auf Mikrofilm festgehaltenen deutschen Akten bildete das für die verschiedenen Kriegsverbrecherprozesse in Nürnberg zusammengetragene Material eine unschätzbare Quelle an Dokumenten für diesen Bericht. Einige der im ersten Nürnberger Prozeß verwendeten Dokumente sind (im deutschen Originaltext, aber oft nur auszugsweise) in den 42 Bänden des »Trial of the Major War Criminals« (Nürnberg, International Military Tribunal, 1947–1949) veröffentlicht worden. Sämtliche Nürnberger Dokumente, die ich mit Initialen (gewöhnlich PS) und Nummer (ohne weitere Angabe) zitiert habe, findet man in diesem Werk leicht an Hand der Buchstaben- und Zahlenkombinationen auf dem Rücken der Bände.

Weitere Dokumente (in englischer Übersetzung) erscheinen in dem zehnbändigen Sammelwerk »Nazi Conspiracy and Aggression« (Washington, US Government Printing Office, 1946)[4]. Doch der größte Teil des Nürnberger Materials ist unveröffentlicht und nur in vervielfältigten Exemplaren (gewöhnlich in kümmerlicher Übersetzung) in verschiedenen Archiven einzusehen. Die von mir für dieses Buch benutzte Sammlung befindet sich in der International Law Library der Columbia University in New York City. Die meisten der von mir verwendeten vervielfältigten Dokumente stammen aus den zwölf späteren Prozessen vor den Nürnberger Militärgerichten und sind bezeichnet NG (Nazi Government = NS-Regierung), NO (NS-Organisation) oder NOKW (NS-OKW). Soweit die Dokumente gebunden sind, habe ich die Nummer des Falles, Dokumentenbuch (oder andere Einbandbeschriftung) und Seite angegeben. Es bedeutete für mich keine Überraschung, die Originale einer Anzahl vervielfältigter Dokumente in den Mikrofilm-SS-Akten wiederzufinden.

Zwei Quellen seien abschließend erwähnt, die für die Untersuchung der Rolle der Waffen-SS an der Front während der letzten beiden Kriegsjahre von unermeßlichem Wert gewesen sind: »Hitlers Lagebesprechungen: Die Protokollfragmente seiner militärischen Konferenzen, 1942–1945« (Stuttgart, Deutsche Verlagsanstalt 1962) und »Kriegstagebuch des Oberkommandos der Wehrmacht (Wehrmachtführungsstab), 1940–1945« (Frankfurt am Main, Bernard & Graefe Verlag für Wehrwesen 1961 ff. IV–V).

Die am häufigsten in diesem Buche verwendeten Abkürzungen sind:

IMT   Trial of the Major War Criminals before the International Military Tribunal (Nürnberg, International Military Tribunal, 1947–1949).

KTB/OKW   Kriegstagebuch des Oberkommandos der Wehrmacht (Frankfurt am Main, Bernard & Graefe Verlag 1961 ff.).

---

4 Zitiert als NCA mit Band- und Seitenangabe.

| | |
|---|---|
| NCA | Nazi Conspiracy and Aggression (Washington, US Government Printing Office 1946). |
| NSDAP/T-81 | Akten der Nationalsozialistischen Deutschen Arbeiterpartei (Washington, National Archives, Microcopy T-81). |
| OKH/T-78 | Akten des Oberkommandos des Heeres (Washington, National Archives, Microcopy T-78). |
| OKW/T-77 | Akten des Oberkommandos der Wehrmacht (Washington, National Archives, Microcopy T-77). |
| RFSS/T-175 | Akten des Reichsführers SS und Chefs der Deutschen Polizei (Washington, National Archives, Microcopy T-175). |
| SHAEF Report | Report by the Supreme Commander to the Combined Chiefs of Staff on the Operations in Europe of the Allied Expeditionary Force, 6 June 1944 to 8 May 1945 (Washington, US Government Printing Office 1946). |
| TGMWC | The Trial of German Major War Criminals: Proceedings of the International Military Tribunal Sitting at Nuremberg, Germany (London, H. M. Stationery Office 1949 bis 1951). |

Für Rat, Anregungen und Unterstützung, die er mir während des größten Teils der Arbeit an diesem Vorhaben zuteil werden ließ, möchte ich Herrn Professor John H. Wuorinen meinen Dank aussprechen. Ebenfalls danke ich den Herren Professor Fritz Stern, Professor Henry L. Roberts und Karl O. Paetel, die eine frühe Fassung des Manuskriptes gelesen und wertvolle Vorschläge zu seiner Verbesserung gemacht haben. Meinem Kollegen, Freund und Nachbarn, Herrn Professor Harvey L. Dyck, danke ich dafür, daß er das fertige Manuskript gelesen und mich vor einer Anzahl Irrtümer bewahrt hat, während er gleichzeitig zahlreiche stilistische und inhaltliche Verbesserungen anregte. Schließlich danke ich meinen Kollegen Professor Hermann Ausubel und Professor Norman F. Cantor für ihre klugen Ratschläge und ihre Förderung des Projekts.

Meiner Frau, Dorothy Lahm Stein, schulde ich mehr als allen anderen Dank, nicht nur für ihre unerschöpfliche Geduld und ihre ständige Unterstützung, sondern auch für das Wissen und die Sachkenntnis, womit sie mir in so großzügiger Weise die Arbeitslast erleichtert hat.

# Statt einer Einleitung

Die komplexe Struktur der SS macht eine kurzgefaßte Einführung unmöglich; immerhin soll eine Reihe knapper Begriffsbestimmungen, mit denen in großen Zügen die Hauptteile von Himmlers Machtbereich umrissen werden, hier an Stelle einer Einleitung aufgeführt werden[1].

## *Die Allgemeine SS*[2]

Die revolutionäre Miliz der nationalsozialistischen Bewegung waren in den ersten Jahren die Braunhemden ihrer Sturmabteilungen oder SA. Diese Parteiarmee war jedoch eine Massenorganisation, und Hitler empfand ein wachsendes Bedürfnis nach einer Elitetruppe, die bedingungslos seinem Willen gehorchte. Deshalb befahl er seinen persönlichen Leibwächtern, in

---

1 Einen Überblick über die Struktur der SS während des Krieges gibt die Organisationstafel im Anhang dieses Buches.
2 Die Allgemeine SS ist immer noch eine der am wenigsten bekannten Komponenten der SS. Den größten Teil der Informationen, auf die sich der folgende Überblick stützt, findet man in NCA, II, 173 ff.; TGMWC, XXII, 351, 477 ff. und in der offiziellen Geschichte der SS von Gunter d'Alquen, Die SS: Geschichte, Aufgabe und Organisation der Schutzstaffeln der NSDAP, abgedruckt in »Das Dritte Reich im Aufbau« (Berlin 1939), III, 201 ff. Riesiges und noch unausgewertetes Aktenmaterial über die Allgemeine SS findet sich verstreut in RFSS/T-175. Eine große Sammlung von Protokollen der Oberabschnitte der Allgemeinen SS findet man auf den Filmrollen 343-602 der National Archives Microcopy T-354. Über die Stärke der Allgemeinen SS (so wie anderer Zweige der SS) vgl. die Berichte von Himmlers Inspekteur für Statistik, Dr. Korherr, in RFSS/T-175, 111/2635806 ff.

jeder größeren deutschen Stadt eine kleine Schar zuverlässiger Nazis anzuwerben, die als Stoßkeil einer Revolution eingesetzt werden und den Führer und seine Begleitung bei ihren Reisen durch Deutschland schützen könnten. Alles in allem wurden rund 200 Mann für den »Stoßtrupp Adolf Hitler« ausgewählt, wie er anfänglich genannt wurde. Mit der Zeit aber wurden diese örtlichen Stoßtrupps kollektiv als Schutzstaffel oder SS bekannt.

Nach Hitlers mißglücktem Münchner Putsch im Jahre 1923 wurde die SA verboten, während die winzige SS, die ebenfalls an dem Putsch teilgenommen hatte, von den Behörden übersehen wurde. Als Hitler Ende 1924 aus der Festungshaft entlassen wurde, galt weiterhin das Verbot der SA. Jetzt bedurfte er mehr denn je einer treuen Leibwache, und indem sie diese Rolle übernahm, festigte die kleine SS ihre Stellung innerhalb der NSDAP. Im Jahre 1926 wurde das SA-Verbot aufgehoben, und für die nächsten Jahre trat die SS in den Hintergrund.

Die eigentliche Geschichte der SS beginnt am 16. Januar 1929, als Hitler den 28 Jahre alten Heinrich Himmler zum Reichsführer SS ernennt. Zu dieser Zeit betrug die Gesamtstärke der SS nur 280 Mann. Hitler beauftragte seinen »Ignatius Loyola«, wie er ihn nannte, »aus dieser Organisation eine Elitetruppe der Partei« zu machen, eine »unter allen Umständen zuverlässige Truppe«. Unter Himmlers Leitung wurde die SS, wie d'Alquen schreibt, eine Formation aus »den körperlich besten, den zuverlässigsten und den treuesten Männern der nationalsozialistischen Bewegung«. Als Hitler im Januar 1933 Kanzler wurde, hatte die SS bereits rund 25 000 Mitglieder. Die SA, der die SS immer noch nominell zugehörte, zählte annähernd 300 000 Mann.

Gegen Ende des Jahres 1933 war die SA zu einer schwerfälligen Organisation von zwei bis drei Millionen Mitgliedern angewachsen, die unter der Führung von Ernst Röhm eine Fortsetzung der Revolution forderte. Hitler war indessen schon entschlossen, sein Regime zu festigen, indem er zu einer Übereinkunft mit der Armee und den konservativen Schichten Deutschlands gelangte. Die Spannung steigerte sich während des ganzen Sommers 1934 — bis Hitler sich am Ende dazu entschloß, die aufsässige SA zu säubern. Die SS stellte die dazu erforderlichen Revolverhelden und Erschießungskommandos.

Nach dem Mord an Röhm und nach der Schwächung der SA wurde Himmler unmittelbar Hitler unterstellt, und die SS wurde zu einer Sonderformation der NSDAP. Sie entwickelte sich innerhalb der nächsten zehn Jahre zu einer mächtigen und außerordentlich komplexen Organisation mit mannigfaltigen Tätigkeitsbereichen.

Bis 1933 gab es keine offiziell anerkannten Zweige der SS, die einfach eine Gruppe »freiwilliger politischer Soldaten« war. Im Laufe der folgenden Jahre spaltete sich jedoch aus dem ursprünglichen Kern eine Anzahl spezialisierter Gliederungen von Berufs-SS-Männern ab. Infolgedessen erhielt die

Stammgruppe die Bezeichnung »Allgemeine SS«. Sie bestand aus allen SS-Männern, die nicht einer der Sonderformationen angehörten. Im Jahre 1939 hatte die Allgemeine SS eine Stärke von etwa einer Viertelmillion Mann.

Obwohl die Allgemeine SS keine andere Aufgabe hatte, als sich »wie in der Kampfzeit bereit zu halten«, wurden einzelne Mitglieder für vielerlei Zwecke der SS eingesetzt. Vor allem war die Allgemeine SS mit ihrer rassischen Auslese, ihrer weltanschaulichen Schulung, ihren streng gehandhabten Eheschließungsvorschriften, ihren eindrucksvollen schwarzen Uniformen und den glänzenden Stiefeln, Stütze und geistiger Ursprung der Vorkriegs-SS. Als dann der Krieg kam, wurden die Angehörigen der Allgemeinen SS jedoch in so großer Anzahl zur Wehrmacht oder zur Waffen-SS eingezogen, daß die Organisation rasch zur Bedeutungslosigkeit zusammenschrumpfte. Bei Kriegsende überstieg die Stärke der Allgemeinen SS kaum 40 000 Mann.

Gewiß bildeten das Wachstum und die Entwicklung anderer Gliederungen einen Ausgleich für das Dahinschwinden der Allgemeinen SS. Die drei stärksten Säulen des Himmlerschen Imperiums im Kriege — SD, Polizei und Waffen-SS — wurden sämtlich zwischen 1933 und Kriegsausbruch aufgebaut oder der SS unterstellt.

## Sicherheitsdienst (SD) und Polizei[3]

Im Jahre 1931 schuf Himmler einen nichtoffiziellen SS-Sicherheitsdienst (SD). Unter der Leitung von Reinhard Heydrich wurde der SD am 9. Juni 1934 die offizielle Nachrichten- und Abwehrorganisation der NSDAP. Am 11. November 1938 machte eine Verfügung des Reichsinnenministers den SD zum Nachrichtendienst des Reiches, und schließlich, in

---

3 Ein großer Teil der Informationen, auf denen dieser Überblick beruht, ist in NCA, II, 196 ff. und 248 ff. zu finden, ferner in TGMWC, XXII, 473 ff. und bei Reitlinger, a. a. O., passim. Ein ausführliches Verzeichnis der SS- und Polizeidokumente, die während der Verhandlung vor dem Internationalen Militärgericht als Beweismaterial vorgelegt oder auf die Bezug genommen wurde, findet sich in NCA, II, 237 ff. und 302 ff. 355 Mikrofilmrollen mit Berichten von Polizei- und SD-Dienststellen, die dem Reichsführer SS und Chef der deutschen Polizei unterstanden, sind in den Guides to German Records Microfilmed at Alexandria, Va., Nr. 39, (Washington 1953) beschrieben und als RFSS/T-175 registriert.

der Folge des Attentats auf Hitler im Juli 1944, schluckte der SD die »Abwehr«, die Nachrichtenabteilung des OKW. Dies war der Ablauf der Geschehnisse, durch die die SS sich praktisch das Monopol für die Nachrichten- und Abwehrtätigkeit in Nazi-Deutschland sicherte.

In der Zwischenzeit war Himmler emsig bemüht, das Polizeisystem des Dritten Reiches in seine Hand zu bekommen. Seine Bemühungen wurden am 17. Juni 1936 belohnt, als Hitler ihn zum Reichsführer SS und Chef der deutschen Polizei im Reichsministerium des Innern ernannte[4]. Neun Tage darauf veröffentlichte Himmler einen Erlaß, der die deutsche Polizei in zwei große Zwecke unterteilte, die Ordnungspolizei (Orpo) und die Sicherheitspolizei (Sipo). Die Ordnungspolizei war uniformiert und bestand aus der Schutzpolizei, der Gendarmerie und der Gemeindepolizei. Die Sicherheitspolizei trug in der Regel Zivil und bestand aus der Reichskriminalpolizei (Kripo) und der Geheimen Staatspolizei (Gestapo).

Den Befehl über die Ordnungspolizei übertrug Himmler dem SS-Obergruppenführer (General) Kurt Daluege. Die Sicherheitspolizei bekam SS-Obergruppenführer Reinhard Heydrich, der, seiner Doppeltätigkeit entsprechend, den neuen Titel Chef der Sicherheitspolizei und des SD erhielt. Auf diese Weise war Heydrich Herr über eine SS-Organisation und zwei Polizeiorganisationen. Um dieser Verwirrung ein Ende zu machen, befahl Himmler in seiner Eigenschaft als Reichsführer SS und Chef der deutschen Polizei die Zusammenfassung von Gestapo, Kripo und SD in einem neuen SS-Hauptamt, das den Namen »Reichssicherheitshauptamt« (RSHA) erhielt[5]. Heydrich hat dieses Amt bis zu seiner Ermordung am 4. Juni 1942 innegehabt. Nach einem kurzen Interregnum, in dem Himmler selber das Amt leitete, übernahm SS-Gruppenführer (Generalleutnant) Ernst Kaltenbrunner den Posten, den er bis Kriegsende bekleidete.

Dem RSHA wurde die gesamte mit der »Endlösung der Judenfrage« zusammenhängende Verwaltungstätigkeit übertragen, und Angehörige der Gestapo, der Kripo und des SD hielten die Schlüsselstellungen in den Mordkommandos, den sogenannten Einsatzgruppen, die die Massenerschießungen von Juden und anderen im Rücken der in die Sowjetunion einmarschieren-

---

4 S. »Erlaß über die Einsetzung eines Chefs der deutschen Polizei im Reichsministerium des Innern«, 17. Juni 1936. Reichsgesetzblatt 1936, S. 487 f. Über die Entwicklung der politischen Polizei in den ersten Jahren des Dritten Reiches s. »Die organisatorische Entwicklung der politischen Polizei in Deutschland in den Jahren 1933 und 1934«, Gutachten des Instituts für Zeitgeschichte (München 1958), S. 294 ff.
5 Die Akten über die Entstehung des RSHA findet man unter RFSS/T-175, Rollen 232/233 und 239. Die Entstehung der Gestapo ist auf den Rollen 422—432 festgehalten und die des SD auf Rolle 239.

den deutschen Armeen durchführten[6]. Die höchste Personalstärke erreichte das RSHA in den letzten beiden Kriegsjahren; sie belief sich für das Amt mit allen seinen Unterabteilungen auf annähernd 70 000 Mann. Durch Himmlers Gleichschaltung der Polizei erhielten die Beamten der Sicherheitspolizei und der Ordnungspolizei entsprechende SS-Dienstgrade[7]. Im Gegensatz zur Sicherheitspolizei war die Ordnungspolizei nicht dem RSHA unterstellt worden, sondern wurde zu einem besonderen Hauptamt (Hauptamt Ordnungspolizei) in der SS-Hierarchie. Nur wenige Mitglieder der Orpo waren SS-Männer, aber Tausende wurden zu Himmlers Polizeiregimentern eingezogen. Einige dieser Polizeiverbände wurden in Notfällen an die Front geschickt, die meisten wurden zur Partisanenbekämpfung verwendet sowie zur Unterstützung der Einsatzgruppen bei ihren Vernichtungsaktionen. Tatsächlich wurden viele der schlimmsten Greuel, die der SS zugeschrieben worden sind, von deutschen Polizisten begangen, von denen nicht wenige bis zum Ausbruch des Krieges noch Streifendienst gemacht oder den Verkehr geregelt hatten[8]. Weitere 15 000 Angehörige der Ordnungspolizei wurden unmittelbar zur SS-Polizeidivision eingezogen, einer im Oktober 1939 aufgestellten Felddivision der Waffen-SS.

Zum Abschluß der Gleichschaltung ernannte Himmler in jedem Wehrkreis einen höheren SS- und Polizeiführer als seinen persönlichen Vertreter mit dem Auftrag, die Arbeit der Orpo, Sipo, des SD und der Allgemeinen SS in seinem Gebiet zu koordinieren. Als dann der Krieg ausbrach, wurde dieses System auch auf die von den Deutschen besetzten Gebiete ausgedehnt, und die höheren SS- und Polizeiführer wurden die Mittelsmänner, über die Himmler viele seiner berüchtigten Befehle weitergab[9].

---

6 Eine Reihe turnusmäßiger Berichte über Völkermord und Partisanenkämpfe der Einsatztruppen und ihrer Untergliederungen in Osteuropa zwischen Juni 1941 und Mai 1943 unter dem Titel »Ereignismeldungen UdSSR, Meldungen aus den besetzten Ostgebieten« enthalten die Rollen 233—235 der Microcopy RFSS/T-175.
7 S. Hans Buchheim, Die Aufnahme von Polizeiangehörigen in die SS und die Angleichung ihrer SS-Dienstgrade an ihre Beamtenränge (Dienstgradangleichung) in der Zeit des Dritten Reiches, München 1960.
8 Über die Ordnungspolizei im allgemeinen s. Hans-Joachim Neufeldt, Jürgen Huck und Georg Tessin: Zur Geschichte der Ordnungspolizei 1936—1945 (Koblenz 1957). Akten über die Ordnungspolizei sind über die ganze Microcopy RFSS/T-175 verstreut, jedoch enthalten die Rollen 229—231 einen zusammenhängenden Bestand an Material über die Ordnungspolizei und die SS-Polizeiregimenter und -bataillone.
9 S. Hans Buchheim, »Die höheren SS- und Polizeiführer« in Vierteljahreshefte für Zeitgeschichte, XI (1963), 362—391. Berichte der höheren SS- und Polizeiführer und ihrer Untergebenen in Deutschland und in den besetzten Ländern findet man auf den Rollen 291—229 der Microcopy RFSS/T-175.

## Die Waffen-SS

Zu Beginn des Zweiten Weltkrieges war der Ausdruck »Waffen-SS« noch unbekannt. Vier Jahre später erschien er, mit Eigenschaftswörtern wie »fanatisch« oder der Kennzeichnung »Elitetruppe« versehen, regelmäßig in den alliierten Heeresberichten. Im Jahre 1940 war »Waffen-SS« die amtliche Bezeichnung für die Kampftruppen der SS geworden, die sich aus jener Handvoll Männer entwickelt hatten, die der Reichsführer SS Heinrich Himmler aus Gründen der Sicherheit und für Festanlässe unterhielt. Die Waffen-SS, ursprünglich als »SS-Verfügungstruppe« bekannt, wuchs in den Jahren vor dem Kriege nur langsam. Hitlers Leibwache, die Leibstandarte »Adolf Hitler« (LSSAH), bildete den Kern, aus dem bis 1936 zwei Regimenter entstanden waren. Zwei Jahre später bestand die Waffen-SS aus vier Regimentern. Obwohl die SS-Verfügungstruppen von ihren Führern als »politische Soldaten«, als »Weltanschauungstruppe« oder als »Vorhut des Nationalsozialismus« bezeichnet wurden, blieb ihr eigentlicher Zweck lange unklar.

Am 17. August 1938 veröffentlichte Hitler dann einen Erlaß, wonach die SS-Verfügungstruppe nicht Teil der Wehrmacht oder der Polizei war, sondern ein stehendes Heer zu seiner eigenen Verfügung. Die Auswahl der Rekruten erfolgte nach strengen rassischen und körperlichen Maßstäben. Der Dienst war freiwillig und wurde als Ableistung der Wehrdienstpflicht angerechnet. Im Mobilmachungsfalle waren die SS-Truppen der Einsatzleitung des Heeres unterstellt. Zu der regulären militärischen Ausbildung, die in mancher Hinsicht besser war als die des Heeres, erhielten die SS-Truppen eine intensive politische und weltanschauliche Unterweisung.

SS-Truppen mit Gefechtsausbildung nahmen an der militärischen Besetzung des Rheinlands, des Sudetenlands, Österreichs und der Tschechoslowakei teil. Im Polenfeldzug 1939 zeichneten sich die SS-Truppen zum ersten Male im Fronteinsatz aus und wurden kurze Zeit darauf auf die Stärke von drei Divisionen gebracht. Bei Kriegsende bestand die Waffen-SS aus 38 Divisionen und hatte sich einen unvergleichlichen Ruf wegen ihrer Härte im Kampf erworben. Die besseren SS-Divisionen waren als die Elite des deutschen Heeres anerkannt und wurden von ihren Gegnern gefürchtet.

Im Jahre 1943 sah sich die Waffen-SS durch die Anforderungen des Krieges gezwungen, einen Teil ihrer Exklusivität aufzugeben. Zahlreiche Ausländer wurden angeworben oder zwangsverpflichtet, und Ende 1944 waren mehr als die Hälfte der Männer, die die Uniform der Waffen-SS trugen, keine gebürtigen Deutschen. Die Ausländer, die den rassischen Anforderungen der SS zu entsprechen vermochten (im allgemeinen Westeuropäer und Volksdeutsche), wurden als Ersatz in Elitedivisionen aufgenommen oder zu SS-Freiwilligendivisionen zusammengeschlossen. Der Rest (hauptsächlich Osteuropäer) wurde zu eigenen nationalen Verbänden ausgesondert, die die Bezeichnung »Waffengrenadierdivisionen der SS« erhielten. Nur die Elite der Panzer- und Panzergrenadierdivisionen erinnerte noch an die alte Auslese, und diese Divisionen, überwiegend aus Deutschen bestehend, waren es, die das militärische Ansehen der Waffen-SS selbst in den letzten verzweifelten Monaten des Krieges gewahrt haben.

Die Feldtruppen der Waffen-SS standen während des Krieges unter dem taktischen Befehl des Heeres und können darum auch de facto als ein Wehrmachtteil angesehen werden. Ganz allgemein gesehen, beschränkte sich Himmlers Zuständigkeit für die Fronttruppen auf Fragen der Verwaltung, der Disziplinargewalt, der Beförderung und der weltanschaulichen Schulung. Er übte jedoch eine praktisch unbeschränkte Kontrolle über nicht kämpfende Verbände aus, wie Reserveeinheiten, Ausbildungsabteilungen und Militärschulen.

Himmler bediente sich des Verfahrens, Männern anderer Gliederungen seines Apparates dem Namen nach Waffen-SS-Status zu verleihen, sei es aus verwaltungstechnischen Gründen, sei es, um sie vor der Einberufung zu schützen. Im Jahre 1944 zum Beispiel wurden 40 000 Mann von den 600 000 Angehörigen der Waffen-SS in anderen Zweigen der SS verwendet[10]. Mehr als die Hälfte war im SS-Wirtschafts- und Verwaltungshauptamt (WVHA) beschäftigt, das die Konzentrationslager leitete[11]. Obwohl das KZ-Personal nicht unter dem Befehl des Heeres oder des Kommandoamts der Waffen-SS stand, hatte es Uniformen und Soldbücher der Waffen-SS. Überdies gab es den ganzen Krieg über einen zwar verhältnismäßig begrenzten, aber doch laufenden Personalaustausch zwischen den KZ-Mannschaften und den Kampfverbänden der Waffen-SS. Kurz gesagt: obwohl die Apologeten der SS dies leugnen, bestand doch eine Beziehung zwischen der Waffen-SS und den Mannschaften der Konzentrationslager[12].

## Die SS-Totenkopfverbände

Neben der Verfügungstruppe gab es noch eine weitere bewaffnete SS-Formation im Vorkriegsdeutschland. Die bestand aus den sogenannten SS-Totenkopfverbänden, die die Konzentrationslager bewachten. Die erste

---

10 Statistisch-wissenschaftliches Institut des Reichsführers SS, »Stärke der SS am 30. 6. 1944«, Geheime Kommandosache, RFSS/T-175, 111/2635907 ff.
11 Über das KZ-System im allgemeinen s. Eugen Kogon, Der SS-Staat (Frankfurt a. M. 1946) und Rudolf Höss, Kommandant in Auschwitz (Stuttgart 1958). Akten des WVHA und Meldungen einzelner Konzentrationslager findet man unter RFSS/T-175, Rollen 211—219.
12 Eine ausführliche Erörterung dieses sehr wichtigen Punktes folgt in Kap. X, 2. Abschn.

dieser Einheiten war Ende 1933 von SS-Standartenführer (Oberst) Theodor Eicke in Dachau aufgestellt worden. Später erhielt Eicke den Auftrag, ähnliche Wachmannschaften für andere Konzentrationslager aufzustellen und zu kontrollieren. Mitte 1934 war Eicke, inzwischen SS-Brigadeführer (Generalmajor), der ungekrönte Herrscher des üppig wuchernden deutschen KZ-Apparates. Nach seiner Rolle bei der Säuberung der SA am 30. Juni 1934, bei der der Dachauer Verband sich mit der Leibstandarte in die zweifelhafte Ehre teilte, die Mannschaften für die Exekutionskommandos zu stellen, wurde Eicke offiziell zum Inspekteur der Konzentrationslager und Führer der SS-Totenkopfverbände ernannt. Das neue Amt brachte ihm einen doppelten Gewinn: die Totenkopfverbände wurden der Kontrolle durch die Allgemeine SS entzogen, und Eicke selbst wurde zum SS-Gruppenführer (Generalleutnant) befördert.

Nachdem seine neue Inspektion ihren festen Sitz in Oranienburg bei Berlin erhalten hatte, vergrößerte Eicke seine Totenkopfverbände und gruppierte sie in fünf numerierte Sturmbanne oder Bataillone um: I »Oberbayern«, II »Elbe«, III »Sachsen«, IV »Ostfriesland« und V »Brandenburg«. Im Jahre 1937 wurden die fünf Bataillone noch einmal umgruppiert, diesmal in drei Standarten oder Regimenter, die die Bezeichnungen »Oberbayern«, »Brandenburg« und »Thüringen« trugen. Sie waren in Dachau, Oranienburg (Sachsenhausen) und Frankenberg stationiert. Einige Monate später wurde die Standarte »Thüringen« von Frankenberg nach Buchenwald verlegt, einem Konzentrationslager bei Weimar. Nach der Besetzung Österreichs wurde in Linz ein viertes Regiment aufgestellt, das den Namen »Ostmark« trug; es stellte später die Wachmannschaften für das nahegelegene KZ Mauthausen.

Neben ihrem Dienst als KZ-Wachen nahmen die Totenkopfverbände (mit der Verfügungstruppe) an der Besetzung Österreichs, des Sudetenlandes und der Tschechoslowakei teil. Totenkopfkader besorgten auch die militärische Ausbildung von Angehörigen der Allgemeinen SS, die im Kriegsfalle als »Polizeiverstärkungen« mobilisiert werden sollten. Als schließlich der Krieg ausbrach, wurden rund 40 000 Reservisten der Allgemeinen SS einberufen, um mehr als ein Dutzend neue Totenkopfstandarten aufzufüllen. Um dieselbe Zeit (Oktober 1939) wurde aus 6500 der erfahrensten Totenkopfmännern, durch SS-Reservisten verstärkt, eine neue SS-Kampfdivision (SS-Totenkopfdivision) unter dem Kommando von Theodor Eicke gebildet, der nun seinen KZ-Dienst gegen die attraktivere Rolle eines Waffen-SS-Frontbefehlshabers vertauschte.

Während des Jahres 1940 und bis weit in das Jahr 1941 hinein wurden die SS-Totenkopfstandarten dazu verwendet, die neu besetzten Gebiete in Schach zu halten und die Verschleppungen und Hinrichtungen durchzuführen, die für Hitlers völkische Politik bezeichnend waren. Kurz vor dem Einfall in die Sowjetunion wurden sie jedoch aufgelöst, ihre Mannschaften wurden als Ersatz für die Waffen-SS verwendet, und ein Teil wurde unmittelbar in neue oder bereits bestehende Feldformationen der Waffen-SS eingegliedert. Auf diese Weise verloren die SS-Totenkopfverbände ihre Zwitterstellung (Himmler betrachtete sie als Teil der Waffen-SS, die militärischen Dienststellen weigerten sich, den Dienst in den Totenkopfverbänden als Wehrdienst anzuerkennen) und wurden Bestandteil der Waffen-SS.

Inzwischen war die Bewachung der Konzentrationslager größtenteils von Angehörigen der Allgemeinen SS übernommen worden, die nominell den Status von Waffen-SS-Männern erhielten[13]. Die KZ-Wachmannschaften im Kriege wurden zu Totenkopfwachsturmbannen organisiert, die im Gegensatz zu den Totenkopfeinheiten vor 1939 unmittelbar den KZ-Kommandanten unterstanden. Ab 3. März 1942 wurden sowohl die Wachsturmbanne als auch die Lagerverwaltungen Teil der berüchtigten Amtsgruppe D des WVHA. Als der Krieg weiterging und der Mannschaftsbedarf der Feldverbände der SS anstieg, wurden immer mehr taugliche Angehörige der Wachmannschaften an die Front versetzt. An ihre Stelle traten ältere Mitglieder von Organisationen wie der SA, verwundete Soldaten aller Wehrmachtteile und Angehörige der Waffen-SS, die nicht mehr frontdiensttauglich waren.

---

13 Über den nominellen Waffen-SS-Status der KZ-Wachen im Kriege s. Reitlinger, a. a. O., S. 265; Felix Kersten, The Kersten Memoirs, 1940—45 (New York 1957), S. 250 f. und die tendenziösen, aber nützlichen Aussagen von Robert Brill, Paul Hausser u. Günther Reinecke, TGMWC, XX, 291, 300 und 339.

# I. KAPITEL

## Die Jahre des Aufbaus / 1933—1939

Am 30. Januar 1933, gegen Mittag, wurde Adolf Hitler vom Reichspräsidenten von Hindenburg vereidigt und damit der 22. Kanzler der Deutschen Republik. Im späteren Verlauf des Tages räumten Hitler und seine Begleitung ihr Stabsquartier im Hotel Kaiserhof und zogen über die Straße in die Reichskanzlei, die sich in dem Palais Wilhelmstraße 77 befand. Als er den Innenhof betrat, ertönte das Kommando »Stillgestanden!«, und eine Abteilung Reichswehr der Reichskanzleiwache präsentierte zu Ehren des neuen Kanzlers, wie sie das auch für seine Vorgänger getan hatte. Aber im Gegensatz zu diesen erwiderte Hitler ihre Ehrenbezeigung mit angewinkelt erhobenem Arm — seiner Form des Nazigrußes.

Jene Deutschen, denen es vielleicht noch nicht klargeworden war, worauf Hitler seine Macht stützte, erhielten an diesem Abend einen dramatischen Anschauungsunterricht. SA-, SS- und Hitlerjugendführer hatten den ganzen Nachmittag fieberhaft gearbeitet, um eine Demonstration zu organisieren, wie sie der Machtergreifung angemessen war. In ganz Berlin und Umgebung wurde ein SA- und SS-Sturm nach dem andern mobilisiert; in hastig zusammengeholten Lastautos wurden sie an Sammelpunkte längs der Charlottenburger Chaussee gefahren, bis die breite Straße von braunen und schwarzen Uniformen überquoll. Als sich die Dunkelheit über die Hauptstadt senkte, wurden Tausende von Fackeln entzündet, und wie eine Feuerschlange zog der scheinbar endlose Heerbann triumphierender Nazis durch das Brandenburger Tor. Mit emporgereckten Fackeln und unter dem Gesang des Horst-Wessel-Liedes, das fast im Dröhnen der Trommeln und im Stampfen der Marschstiefel unterging, marschierten die Kolonnen in der Wilhelmstraße an dem NS-Kanzler vorbei. Während der greise Reichspräsident von Hindenburg verblüfft von seiner Residenz aus das Schauspiel betrachtete, grüßte Hitler, der einige Häuser weiter aus einem hell erleuchteten Fenster lehnte, jede Abteilung, die ihm mit einem verzückten »Sieg Heil!« und kreisenden Fackeln dankte. So ging es Stunde um Stunde, den ganzen

Abend bis in die Nacht hinein: SA, Hitlerjugend, Stahlhelm, NSDAP und — als Nachhut — die schwarz uniformierte SS[1].

Die junge SS-Organisation spielte in der Revolution, die Hitler nun in Gang setzte und die schließlich in seiner Erhebung zum Diktator und der völligen Nazifizierung Deutschlands gipfelte, eine wichtige Rolle. Bis zum 22. Februar waren 15 000 SS-Männer und 25 000 ihrer SA-Kameraden zu Angehörigen einer Hilfspolizei geworden, die unter dem Deckmantel einer Hilfstruppe der regulären Polizei die Aufgabe erhalten hatte, nazifeindliche Elemente auszuschalten und die Wähler für die bevorstehende Reichstagswahl einzuschüchtern[2].

Ihre erste große Aufgabe erhielten sie nach dem Reichstagsbrand und dem Erlaß der »Verordnung zum Schutz von Volk und Staat« vom 28. Februar 1933[3], die den Nazis praktisch unumschränkte Polizeigewalt gab. Trupps von SA- und SS-Männern schritten in ganz Deutschland zur Tat, drangen in Wohnungen ein und schleppten ihre Opfer in behelfsmäßige Gefängnisse und Konzentrationslager, alles unter dem Vorwand, den Staat vor einem drohenden kommunistischen Aufstand retten zu müssen. Obwohl die Braunhemden der SA-Banden eine allgegenwärtige Demonstration des Naziterrors waren, wurden doch viele der organisierten Verhaftungen jener Menschen, die auf der Schwarzen Liste der Nazis standen, von der besser disziplinierten und besser funktionierenden SS durchgeführt.

Trotz der mit dem Schein des Rechts umkleideten Gewalttätigkeiten, die für die Wahlkampagne bezeichnend waren, vermochten die Nazis nicht, die von ihnen angestrebte Mehrheit zu erreichen; mit 43,9 Prozent der gesamten Stimmen sah Hitler sich gezwungen, weiterhin die Regierungsgewalt mit seinen deutschnationalen Verbündeten zu teilen[4]. Aber das sollte nur vorübergehend sein. In den nun folgenden achtzehn Monaten schob Hitler seinen Koalitionspartner beiseite, unterdrückte die Opposition, bemächtigte sich des Staatsapparates, behauptete seine Autorität in Partei und SA und erlangte die Stellung des Staatsoberhauptes und des Oberbefehlshabers der Wehrmacht. Am Ende schwang er sich zum Diktator Deutschlands auf.

---

1 Eine ausführliche Schilderung der Geschehnisse vom 30. Januar 1933 findet man bei Hans Otto Meissner und Harry Wilde, Die Machtergreifung, Stuttgart 1958, S. 190 ff., und K. S. Hegner, Die Reichskanzlei 1933—1945, Frankfurt a. M. 1960, S. 46 ff.
2 Vgl. Alan Bullock, Hitler. Deutsche Ausgabe der vollständig überarbeiteten Neuauflage, Düsseldorf 1967, Kap. IV.
3 »Verordnung des Reichspräsidenten von Hindenburg zum Schutz von Volk und Staat vom 28. 2. 1933«. Den vollen Wortlaut bringen Hans-Adolf Jacobsen und Werner Jochmann (Herausgeber), Ausgewählte Dokumente zur Geschichte des Nationalsozialismus 1933—1945, C, Dokument 3. II. 1933.
4 Bullock, a. a. O., Kap. V.

Blickt man auf die Ereignisse von 1933/34 zurück, könnte man meinen, Hitler habe selbstsicher und systematisch einen vorgefaßten Plan verfolgt, der ihn unausweichlich an die Schalthebel der absoluten Macht führen mußte. Das war jedoch keineswegs der Fall. Hitler war 1933 — wie stets — ein meisterlicher Opportunist mit rücksichtsloser Willenskraft und einem fast dämonischen Sendungsbewußtsein, aber er folgte noch nicht jenem blinden Glauben an seine eigene Unfehlbarkeit, der für seine späteren Jahre bezeichnend war. Die verhältnismäßige Leichtigkeit, mit der er Deutschland in seine Gewalt bekam, überraschte ihn selbst. Mitte März lagen jedoch die Verabschiedung des sogenannten Ermächtigungsgesetzes[5] und der Prozeß der Gleichschaltung, durch die das gesamte Leben in Deutschland unter die Kontrolle der Nazipartei gebracht werden sollte, noch im Schoße der Zukunft.

Gewiß, Hitler war Kanzler, die Nazipartei war die größte im Lande, und SA und SS beherrschten die Straße; aber Hindenburg war noch Reichspräsident, und die Reichswehr — und in vielen Ländern auch die Polizei — stand noch nicht unter Nazikontrolle. Die mächtige kommunistische Partei (KPD) war zwar unterdrückt, aber nicht zerschmettert, und die Deutschnationalen unterhielten, obwohl nazifreundlich, im »Stahlhelm« immer noch eine beachtliche und unabhängige paramilitärische Kampftruppe. Darum überrascht es nicht, daß Hitler um seine persönliche Sicherheit besorgt war. Wer würde ihn zum Beispiel im Falle eines Putsches der Reichswehr schützen? Bestimmt nicht die Kanzleiwache, die von der Reichswehr gestellt wurde. Seine unmittelbare Umgebung? Gewiß, sein Fahrer und »Wachhund« Schreck, die Adjutanten Brückner und Schaub und der getreue Leibwächter Dietrich würden ihr Leben für ihren Führer geben. Aber diese allgegenwärtige SS-»Chauffeureska«[6], die Hitler in der Kampfzeit bewacht hatte, genügte nicht mehr, und so befahl Hitler, zum drittenmal in zehn Jahren, die Bildung einer Stabswache aus vollkommen zuverlässigen, aktiven SS-Männern, die unter seinem persönlichen Kommando standen. Am 17. März 1933 stellte Josef (Sepp) Dietrich — ehemaliger bayerischer Unteroffizier, früherer Metzger, Gelegenheitskellner und lange Zeit Leibwächter — in Berlin eine bewaffnete Truppe von 120 ausgesuchten SS-Leuten auf und schuf damit den Kern der späteren Waffen-SS[7].

---

5 »Gesetz zur Behebung der Not von Volk und Reich vom 24. 3. 1933.« Text bei Jacobsen und Jochmann, a. a. O., C, Dokument 24. III. 1933.
6 Ernst Hanfstaengl, Hitler: The Missing Years, London 1957, S. 216. Über Hitlers Furcht vor Anschlägen auf sein Leben s. Hermann Rauschning, Gespräche mit Hitler, Zürich, 2. Aufl. 1940.
7 »Ansprache des Reichsführers SS aus Anlaß der Übergabe der Führerstandarte an die Leibstandarte ›Adolf Hitler‹, Metz, Fort von Alvensleben, am 7. September 1940«, RFSS/T-175- 90/2612641. Siehe auch Buchheim, Die SS, S. 139.

## Wachwechsel

Die Schaffung der Waffen-SS als Sonderformation neben der Allgemeinen SS ist nur zu verstehen, wenn man bedenkt, daß die SS ursprünglich gebildet worden war, um dem Führer und anderen Prominenten der Nazibewegung während der Kampfzeit Schutz zu gewähren. Bis 1932 blieb die SS ein verhältnismäßig kleiner und ganz erlesener Zweig der SA, doch im letzten Jahr der Kampfzeit wuchs sie riesenhaft und zählte im Januar 1933 mehr als 50 000 Mann. Die Neuanmeldungen häuften sich so sehr, daß die Aufnahmeverfahren kaum damit Schritt halten konnten. In den ersten Monaten des Jahres 1933 dehnte sich die SS so schnell aus, daß Himmler gezwungen war, vorübergehend eine Aufnahmesperre zu verhängen und die Organisation von »ungeeigneten« Opportunisten zu säubern, die nach der Machtergreifung zu der siegreichen Nazipartei übergeschwenkt waren[8]. Während dieser hektischen Periode schien die SS sich zu einer verbesserten Ausgabe der SA zu entwickeln, zu einer Organisation mit einzelnen Verbänden, die sich mit ihren örtlichen Führern stärker verbunden fühlten als mit Himmler oder selbst Hitler. Unter derartigen Umständen stellten die Freizeitfreiwilligen der Allgemeinen SS, obwohl sie der SA in Qualität und Disziplin verhältnismäßig überlegen waren, nicht mehr die Prätorianergarde dar, die Hitler sich wünschte. Daher sein Entschluß, einen neuen Typ von Elite-SS-Formation zu schaffen: die Waffen-SS.

Bald nachdem Sepp Dietrichs SS-Stabswache in die ehemalige kaiserliche Kadettenanstalt in dem Berliner Vorort Lichterfelde eingezogen war, wurde die Zuständigkeit der Reichswehrwache auf den Außenbereich des Komplexes Wilhelmstraße beschränkt, während im Innern der Reichskanzlei die schwarz uniformierte SS die Wache übernahm. Besucher mußten künftig durch drei Sperrkreise von SS-Wachen, um den Kanzler zu erreichen, und Hitlers Tischgäste wurden von auffallend athletisch gebauten Aufwärtern bedient, die saubere weiße Jacken statt ihrer üblichen schwarzen SS-Hemden trugen. Wenn Hitler sich herauswagte, wurde sein Wagen stets von einer Anzahl offener schwarzer Wagen begleitet, in denen bewaffnete junge Riesen in voller SS-Uniform saßen. Nachdem die Reichskanzlei ein Gebäude nach Hitlers Geschmack erhalten hatte, übernahm die SS von der Armee auch die Aufgaben des äußeren Wachdienstes. Mit der Zeit wurde der Gewehre tragende, schwarz behelmte SS-Doppelposten, der gleich Statuen vor dem massiven Bronzetor der Reichskanzlei stand, den Berlinern ein ebenso vertrauter Anblick wie den Londonern die Grenadiere vor dem Buckingham Palace.

Auf dem Parteitag im September 1933 verlieh Hitler seiner Stabswache den offiziellen Titel Leibstandarte-SS »Adolf Hitler«, und am 9. Novem-

---

[8] Neusüß-Hunkel, a. a. O., S. 8 und 18.

ber, dem zehnten Jahrestag des Münchner Bierkellerputsches, legten die Männer der Leibstandarte einen besonderen Eid ab, der sie bedingungslos an die Person des Reichskanzlers Adolf Hitler band. Damals scheinen nur wenige Deutsche Hitlers Vorgehen in seiner ganzen Bedeutung erkannt zu haben. Er hatte nicht nur die Leibstandarte der unmittelbaren Kontrolle durch den Reichsführer SS und die NSDAP entzogen, sondern er hatte — ohne jegliche gesetzliche Berechtigung — eine selbständige militärische Truppe neben den regulären Sicherheitsorganen des Staates aufgestellt: der Reichswehr und der Polizei. Obgleich er noch nicht Diktator, ja nicht einmal Staatsoberhaupt war, hatte sich Hitler de facto eine Prätorianergarde geschaffen, die über Partei und Staat stand[9].

Gleichzeitig mit der Errichtung der Stabswache kam es in Schlüsselstädten wie Hamburg, Dresden, München, zugleich auch in Ellwangen und Arolsen, zur Aufstellung einer Anzahl von »Politischen Bereitschaften« aus aktiven SS-Männern. In den Jahren 1933 und 1934 wurden sie nach dem Muster der Leibstandarte reorganisiert. Außerdem wurden Angehörige der SS zur Bewachung der zahlreichen politischen Gefängnisse und Konzentrationslager ausgesucht, die 1933 in ganz Deutschland aus dem Boden schossen. Diese berufsmäßigen SS-Männer, die unter dem Befehl von Theodor Eicke standen, bildeten den Kern der SS-Totenkopfverbände, die 1934 zur offiziellen Wachmannschaft der berüchtigten deutschen Konzentrationslager geworden waren. Die drei militarisierten aktiven SS-Verbände: die Leibstandarte SS »Adolf Hitler«, die Politischen Bereitschaften und die Totenkopfverbände, waren die Komponenten, die bis Ende 1933 zur Waffen-SS zusammenwuchsen[10].

Im Juni 1934 hatte die gesamte Waffen-SS noch nicht einmal die Stärke eines Infanterieregiments. Ihre Angehörigen waren nur mit Handfeuerwaffen ausgerüstet und, nach militärischen Maßstäben, kümmerlich ausgebildet. Bei aller Phantasie hätte niemand diese embryonale Waffen-SS als eine Bedrohung der regulären Armee betrachten können. Ein ganz anderes Bild bot dagegen die SA. Unter der Führung des ehrgeizigen Ernst Röhm schienen die nahezu drei Millionen unzufriedener SA-Männer mit einer »Zweiten Revolution« zu drohen, in der die SA die reguläre Armee verschlingen und dadurch in der Lage sein würde, Hitlers politische Führungsstellung zu gefährden. In dem vielschichtigen (und immer noch nicht ganz geklärten) Machtkampf zwischen dem Röhm-Flügel der NSDAP und den Führern des Heeres und ihren Verbündeten kam Hitler anscheinend zu der Überzeugung, daß seine einzige Überlebenschance von seiner Geschicklichkeit

---

9 Buchheim, Die SS, S. 139; Walter Görlitz, Die Waffen-SS, Berlin 1960, S. 9 f.
10 Paul Hausser, Waffen-SS im Einsatz, Göttingen 1953, S. 10; Buchheim, Die SS, S. 140 ff.; Neusüß-Hunkel, a. a. O., S. 36 und 53; Görlitz, a. a. O., S. 10 ff.

abhing, das Heer auf seiner Seite zu behalten[11]. Aber die militärischen Führer forderten als Preis für ihre weitere Unterstützung des Naziregimes die Beseitigung der SA-Drohung. Als Hitler am Ende nicht umhin konnte, die Revolutionäre seiner eigenen Partei zu opfern, war Himmlers SS — nominell immer noch der Aufsicht des Stabschefs der SA unterstehend — die bewaffnete Macht, die den Ausgang entschied. Seit dem 30. Juni 1934 stellten Sepp Dietrichs Leibstandarte und Theodor Eickes Totenkopfverbände die Exekutionskommandos, die die von Göring, Himmler und seinem unheimlichen Sicherheitshauptamtleiter Reinhard Heydrich gegen die SA-Führer verhängten Todesurteile vollstreckten[12].

Bei ihrem ersten großen Unternehmen bewies die Waffen-SS, was in Hitlers Augen einmal ihre Haupttugenden werden sollten: absolute Treue und blinden Gehorsam. Himmler hat das später wie folgt ausgedrückt: »Wir haben am 30. Juni 1934 nicht gezögert, die uns gebotene Pflicht zu tun, und haben Kameraden, die gefehlt hatten, an die Wand gestellt und erschossen... Wir haben darüber niemals untereinander diskutiert... Jeder von uns war darüber entsetzt, und doch war jeder gewiß, daß er, wenn es nötig ist und solche Befehle gegeben werden, es wieder tun wird[13].« Der Lohn der SS für ihre Dienste sollte nicht lange auf sich warten lassen. Am 26. Juli brachte der *Völkische Beobachter*, das offizielle Parteiorgan, folgende Führerbotschaft: »Mit Rücksicht auf die anerkennenswerten Dienste der SS, besonders im Zusammenhang mit den Ereignissen vom 30. Juni 1934, erhebe ich sie in den Stand einer selbständigen Organisation innerhalb der NSDAP[14].«

Bei der Durchführung der »Blutreinigung« hatte die SS in Wirklichkeit den Kampf der Reichswehr ausgefochten, und die Generale mußten die

---

11 Einzelheiten bei Gerald Reitlinger, The SS: Alibi of a Nation, New York 1957, S. 54 ff. Über die Rolle der Armee s. John W. Wheeler-Bennett, The Nemesis of Power: The German Army in Politics 1918—1945, 2. Aufl. London 1964, S. 304 ff. (Deutsche Ausgabe: Die Nemesis der Macht, Düsseldorf 1954; vgl. besonders S. 311 ff.)

12 Über die Rolle der SS bei der Röhm-Affäre s. Neusüß-Hunkel, a. a. O., S. 11 ff. In den nach dem Kriege im Zusammenhang mit der Säuberung der SA durchgeführten deutschen Prozessen wurde vorgebracht, daß Eicke (1943 gefallen) und einer seiner Offiziere, der frühere SS-Standartenführer (Oberst) Michael Lippert, »unter Beihilfe« von Sepp Dietrich, Röhm in seiner Zelle erschossen hatten, nachdem er sich geweigert hatte, Selbstmord zu begehen. Eine Übersicht über den 1957 in München durchgeführten Prozeß gibt John Dornberg, Schizophrenic Germany, New York 1961, S. 34 ff.

13 »Rede des Reichsführers SS bei der SS-Gruppenführertagung in Posen am 4. Oktober 1943«, Nürnberger Dokumente 1919-PS.

14 Die wesentlichen Teile der Zeitungsankündigung sind abgedruckt in den Nürnberger Dokumenten 1857-PS.

Schuld zurückzahlen, indem sie den Fortbestand von Hitlers Privatarmee stillschweigend duldeten. Sir John W. Wheeler-Bennett schrieb:

»Um sich ihre Rivalen im Braunhemd vom Halse zu schaffen, hatten sie vorübergehend auf ihre stolze Position als einzige Waffenträger im Reich verzichtet und ein Vorgehen gestattet, das offensichtlich mehr war als eine Polizeiaktion, unternommen von einer fanatischen Elitetruppe, der SS, die, obwohl sie noch in den Kinderschuhen steckte, einmal die Armee auf ihrem eigenen Gebiet herausfordern und demütigen sollte[15].«

Am 16. März 1935 verkündete Hitler dem Reichstag und der Welt, daß Deutschland die allgemeine Wehrpflicht wieder einführe und die Absicht habe, ein Heer von 36 Divisionen aufzustellen. Am selben Tag erließ er einen Befehl über die Aufstellung der SS-Verfügungstruppe, einer voll militarisierten Formation, die den Kern einer SS-Division bilden sollte[16]. Diese Entwicklung rief in Armeekreisen böse Ahnungen wach. Eine kampfstarke SS-Division — das war etwas ganz anderes als das Zugeständnis an die SS, ein paar tausend Mann als militarisierte Polizeitruppen und KZ-Wachen zu unterhalten[17]. Die Generale, die zuvor die Existenz von Himmlers »Asphaltsoldaten«, wie sie sie verächtlich nannten, geduldet hatten, gingen jetzt in die Opposition, und es entspann sich ein lautloser, aber lang anhaltender Kampf zwischen dem Oberkommando und dem Reichsführer SS. Hitler begnügte sich anscheinend damit, keine der beiden Seiten zu einem vollständigen Sieg kommen zu lassen. Erst nach Ausbruch des Krieges im Jahre 1939 wurde eine SS-Division aufgestellt, andererseits vermochten die Armeeführer aber nicht, das langsame, doch stetige Wachstum der Waffen-SS aufzuhalten. Es war vielleicht symbolisch für die zukünftige Bedeutung der Waffen-SS, daß die ersten deutschen Truppen, die bei der Wiederbesetzung des Rheinlands im März 1936 in Saarbrücken einzogen, Angehörige der Leibstandarte SS »Adolf Hitler« waren[18].

---

15 Wheeler-Bennett, a. a. O., S. 325.
16 K. Kanis und andere, Waffen-SS im Bild, Göttingen 1957, S. 13 f.
17 Ende Mai 1935 hatte die SS-Verfügungstruppe insgesamt 8459 Mann, davon waren 2660 Angehörige der Leibstandarte SS »Adolf Hitler«, 759 waren den zwei SS-Führerschulen zugeteilt, und der Rest gehörte zum 1. und 2. SS-Regiment, dessen sechs Bataillone in verschiedenen Teilen des Reiches stationiert waren. Vgl. »Stärke der Verfügungstruppe der SS«, 31. Mai 1935, RFSS/T-175 111/2635976. Außerdem gab es 1338 aktive SS-Garnisontruppen und 2241 KZ-Wachen. Siehe »Kasernierte SS« und »Stärke der Wachtruppen«, ibid. 111/2635974 f.
18 Himmlers Rede am 7. September 1940, RFSS/T-175, 90/2612641.

*Die SS-Verfügungstruppe:*
*Organisation, Auslese und Ausbildung*

Anfang 1936 hatten sich in der Entwicklung der Waffen-SS zwei klar gegeneinander abgegrenzte Zweige herauskristallisiert: die SS-Verfügungstruppe, zu der die Leibstandarte gehörte, und die SS-Totenkopfverbände. Die erste Gruppe, Hitlers Prätorianergarde, wies in steigendem Maße militärischen Charakter auf, während die andere Schlägertypen und Sadisten anlockte, die den Begriff »Konzentrationslager« gleichbedeutend mit Terror, Brutalität und Mord machten. Trotz ihrer unterschiedlichen Aufgaben betrachtete Hitler die beiden Formationen als gleichermaßen wichtige Elemente in der Nazimaschinerie von Terror und Unterdrückung, und am 1. April 1936 wurden sowohl die Verfügungstruppe als auch die Totenkopfverbände als »Organisationen im Dienste des Staates« legitimiert und auf den Polizeietat des Innenministeriums übernommen[19].

Am 1. Oktober 1936 wurde im SS-Hauptamt eine Inspektion Verfügungstruppe zur Überwachung der Verwaltung und der militärischen Ausbildung der SS-Kampftruppen eingerichtet[20]. An die Spitze der neuen Organisation stellte Himmler einen der wenigen Berufssoldaten mit hohem Rang in der Vorkriegs-SS, Paul Hausser. Im Jahre 1880 geboren, war Hausser Berufsoffizier gewesen, bis er Anfang 1932 im Range eines Generalleutnants aus der Reichswehr ausschied. In der Folgezeit wurde er Gebietsführer des »Stahlhelm« in Berlin-Brandenburg, und nachdem dieser in der SA aufgegangen war, diente er kurze Zeit als SA-Standartenführer, bevor er als Leiter der SS-Junkerschule Braunschweig, der ersten Offiziersschule der SS, zur SS übertrat. In den Kriegsjahren stieg Hausser zum ranghöchsten Soldaten der Waffen-SS auf und war der erste SS-Offizier, der ein Korps, eine Armee und schließlich eine ganze Heeresgruppe kommandierte. Im Jahre 1936 stand Hausser, soeben zum SS-Brigadeführer (Generalmajor) und Inspekteur der Verfügungstruppe befördert, vor der mühevollen Aufgabe, die schlecht ausgebildeten Verbände der Waffen-SS zu einer vollwertigen Kampftruppe umzuformen.

Der erste Schritt bestand in der Zusammenziehung der verstreuten Bataillone der Verfügungstruppe zu zwei Regimentern: »Deutschland« in München unter dem Befehl von SS-Standartenführer Felix Steiner und »Germania« in Hamburg unter SS-Standartenführer Karl Demelhuber. Haussers Einfluß auf die Leibstandarte, die in Berlin blieb und dem Namen nach zur Verfügungstruppe gehörte, war eng begrenzt, weil Sepp Dietrich nicht nur ranghöher war, sondern auch unmittelbaren Zutritt zu Himmler

---

19 Görlitz, a. a. O., S. 13; Buchheim, Die SS, S. 141. Zur Frage des Charakters der Waffen-SS vgl. Neusüß-Hunkel, a. a. O., S. 21 ff., 38 ff. und 55 f.
20 Buchheim, Die SS, S. 140.

und Hitler hatte[21]. Aber nach anfänglichen Schwierigkeiten mit den Abschnittsführern der Allgemeinen SS, die darum kämpften, die Kontrolle über die Verfügungstruppe zu behalten, und mit dem Heer, das der SS bei jeder Gelegenheit Steine in den Weg legte, gelang es Hausser schließlich, seine Autorität auf dem Gebiet der militärischen Ausbildung und Organisation zu behaupten.

Vor dem Kriege beruhte die Auslese der Verfügungstruppe auf strengen körperlichen und rassischen Normen. Angehörige der Leibstandarte mußten mindestens 1,80 m groß sein, während für die anderen Einheiten eine Mindestgröße von 1,78 m verlangt wurde. In den ersten Jahren waren die SS-Prüfer so wählerisch, daß Himmler später sagte: »Bis zum Jahre 1936 nahmen wir in die Verfügungstruppe oder in die Leibstandarte keinen Mann auf, der auch nur einen plombierten Zahn hatte. Es war das Herrlichste an Mannestum, was wir in dieser ersten Waffen-SS versammeln konnten[22].«

Trotz strengster Aufnahmebedingungen und langer Dienstzeiten (Mannschaften vier Jahre, Unteroffiziere zwölf Jahre und Offiziere fünfundzwanzig Jahre), scheint die Verfügungstruppe in der Vorkriegszeit wenig Schwierigkeiten gehabt zu haben, Anwärter zu bekommen. Die Gelegenheit, seiner Wehrdienstpflicht in einer Elite-NS-Formation zu genügen, war von besonders großem Reiz für Angehörige der Hitlerjugend, während viele abenteuerlustige Bauernburschen das Versprechen lockte, wer »das Zeug dazu« habe, könne Karriere machen. Der immer stärker zutage tretende militärische Charakter der Verfügungstruppe diente dazu, die grundlegenden Unterschiede gegenüber dem Heer zu verwischen. Obwohl die schwarze SS-Ausgehuniform bis zum Kriege beibehalten wurde, führte man 1937 den feldgrauen Dienstanzug ein mit dem Hoheitszeichen, Adler und Hakenkreuz, auf dem linken Ärmel und den SS-Runen und Rangabzeichen auf den Kragenspiegeln. Im Jahr darauf kamen feldgraue Schulterstücke mit den Paspeln der Waffengattungen hinzu (verschiedene Farben, um Infanterie, Pioniere usw. kenntlich zu machen), und ab 26. August 1938 erhielt

---

21 Im Jahre 1942 schilderte Hitler seinen ehemaligen Leibwächter Dietrich als »einmalig... ein Mann, der gleichzeitig verschlagen, energisch und brutal ist. Hinter Dietrichs schwadronierendem Auftreten steckt ein ernster, gewissenhafter, peinlich genauer Charakter. Und wie er sich um seine Truppen kümmert! Er ist ein Phänomen in der Klasse wie Frundsberg, Ziethen und Seydlitz. Er ist ein bayerischer Wrangel, unersetzbar. Für das deutsche Volk ist Sepp Dietrich eine nationale Einrichtung. Für mich persönlich kommt noch die Tatsache hinzu, daß er einer meiner ältesten Kampfgefährten ist.« (Hitler's Secret Conversations 1941—1944, translated by N. Cameron u. R. H. Stevens, New York 1961, S. 178 f. Da die deutschen Originaldokumente nicht publiziert sind, wurde hier der Text rückübersetzt.)
22 »Rede des Reichsführers SS auf der Tagung für Befehlshaber der Kriegsmarine in Weimar am 16. Dezember 1943«, RFSS/T-175, 91/2613342.

die Verfügungstruppe Sold und Versorgungsbezüge entsprechend den Besoldungsvorschriften der Wehrmacht[23].

Bis Ende 1937 war die Verfügungstruppe zu drei starken Infanterieregimentern angewachsen, und es gab einen Nachrichtensturmbann und eine leichte Pionierkompanie. Auf einer Gruppenführerbesprechung am 8. November 1937 in München sagte Himmler: »Die Verfügungstruppe ist, nach den Maßstäben der heutigen Wehrmacht, kriegsverwendungsfähig[24].« Das Regiment »Deutschland« war völlig kampfbereit, während die beiden anderen Regimenter je ein Bataillon ins Feld schicken konnten. Der Bedarf an Ausrüstung und Personal wurde laufend gedeckt, und Himmler versprach, »Germania« und die Leibstandarte »Adolf Hitler« würden in Kürze auf den gleichen Bereitschaftsstand gebracht sein wie »Deutschland«. Das größte Problem für die Waffen-SS war ihr Mangel an erfahrenen Offizieren, und Himmler kündigte als sein Nahziel an, das Führerkorps der Verfügungstruppe müsse ebensoviel können »wie das Offizierskorps der Wehrmacht«.

In der Vorkriegszeit wurden die SS-Offiziere auf zwei Akademien gedrillt, der SS-Junkerschule Bad Tölz und der SS-Junkerschule Braunschweig[25]. »Unter dem Einfluß von Haussers Kadettenanstalten stand die Waffen-SS im Begriff, das leistungsfähigste aller militärischen Ausbildungssysteme des Zweiten Weltkrieges zu entwickeln«, schreibt Gerald Reitlinger, »eine Kreuzung zwischen den spartanischen Hopliten und dem Guards Depot von Caterham[26].« Aber für Himmler war es sowohl ein Problem der Qualität als auch der Quantität. Die Zahl der Offiziere, die die SS ausbilden durfte, war vom Oberkommando begrenzt, und obwohl die Quote heimlich überschritten wurde, verlief die Ausdehnung der Waffen-SS während des Krieges stets schneller als der Ausstoß ihrer Kadettenschulen[27].

Am 1. Oktober 1937 zog die Junkerschule Bad Tölz in geräumige neue Gebäude um, die auf Staatskosten errichtet worden waren. Nun konnten die

---

23 Wolf Keilig, Das Deutsche Heer 1939—1945, Bad Nauheim 1956, II, Abschnitt 141, S. 3; Buchheim, Die SS, S. 148. Eine Sammlung der Gesetze und Verordnungen über den Militärdienst im Dritten Reich findet man bei Rudolf Absolon, Wehrgesetz und Wehrdienst 1935—1945: Das Personalwesen in der Wehrmacht, Schriften des Bundesarchivs, 5, Boppard am Rhein 1960.
24 »Rede des Reichsführers SS bei der Gruppenführerbesprechung in München im Führerheim der SS-Standarte ›Deutschland‹ am 8. November 1937«, RFSS/T-175, 90/2612393 ff.
25 »Rede des Reichsführers SS am 23. November 1942, SS-Junkerschule Tölz«, RFSS/T-175, 90/2612778. Die Offiziersschule in Bad Tölz wurde 1934 errichtet, die in Braunschweig 1935.
26 Reitlinger, a. a. O., S. 77.
27 Im Jahre 1938 informierte Himmler seine Gruppenführer, daß die SS »illegal drei- bis viermal so viel Junker ausgebildet« habe, »als uns zugestanden waren«. Himmlers Gruppenführerbesprechung am 8. November 1938 im Führerheim der SS-Standarte »Deutschland«, RFSS/T-175, 90/2612563.

beiden Akademien insgesamt etwa 400 Offiziere jährlich ausbilden; in dieser Zahl sind freilich auch die Offiziere für die Polizei enthalten, und was die Waffen-SS erreichte, genügte nur, um den Bedarf eines Verbandes von der Größe der Vorkriegs-SS-Verfügungstruppe zu decken. Mit dem nahenden Krieg tauchten nicht nur neue Anforderungen durch die beschleunigte Expansion auf, sondern auch das Problem der Verluste im Kampf. Der im Schulungsprogramm für SS-Offiziere geförderte Typ des aggressiven Führers bedingte hohe Verluste beim Führerkorps und verschärfte das Offiziersproblem der Waffen-SS noch mehr[28].

Die Aufnahmebedingungen für die SS-Junkerschulen waren hinsichtlich rassischer, körperlicher und politischer Faktoren sehr streng, aber Bildungsniveau und Herkommen, soweit es nicht politisch bedingt war, zählten nicht: Infolgedessen hatten rund 40 Prozent der vor 1938 angenommenen Offiziersanwärter nur Volksschulbildung[29]. In dem Bestreben, bildungsmäßige und soziale Unterschiede zu beseitigen und Begabten die Offizierslaufbahn zu erschließen, senkte die SS im Grunde ihre Normen, und die Folge davon war, daß das berufliche Niveau vieler Vorkriegs-SS-Offiziere sich nicht auf gleicher Höhe mit dem ihrer Kameraden von der Wehrmacht hielt.

Unter Haussers fachmännischer Führung konnte die junge SS-Truppe dennoch ihre militärische Leistungsfähigkeit stetig verbessern. Da sie den Vorteil hatte, einen kleinen, auserlesenen Menschenbestand zu besitzen, der in physischer Beziehung erstklassig war, konnte die Verfügungstruppe eine Anzahl von Neuerungen auf dem Gebiet der militärischen Ausbildung einführen. Im Heer war der Sport größtenteils auf die Erholungszeit nach Dienstschluß beschränkt, in der SS wurden systematischer Sportbetrieb und körperliches Training zum Bestandteil des Ausbildungsprogramms gemacht. Offiziere und Mannschaften mußten täglich Sport treiben, zum Beispiel Boxen, Rudern, Lang- und Kurzstreckenlauf sowie andere leichtathletische Übungen. Diese Art des Trainings, die zu einem hohen Maß an physischer Fitness führte, begünstigte bei Offizieren, Unteroffizieren und Mannschaften auch einen Kameradschaftsgeist und eine gegenseitige Achtung, wie sie beim Heer im allgemeinen unbekannt waren[30].

---

28 Fast alle 54 Junker, die 1934 die erste Klasse gebildet hatten, welche die Junkerschule Bad Tölz verließ, waren 1942 gefallen. Himmlers Rede am 23. November 1942, RFSS/T-175, 90/2612778 ff.
29 Himmlers Rede vom 8. November 1937, RFSS/T-175, 90/2612395 ff.
30 Kanis, a. a. O., S. 20. Das große Gewicht, das die SS auf den Sport im Rahmen der militärischen Ausbildung legte, ähnelte stark dem von General Hans von Seeckt bei der 100 000-Mann-Reichswehr der Weimarer Epoche eingeführten Programm. Vgl. Gordon Craig, The Politics of the Prussian Army, New York 1956, S. 495. (Deutsche Ausgabe: Die preußisch-deutsche Armee, Düsseldorf 1960, Kapitel XII.)

Der geringe Umfang und der Elitecharakter der Verfügungstruppe ermöglichten es auch, einen hohen Grad individuellen Trainings zu erreichen, der dem regulärer Infanterieeinheiten überlegen war. Bis 1939 wurden fast alle Infanteristen der SS als Stoßtruppen ausgebildet, ähnlich wie die *British Commandos* und die *United States Army Rangers*. Die im Freien und im Unterrichtsraum verbrachte Ausbildungszeit wurde auf Kosten des von dem verpreußten deutschen Heer so hoch geschätzten Kasernenhofbetriebes ausgedehnt. Das Ergebnis der SS-Ausbildung war ein Soldat, »der auf dem Schießplatz ebenso zu Hause war wie auf dem Sportplatz«[31].

Niemals während seines Dienstes in der Verfügungstruppe durfte der junge SS-Schütze vergessen, daß er einer NS-Eliteorganisation angehörte. Nicht nur jeder Schritt seiner sportlichen und militärischen Ausbildung stand im Zusammenhang mit der nationalsozialistischen Weltanschauung, sondern die politische und ideologische Schulung stand gleichberechtigt neben den anderen Teilen des Ausbildungsprogramms. Bis 1936 wurde diese Schulung von besonderen Instruktoren durchgeführt, die dem SS-Schulungsamt unterstanden. Es zeigte sich aber bald, daß diese Instruktoren sich zu politischen Kommissaren im Sowjetstil entwickelten und dadurch einen »Dualismus« in der Führung bewirkten. Die Autorität des Truppenoffiziers wurde geschwächt, indem man ihm »den wichtigsten Teil seiner Führungsfunktion« entzog, »die weltanschauliche Schulung seiner eigenen Männer«[32]. Infolgedessen beschränkte Himmler die politischen Offiziere darauf, die weltanschaulichen Schulungsprogramme vorzubereiten und zu überwachen, während die eigentliche Instruktionsaufgabe den einzelnen Einheitsbefehlshabern übertragen wurde.

Vor Jahresende 1938 hatten die Regimenter der SS-Verfügungstruppe einen derart hohen militärischen Leistungsstand erreicht, daß Himmler von Hitler die Erlaubnis erhielt, mit der SS Truppenübungsplätze des Heeres ohne die üblichen Sicherheitsvorkehrungen zu benutzen. Von nun an wurden SS-Gefechtsübungen mit scharfer Munition und regelrechtem Artilleriefeuer durchgeführt, »so daß der Mann daran gewöhnt wurde, an den Einschlag seiner Geschosse und der Granaten seiner Artillerie auf 70, 50 Meter heranzugehen«[33]. Verluste waren unvermeidlich. Himmler pflichtete den Kritikern aus der Armee bei, daß es »schade um jeden braven deutschen Jungen« sei, der verloren würde, aber er meinte auch, solche Verluste müßten hingenommen werden; »denn durch die wenigen Tropfen Blut, die im Frieden bei solchen Übungen fließen, werden Ströme von Blut« im Kampf erspart. Unter dem Gesichtspunkt, daß harte und wirklichkeitsnahe Kampf-

---

31 Kanis, a. a. O., S. 26.
32 »Rede des Reichsführers SS auf der Tagung der RPA-Leiter am 28. Januar 1944«, RFSS/T-175, 94/2614803 ff.
33 Himmlers Rede vom 16. Dezember 1943, RFSS/T-175, 91/2613342.

übungen die Überlebenschancen des Soldaten in der Schlacht steigern, mochte Himmler recht haben; de facto hat die Waffen-SS der Kriegsjahre freilich niemals niedrige Verlustziffern ausgewiesen. Immerhin machte sich die gründliche Ausbildung der Verfügungstruppe auf andere Weise gut bezahlt: Genau wie das 100 000-Mann-Heer der Reichswehr als Kernstück einer erweiterten Wehrmacht nach 1935 diente, so stellten die 15 000 Mann der Verfügungstruppe viele erfahrene Offiziere, Unteroffiziere und Mannschaften für die stark vergrößerte Waffen-SS der späteren Kriegsjahre.

## Der Zweck der Verfügungstruppe

Für einige Jahre nach ihrer Aufstellung blieb der eigentliche Auftrag der SS-Verfügungstruppe in der Öffentlichkeit unklar, aber privat äußerten sich Hitler und Himmler sehr bestimmt darüber. Die SS als Ganzes war zuerst und vor allem von Hitler als Privatarmee und persönliche Polizeitruppe gedacht. In dem Abschnitt des »Organisationsbuches der NSDAP«, der sich mit der SS befaßt, wird festgestellt, daß es »die ursprüngliche und wichtigste Pflicht der SS ist, als Schutztruppe des Führers zu dienen«. Weiter heißt es dort, daß später »durch Führererlaß der Pflichtenkreis erweitert worden ist und die innere Sicherheit des Reiches einschloß«[34]. Lebendiger schilderte es Himmler 1936. Die Aufgabe der SS sei es, »die Sicherheit Deutschlands im Innern zu garantieren, so wie die Wehrmacht die Sicherheit der Ehre, der Größe und des Friedens des Reiches nach außen garantiert«[35].

In ihren öffentlichen Erklärungen stellten die Naziführer im allgemeinen Juden und Bolschewisten als die Hauptgefahr für die innere Sicherheit des Reiches dar. In Wirklichkeit fürchteten sie größere Teile der deutschen Bevölkerung, besonders im Falle äußerer Verwicklungen. Deutschlands Außenpolitik bezog ab 1935 den Krieg als entschiedene Möglichkeit ein, und Hitler empfand ernste Besorgnisse bezüglich der Haltung, die das deutsche Volk und die Wehrmacht im Falle länger andauernder Feindseligkeiten einnehmen könnten. Hitler hatte ebenso wie Himmler die stürmischen Herbsttage 1918 erlebt, als Deutschlands Wille zur Fortsetzung des Krieges plötzlich auf allen Ebenen zusammenbrach. Hitlers Privatgespräche enthüllen die immer wiederkehrende Beschäftigung mit der Möglichkeit, daß die revolutionäre Situation von 1918 sich wiederholen könnte. Anfang

---
34 Organisationsbuch der NSDAP, München 1943, S. 417.
35 Nürnberger Dokumente 1851-PS.

1942 erklärte Hitler, nachdem er über die Aufstände am Ende des Ersten Weltkrieges reflektiert hatte: »Wenn in diesem Augenblick irgendwo im ganzen Reich der geringste Versuch eines Aufstandes gemacht werden sollte«, würde er sofort »alle Führer der Opposition, einschließlich der Führer der Katholischen Partei ... verhaften und hinrichten lassen.« Binnen drei Tagen würden »alle Insassen der Konzentrationslager ... (und) alle Verbrecher ... erschossen sein. Die Ausrottung dieser paar hunderttausend Menschen würde andere Maßnahmen überflüssig machen«, meinte Hitler[36].

Eine solche Maßnahme wäre in den Aufgabenbereich von Himmlers SS gefallen, und namentlich im Hinblick auf eine solche Rolle unterstützte Hitler die Aufstellung der Waffen-SS. Für diesen Zweck allein hätte sie nicht größer zu sein brauchen als eine militarisierte Polizeiorganisation mittlerer Größe. Aber bis 1937 war die Verfügungstruppe im Begriff, eine einsatzbereite Infanterie zu werden, die, wenn sie auch nicht als solche organisiert war, sich zumindest der Stärke einer Heeresdivision näherte. Diese Entwicklung läßt sich auf Hitlers und Himmlers Überzeugung zurückführen, daß es für die SS schwierig sein würde, ihre Aufgabe im Dienst der inneren Sicherheit in Kriegszeiten zu erfüllen, wenn sie sich nicht den Respekt der breiten Masse und des Heeres durch einen angemessenen Fronteinsatz sichern könne.

So erklärte Himmler den versammelten SS-Gruppenführern am 8. November 1938: »Die Verfügungstruppe ist dafür geschaffen, ins Feld zu gehen, in den Krieg zu ziehen.« — »Würden wir keine Blutopfer bringen und würden wir nicht an der Front kämpfen, hätten wir die moralische Verpflichtung verloren, in der Heimat auf Menschen, die sich drücken und feige sind, zu schießen. Dafür ist die Verfügungstruppe da[37].« Ähnlich nannte Hitler einige Jahre später die Waffen-SS in erster Linie »eine Elitepolizei, die in der Lage ist, jeden Gegner zu vernichten«. Aber »die SS mußte Kriegsdienst leisten, sonst wäre ihr Ansehen gesunken«[38].

Es gab jedoch noch einen zwingenderen Grund für die Existenz der Waffen-SS, der wegen seiner heiklen Natur nicht öffentlich zum Ausdruck gebracht wurde. Die SS sollte die Vorhut einer nationalsozialistischen Armee bilden. »Jede Revolution versucht die Armee unter ihre Kontrolle zu brin-

---

36 Hitler's Secret Conversations, S. 388 (rückübersetzt).
37 Himmlers Rede am 8. November 1938, RFSS/T-175, 90/2612546. Fünf Jahre später verfolgte Himmler das gleiche Thema, wobei er etwas mehr ins einzelne ging, auf einer geheimen Zusammenkunft von Beamten des Propagandaministeriums mit Goebbels an der Spitze. Vgl. Himmlers Rede vom 28. Januar 1944, RFSS/T-175, 94/2614790 ff.
38 Hitler's Secret Conversations, S. 178 (rückübersetzt). Vgl. auch das geheime Memorandum bezüglich der Absichten des Führers hinsichtlich der Zukunft der Waffen-SS, das vom OKH am 21. März 1941 in den Umlauf gebracht wurde. Nürnberger Dokumente D-665.

gen«, sagte Himmler privat, »und den Männern ihren eigenen Geist einzuflößen. Nur wenn das erreicht ist, kann eine Revolution am Ende triumphieren.« Himmler sah zwei Möglichkeiten, eine Wehrmacht zu bilden, »die den Befürfnissen des Nationalsozialismus entspricht«. Erstens, »der Führer hätte das alte Offizierskorps samt und sonders zum alten Eisen werfen können«. Das wäre nach Himmlers Meinung das Richtige gewesen, »aber es würde viel zu lange gedauert haben«. Und in der Zwischenzeit konnte Hitler es sich nicht leisten, auf die Erfahrung und das technische Können der Berufsoffiziere zu verzichten. Hitler wußte jedoch, daß »diese Männer größtenteils keinerlei Sympathie für den Nationalsozialismus hegten«. Deshalb habe er als Alternative die Waffen-SS geschaffen, »eine Truppe, die die Ansichten verkörpern soll, welche der Nationalsozialismus in die Wehrmacht tragen muß«[39].

Auf jeden Fall war es der SS nicht beschieden, dort zu siegen, wo die SA versagt hatte, denn ein ernsthafter Rivale für die Wehrmacht ist sie nie geworden. Trotz ihrer raschen Ausdehnung im Krieg blieb die Gesamtstärke der Waffen-SS geringer als zehn Prozent der Mannschaftsstärke der Wehrmacht, und SS-Offizieren ist es niemals gelungen, zu den oberen Rängen des deutschen Oberkommandos aufzusteigen. Wenn es der Waffen-SS nicht gelang, die deutsche Wehrmacht zu ihrer Weltanschauung und ihren Methoden zu bekehren, so entwickelte sie sich doch, wie Himmler sagte, »nach ihrem eigenen Gesetz«. Und berücksichtigt man lediglich die Kampfkraft, dann spricht manches für die Wirksamkeit dieser »nationalsozialistischen Revolution auf militärischem Gebiet«.

## *Wehrmacht und SS: der Führererlaß vom 17. August 1938*

In den Jahren 1935 bis 1938, als das deutsche Heer in einem geradezu ungeheuerlichen Tempo wuchs, wurde die Aufstellung der versprochenen SS-Felddivision von Jahr zu Jahr verschoben. Die militärische Führung verteidigte ihren Standpunkt, indem sie ihre Parteigegner daran erinnerte, daß NSDAP und Wehrmacht zwar die »zwei Säulen des Dritten Reiches« seien, Hitler der Wehrmacht aber versprochen habe: sie sei »der einzige Waffenträger der Nation«.

Im Kampf zwischen Himmler und den Generalen um die Zukunft der Waffen-SS verhielt sich Hitler nach außen hin neutral. Erstens wollte er keine Kraftprobe mit dem Oberkommando riskieren. Zweitens war nach

---

39 Felix Kersten, The Kersten Memoirs, New York 1957, S. 247 f.

seiner Auffassung die Waffen-SS nach wie vor eine militarisierte Elitepolizei, eine Prätorianergarde, und an ihrer Entwicklung über dieses Stadium hinaus war er noch nicht sonderlich interessiert. Andererseits machte Hitler keinerlei Hehl daraus, daß er keinen Eingriff der Armee in die inneren Angelegenheiten der NSDAP dulden würde; unter diesem Schutzmantel konnte die Waffen-SS immerhin ihre langsame, aber stetige Entwicklung weiterführen.

Himmler dagegen war bezüglich der Zukunft der SS ehrgeiziger. Wenn die Armeeführer die Mitarbeit verweigerten, dann würde man ihre Macht brechen müssen. Himmlers große Chance, das zu tun, kam im Januar 1938, als man dahinter kam, daß der Reichswehrminister, Feldmarschall von Blomberg, eine ehemalige Prostituierte geheiratet hatte. Empört über diesen Fleck auf seinem Ehrenschild forderte das Offizierskorps Blombergs Rücktritt, und Hitler, der ein paar Wochen vorher Hochzeitsgast gewesen war, mußte den Feldmarschall gehenlassen. Da der logische Nachfolger von Blombergs der Oberkommandierende des Heeres, Generaloberst von Fritsch, war, hatte Himmlers Sicherheitschef Heydrich eine Akte vorbereitet, die beweisen sollte, daß von Fritsch homosexuell war. Obwohl Hitler über die gegen Fritsch erhobenen Anschuldigungen ehrlich entrüstet schien, spürte er doch rasch die Vorteile, die sich aus dieser Situation ziehen ließen: Von Himmler und Göring angespornt (von denen jeder seine eigenen Gründe hatte, um Fritsch den Weg zu versperren), entschloß sich Hitler, die Gelegenheit zu benutzen, um die Macht der Generale zu brechen und auf diese Weise die Armee unter seine eigene, unmittelbare Kontrolle zu bringen[40].

Am 4. Februar 1938 verkündete er, von Blomberg werde keinen Nachfolger erhalten:

>»Die Befehlsgewalt über die gesamte Wehrmacht übe ich von jetzt an unmittelbar persönlich aus. Das bisherige Wehrmachtamt im Reichskriegsministerium tritt mit seinen Aufgaben als ›Oberkommando der Wehrmacht‹ und als mein militärischer Stab unmittelbar unter meinen Befehl«[41].

Die Verabschiedung von Blomberg und Fritsch wurde veröffentlicht, und ein zahmer General, Walther von Brauchitsch, wurde zum neuen Oberbefehlshaber des Heeres ernannt. General Wilhelm Keitel, ein glühender Bewunderer des Führers, wurde zum Stabschef des neu geschaffenen OKW ernannt, und sechzehn (dem Nationalsozialismus skeptisch gegenüberste-

---

40 Reitlinger, a. a. O., S. 98 ff.; Wheeler-Bennett, a. a. O., S. 364 ff.
41 Hitlers Erlaß erschien im Reichsgesetzblatt vom 4. Februar 1938. Den hier zitierten Teil findet man bei Walther Hofer (Herausgeber), Der Nationalsozialismus: Dokumente 1933—1945, Frankfurt a. M. 1957, S. 109.

hende) Generale wurden in den Ruhestand versetzt, während weitere vierundvierzig, zugleich mit vielen anderen höheren Offizieren, ein neues Wirkungsfeld erhielten. Göring wurde mit einem Marschallstab besänftigt, Himmler hatte die Genugtuung, seine verhaßten Rivalen gedemütigt zu sehen, und Hitler hatte den Weg für eine militantere Außenpolitik freigemacht. Vor allem aber hatte die Blomberg-Fritsch-Affäre zur »Gleichschaltung« der Armee geführt, des letzten Bollwerks unabhängiger Macht, das dem Naziregime zu trotzen vermochte.

Am 11. März marschierten deutsche Truppen in Österreich ein. Unter den führenden Einheiten von General Guderians XVI. Armeekorps war ein motorisiertes Bataillon der Leibstandarte »Adolf Hitler« unter dem Kommando von SS-Obergruppenführer (General) Sepp Dietrich. Nach dem Anschluß und der »Koordination« des OKW wurde Hitler einer bescheidenen Erhöhung der Stärke der Waffen-SS geneigter. Im Jahre 1938 stellte Himmler für die SS-Verfügungstruppe ein neues Regiment auf: »Der Führer«. Diese Einheit bestand größtenteils aus Österreichern und war in Wien und Klagenfurt stationiert. Auch eine weitere SS-Totenkopfstandarte wurde aufgestellt, wodurch die Stärke der Totenkopfverbände auf 8500 Mann anstieg[42].

Nachdem Hitler nun die Wehrmacht fest in seine Hand gebracht hatte, beschloß er, der Fehde zwischen Himmler und dem Heer ein Ende zu machen, indem er die anomale Position der Waffen-SS klärte. Am 17. August 1938 gab er einen höchst wichtigen, streng geheimen Erlaß heraus, der die Polizeiaufgaben der SS regeln und »die gemeinsamen Aufgaben von SS und Wehrmacht« abgrenzen sollte[43].

Hitlers Erlaß begann mit der Feststellung, daß die Allgemeine SS als »politische Organisation der NSDAP ... keiner militärischen Ausbildung

---

42 Himmlers Rede vom 8. November 1938, RFSS/T-175, 90/2612536.
43 Nürnberger Dokumente 647-PS. Verteidiger der Waffen-SS haben behauptet, daß nur drei Exemplare des Erlasses vorbereitet gewesen seien und daß bei der Verfügungstruppe von deren Existenz nichts bekannt war (Kanis, a. a. O., S. 217 f.). Es gibt Beweismaterial, das diese Ansicht erhärtet. Obwohl Vermerke am Kopf des Originals darauf hinweisen, daß mindestens zehn Fotokopien gemacht worden sind, waren diese wahrscheinlich nur bei der Führungsspitze von SS und Wehrmacht im Umlauf. Solche Dokumente auf höchster Ebene wurden im allgemeinen nicht bis auf Truppenebene hinunter weitergegeben, aber die Tatsache, daß »nichtpolitische« SS-Führer wie Hausser nichts von der Existenz dieses Erlasses gewußt haben, war ohne jegliche Bedeutung für seine Rechtmäßigkeit und seine Anwendung. Bezugnahmen auf den Erlaß findet man in Verhandlungen zwischen dem SS-Hauptamt und verschiedenen Stellen von OKW und OKH, und noch 1940 war er die Basis für Verhandlungen zwischen SS und OKW betreffend des Status der Waffen-SS in Kriegszeiten. Vgl. die verschiedenen Mitteilungen und Vorschlagsentwürfe hinsichtlich »Wehrdienstverhältnis und Wehrüberwachung der Waffen-SS während des Krieges«, Februar 1940, Geheim, RFSS/T-175, 104/2626508 ff.

und Organisation bedarf... und auch nicht bewaffnet werden soll«. Dagegen sollten »für besondere innere politische Aufgaben... oder zur Verwendung innerhalb der Armee im Mobilmachungsfall« die SS-Verfügungstruppe, die SS-Junkerschulen, die SS-Totenkopfverbände und die Reserveeinheiten der Totenkopfverbände (Polizeiverstärkung) als militärische Formationen bewaffnet, ausgebildet und aufgestellt werden. Hinsichtlich der Befehlsgewalt bestimmte Hitler klar, daß die Waffen-SS in Friedenszeiten »dem Reichsführer SS und Chef der deutschen Polizei« unterstellt sein sollte, »der *allein* die Verantwortung für Organisation, Ausbildung, Bewaffnung und vollen Einsatz trägt bezüglich innerer politischer Aufgaben, die ich ihm gebe«. Die erforderlichen »Waffen, Munition, Ausrüstung und militärischen Lehrbücher« sollten »bei der Wehrmacht gegen Bezahlung beschafft« werden, jedoch »besteht in Friedenszeiten keine organisatorische Verbindung mit der Wehrmacht«[44].

Nachdem der Erlaß im ersten Teil die allgemeine Situation der Waffen-SS umrissen hatte, legte er Stellung und Stärke der verschiedenen bewaffneten Verbände der SS fest. Hitler erklärte: »Die SS-Verfügungstruppe ist weder ein Teil der Wehrmacht noch ein Teil der Polizei. Sie ist eine aktive bewaffnete Einheit, die ausschließlich zu meiner Verfügung steht.« Ungeachtet ihrer Verwendung sollte die Verfügungstruppe »eine Einheit der NSDAP« bleiben, und ihre Angehörigen waren »vom Reichsführer SS nach den weltanschaulichen und politischen Maßstäben auszuwählen, die ich für die NSDAP und für die Schutzstaffeln befohlen habe«. Der Dienst war freiwillig, und Rekruten waren aus dem Kreise der jungen Männer zu wählen, »die wehrdienstpflichtig sind und ihrer Arbeitsdienstpflicht bereits genügt haben«. Dienst in der SS-Verfügungstruppe wurde auf die reguläre Wehrdienstpflicht angerechnet[45].

Alle bewaffneten SS-Verbände sollten ihre »finanziellen Mittel vom Ministerium des Innern« erhalten. Das OKW durfte allerdings den Etat nachprüfen. Die Organisation der SS-Verfügungstruppe für die Zeit vor der Mobilmachung war wie folgt festgelegt:

1 Stabspersonal
   Leibstandarte SS »Adolf Hitler« (mot.)
3 Regimenter (»Deutschland«, »Germania« und »Der Führer«)
2 Kradbataillone unter einem Regimentsstab
1 leichtes Pionierbataillon (mot.)
1 Nachrichtenbataillon (mot.)
1 Sanitätseinheit.

---

44 Nürnberger Dokumente 647-PS. Hervorhebung im Original.
45 A. a. O.

Für den Fall, daß die Verfügungstruppe »zur Verwendung im Innern« alarmiert werden sollte, war eine Verstärkung der Leibstandarte durch

1 Panzeraufklärungszug
1 Kradkompanie
1 leichten Pionierzug (mot.) vorgesehen.

Jedes der anderen drei Regimenter sollte außerdem einen Panzeraufklärungszug bekommen, eine leichte Infanteriekradkompanie und einige zusätzliche Nachrichteneinheiten[46].

Die Friedensstärke dieser Einheiten sollte dieselbe sein wie die entsprechender Einheiten des Heeres. »Bedarf an Personal und Ausrüstung, der über den für Friedenszeiten genehmigten hinausgeht, wird vom Oberkommando der Wehrmacht zusammen mit dem Reichsführer SS und Chef der Deutschen Polizei festgelegt.« Aber die endgültige Entscheidung hatte Hitler: »Alle Veränderungen in Aufbau, Stärke und Bewaffnung der SS-Verfügungstruppe bedürfen meiner Genehmigung.« Als Zugeständnis an das Heer ermächtigte Hitler das OKH, Einheiten der Verfügungstruppe zu inspizieren und ihm über den »Stand der Waffenausbildung« zu berichten. Aber selbst dieses nahezu bedeutungslose Recht konnte nur »nach vorheriger Beratung mit dem Reichsführer SS und Chef der Deutschen Polizei« ausgeübt werden. In einem Versuch, eine dauernde Spaltung zwischen Waffen-SS und regulärem Heer zu verhindern, befahl Hitler, daß »sobald die Offizierssituation es gestattet, auf Grund gegenseitiger Vereinbarung ein Offiziersaustausch zwischen Heer und SS-Verfügungstruppe stattfinden soll«[47].

Im Fall der Mobilmachung hatte die SS-Verfügungstruppe eine zweifache Mission zu erfüllen: Sie konnte Befehl erhalten, unter dem Kommando des OKH zu dienen und sollte dann »völlig militärischen Gesetzen und Verordnungen unterliegen, aber politisch eine Einheit der NSDAP« bleiben. Andererseits konnte sie »notfalls« der Führung des Reichsführers SS für die Verwendung im Innern des Reiches unterstellt werden. Alle Entscheidungen bezüglich »Zeit, Stärke und Art der Eingliederung der SS-Verfügungstruppe in das Kriegsheer« waren von Hitler persönlich zu treffen auf Grund der »derzeitigen inneren politischen Sachlage«[48].

---

46 A. a. O.
47 A. a. O. Obwohl Himmler in seiner Ansprache vom 8. November 1938 (RFSS/T-175, 2612563) bekanntgab, daß rund 300 SS- und Polizei-Offiziere vorübergehend zum Heer versetzt worden seien, um dort Lücken in Einheiten aufzufüllen, die für die Besetzung des Sudetenlands mobilisiert worden waren, gibt es kein Beweismaterial dafür, daß jemals Offiziere des Heeres zur SS-Verfügungstruppe abkommandiert wurden.
48 Nürnberger Dokumente 647-PS.

Behauptungen von Apologeten der Waffen-SS, daß zwischen der SS-Verfügungstruppe und den SS-Totenkopfverbänden keine Zusammenhänge bestanden hätten, lassen sich weder durch dokumentarisches Beweismaterial noch durch die tatsächliche Entwicklung erhärten. Der Führererlaß vom 17. August 1938 legt eine solche Beziehung für den Mobilmachungsfall eindeutig fest. Obwohl die SS-Verfügungstruppe in Friedenszeiten eine aktive Formation war, verfügte sie nicht über Ersatzeinheiten. Junge Rekruten erhielten ihre Ausbildung in den aktiven Regimentern. Im Kriegsfall sollten daher bestimmte Teile der SS-Totenkopfverbände zur SS-Verfügungstruppe versetzt werden, um eine Reserve zu sichern, »die dem weltanschaulichen und politischen Geist« jener Formation entsprach[49]. Ende 1940 waren alle Mitglieder der SS-Totenkopfverbände Teil der Waffen-SS, und drei vollständige Regimenter Totenkopfsoldaten, rund 6500 Mann, wurden der Kern einer neuen SS-Felddivision[50]. Lange vor Kriegsende fand man ehemalige Angehörige der SS-Totenkopfverbände in den Reihen vieler Feldeinheiten der Waffen-SS.

Die phantastische Entwicklung der Waffen-SS nach 1940 war in dem Erlaß von 1938 nicht vorgesehen. Im Kriegsfall war nur eine begrenzte Versetzung von Angehörigen der Totenkopfverbände zur Verfügungstruppe in Aussicht genommen. Zu der Zeit betrachtete Hitler die SS-Totenkopfverbände in der Hauptsache als eine »ständige bewaffnete SS-Einheit zur Durchführung von Sonderaufgaben polizeilicher Art«. In Friedenszeiten bedeutete das die Bewachung von Konzentrationslagern und politischen Gefängnissen. Im Falle einer allgemeinen Mobilmachung sollten jedoch die SS-Totenkopfverbände »in der Bewachung der Konzentrationslager von Angehörigen der Allgemeinen SS abgelöst werden, die über 45 sind und eine militärische Ausbildung genossen haben«. Die von ihren bisherigen Pflichten entbundenen und durch Einberufung von Totenkopfreservisten verstärkten Totenkopfverbände sollten eine »Polizeitruppe« unter dem Befehl des Reichsführers SS bilden[51]. Obwohl die kriegsmäßigen Aufgaben der Totenkopfverbände in dem Führererlaß vom 17. August 1938 nicht im einzelnen dargelegt wurden, erklärte Himmler drei Monate später, daß ihre Mobilmachungsstärke in der Größenordnung von »40 000 bis 50 000« Mann liegen würde und daß sie zur Verstärkung der Polizei verwendet werden sollten, um die Heimat zu schützen, während die Verfügungstruppe an der Front stand[52].

Der Dienst in den SS-Totenkopfverbänden dauerte für Unterführer und Mannschaften zwölf Jahre. Da er nicht als Militärdienst zählte, verfügte

49 A. a. O.
50 Siehe S. 30.
51 Nürnberger Dokumente 647-PS. Vgl. Neusüß-Hunkel, a. a. O., S. 62 ff.
52 Himmlers Ansprache vom 8. November 1938, RFSS/T-175, 90/2612548.

Hitler, daß Freiwillige aus dem Kreis derer zu wählen seien, »die in der Regel ihrer Wehrpflicht im Heer genügt haben«[53]. Die Organisation der SS-Totenkopfverbände war am 1. April 1938 auf folgenden Stand festgesetzt:

    4 Standarten (Regimenter) zu 3 Sturmbannen (Bataillonen) mit
    3 Infanteriekompanien (jede 148 Mann stark);
    1 Maschinengewehrkompanie (150 Mann stark);
    Sanitäts-, Transport- und Nachrichteneinheiten.

Wie bei der Verfügungstruppe behielt Hitler sich persönlich das Recht vor, jede Änderung in Stärke, Organisation und Bewaffnung zu genehmigen. Das Heer hatte, von einer Beraterfunktion in Fragen der Bewaffnung und Ausrüstung abgesehen, keinen Einfluß auf die Angelegenheiten der SS-Totenkopfverbände[54].

## Am Vorabend des Krieges

Die Reibungslosigkeit, mit der der »Anschluß« Österreichs an Deutschland vollzogen wurde, gab Hitler die Überzeugung, daß er ungestraft zur nächsten Stufe seines Aggressionsplanes übergehen könne, der Einverleibung der Tschechoslowakei. Bei diesem Abenteuer wurde zum ersten Male die Waffen-SS in mehr als symbolischer Stärke für eine rein militärische Aufgabe eingesetzt. Während der deutschen Mobilmachung vor der Besetzung des Sudetenlandes im Oktober 1938 wurden, auf Hitlers Befehl, vier SS-Totenkopfbataillone und die gesamte SS-Verfügungstruppe der Armee unterstellt. Drei SS-Regimenter – die Leibstandarte »Adolf Hitler«, »Germania« und »Deutschland« – nahmen an der Besetzung teil, während zwei Sturmbanne der SS-Totenkopfstandarte »Oberbayern«, die sogar schon vor dem Einmarsch zur Unterstützung des von der SS gelenkten Freikorps Henlein auf tschechischem Boden operiert hatten, ebenfalls in die Besatzungsarmee eingegliedert wurden[55].

Der erste größere Einsatz der Waffen-SS unter dem Kommando des Heeres scheint ein Erfolg gewesen zu sein. Aber die grundsätzliche Abnei-

---

53 Die meisten der vor dem Führer-Erlaß für die Totenkopfverbände rekrutierten Männer waren junge Leute zwischen 17 und 19, und diese Praxis hörte auch nach 1938 nicht ganz auf. Vgl. Himmlers Ansprache vom 8. November 1937, RFSS/T-175, 90/2612395; Neusüß-Hunkel, a. a. O., S. 55.
54 Nürnberger Dokumente 647-PS.
55 Nürnberger Dokumente 388-PS.

gung des Oberkommandos gegen die SS blieb. Nur auf Hitlers Drängen wurde der Entwurf eines Tagesbefehls, der den erfolgreichen Abschluß des Sudetenlandunternehmens ankündigte, dahingehend ergänzt, daß SS und SA einbezogen wurden. Die von Oberst Alfred Jodl vom OKW vorbereitete Fassung erwähnte lediglich die Teilnahme von »Herr, Luftwaffe und Polizei«, der von Hitler unterzeichnete und der Presse übergebene Tagesbefehl besagte jedoch, daß »das Unternehmen von Einheiten des Heeres, der Luftwaffe, der Polizei, der Waffen-SS (SS-Verfügungstruppe), der SS und SA durchgeführt wurde«[56]. Auf diese Weise erhielt am Ende die SS jene Anerkennung, die das Heer ihr zu verweigern versucht hatte.

Im Spätherbst 1938 wurde beschlossen, die SS-Verfügungstruppe in eine Fallschirmjägertruppe umzubilden, aber kurz nachdem die ersten Schritte in dieser Richtung unternommen worden waren, wurde die Entscheidung umgestoßen, und die Verfügungstruppe wurde statt dessen zu einer motorisierten Stoßtruppe gemacht. Binnen drei Monaten war die Umbildung größtenteils abgeschlossen, und im Frühjahr 1939 wurden die Regimenter der SS-Verfügungstruppe zur Auffüllung der Lücken einiger Panzerdivisionen verwendet, die die Tschechoslowakei besetzten[57].

Im Frühsommer 1939 wohnte Adolf Hitler, von Himmler und verschiedenen hohen Offizieren des Heeres und der SS begleitet, zum ersten Male einer Gefechtsübung der Verfügungstruppe bei. Auf dem Manövergelände Munsterlager zeigte die Übung einen Großangriff des SS-Regiments »Deutschland« auf eine ausgebaute Verteidigungsstellung. Durch echtes Sperrfeuer von Batterien der Heeresartillerie unterstützt, zeigten die SS-Männer unter Verwendung scharfer Munition ihre einzigartige Stoßtrupptaktik. Hitler, dessen Feldherrnqualitäten man in Zweifel ziehen kann, dessen Erfahrungen im Fronteinsatz aber ebenso groß waren wie die vieler seiner Generale, zeigte sich tief beeindruckt. Sein Urteil lautete: »Das kann man nur mit solchen Soldaten machen[58]!«

Als Ergebnis dieser Vorführung wurde schließlich die Erlaubnis zur Aufstellung der ersten SS-Division erteilt. Einige Wochen später erhielt das OKH Anweisung von Hitler, der Verfügungstruppe die notwendige Ausrüstung für die Bildung eines SS-Artillerieregiments zu liefern. Die Umwandlung der SS-Verfügungstruppe in die SS-Verfügungsdivision wurde jedoch vorübergehend verschoben, und ihre Einheiten, einschließlich der neu aufgestellten SS-Artilleriestandarte, wurden wiederum mit Einheiten des Heeres zusammengefaßt zur Vorbereitung der Unternehmen, mit denen der Zweite Weltkrieg eröffnet werden sollte.

---

56 A. a. O.
57 Kanis, a. a. O., S. 218.
58 A. a. O., S. 38, 218.

Am Morgen des 1. September 1939 bestieg Hitler feierlich die Rednertribüne in der Kroll-Oper und verkündete dem zum Schweigen verurteilten Reichstag, daß Deutschland sich im Krieg mit Polen befinde. Gegen Ende seiner Rede erklärte er: »Ich will nichts anderes jetzt sein, als der erste Soldat des Deutschen Reiches. Ich habe damit wieder jenen Rock angezogen, der mir einst selbst der heiligste und teuerste war. Ich werde ihn nur ausziehen nach dem Sieg, oder ich werde dieses Ende nicht überleben[59].« Diejenigen unter den Zuhörern, die es bisher nicht bemerkt hatten, stellten fest, daß Hitler seine übliche braune Parteiuniformjacke gegen einen feldgrauen Waffenrock vertauscht hatte, ähnlich dem Uniformrock, den die Offiziere der Waffen-SS trugen[60].

59 »Aus der Rede Hitlers am 1. September 1939 (Reichstag)«, Jacobsen und Jochmann, a. a. O., G, Dokument 1. IX. 1939.
60 Hegner, a. a. O., S. 376. »Hitler trägt einen feldgrauen Uniformrock der Waffen-SS ohne Rangabzeichen.« Seine im Kriege getragene Uniform stammte aus verschiedenen Quellen. Wenn der Waffenrock, den Hitler sich aussuchte, dem der Waffen-SS ähnelte, so ähnelte seine Schirmmütze der des Heeres, und zu dem Ganzen trug er wechselweise sowohl feldgraue als auch braune oder schwarze Hosen.

II. KAPITEL

Von der Verfügungstruppe zur Waffen-SS

*Die ersten Kriegsmonate 1939/1940*

In seiner Rede auf einer SS-Gruppenführertagung im Oktober 1943 bezeichnete Heinrich Himmler[1] den Ausbau der Waffen-SS nach Ausbruch des Zweiten Weltkrieges als »phantastisch«; er sei »mit einem ganz ungeheueren Tempo« durchgeführt worden. Im Jahre 1939 hatte die Waffen-SS, nach Angaben ihres Chefs, nur aus »ein paar Regimentern, Gardeeinheiten, 8000 bis 9000 Mann stark«, bestanden, »das ist nicht einmal eine Division, alles in allem 25 000 bis 28 000 Mann höchstens«. Aber noch ehe der Krieg ein Jahr gedauert hatte, war ihre Stärke auf etwa 150 000 Mann angewachsen. Diese Versechsfachung bezeichnete den Beginn eines Ausbaus, der bald die Waffen-SS zum »vierten Wehrmachtsteil« werden ließ.

*Der Polenfeldzug 1939*

Der kurze Krieg gegen Polen, der am 1. September 1939 begann, beanspruchte die deutsche Kriegsmaschine nicht ernstlich. Der Beitrag der Waffen-SS war bescheiden, aber nicht unbedeutend. Der größte Teil der im Sommer 1939 nach Ostpreußen verlegten SS-Verfügungstruppe wurde in Kampfgruppen von Regimentsstärke größeren Heeresverbänden angegliedert.

Das SS-Regiment »Deutschland«, das neu geschaffene SS-Artillerieregiment, der SS-Aufklärungssturmbann und ein Panzerregiment des Heeres

---

1 »Rede des Reichsführers SS bei der Gruppenführertagung in Posen am 4. Oktober 1943«, Nürnberger Dokumente 1919-PS.

wurden zur 4. Panzerbrigade verschmolzen, die einem Stab des Heeres, an der Spitze Generalmajor Werner Kempf, unterstand. Das SS-Regiment »Germania« wurde der 14. Armee angegliedert, die im südlichen Teil von Ostpreußen zusammengezogen worden war. Eine andere Kampfgruppe in Regimentsstärke, bestehend aus Angehörigen der Leibstandarte SS »Adolf Hitler« und verstärkt durch den SS-Pioniersturmbann, bildete einen Teil der 10. Armee des Generals Walter von Reichenau, die von Schlesien aus nach Polen einrückte. Der SS-Totenkopfsturmbann »Götze«, der ursprünglich zur Durchführung von Operationen »polizeilicher Art« in und um Danzig aufgestellt worden war, wurde in ein verstärktes Infanteriebataillon »Heimwehr Danzig« umorganisiert und unter dem Kommando von Offizieren des Heeres in den Kampf geworfen[2].

Im Blitzkrieg gegen Polen empfing die Verfügungstruppe ihre Feuertaufe[3]. Das OKH unterließ es jedoch, der SS für ihren Anteil an dem Feldzug ein Lob auszusprechen. Im Gegenteil, die Generale des OKH äußerten nur negative Ansichten. Die SS-Truppen hatten verhältnismäßig viel schwerere Verluste erlitten als das Heer, und die Generale begründeten das kurzerhand damit, daß die SS – besonders ihr Offizierskorps – nicht entsprechend für den Einsatz ausgebildet worden sei. Die SS-Führer wandten dagegen ein, daß ihre Truppen zum Dienst in fremden Einheiten gezwungen worden seien – unter dem Befehl von Offizieren des Heeres – und daß man ihnen allzuoft schwierige Aufträge erteilt habe, ohne sie angemessen zu unterstützen[4].

Keine der beiden Auffassungen entbehrte völlig der Wahrheit. Aber während die Generale die hohen Verlustziffern aufgriffen, um damit für die Abschaffung einer selbständigen SS-Armee zu argumentieren, benutzten Himmler und Genossen sie, um ihre Forderungen nach Aufstellung von SS-Divisionen zu unterstreichen, die gänzlich unter dem Befehl von SS-Offizieren stehen sollten. Am Ende wählte Hitler wieder einen Kompromiß,

---

2 »Truppenteile und Gliederung der SS-Verfügungstruppe im Feldzug gegen Polen (1939)«, Keilig, a. a. O., II, Abschnitt 141, S. 6 ff. Einzelheiten über Kampfhandlungen findet man bei Hausser, a. a. O., S. 28 ff., und Kanis, a. a. O., S. 40 ff. und S. 219. Informationen über »Heimwehr Danzig« finden sich in RFSS/T-175, 104/2625579 und »Die Rede Himmlers vor den Gauleitern am 3. August 1944« in Vierteljahrshefte für Zeitgeschichte, I (Oktober 1953), S. 568.

3 Nur das SS-Regiment »Der Führer« war nicht in Polen eingesetzt. Da seine Ausbildung noch nicht abgeschlossen war, verbrachte es den September als Besatzung eines Westwallabschnitts.

4 »Ansprache des Reichsführers SS aus Anlaß der Übergabe der Führerstandarte an die Leibstandarte ›Adolf Hitler‹, Metz, Fort von Alvensleben, am 7. September 1940«, RFSS/T-175, 90/2612641 ff. Der betreffende Teil der Rede ist abgedruckt in den Nürnberger Dokumenten 1918-PS. Vgl. auch Hausser, a. a. O., S. 29.

wenn auch einen, der ganz offensichtlich die SS begünstigte. Himmler bekam seine SS-Divisionen, aber sie wurden auf die Armeen und Korps der Wehrmacht verteilt und blieben unter der Befehlsgewalt des OKH.

## Vorbereitungen für den Feldzug im Westen

Kaum war Warschau gefallen, da teilte Hitler den Militärbefehlshabern seinen Entschluß mit, noch im selben Herbst im Westen anzugreifen. Diese Ankündigung rief bei den Heerführern, die der Meinung waren, daß Deutschland für einen Entscheidungskampf mit den westlichen Alliierten nicht gerüstet sei, große Bestürzung hervor. Den ganzen Frühherbst 1939 über brodelte im OKH so etwas wie eine Palastrevolution. Wiederum wurde ein Attentatsplan gegen den Führer erwogen, aber genau wie 1938 schritten die verwirrten und geduckten Generale nicht zur Tat. Ihr Chef, General von Brauchitsch, durfte nicht einmal zurücktreten. Es war eine Ironie des Schicksals, daß die endgültige Offensive im Westen erst im folgenden Frühjahr begann, zu eben dem Termin, den das OKH im Gegensatz zu Hitlers Wunsch, sofort anzugreifen, vorgeschlagen hatte. Aber die verschiedenen Aufschübe des Angriffsbeginns wurden von Hitler selbst befohlen, nicht vom OKH, dessen Chef nach den Worten des Feldmarschalls von Manstein vom Status eines militärischen Beraters des Staatsoberhauptes zu dem eines subalternen Befehlshabers degradiert worden war, der »zu bedingungslosem Gehorsam verpflichtet« ist[5].

Während Hitler mit seinen widerspenstigen Generalen stritt, sorgte Himmler, der keine Gelegenheit vorübergehen ließ, das Heer der Untreue zu beschuldigen, dafür, daß Berichte von Beschwerden des Heeres über Greueltaten der SS im besetzten Polen dem Führer zu Ohren kamen. Hitler hatte den deutschen Heerführern vor dem Polenfeldzug angekündigt, daß in dem eroberten Gebiet Maßnahmen durchgeführt werden würden, »die nicht nach dem Geschmack deutscher Generale sein« würden, und hatte sie aufgefordert, »sich nicht in solche Dinge einzumischen, sondern sich auf ihre militärischen Pflichten zu beschränken«[6]. Als aber mitten im Feldzug ein Angehöriger des SS-Artillerieregiments und ein Feldpolizist des Heeres fünfzig zu Zwangsarbeit ausgehobene Juden erschossen, bestand der Orts-

---

5 Erich von Manstein, Verlorene Siege (Bonn 1955); Walter Warlimont, Inside Hitler's Headquarters, 1939—45 (New York 1964), S. 50 ff; H. R. Trevor-Roper (ed.), Blitzkrieg to Defeat: Hitler's War Directives 1939—1945 (New York 1965), S. 12 ff.
6 Fabian von Schlabrendorff, Offiziere gegen Hitler (Zürich 1964), S. 34 f. S. auch Nürnberger Dokumente 3047-PS.

kommandant darauf, sie vor ein Kriegsgericht zu bringen. Obwohl der Anklagevertreter die Todesstrafe forderte, wurden die Mörder wegen Totschlags zu kurzen Gefängnisstrafen verurteilt, und sogar diese wurden noch auf Himmlers massiven Druck hin niedergeschlagen[7].

Um weitere Versuche der Militärs, SS-Angehörige vor Gericht zu bringen, zu verhindern, drang Himmler in Hitler, jene Abschnitte seiner früheren Erlasse, die die Waffen-SS in Kriegszeiten der Militärgerichtsbarkeit unterstellten, zu ändern. Am 17. Oktober 1939 gab der Ministerrat für die Reichsverteidigung den »Erlaß betreffs einer Sondergerichtsbarkeit in Strafsachen für Angehörige der SS und der Polizeigruppen für Sonderaufgaben« heraus. Dieser neue Erlaß lief darauf hinaus, die Waffen-SS aus der Gerichtsbarkeit der Wehrmacht zu lösen. Obwohl SS-Angehörige theoretisch nach wie vor den Bestimmungen des Militärstrafgesetzbuches unterworfen waren, stellte man sie nicht mehr vor Kriegsgerichte, sondern vor besondere SS-Gerichte, deren Mitglieder der Führer auf Vorschlag des Reichsführers SS bestellte[8].

Es kam zu weiteren Klagen von Befehlshabern des Heeres über das Vorgehen der SS-Totenkopfformationen in Polen; und wenn es vielleicht nicht so viele waren, wie man sie von Männern, die ehrenwert sein wollten, erwartet haben mochte, so waren es immerhin genug, um Hitler zu veranlassen, »sehr entrüstet« zu Keitel »über abfällige Bemerkungen höherer Offiziere über von uns in Polen getroffene Maßnahmen« zu sprechen[9]. Der hartnäckigste Kritiker der Nazipolitik im besetzten Polen war Generaloberst Johannes Blaskowitz, Befehlshaber des deutschen Heeres in diesem Gebiet, der eine Denkschrift nach Berlin schickte, in der er das Verhalten der SS in Polen schilderte[10]. Das führte zu einer Konferenz zwischen Himmler und Brauchitsch, bei der der Reichsführer SS zugab, es seien bei der Durchführung der »völkischen Politik« in Polen »Fehler gemacht« worden[11]. Himmler versprach, Schritte zu unternehmen, damit in Zukunft die Aufgabe »auf möglichst rücksichtsvolle Weise und mit einem Minimum an Blutvergießen« durchgeführt würde. Er versicherte dem Chef des Heeres, daß »die SS gute Beziehungen zum Heer« wünsche und nicht danach trachte, »eine (SS-)Armee neben der Armee« zu errichten. Darin spiegelt sich nur wenig von Himmlers wahren Absichten; aber in den ersten Monaten des Jahres 1940 befand sich die Waffen-SS noch in einem kritischen Ent-

---

7 Vgl. Kap. X.
8 S. Reichsgesetzblatt für 1939, Teil I, S. 2107; Reichsgesetzblatt für 1940, Teil I, S. 659. Die einschlägigen Teile der Erlasses und seine Änderungen sind abgedruckt in den Nürnberger Dokumenten 2946-PS und 2947-PS.
9 Jodls Tagebuch, 29. Januar 1940, zitiert bei Telford Taylor, The March of Conquest (New York 1958), S. 70.
10 Nürnberger Dokumente NO-3011.
11 Generaloberst Halder, Kriegstagebuch (Stuttgart 1962), I, S. 183 f.

wicklungsstadium, und Himmler war sich nicht ganz sicher, ob er im Falle eines Streites mit den Heerführern auf Hitlers Unterstützung zählen könne. Trotz Hitlers Schwierigkeiten mit seinen Generalen gibt es keinen Beweis dafür, daß er an eine Vergrößerung der Waffen-SS auf Kosten der Wehrmacht gedacht hat. Seine Hauptsorge im Winter 1939/1940 galt dem bevorstehenden Feldzug gegen Frankreich. Die Handvoll SS-Truppen, die zur Verfügung stand, war bei einer Operation, bei der mehr als hundert Divisionen eingesetzt werden sollten, von geringer Bedeutung. Außerdem wurde Hitlers Haltung gegenüber der Waffen-SS in den ersten Kriegsjahren immer noch durch seine Vorstellungen von der Rolle bedingt, die sie einmal in Friedenszeiten übernehmen sollte. Es bestand kein Grund zu glauben, daß der Krieg lange dauern würde; man erwartete vielmehr, daß die Waffen-SS bald in der Lage sein würde, wieder ihre eigentliche Aufgabe als »Staatspolizei« zu übernehmen. In ihrer vorübergehenden Kriegsaufgabe betrachtete Hitler die Waffen-SS-Truppen als »Garde«, während das Heer die »Linientruppe« bildete. Er empfand es als »eine gute Sache, daß die SS im Verhältnis zu den anderen eine absolut andere Welt« darstellte. Pflicht der Waffen-SS sei es, »ein Beispiel zu geben«. Aber um »einen sehr hohen Standard« zu wahren, »sollte die SS ihre Werbung nicht zu sehr ausdehnen«[12].

Ungeachtet der ehrgeizigen Bestrebungen der SS-Führer genehmigte Hitler nur eine bescheidene Vermehrung der Stärke der Waffen-SS. Bei der Vergrößerung der deutschen Streitkräfte nach dem Polenfeldzug wurde die Stärke der Waffen-SS auf drei Felddivisionen und eine erweiterte Leibstandarte beschränkt.

Unmittelbar nach der Waffenruhe in Polen wurden die Kampfverbände der SS zur Reorganisation nach Deutschland zurückgenommen. Die drei Regimenter SS-Verfügungstruppen wurden zur SS-Verfügungsdivision zusammengeschlossen, und die SS-Leibstandarte »Adolf Hitler« wurde auf die Stärke eines verstärkten motorisierten Regiments gebracht[13]. Mit der Aufstellung dieser beiden Einheiten hatte Himmler seinen Bestand an kriegsmäßig ausgebildeten SS-Männern erschöpft. Er stand nun vor dem Problem, die beiden restlichen der SS bewilligten Divisionen aufzufüllen. Die nächstliegende Lösung war, eine massive Werbung einzuleiten. Das hätte jedoch bedeutet, daß die neuen Divisionen auf mindestens sechs Monate hinaus nicht einsatzbereit sein würden, auf eben die Zeit, die für die Ausbildung der neuen Rekruten erforderlich war. Eine andere Möglichkeit war die, Männer zu rekrutieren, die bereits teilweise ausgebildet waren. Himmler und sein Rekrutierungschef Gottlob Berger entschieden sich hier für einen klugen Plan, durch den sie — wenn er gelang — rechtzeitig für den bevorstehenden Feldzug im Westen zwei kampftüchtige Divisionen schaffen und mit einem

---

12 Hitler's Secret Conversations, S. 178.
13 Keilig, a. a. O., II, Abschnitt 141, S. 7 f.

Schlag die Stärke der Waffen-SS verdoppeln konnten, ohne die Mitarbeit der militärischen Dienststellen in Anspruch zu nehmen. Der Plan war ebenso einfach wie gerissen. Himmler würde in seiner Eigenschaft als Reichsführer SS und Chef der deutschen Polizei einfach genügend Männer von den Totenkopfverbänden und der Polizei zur Waffen-SS versetzen, um die beiden Divisionen auf Sollstärke zu bringen. Dann würde die SS auf Grund der vorliegenden Erlasse Freiwillige anwerben, um die Totenkopf- und die Polizeiverbände wieder auf die genehmigte Stärke zu bringen.

Das Verlockendste an dem Plan war, daß er nur der Zustimmung Hitlers bedurfte. Man brauchte keine neuen Verordnungen und darum auch keine Verhandlungen mit der militärischen Führung. OKW und OKH hatten in jedem Falle wichtigere Dinge zu tun, und da die SS-Führer beabsichtigten, ihren Plan stufenweise auszuführen, würden die Generale schließlich vor eine vollendete Tatsache gestellt werden.

Der ganze Vorgang stützte sich auf zwei Führererlasse: den Erlaß vom 17. August 1938[14], der die Verstärkung der SS-Verfügungstruppe durch Mitglieder der SS-Totenkopfverbände vorsah, und den Erlaß vom 18. Mai 1939, der den Reichsführer SS ermächtigte, im Kriegsfall die Totenkopfverbände als »Polizeiverstärkung« auf 40 000 bis 50 000 Mann zu bringen[15]. Dieser Erlaß war der Schlüssel zu dem Plan und hat, wie Berger später sagte, den »seinerzeit vom OKW sehr eng gezogenen Rahmen für die Entwicklung der SS bereits gesprengt«[16].

In welchem Maße Hitler an Himmlers Plan beteiligt war, ist nicht klar; er genehmigte aber die Versetzung von drei Totenkopfregimentern zu einer dritten SS-Division und die Aufstellung einer vierten SS-Division aus Angehörigen der Ordnungspolizei. Im Oktober 1939 wurden rund 6500 Angehörige der SS-Totenkopfverbände[17], eine Anzahl Kriegsteilnehmer der Verfügungstruppe und ein beträchtliches Kontingent Reservisten der Polizei- und der Allgemeinen SS in die Totenkopfdivision gesteckt[18]. Gleichzeitig

---

14 S. S. 15 ff.
15 Der einschlägige Teil des Führererlasses vom 19. Mai 1939 trug den Titel »Regelung der Dienstverhältnisse der SS-Totenkopfverbände«. In den gesichteten SS-Akten wurde keine Abschrift des Erlasses gefunden, aber im Verkehr zwischen SS und OKW wird in einer Anzahl von Fällen darauf Bezug genommen. Vgl. z. B. Berger an Himmler, »Befehlsentwurf OKW« vom 28. Februar 1940, geheim, RFSS/T-175, 104/2626511.
16 Berger an Himmler, »Besprechung mit Major Ratke, Adjutant OBH«, 10. Februar 1940, Geheime Kommandosache, RFSS/T-175, 104/2626613 f.
17 Die Männer waren sämtlich Angehörige der Totenkopf-Standarten 1, 2 und 3, den erfahrensten der Totenkopfeinheiten.
18 Nach SS-Gruppenführer Eicke, dem Divisionskommandeur und früheren Leiter der Konzentrationslager, bestand ein Drittel dieser Männer aus aktiven SS-Männern mit zwei bis vier Dienstjahren, der Rest waren Reservisten mit geringer militärischer Ausbildung. Eicke an AOK 2, »Ausbildungsstand«, 9. April 1940, geheim, RFSS/T-175, 107/2629888 ff.

wurden Tausende von Angehörigen der Ordnungspolizei, die, wie Himmler zugab, »weder Nationalsozialisten noch SS-Männer« waren, eingezogen, um die Reihen einer neuen Division aufzufüllen, die den passenden Namen SS-Polizeidivision erhielt[19]. Ende November bestand die Waffen-SS aus drei aktiven Divisionen (Verfügungsdivision, Totenkopfdivision und Polizeidivision), vierzehn Totenkopfstandarten (hauptsächlich aus Reservisten der Allgemeinen SS, die als »Polizeiverstärkung« einberufen worden waren) und zwei Junkerschulen (Bad Tölz und Braunschweig). Eine Truppe dieser Stärke brauchte Ersatz, Nachschubeinheiten und eine Reserveorganisation. Außerdem mußten die erschöpften Totenkopf- und Polizeiformationen wieder auf ihre zulässige Stärke gebracht werden. Kurzum, die SS mußte eine ungeheuer verstärkte Rekrutierung vornehmen. Jetzt kam die Bewährungsprobe für die zweite Phase des Himmler-Berger-Plans; es blieb abzuwarten, ob die militärische Führung sie ruhig hinnehmen würde.

## Kampf um Anerkennung und Mannschaften

Im Deutschland der Kriegszeit erfolgte die Verteilung der Wehrfähigen nach einer flexiblen Formel, die vom OKW (nach Absprache mit den Chefs der drei Wehrmachtteile und dem Reichsführer SS) aufgestellt und von Hitler gebilligt wurde. Im Jahre 1940 erfolgte die Aufteilung der Rekruten

---

19 Rede des Reichsführers SS am 19. Juni 1942 vor dem Führerkorps der SS-Division »Das Reich«, RFSS/T/T-175, 90/2612906. Die Mitglieder der SS-Polizeieinheiten, die später aufgestellt wurden, brauchten nicht den rassischen und körperlichen Anforderungen der SS zu entsprechen. Obwohl diese Einheiten Teil der Waffen-SS waren, sind darum ihre Angehörigen nicht ganz allgemein SS-Männer gewesen; sie trugen die Uniform der Ordnungspolizei. Erst am 24. April 1943 gab Himmler, unter Bezugnahme auf die Zulassung von Polizeibeamten zur SS, deutlich zu verstehen, daß er einen derartigen Schritt nur billige, wenn »der Mann ungezwungen und freiwillig um die Aufnahme nachsucht«, und »wenn der Bewerber, unter Anlegung strenger Friedensmaßstäbe, für rassisch und ideologisch qualifiziert befunden« wird. Wer diesen Anforderungen nicht entspreche, »muß die Uniform der Ordnungspolizei tragen«, und unter Hinweis auf »die vielen tausend Reservisten, die wir eingesetzt haben«, erklärte Himmler, daß »infolge der gegenwärtigen Umstände nicht jeder in der Ordnungspolizei ein SS-Mann sein kann.« Himmler an Kaltenbrunner, am 24. April 1943, geheim, Nürnberger Dokumente 2768-PS. Zur Reaktion des OKW auf die Aufstellung der Polizeidivision vgl. Warlimont, a. a. O., S. 34.

auf Heer, Marine und Luftwaffe im Verhältnis 66:9:25[20]. Die Waffen-SS war so klein, daß sie nicht besonders in das Verteilungsschema aufgenommen wurde. Statt dessen gestand Hitler der SS einfach eine bestimmte Anzahl Divisionen zu (im Falle der Totenkopfstandarten eine Maximalstärke) und überließ den Betroffenen die Ausarbeitung der Einzelheiten. Alle Männer im dienstpflichtigen Alter wurden bei ihrem örtlichen Wehrbezirkskommando (WBK) registriert und konnten ohne offizielle Freigabe des WBK in keinen Zweig der Wehrmacht oder der SS aufgenommen werden[21]. OKW und OKH, in deren Händen immer noch ein großer Teil der Verfügungsgewalt in Fragen der Einziehung lag, konnten es der SS nicht verwehren, Freiwillige für ihre Feldeinheiten zu werben[22]. Schließlich standen diese ja unter dem Befehl des Heeres und hatten, da sie in gerader Linie von der Verfügungstruppe abstammten, einen Status, der durch den Führererlaß vom 17. August 1938 geregelt war. Das OKW beschränkte sich deshalb darauf, eine obere Grenze für die Zahl der Männer festzusetzen, die die SS für ihre Feldformationen rekrutieren durfte. Anders verhielt es sich mit den SS-Totenkopfstandarten und den Polizeiformationen. Sie unterstanden nicht der Militärgerichtsbarkeit, und der Dienst in diesen Einheiten war nicht als Wehrdienst anerkannt. Theoretisch sollten sie aus ehemaligen Kriegsteilnehmern oder Angehörigen älterer Jahrgänge aufgestellt werden. Tatsächlich aber hatte die SS junge Männer angeworben, die noch nicht im wehrpflichtigen Alter und von ihren Wehrbezirkskommandos noch nicht erfaßt waren. Das OKW, das sich jeder Abzweigung von Wehrmachtnachwuchs widersetzte, behinderte derartige Bestrebungen der SS bei jeder Gelegenheit. Verstärkt wurde die natürliche Abneigung des Oberkommandos gegen die Existenz unabhängiger Streitkräfte in diesem Fall durch den zweifelhaften Ruf, den die Totenkopf- und Polizeieinheiten sich bei der Durchführung von »Sonderaufgaben« in Polen erworben hatten[23]. Aber für Himmler waren diese Zweige der SS vielleicht sogar noch wichtiger als die SS-Kampfverbände. Sie waren tatsächlich seine Privatarmee, und er war

---

20 Berger an Himmler, »Bevölkerungsbewegung«, 7. August 1940, streng geheim, Nürnberger Dokumente NO-1825, Fall XI, Dokumentenbuch 65, S. 1 ff.
21 Einzelheiten in »Das Wehrersatz- und Überwachungswesen«, Absalon, a. a. O., S. 126 ff.
22 Das komplexe Verhältnis zwischen OKH (Oberkommando des Heeres) und OKW (Oberkommando der Wehrmacht) führte zu beträchtlichen Spannungen innerhalb des deutschen Militärapparates. Trotz ihrer Meinungsverschiedenheiten standen beide Organisationen der Entwicklung und dem Ausbau der Waffen-SS gleich feindlich gegenüber. Eingehende Ausführungen über das Verhältnis zwischen OKH und OKW findet man bei Warlimont, a. a. O. passim.
23 Über die Tätigkeit der SS in Polen vgl. Martin Broszat, Nationalsozialistische Polenpolitik 1939–1945 (Stuttgart 1961).

entschlossen, sie auf Maximalstärke zu bringen. Damit waren die Weichen für einen neuen Zusammenstoß zwischen SS und Wehrmacht gestellt.

Die Ergänzung der SS war stets Aufgabe der Oberabschnittsführer der Allgemeinen SS gewesen, aber der bevorstehende Krieg erforderte die Konsolidierung und Zentralisierung dieser Tätigkeit, die nun immer wichtiger wurde. Mit dieser Aufgabe beauftragte Himmler den SS-Brigadeführer (Generalmajor) Gottlob Berger, der seine organisatorischen Fähigkeiten bei der Leitung des Freikorps Henlein während der Sudetenkrise 1938 bewiesen hatte. Das ungewöhnliche Wachstum der Waffen-SS geht mehr noch auf sein Konto als auf das Himmlers. Durch eine kluge Mischung von Diplomatie, Drohungen und Doppelzüngigkeit vermochte Berger gewöhnlich seine militärischen Gegenspieler zu überlisten. Auf diese Weise erfüllte er nicht nur die Wünsche seines Reichsführers, sondern ermutigte ihn auch durch seine Erfolge zu immer ehrgeizigeren Plänen, die Rolle der SS im Krieg zu erweitern.

Bergers erste Aufgabe bestand darin, ganz Deutschland mit einem Netz von SS-Ergänzungsstellen zu überziehen, die einem Zentralamt in Berlin unterstellt waren. Am 1. Dezember 1939 wurde durch eine von Berger vorbereitete und von Himmler unterzeichnete Verordnung im SS-Hauptamt das Ergänzungsamt der Waffen-SS mit Berger als Leiter geschaffen[24]. In jedem der siebzehn SS-Oberabschnitte wurde nun eine SS-Ergänzungsstelle eingerichtet. Da diese SS-Oberabschnitte sich mit den Wehrkreisen deckten, besaß Berger eine Ergänzungsorganisation, die geographisch mit der der Wehrmacht übereinstimmte. Um dieselbe Zeit erließ das OKW eine Anweisung an die Wehrkreiskommandeure, in der die Aufgabe der neuen Dienststellen erläutert und den Kommandeuren befohlen wurde, in sämtlichen Personalangelegenheiten der SS unmittelbar mit den Ergänzungsstellen zu verhandeln[25].

Die erste offene Opposition gegen Bergers neues Unternehmen kam nicht von der Wehrmacht, sondern aus der SS selbst. Die Bergers Ergänzungsamt zugewiesenen Aufgaben waren vordem von den Oberabschnittsführern der Allgemeinen SS wahrgenommen worden. Einer dieser politischen Satrapen,

---

24 Berger an Himmler, »Neuordnung des Ergänzungswesens«, 1. Dezember 1940, RFSS/T-175, 104/2626770 ff. Einzelheiten über die neue SS-Ergänzungsorganisation sind dem amtlichen, 28 Seiten starken Handbuch »Dienstanweisung für das Ergänzungsamt der Waffen-SS und dessen Ergänzungsstellen«, 29. Oktober 1939, Geheime Kommandosache, zu entnehmen. RFSS/T-175, 104/2626776 ff.

25 OKW-Anweisung, »Neuordnung des Ergänzungswesens der SS und Polizei«, 30. November 1939, RFSS/T-175, 104/2626687. Über die Parallelorganisationen der SS zum Heer s. Neusüß-Hunkel, a. a. O., S. 34 ff.

Gruppenführer (Generalleutnant) Kaul, Befehlshaber des SS-Oberabschnitts Südwest, weigerte sich, die Zuständigkeit der Ergänzungsstelle seines Oberabschnitts anzuerkennen. In einer Reihe bitterer Briefe nach Berlin[26] legte Kaul dar, daß sein Stab bisher das Ergänzungswesen der SS mit Erfolg wahrgenommen und sich des Vertrauens der Wehrmachtdienststellen in seinem Abschnitt erfreut habe. Er sehe deshalb nicht ein, warum es notwendig gewesen sei, eine neue Organisation zu errichten mit »einem Streber niedrigeren Ranges« wie Berger an der Spitze. Besonders wütend war Kaul über den Befehl, einen großen Teil seines eigenen Stabes für die Besetzung der neuen Ergänzungsstelle abzugeben, auf deren Tätigkeit er keinen Einfluß haben sollte.

Bei den von der alten Garde kommenden Führern der Allgemeinen SS bestanden zweifellos viele Sympathien für die Haltung Kauls, aber der bevorstehende Krieg hatte ihren Einfluß drastisch verringert. Die Allgemeine SS, die mit einer Mitgliedsstärke von mehr als einer Viertelmillion Mann einst das Rückgrat der SS gewesen war, verlor rasch ihre Bedeutung. Ihre jüngeren Mitglieder waren wehrdienstpflichtig und wurden in immer größerer Anzahl zur Wehrmacht einberufen. Andere traten der Waffen-SS oder der Polizei bei, Organisationen, denen jetzt Himmlers Hauptinteresse galt. Als Kaul in einem letzten verzweifelten Versuch, seine abbröckelnde Macht zu stützen, Bergers Werber zu verhaften drohte, griff Himmler persönlich ein. In einem Funkspruch befahl der Reichsführer dem widerspenstigen Gruppenführer ärgerlich, seine Obstruktion restlos aufzugeben und Berger zu unterstützen, wenn er nicht die »unangenehmsten Konsequenzen« auf sich nehmen wolle[27]. Himmlers Einschreiten wirkte, und Bergers Zuständigkeit in Ergänzungsfragen wurde innerhalb der SS nicht mehr in Zweifel gezogen.

Die Weiterentwicklung der Waffen-SS ist eine verworrene Geschichte, nicht nur wegen der Komplexität der damit zusammenhängenden Fragen, sondern auch wegen der heftigen Meinungsverschiedenheiten und Intrigen, die diese Fragen bei den höheren Stellen von SS und Wehrmacht auslösten. Angesichts der SS-Pläne für ein Ergänzungswesen großen Ausmaßes schien es dem OKW ratsam, in einem Befehl die Stellung der Waffen-SS im Krieg abzugrenzen und zu regeln. Das war, wie man glaubte, durch die Führererlasse der Vorkriegszeit nicht ausreichend geschehen. Das OKW verfolgte mit dem neuen Befehl nur die Absicht, Ordnung in eine chaotische Situation

---

26 Kauls Briefe waren an SS-Gruppenführer Wolff, den Chef des Persönlichen Stabes RFSS, und Gruppenführer Heissmeyer, Chef des SS-Hauptamtes, gerichtet. S. RFSS/T-175, 104/262665 ff.
27 Himmler an Kaul, verschlüsselter Funkspruch, 2. Februar 1940, RFSS/T-175, 104/2626664.

zu bringen, aber die SS-Führer erblickten darin eine Gelegenheit, die Waffen-SS als »den vierten Wehrmachtteil« durchzusetzen[28].

Gottlob Berger, der Hauptunterhändler der SS, wünschte einen Befehl, der fünf wichtige Punkte erhielt[29]. Erstens und vor allem wünschte er ein klar umrissenes Abkommen hinsichtlich der Beziehungen zwischen den SS-Ergänzungsstellen und den Wehrersatzämtern.

Zweitens verlangte Berger, das OKW solle der Einrichtung eines Beurlaubtenstandes der Waffen-SS (Reserve) in Friedenszeiten zustimmen. In den Führererlassen von 1938 und 1939 war versucht worden, das zu erreichen, indem Angehörigen der SS-Totenkopfverbände gestattet wurde, im Mobilmachungsfall die Feldeinheiten zu verstärken. Aber Berger wies darauf hin, daß sich das im Polenfeldzug als unmöglich erwiesen habe, »weil den Totenkopfstandarten im Rahmen des Feldzuges Aufgaben erwuchsen, die bei der Herausgabe des Führererlasses nicht vorauszusehen waren«. Und obwohl ein solcher Ersatz nach dem Feldzug erfolgt sei, könne nur eine Reserve aus Männern, die ihren Dienst in der Waffen-SS abgeleistet hatten, einen Bestand an ausgebildeten Leuten sichern für den Fall, daß die SS unter Umständen mobilisiert wird, bei denen eine Mobilmachung der Wehrmacht unnötig ist[30]. Berger sollte bald merken, daß die militärische Führung gerade unter solchen Umständen eine starke und unabhängige Waffen-SS fürchtete.

Drittens hoffte Berger das OKW davon zu überzeugen, daß es nur gerecht sei, den Dienst in den SS-Totenkopfstandarten als Wehrdienst anzuerkennen. Es sei krasses Unrecht, so führte er aus, diesen Männern eine solche Anerkennung zu verweigern, zumal es sich um viele ältere Freiwillige handele, die »noch heute den geruhsamen Bürger und Verdiener spielen könnten, wenn sie nicht der Schutzstaffel angehörten und sich freudig der Truppe zur Verfügung stellten«[31].

Viertens wünschte der SS-Führer in dem neuen Befehl auch eine Klausel, durch die der Titel *Waffen-SS* »als Sammelbezeichnung der bewaffneten Einheiten der Schutzstaffel« festgelegt werden sollte. Während bei den verschiedenen Zweigen der SS Klarheit über die Verwendung dieses Ausdrucks bestünde, sei das, so beschwerte sich Berger, bei den militärischen Dienststellen, besonders bei den Wehrersatzämtern, mit denen er zu tun hatte, nicht der Fall[32].

28 Vgl. dazu Berger an Himmler, »Befehlsentwurf OKW 12. 1. 1210/AHA/ (11 C)«, 5. Januar 1940, Geheime Reichssache, RFSS/T-175, 104/2626762 ff.
29 Bergers Ziele für die Verhandlungen mit dem OKW wurden in einem langen, streng geheimen Bericht an Himmler vom 10. Februar 1940 dargelegt. Vgl. RFSS/T-175, 104/2626604 ff.
30 Ebenda.
31 Ebenda.
32 Ebenda.

Bergers Endziel war es, vom OKW die Genehmigung zu erhalten, Ersatz für die Felddivisionen der SS unter den Männern der Jahrgangsklassen 1909—1912 anzuwerben, von denen die meisten für die neuesten Divisionen des Heeres vorgesehen waren. Hitler hatte verlangt, daß junge Männer zwischen 18 und 22 Jahren möglichst lange vom Wehrdienst freigestellt werden sollten, damit sie ihrer Arbeitsdienstpflicht im Reichsarbeitsdienst genügen könnten. Doch die Weigerung des OKW, der SS einen Anteil an den höheren Altersgruppen zuzubilligen, hatte Berger gezwungen, achtzehn- und neunzehnjährige Freiwillige aufzunehmen[33].

Den Winter 1939/40 über verhandelten die SS-Führer mit Vertretern der Wehrmacht und versuchten, Übereinstimmung über einen neuen Befehl zu erzielen. Aber die Lösung scheiterte an zwei Fragen: Das Oberkommando weigerte sich hartnäckig, Dienst bei den Totenkopfstandarten als Wehrdienst anzuerkennen, und es war auch nicht gewillt, der SS eine unabhängige Friedensreserve zuzugestehen. Der Grund für die Weigerung war in beiden Fällen der gleiche. Weder die Totenkopfverbände noch die Reservekontingente unterstanden der Wehrmacht. Eine Einwilligung in die Forderungen der SS würde bedeuten, so sagten die Unterhändler des OKW, daß die Wehrmacht nicht mehr, wie Hitler es ihr versprochen hatte, »der einzige Waffenträger der Nation« sein würde[34].

Himmlers Standpunkt war, nach Bergers Darlegungen, der, daß »der volle Einsatz der Wehrmacht und Polizei« nur möglich sei, »weil die SS-T.-SS in der Heimat die Ruhe und Ordnung garantierten«. Außerdem, so führte Berger nochmals aus, bildeten die Totenkopfeinheiten die Quelle für den Ersatz der SS-Felddivisionen, ohne die die SS gezwungen sein würde, ihren gesamten künftigen Bedarf aus Freiwilligen im noch nicht wehrpflichtigen Alter zu decken[35].

Nach längerer Erörterung erklärten sich die Unterhändler des OKW bereit, die Aufstellung einer Friedensreserve der SS in Erwägung zu ziehen, doch nur unter der Voraussetzung, daß das Ergänzungsprogramm von SS und OKW gemeinsam abgewickelt würde. Eine vollkommen selbständige Reserve für die SS käme überhaupt nicht in Frage. Andererseits lehnte das OKW jegliche Zugeständnisse hinsichtlich der Stellung der Totenkopfeinheiten ab. Berger spürte bald, daß die militärischen Führer in diesem Fall

---

33 A. a. O. Klassen und Altersgruppen sind hier synonym und beziehen sich auf das Geburtsjahr. Das deutsche Einberufungsverfahren beruhte auf einer allgemeinen Einberufung von Klassen, d. h. Männern eines bestimmten Geburtsjahres.
34 Berger an Himmler, »Befehlsentwurf OKW 12. 1. 1210/AHA/(11 C)«, 5. Januar 1940, Geheime Reichssache, RFSS/T-175, 104/2626762 ff.
35 Ebenda.

eine starke Position hatten. Keitel, der Chef des OKW, hatte die Angelegenheit mit Hitler besprochen, der damit einverstanden gewesen war, eine Entscheidung bis nach Kriegsende zurückzustellen. Die SS-Führer waren — nicht zum ersten und nicht zum letzten Male — ausmanövriert worden. Angesichts dieser Entscheidung mußte Himmler seinen Ärger herunterschlucken und sich mit einem milden Verweis zufriedengeben, den der Leiter des Persönlichen Stabes des RFSS, Gruppenführer Wolff, dem Generalmajor Hermann Reinecke zur Übermittlung an Keitel zur Kenntnis brachte. Der Reichsführer wundere sich sehr, sagte Wolff zu Reinecke, »daß Generaloberst Keitel über Fragen der Schutzstaffel mit dem Führer verhandele, ohne sich vorher mit dem Reichsführer SS in Verbindung gesetzt zu haben«[36].

Himmlers Reaktion war zahm — verglichen mit der der Generale, als sie merkten, wie schnell die Totenkopfverbände gewachsen waren. Im Juni 1940 dienten annähernd 33 000 Mann in diesen Einheiten, und es besagte wenig, daß die Totenkopfmänner nicht als Soldaten, sondern als »Beamte« eingestuft wurden[37]. Rückblickend erkennt man, daß der ganze Streit belanglos war. Noch ehe der Krieg halb zu Ende war, diente der größte Teil der Totenkopfmannschaften wie ihre 6500 Kameraden in der Totenkopfdivision in den Feldeinheiten der Waffen-SS; so kamen auch sie unter die taktische Führung des Heeres. Aber in den ersten Monaten des Jahres 1940 war die Frage symptomatisch für die grundsätzliche Gegnerschaft zwischen SS und Wehrmacht.

Während Keitel und seine Verbündeten im OKW ihre Bemühungen fortsetzten, die bewaffneten Einheiten der SS im Zaum zu halten oder wenigstens zu überwachen, betrieben führende Männer des Heeres, die sich bei der Einmischung in politische Angelegenheiten schon zu oft die Finger verbrannt hatten, jene Vogel-Strauß-Politik, die für ihre Haltung gegenüber der SS so charakteristisch war: Was sie nicht ändern konnten oder wollten, nahmen sie einfach nicht zur Kenntnis.

Anfang Februar 1940 informierte Berger den Reichsführer SS, daß zu seiner großen Überraschung das OKH behaupte, den Führererlaß vom 18. Mai 1939, der eine zahlenmäßige Verstärkung der SS-Totenkopf-

---

36 »Besprechung am 15. 2. 40 mit General Reinecke«, Geheime Kommandosache, RFSS/T-175, 104/2626596.
37 Am 13. Juni 1940 gab es 14 Totenkopfstandarten mit den Nummern 4 bis 17 (die Standarten 1 bis 3 waren in die SS-Totenkopfdivision eingegliedert worden), dazu zwei Totenkopf-Reiterstandarten und ein paar Nachschubeinheiten, in einer Gesamtstärke von 32 822 Mann. Über die Stärke der einzelnen Einheiten und ihre Standorte im Juni s. »Stärkemeldung der SS-Totenkopfstandarten«, 13. Juni 1940, RFSS/T-175, 104/2625574 f.

standarten erlaubt hatte, überhaupt nicht zu kennen, ebensowenig wie Zahl, Stärke und Gliederung dieser Einheiten[38]. Und erst im Mai, fast neun Monate nach Kriegsbeginn, legten die militärischen Dienststellen eine formelle Beschwerde darüber vor, daß Angehörige der Totenkopfverbände die feldgraue Uniform des Heeres trugen, ohne Teil des Heeres zu sein. Die SS erwiderte, man sei dazu berechtigt, weil diese Einheiten »vom Führer für militärische Sonderaufgaben« in den besetzten Gebieten eingesetzt worden seien, und in jedem Fall »sei es zu spät, jetzt noch etwas dagegen zu tun«[39]. War es Himmler auch nicht gelungen, die militärische Anerkennung seiner Totenkopfformationen durchzusetzen, brachte er es doch fertig, sie wie Soldaten zu uniformieren. Kein Wunder, daß viele der ersten Opfer der nazistischen Rassenpolitik mit einem Fluch gegen die deutsche Wehrmacht auf den Lippen starben.

Man kann sich schwer der Folgerung verschließen, daß die Generale bezüglich der Totenkopfstandarten ihre Unkenntnis nur vortäuschten. Gewiß waren die SS-Führer eifrig bemüht, die Stärke dieser Formationen geheimzuhalten, aber es ist schwer zu glauben, daß ganze Totenkopfregimenter, die in Polen, der Tschechoslowakei, in Norwegen, Dänemark und Holland stationiert waren, der Aufmerksamkeit der militärischen Führung entgangen sein sollen[40].

38 Berger an Himmler, »Besprechung mit Major Ratke, Adjutant OBH«, 10. Februar 1940, Geheime Kommandosache, RFSS/T-175, 104/2626613 f. Himmler bestand anscheinend auf Geheimhaltung in Angelegenheiten, die die Totenkopfstandarten betrafen, aber Berger scheint Zweifel gehabt zu haben, ob diese Politik angebracht sei. Im März informierte er Himmler, »daß es der Wehrmacht bisher nicht gelungen ist, herauszufinden, wieviel Mann genau wir einberufen haben, und das wird ihnen auch in Zukunft nicht restlos gelingen ... aber nichts zuzugeben, wäre genauso töricht wie sofort die Zahlen zuzugeben«. Die Rekrutierungen könnten nicht ewig weitergehen, ohne daß das OKW Kenntnis davon bekäme, und in jedem Falle sei die in dem Führererlaß genehmigte Mannschaftszahl noch nicht erreicht. (Die Stärke der Totenkopfverbände belief sich damals auf insgesamt 30 487 Mann. »Stärkemeldung der verst. SS-T.-Standarten«, 1. März 1940, RFSS/T-175, 104/2626524 f.) Berger gab der Meinung Ausdruck, daß »diese Art der Geheimhaltung schwerlich nötig ist und sicherlich gefährlich, da wir uns ja schließlich wegen der notwendigen Mittel an die Reichsbehörden wenden müssen«. Besoldung, Bewaffnung, Bekleidung und dergleichen könnten nur auf Grund der von der SS ausgegebenen Zahlen beschafft werden; gab man diese zu niedrig an, würde das in Zukunft ernste Versorgungs- und Verwaltungsschwierigkeiten verursachen. Berger an Himmler, März o. D., 1940, RFSS/T-175, 104/2626518 ff.
39 RFSS/T-175, 103/2626023 f.
40 Im Juni 1940 stand in jeder der folgenden nichtdeutschen Städte ein SS-Totenkopf-Regiment: Oslo, Stavanger-Bergen, Radom, Brünn, Krakau, Breda, Prag. Ein weiteres war auf dem Marsch nach Kopenhagen.

## Die Rekrutierungswelle der SS Anfang 1940

Während sich die Verhandlungen über einen Erlaß zur Festlegung der Stellung der Waffen-SS im Krieg hinschleppten, machte die Rekrutierung der SS rasche Fortschritte. Die Aufstellung von Totenkopf- und Polizeidivisionen hatte die Reihen der Totenkopfstandarten und der Polizei stark verdünnt. Die Weigerung des OKW, der SS die Aufnahme von Männern im Wehrdienstalter für diese Formationen zu gestatten, zwang die SS-Werber, sich nach älteren und jüngeren Männern umzusehen. Nach beiden Richtungen hin gab es Schwierigkeiten. Männer, die über das Wehrpflichtalter hinaus waren, fanden wenig Anreiz darin, sich freiwillig zum aktiven Dienst in der SS zu melden, während junge Männer im Vorwehrpflichtalter zuerst ihrer Arbeitsdienstpflicht genügen mußten.

Berger versuchte das erste Problem zu lösen, indem er sich die Unterstützung der NSDAP sicherte. Verschiedene Parteiorganisationen wurden gebeten, ihre Mitglieder zu drängen, sich freiwillig zum Dienst in den Totenkopfregimentern zu melden. Diese Aktion war nicht besonders erfolgreich, und die SA, die Grund zum Groll gegen die SS hatte, fiel bald völlig für dieses Programm aus. Noch im April 1940 hatte die SS nur 1727 NSDAP-Mitglieder zu rekrutieren vermocht[41].

Bessere Ergebnisse hatte er bei der Anwerbung von Jugendlichen. Es gelang der SS, sich der Unterstützung des Leiters der Deutschen Arbeitsfront, Dr. Robert Ley, für einen Plan zu versichern, wonach junge Männer zwischen 18 und 20 Jahren aus dem RAD entlassen werden sollten, wenn sie sich freiwillig für langfristige Verpflichtungen bei Totenkopf-, Polizei- oder Feldeinheiten der SS meldeten und angenommen wurden[42]. Am 16. Januar 1940 gab Keitel einen OKW-Befehl heraus, der das Recht der

---

41 Berger an Himmler, »Übersichtsliste«, 2. April 1940, Geheime Kommandosache, RFSS/T-175, 104/2626427 f. Für die mangelnde Unterstützung der Aktion Bergers, Parteimitglieder für die SS anzuwerben, scheint auch eine Anzahl persönlicher Faktoren maßgebend gewesen zu sein. Goebbels' Tagebucheintragung für den 9. Mai 1943 schildert seine Unterhaltung mit Hitler bezüglich der Ernennung eines neues Stabschefs der SA, um Viktor Lutze zu ersetzen, der bei einem Autounfall ums Leben gekommen war, und spricht von dem »ziemlich gespannten Verhältnis zwischen SA und SS«, das er auf die Tatsache zurückführte, daß Lutze »seiner Frau und Familie Freundschaft mit Brauchitsch gestattete, durch die er in heftige Opposition gegen die SS gesteuert wurde«. Goebbels, Tagebücher 1942/43, herausgegeben von Louis P. Lochner, Zürich 1948.
42 Memorandum Bergers, »Ersatz für die SS-Totenkopfstandarten«, 12. Januar 1940, Vertraulich, RFSS/T-175, 104/262675 ff.

SS bestätigte, Zwanzigjährige für ihre Felddivisionen anzuwerben[43]. Das OKW erwähnte nicht die 18- und 19jährigen für die Totenkopf- und Polizeiverbände und war anscheinend dazu auch nicht ermächtigt. Eine Woche später teilte der Reichsarbeitsführer von Gönner Berger mit, daß die SS 6000 junge Männer der Jahrgänge 1918, 1919 und 1920 für die Totenkopfstandarten und die Polizei anwerben dürfe und weitere 2500 vom Jahrgang 1920 für die SS-Verfügungstruppe. Die SS sollte bis zum 1. April 1940 Zeit haben, ihre Werbung zu beenden[44].

Der immer geschmeidige Berger bemerkte, daß der OKW-Befehl vom 16. Januar keine zahlenmäßige Beschränkung für die Zwanzigjährigen festlegte, die die SS anwerben durfte. Er nutzte die Situation sofort aus und gab einen Geheimbefehl an alle SS-Ergänzungsstellen heraus, sich um die 2500-Mann-Quote, die von Gönner festgesetzt hatte, nicht zu kümmern und vor dem Schlußtag 1. April soviel Freiwillige des Jahrgangs 1920 wie möglich einzustellen[45]. Tricks dieser Art waren für Bergers Methoden typisch und erklärten zum großen Teil den Erfolg der selbständigen Rekrutierungspolitik der Waffen-SS. Mit solchen Kniffen gewann sich die SS selbstverständlich keine Freunde, aber je mächtiger Himmlers Imperium wuchs, desto weniger hing es vom Wohlwollen der anderen ab und desto mehr verließ es sich auf Zwang und Einschüchterung, um seine Ziele zu erreichen.

In den ersten Monaten des Jahres 1940 wurde Deutschland mit Flugblättern, Plakaten und Postwurfsendungen überschwemmt, mit denen Freiwillige für die Waffen-SS geworben wurden. In einer dieser Anzeigen hieß es: »Die vom Führer zur Lösung besonderer Aufgaben aufgestellten SS-Totenkopfstandarten stellen mit sofortiger Wirkung Freiwillige ein.« Männer zwischen 28 und 39 Jahren, die ihren Ariernachweis erbringen konnten, unvorbestraft waren und körperlich und geistig für den Dienst mit der Waffe tauglich sowie mindestens 1,70 m groß, wurden aufgefordert, sich zu melden. Eine »Sonderverpflichtung« wurde ferner Achtzehn- und Neunzehnjährigen geboten, wenn sie sich auf zwölf Jahre freiwillig verpflich-

---

43 Der OKW-Befehl vom 16. Januar war anscheinend nur eine Teilkonzession an die SS, und Berger mußte weiter mit dem RAD verhandeln, der sich das Recht vorbehielt, eine Quote für die aus dem Arbeitsdienst zu entlassenden Jugendlichen festzulegen. Erst am 28. Juni 1940 stimmte das OKW der generellen Entlassung aller Jugendlichen unter 20 Jahren zu, die sich für 4$^1$/$_2$ Jahre oder länger zum Dienst in der Waffen-SS verpflichteten. RFSS/T-175, 104/2626226.
44 Von Gönner an Berger, »Freiwillige der Polizei und der SS-VT«, 25. Januar 1940, RFSS/T-175, 104/2626752. Vgl. Absolon, a. a. O., S. 155.
45 Berger-Befehl, 25. Januar 1940, Geheim, RFSS/T-175, 104/2626745 f.

teten. Diese Freiwilligen wurden »vom Wehrdienst befreit« und erhielten den Status von »Beamten«[46].

Bewerber für die SS-Verfügungsdivision und die Leibstandarte SS »Adolf Hitler« mußten zwischen 17 und 22 sein, für die SS-Totenkopfdivision lag das Höchstalter bei 26. Die Mindestgröße für diese Felddivisionen war 1,70 m (»in Ausnahmefällen« auch 1,68 m), ausgenommen die Eliteleibstandarte, bei der nicht weniger als 1,80 m gefordert wurden. Die Rundschreiben schlossen mit dem Hinweis, daß »Dienst in der Waffen-SS als Wehrdienst rechnet«[47].

Unter Ausnutzung der eindrucksvollen Verbreitungsmöglichkeiten der NSDAP und ihrer Gliederungen verkündete die SS, ihre aktiven Einheiten seien »Garderegimenter im besten Sinne des Wortes«, und daß es in einem »ideologischen Krieg« eine besondere Ehre sei, »in einem nationalsozialistischen Korps zu dienen«[48]. Anscheinend hatte die Lockung mit der Elitetruppe den gewünschten Effekt; eine immer größere Zahl junger Deutscher meldete sich freiwillig zur Waffen-SS. Es gab offenbar wenig Schwierigkeiten, genügend Anwärter zu bekommen, besonders für die Felddivisionen[49]. Das eigentliche Problem lag in dem Widerstreben der Wehrersatzämter, die Männer für die Einberufung zur Waffen-SS freizugeben. Während des ganzen Jahres 1940 fanden die SS-Führer Grund, sich über die Schwierigkeiten zu beklagen, die ihnen das Militär in dieser Hinsicht bereitete. Am 16. Februar zum Beispiel wurde Himmler von Berger berichtet, daß die SS im vorhergehenden Monat insgesamt 49 211 Freiwillige gemustert habe, von denen nur 19 087 für tauglich befunden worden waren. Auf Grund früherer Erfahrungen sei — nach Ansicht Bergers — damit zu rechnen, daß höchstens ein Drittel dieser Männer von den Wehrbezirkskommandos freigegeben werden würde[50].

Die Totenkopfstandarten hatten freilich weit weniger Glück mit der Anwerbung von Freiwilligen als die Felddivisionen. Infolgedessen erließ

---

46 RFSS/T-175, 104/2626702. Halder verzeichnete am 7. Februar 1940 in seinem Tagebuch einen Bericht, die Waffen-SS mustere Jugendliche der Klassen 1920—1923 für den Dienst in Polen (Totenkopfstandarten); »auf diese Weise werden [diese Altersgruppen] verpflichtet und ausgekämmt, bevor wir sie bekommen«. Halder, Kriegstagebuch, I, 186.
47 »Merkblatt für den freiwilligen Eintritt in die Waffen-SS«, 1940, RFSS/T-175, 104/2626172. Vgl. Vorkriegsnormen, S. 9.
48 Berger an alle Ergänzungsstellen, 1. Februar 1940, Geheim, RFSS/T-175, 104/2626688 ff.
49 Einige Jahre später behauptete Himmler, die Waffen-SS erhalte Freiwilligen-Meldungen von 40 Prozent jeder Altersgruppe, die zur Einberufung anstehe. RFSS/T-175, 93/2613769.
50 Berger an Himmler, »Annahmeuntersuchungen im Monat Januar«, 16. Februar 1940, RFSS/T-175, 104/ 2626592 f.

die SS gegen Ende Januar einen Befehl, in dem auf Grund der geltenden Führererlasse die sofortige Einberufung von Mitgliedern der Allgemeinen SS, die zu den Altersgruppen gehörten, deren Einziehung zum Wehrdienst bevorstand, zu den Totenkopfstandarten angeordnet wurde[51]. Die auf diese Weise eingezogenen Tausende von Männern konnten schwerlich als Freiwillige bezeichnet werden; trotzdem hielten die SS-Führer die Fiktion aufrecht, daß die Waffen-SS eine Freiwilligenformation bilde[52].

Inzwischen hatte die SS in den »Volksdeutschen« aus den von Deutschland beherrschten Gebieten außerhalb des Reiches ein neues Kräftepotential entdeckt, das völlig frei von Beschränkungen durch die Wehrmacht war. Ende Januar 1940 waren insgesamt 109 Volksdeutsche aus der Slowakei untersucht und 58 davon zum Dienst in der Waffen-SS für tauglich befunden worden[53]. Von nun an meldete sich eine wachsende Zahl von Volksdeutschen freiwillig zur SS oder wurde dazu einberufen. Lange vor Kriegsende bereits übertrafen die Volksdeutschen zahlenmäßig die in Deutschland Geborenen in der Waffen-SS.

Um den Strom neuer Rekruten aufzufangen, errichtete die SS für jede ihrer Felddivisionen ein Ersatzregiment und für Spezialtruppen wie Artillerie, Panzerjäger und leichte Pioniereinheiten kleinere Ersatzformationen. Ende Januar 1940 standen mehr als 10 000 Mann in diesen Ersatzformationen der Waffen-SS[54]. Ständig kamen neue Rekruten hinzu, während diejenigen, die ihre Ausbildung beendet hatten, zu den Felddivisionen geschickt wurden.

Am 23. Januar erließ das OKH eine höchst bezeichnende Anweisung, in der der Status der Ersatzformationen der Waffen-SS während des Krieges geregelt wurde. Dem Reichsführer SS wurde vollständige Befehlsgewalt

---

51 Im Januar 1940 hatte das OKW die Wehrbezirkskommandos ermächtigt, sofort die Klassen 1910—1918, die ersten beiden Drittel des Jahrgangs 1919 und alle Freiwilligen der Jahrgänge 1900—1923 einzuberufen. Die Klassen 1904—1909, 1920, 1921 und das restliche Drittel von 1919 blieben zwecks späterer Verwendung unter der Kontrolle des OKW. »Übersicht über die Heranziehung der Geburtsjahrgänge zum Wehrdienst«, 103/2626103. Vgl. Absolon, a. a. O., S. 153 ff.

52 Gerechterweise muß darauf hingewiesen werden, daß diese Männer sonst zur Wehrmacht einberufen worden wären. In jedem Falle waren sie freiwillig der Allgemeinen SS beigetreten, und da Himmler zwischen den verschiedenen Zweigen der SS keinen Unterschied machte, betrachtete er sie weiterhin als Freiwillige.

53 Berger an Himmler, »Slowaken-Deutsche«, 30. Januar 1940, RFSS/T-175, 104/2626692. Himmlers Vollmacht dazu ergab sich aus seiner Stellung als Chef des Reichskommissariats für die Festigung deutschen Volkstums (RKFDV). Einzelheiten bei Robert Koehl, RKFDV: German Resettlement and Population Policy, 1939—1945, Cambridge, Mass., 1957.

54 »Ersatzlage der SS-VT am 29. 1. 1940«, RFSS/T-175, 104/2626754.

über diese Verbände eingeräumt, ohne Rücksicht auf ihren Standort, während der Oberbefehlshaber des Heeres nur das Inspektionsrecht behielt und in Fragen, die mit der militärischen Ausbildung zusammenhingen, lediglich beratend wirkte[55].

Was oberflächlich als ein einfaches Verwaltungsabkommen erscheint, stellte sich in Wirklichkeit als bedeutsame Konzession an die SS heraus. Himmler verlor keine Zeit, die SS-Ersatzeinheiten über das ganze von Deutschland besetzte Europa zu verteilen; auf diese Weise wurden Männer, die für den Frontdienst eingezogen worden waren, während ihrer Ausbildungszeit vorübergehend für »Polizeidienste« in Anspruch genommen. In Amsterdam und Bergen stationierte Ersatzbataillone der Waffen-SS wurden zum Beispiel auf direkte Befehle aus Berlin eingesetzt, um Streiks und Demonstrationen niederzuwerfen. Die meisten der deutschen Truppen, die 1943 das Warschauer Getto vernichteten, bestanden aus SS-Ersatzeinheiten, die zufällig in dem Gebiet einquartiert waren. Von den durchschnittlich 30 deutschen Offizieren und 1190 Mann, die täglich bei der monatelangen Operation verwendet wurden, waren vier Offiziere und 440 Mann Angehörige des Waffen-SS-Panzergrenadierlehr- und -reservebataillons 3, Warschau, weitere fünf Offiziere und 381 Mann waren Angehörige des Waffen-SS-Kavallerielehr- und -reservebataillons, Warschau. Die Auslöschung der letzten rund 60 000 im Getto verbliebenen Juden kostete die Waffen-SS etwa ein Dutzend Tote und 60 Verwundete, viele davon Rekruten, die nur eine Ausbildung von wenigen Wochen hinter sich hatten[56].

Die Verwendung von Lehr- und Reserveeinheiten der Waffen-SS für Polizeiaufgaben ermöglichte es Himmler schließlich, die SS-Totenkopfregimenter mit den Feldeinheiten der Waffen-SS zu verschmelzen. An ihre Stelle traten SS-Polizeiregimenter und verschiedene örtlich ausgehobene Sicherheitsformationen, die notfalls durch Einheiten der Waffen-SS aus dem rückwärtigen Gebiet verstärkt wurden[57].

## Die Bezeichnung Waffen-SS wird amtlich

Die schnelle, aber von Zufällen mitbestimmte Entwicklung der Waffen-SS heischte immer dringlicher eine endgültige Vereinbarung über ihren Status im Krieg. Nach monatelangen Verhandlungen hatte das OKW der SS ge-

---

55 OKH-Befehl, »Ersatz-Einheiten für die SS-T.-Div.«, RFSS/T-175, 104/2626727.
56 Vgl. Nürnberger Dokumente 1061-PS.
57 Eine eingehende Untersuchung der SS-Polizeiformationen während des Krieges bietet Georg Tessin, »Die Stäbe und Truppeneinheiten der Ordnungspolizei«, in Neufeldt, Huck und Tessin, a. a. O., Teil II, S. 13 ff.

stattet, eine selbständige Reserve unter gemeinsamer Verwaltung von SS und OKW zu unterhalten, aber die Militärführer weigerten sich nach wie vor hartnäckig, den Dienst in den Totenkopfverbänden als Wehrdienst anzuerkennen. Ein neuer Einberufungsentwurf, der die jüngsten Zugeständnisse des OKW enthielt, wurde ausgearbeitet, und Berger unterbreitete am 28. Februar 1940 Himmler ein Exemplar mit der Empfehlung, diesem Vorschlag zuzustimmen[58]. Obwohl er zugab, daß »der Befehl keinen großen Fortschritt« bringe, meinte Berger doch, er schaffe »die Grundlage für den ungestörten Aufbau der Totenkopfstandarten und für ihre spätere Anerkennung«. Er bedauerte, daß der Reichsführer bei der Verwaltung der Waffen-SS-Reserve in Friedenszeiten nicht freie Hand haben sollte, glaubte jedoch, daß jeder Versuch, weitere Revisionen zu erreichen, »die Sache nur verzögern« würde bis zu einem Punkt, »wo dann alles hinfällig wird«. Er erinnerte Himmler daran, daß es »sogar heute im OKW noch Herren gibt, die allen Ernstes behaupten, der Befehl zeige für uns ein unerhörtes Entgegenkommen«. Der vorgeschlagene Erlaß, so schloß Berger, biete »Bewegungsfreiheit und Ausgangspunkte«, von denen aus man schließlich »die Waffen-SS zum vierten Wehrmachtteil« machen könnte[59]. Am 2. März gab Himmler sein Einverständnis zum OKW-Vorschlag[60].

Nun wurde die Bezeichnung »Waffen-SS« amtlich. Verwendet wurde er für die SS-Verfügungsdivision, die Leibstandarte-SS »Adolf Hitler«, die SS-Totenkopfdivision, die SS-Polizeidivision, die SS-Junkerschulen und deren sämtliche Ersatz- und Ausbildungseinheiten. Der Dienst bei diesen Formationen rechnete als aktiver Militärdienst. Die SS-Totenkopfverbände waren also offiziell als Teil der Waffen-SS anerkannt, aber die Entscheidung, ob *dieser* Dienst als Wehrdienst rechne, »bleibt späterer Regelung vorbehalten«. Ihr Status während des Krieges regelte sich weiterhin nach dem Führererlaß vom 18. Mai 1939[61].

Neben den bewaffneten Verbänden erkannte das OKW sieben Verwaltungsorganisationen, die sich mit Ersatzwesen, Nachschub, Verwaltung, Gerichtsbarkeit, Fürsorge, Waffenentwicklung und Sanitätsdienst befaßten, als Teile der Waffen-SS an. Es wurde vereinbart, daß der Dienst bei diesen Stellen als Wehrdienst zu betrachten sei, aber nach dem 1. April 1940 durfte

---

58 Berger an Himmler, »Befehlsentwurf OKW«, 28. Februar 1940, Geheim, RFSS/T-175, 104/2626506 f.
59 Berger an Brandt, »Besprechung mit SS-Brigadeführer Petri«, 2. März 1940, RFSS/T-175, 104/2626515 f.
60 Himmler an Berger, 2. März 1940, RFSS/T-175, 104/2626505.
61 OKW-Befehl, »Wehrdienstverhältnis und Wehrüberwachung der Angehörigen der Waffen-SS während des Krieges«, (ohne Tagesangabe) Februar 1940, geheim, RFSS/T-175, 104/2626508 ff.

ihr Personal nur aus den Reihen aktiver Waffen-SS-Einheiten genommen werden[62].

Obwohl die Auslesevorschriften der Waffen-SS unberührt blieben, mußte der Mechanismus der Musterung, Annahme und Einberufung von Freiwilligen nach den geltenden Vorschriften der Wehrmacht abgewickelt werden. Bezüglich der strittigen Frage einer Reserve für die Waffen-SS in Friedenszeiten sah der OKW-Erlaß vor, daß Personal der Waffen-SS nach Ableistung des aktiven Dienstes den Vorschriften der Wehrmacht entsprechend entlassen, aber nicht der Heeresreserve, sondern einer SS-Reserve zugeteilt wurde. Doch durch ein System doppelter Karteiführung sollte der Plan von Wehrmacht und SS gemeinsam verwaltungsmäßig abgewickelt werden[63].

Der Kampf um den Status der Reserve und um die Anerkennung der Totenkopfstandarten wurde schließlich bedeutungslos, denn der rasche Sieg, der Deutschlands politischen Führern vorgeschwebt hatte, kam niemals. Von einigen älteren Männern und Facharbeitern abgesehen, die nach dem Zusammenbruch Frankreichs demobilisiert wurden, diente das gesamte Personal der Waffen-SS, ohne Rücksicht auf die Bedingungen seiner ursprünglichen Verpflichtung, während der ganzen Kriegsdauer oder — das traf für Zehntausende ein — bis zum Tode. Die Totenkopfstandarten wurden schließlich, Einheit um Einheit, in die größeren Feldverbände der Waffen-SS eingegliedert.

## Das Ringen um Waffen

Die Waffen-SS hatte nicht nur Schwierigkeiten mit ihrem Mannschaftsbestand, sondern stand natürlich auch vor der Aufgabe, ihre neuen Formationen auszurüsten. Wiederum ließ die Zusammenarbeit mit der Wehrmacht viel zu wünschen übrig. Das Hauptproblem war, wie bei der Rekrutierung, der Unterschied, den die Militärs zwischen den SS-Verfügungstruppen und den Totenkopfverbänden machten. Die SS-Verfügungstruppen, mit Ausnahme der Polizeidivision, waren für einen Einsatz als Frontdivisionen ausersehen. Auf Hitlers persönlichen Befehl mußten sie voll motorisiert werden

---

62 Die als Teil der Waffen-SS anerkannten Verwaltungsorganisationen waren: Ergänzungsamt der Waffen-SS, Personalamt der Waffen-SS, Fürsorge- und Versorgungsamt der Waffen-SS, Sanitätsamt der Waffen-SS, Verwaltungsamt der Waffen-SS und SS-Gericht. Ebenda.
63 Ebenda.

und waren der ersten Angriffswelle im Westen zugeteilt. Abgesehen von den besonderen Vorstellungen des Führers bildete die Feld-SS tatsächlich auch taktisch einen Teil des Heeres. Das OKW hatte darum gar keine Wahl, sondern mußte das OKH anweisen, die SS mit den nötigen Waffen und Geräten zu versehen. Für die Totenkopfstandarten bestand jedoch wenig Sympathie beim OKW, und noch weniger klappte die Zusammenarbeit in Fragen der Bewaffnung und Ausrüstung.

Himmler hatte befohlen, die Totenkopfregimenter in der gleichen Weise auszurüsten wie reguläre Infanterieregimenter, aber Oberführer Gärtner, Chef des Beschaffungsamtes, dem diese Aufgabe übertragen worden war, beklagte sich bei seinem Chef, daß eine auf den »Erlaß des Führers und Reichskanzlers vom 18. Mai 1939« gestützte Anforderung von 84 leichten Infanteriegeschützen und 126 Pak für die Totenkopfstandarten vom OKH »nicht einmal beantwortet« worden sei. Daher hatten Ende Januar »die 14 verstärkten Totenkopfstandarten immer noch keine schweren Waffen«[64].

Auch Artillerie, besonders großkalibrige, mangelte den SS-Feldformationen. Gärtner schlug Himmler vor, die SS solle sich »in dieser Beziehung von der Wehrmacht unabhängig« machen, indem sie sich die großen Lagerbestände der Skoda-Werke in der besetzten Tschechoslowakei sicherte. Die Skoda-Geschütze waren für den Export nach Ländern wie Iran, Litauen und Jugoslawien hergestellt worden, aber ihre Ausfuhr war »durch die politische Entwicklung in Frage« gestellt[65]. Die Schwierigkeit war die, daß das OKW die Bestände bereits bis zur Entscheidung, was endgültig damit geschehen sollte, unter ihren Schutz genommen hatte, und aus einer ganzen Anzahl von Gründen sträubte es sich dagegen, die SS mit schwerer Artillerie auszustatten. In erster Linie wollte natürlich das Heer – in Anbetracht des Mangels an modernem Artilleriematerial – das zur Verfügung Stehende für seine eigenen Divisionen requirieren. Ferner: die SS-Divisionen waren motorisiert, ihre schwere Artillerie mußte darum von Motorfahrzeugen eines Typs befördert werden, der sogar noch knapper war. Der dritte und vielleicht wichtigste Grund war das Mißtrauen der Militärs gegen Himmlers Motive. Die Armee wußte, daß der Besitz schwerer Waffen der SS zur Kontrolle über jede Situation im Reich verhelfen würde, die den Waffengebrauch erforderte: Eine derart bewaffnete SS würde somit im Falle eines Zusammenstoßes zwischen Armee und Nationalsozialismus nach dem Krieg eine ernsthafte Gefahr darstellen.

Es waren vielleicht die gleichen Überlegungen, die Himmler veranlaßten, sich mit ungewöhnlicher Energie dafür einzusetzen, seiner Waffen-SS schwere

---

64 Gärtner an Himmler »Bedarf an Geschützen für die Waffen-SS«, 11. Januar 1940, Geheime Kommandosache, RFSS/T-175, 104/2626477.
65 Ebenda.

Artillerie zu verschaffen. In jedem Fall hatten seine Bemühungen Erfolg. Im März befahl Hitler die Errichtung eines neuen, motorisierten schweren Artillerieregiments für die Waffen-SS[66]. Es sollte aus drei Bataillonen bestehen: eines für jede der SS-Felddivisionen. Ein zusätzliches leichtes Artilleriebataillon sollte für die Leibstandarte-SS »Adolf Hitler« geschaffen werden[67].

Die militärische Führung hatte anscheinend Hitlers Schritt nicht erwartet. Berger berichtete Himmler: ... »das OKW, d. h. die uns nicht wohlgesinnten Herren, sind im Augenblick vollkommen durcheinander. Die Genehmigung der Aufstellung von 4 Art.-Abteilungen hat sie tief erschüttert«[68]. Am 26. März räumte Keitel recht unwirsch ein, die SS könne ein Dutzend 150-mm-Haubitzen von Skoda haben, warnte aber, das OKH werde »die notwendige sonstige Ausstattung ... erst abgeben ..., wenn die Ausrüstung der Art.-Formationen der Divisionen der siebenten und achten Welle ... abgeschlossen ist«[69]. Mit anderen Worten, die SS-Divisionen, die zur ersten Welle gehörten, sollten nicht besser behandelt werden als eine drittrangige Landwehrdivision.

Die Polizeidivision, die damals nicht als Fronteinheit galt und deshalb nicht motorisiert war, wurde schnell mit älteren Modellen bespannter Artillerie ausgerüstet[70], und Hitlers Hätschelkind, die Leibstandarte, bekam binnen einer Woche die erforderlichen Geschütze, Geräte und Kraftfahrzeuge für ihr neues Artilleriebataillon[71]. Aber die für die Verfügungs- und Totenkopfdivisionen geforderte Artillerie — und vieles andere dazu — traf nur sehr langsam ein. Die SS-Divisionsstäbe berichteten laufend, daß die Wehrmacht die vom OKW kommenden Befehle hinsichtlich der Übergabe von Gerätschaften nicht ausführe, obwohl das Material »ganz offen bei

---

66 Himmler an Jüttner, 23. März 1940, RFSS/T-175, 104/2626468.
67 Einzelheiten sind einer Reihe von Befehlen zu entnehmen, die Himmler zur Durchführung von Hitlers Entscheidung erließ. RFSS/T-175, 104/2626456 ff.
68 Berger an Himmler, »Anerkennung der Dienstzeit für die SS-T.-ST.«, 30. März 1940, geheim, RFSS/T-175, 104/2626430. Hitler hatte schon am 21. Januar 1940 dem OKW befohlen, der Waffen-SS vier schwere motorisierte Infanteriegeschütze für eine neu eingerichtete Infanteriegeschützkompanie zu liefern. Vgl. OKW-Befehl, »Aufstellung einer sch. I. G. Komp.«, 21. Januar 1940, RFSS/T-175, 106/2629789.
69 Keitel an Himmler, 26. März 1940, Geheime Kommandosache, RFSS/T-175, 104/2626453.
70 Das geschah, indem man der Polizeidivision vorübergehend ein vollständiges Artillerieregiment des Heeres, das Artillerie-Regiment Nr. 300, zuordnete. Auch eine Fernmeldeabteilung und einige andere Versorgungseinheiten bestanden aus Heerespersonal. Vgl. Neufeldt, Huck und Tessin, a. a. O., Teil II, S. 24 f; Keilig, a. a. O., II, Abschnitt 141, S. 9 f.
71 Jüttner an Himmler, 2. April 1940, Geheime Kommandosache, RFSS/T-175, 104/2626423 ff.

den Felddepots und Feldparks herumliegt«[72]. Ein Vorschlag, die Auslieferung unter Umständen dadurch zu beschleunigen, daß man der SS selbst den Abtransport gestattete, wurde schroff abgelehnt mit der Bemerkung: SS-Einheiten unter dem Kommando des OKH würden auf die gleiche Art versorgt wie Heeresverbände. Teilweise lag das Problem zweifellos in der Feindseligkeit gegenüber der SS begründet; aber das Heer hatte tatsächlich große Schwierigkeiten mit seinem Bewaffnungsprogramm. In vielen Fällen, besonders im Hinblick auf die Totenkopfstandarten, war es einfach nicht in der Lage, den Anforderungen der SS nachzukommen, ohne einen Teil seines eigenen Aufbaus zu opfern.

Anfang Mai, als Dänemark und Norwegen unter deutscher Herrschaft standen und der große Schlag im Westen anderntags erfolgen sollte, mußte Oberführer Gärtner den Reichsführer informieren, daß »das Waffen- und Geräteamt der Waffen-SS keine Möglichkeit mehr sieht, in der zur Verfügung stehenden Zeit die erforderlichen Waffen und Ausrüstungsgegenstände über die vordem benutzten Dienststellen der Wehrmacht zu bekommen«[73]. Aber Gärtner hatte eine solche Situation vorausgesehen und hatte einige Monate zuvor Verhandlungen mit dem neu geschaffenen Reichsministerium für Bewaffnung und Munition aufgenommen, um ein selbständiges Beschaffungsprogramm für die SS aufstellen zu können[74].

In den Vorbesprechungen vertrat Gärtner den Standpunkt, daß die deutsche Rüstungsindustrie »die Anforderungen der Waffen-SS erfüllen könne, ohne das Wehrmachtprogramm zu stören«. In jedem Fall könne die SS nicht länger »bei der Wehrmacht betteln gehen«. Es sei entscheidend wichtig, daß die SS Schluß mit dieser Abhängigkeit mache und einen »Gleichstand« erziele. Außerdem bedeute Abhängigkeit Überwachtwerden, und Gärtner teilte den Beamten des Ministeriums mit, »daß der Reichsführer SS durchaus nicht die Absicht hat, der Wehrmacht restlos Einblick in die beabsichtigte Endgestaltung, Kopfzahl und den Verwendungszweck der Waffen-SS-Verbände zu gewähren, zumal sich bei der Vielseitigkeit der an die Schutzstaffel gestellten Anforderungen militärische, politische und polizeiliche Aufgaben überschneiden«[75].

Gärtners Eröffnungen wurden günstig aufgenommen, und es wurde eine Besprechung mit Reichsminister Fritz Todt vereinbart. Nachdem Gärtner

72 Undatierter Bericht vom Kommando der Waffen-SS, unterzeichnet von Sturmbannführer Brandt zur Vorlage bei Himmler, RFSS/T-175, 104/2626279.
73 Gärtner an Himmler, »Beschaffung von Waffen und Gerät für die Waffen-SS«, 9. Mai 1940, Geheime Kommandosache, RFSS/T-175, 104/2626361.
74 Reichsministerium für Bewaffnung und Munition, ab 2. September 1943 Reichsministerium für Rüstung und Kriegsproduktion. Fritz Todt war Reichsminister bis zu seinem Tode im Februar 1942, danach hatte Albert Speer diesen Posten bis Kriegsende inne.
75 Gärtner an Himmler, 9. Mai 1940, Geheime Kommandosache, RFSS/T-175, 104/2626360 f.

den Standpunkt der SS noch einmal kurz dargelegt hatte, legte er Todt eine Liste der Dinge vor, die die Waffen-SS sofort brauche. Sie umfaßte 30 000 Karabiner, 20 000 Gewehre, 50 000 Bajonette, 10 000 Pistolen, 10 000 Maschinenpistolen, Tausende von Maschinengewehren und Panzerabwehrgeschützen, Hunderte von Geschützen, Millionen Schuß Munition und 250 Feldküchen. Todt zeigte Verständnis und versprach, alles für die SS zu tun, was in seiner Macht stünde. Als Dank für sein Entgegenkommen bat der Waffenkönig um eine kleine Vergünstigung: Ob die SS ihm 20 000 polnische Arbeiter für seine Munitionsfabriken stellen könne? Gärtner versicherte, »dieser Wunsch kann erfüllt werden«[76].

Stolz auf seinen Erfolg, berichtete Gärtner dem Reichsführer SS, daß das ganze Problem der Bewaffnung gelöst werde, »mit oder gegen die Wehrmacht«. Einige Tage später teilte der Chef des SS-Waffenamtes den Wehrmachtdienststellen mit, daß die Waffen-SS die Absicht habe, sich bestimmte Dinge, die sie brauche, auf eigene Faust zu beschaffen. Ohne die Genehmigung des OKW abzuwarten, bestellte Gärtner bei der Firma Hugo Schneider 30 000 Nebelgranaten. Zu diesem Zeitpunkt war der Westfeldzug in vollem Gange, und OKW und OKH hatten anscheinend dringlichere Angelegenheiten zu erwägen. Die Herausforderung der SS sollte jedoch nicht ohne Antwort bleiben.

Am 18. Juni erhielt Brigadeführer (Generalmajor) Max Jüttner, der damals als Himmlers Stabschef für Fragen der Waffen-SS fungierte, eine offizielle Mitteilung von General Friedrich Fromm, dem Chef der Heeresrüstung und Befehlshaber des Ersatzheeres, worin dieser gegen den Versuch der SS protestierte, eine selbständige Beschaffung aufzuziehen, und darauf hinwies, daß dies nur »bei der Industrie zu schweren Reibungen führen« könne. Die Angelegenheit war dem OKW überwiesen worden, und Fromm war ermächtigt, Jüttner zu informieren, daß »solange und soweit die Feldformationen der SS im Rahmen der Wehrmacht eingesetzt sind..., sie — wie jede Truppe — mit Nachschub an Waffen, Munition und sonstigem Bedarf durch den Nachschubdienst des Heeres versorgt« werden. Nachdem Fromm in diesem Brief ganz klar gemacht hatte, daß das OKW keine eigene Nachschuborganisation oder Beschaffungsstelle dulden werde, schloß er mit der Mitteilung, daß der an die Firma Hugo Schneider vergebene Auftrag von der Wehrmacht übernommen worden sei. Der Bedarf der Waffen-SS an Nebelhandgranaten würde »soweit wie möglich« von der Versorgungsorganisation der Wehrmacht befriedigt werden[77].

Man darf wohl annehmen, daß die energische Reaktion des OKW auf die Herausforderung durch die SS von Hitler unterstützt wurde. Eine derartige Annahme würde sicherlich erklären, warum die SS ihre Pläne für ein selb-

---

76 A. a. O., 2626361 f.
77 Fromm an Jüttner, 18. Juni 1940, Geheim, RFSS/T-175, 104/2626230.

ständiges Bewaffnungsprogramm rasch fallenließ. Damit war die Ange legenheit aber keineswegs zu Ende. Im Jahre 1940 hatte Hitler noch nich vollkommen mit seinen Generalen gebrochen, und weder Himmler noc seine Waffen-SS waren zu dieser Zeit in der Position, die sie später einma einnehmen sollten. 1942 war die Lage jedoch etwas günstiger. Nach Todt Tod und der Ernennung von Albert Speer zum Rüstungsminister wandt Himmler seine Aufmerksamkeit nochmals dem Problem zu, die SS hinsicht lich ihrer Bewaffnung aus ihrer Abhängigkeit von der Wehrmacht zu be freien. Speer stand Himmlers Argumenten wohlwollend gegenüber, un diesmal unterstützte Hitler anscheinend die SS. Es wurde eine Vereinbarun getroffen, wonach die SS KZ-Insassen für die Rüstungsfabriken stellte un dafür fünf bis acht Prozent ihrer Produktion für die Waffen-SS erhielt[7]

1940 jedoch gab es für die Felddivisionen der Waffen-SS mit Ausnahm der Leibstandarte keine Extrawurst in der Bewaffnung. Die Totenkopf und Polizeidivisionen waren sogar fast gänzlich mit erbeuteten tschechische Waffen ausgerüstet. Und obwohl sich diese in ihrer Leistung als gleich wertig mit denen deutscher Herstellung erwiesen, dürfte ihre Verwendun schwerlich in Himmlers Konzept von der Elite und dem Vorzugscharakte seiner Waffen-SS gepaßt haben[79]. Außerdem zwang die mangelnde Groß zügigkeit der Wehrmacht die SS, mit einem ernsten Fehlbedarf an schwere Waffen und mit unzulänglichen Transportmitteln in den Kampf zu ziehen

*Die Waffen-SS stößt zum Heer:*
*Letzte Vorbereitungen für die Offensive*

Während des ganzen Winters 1939/40 und im Frühjahr 1940 arbeitete Deutschlands Militärs fieberhaft daran, die Wehrmacht auf den *Fall Ge* vorzubereiten, die geplante Offensive in Westeuropa. Neue Rekruten wu den ausgebildet und ausgerüstet, Reserven wurden einberufen, und im Apr standen 44 frische Infanteriedivisionen, eine Kavalleriedivision und ein neue Gebirgsjägerdivision bereit[80]. Für die entscheidend wichtigen motor sierten Einheiten, den Stoßkeil für die »Blitzkrieg«-Operationen, wurde vier neue Panzerdivisionen gebildet, durch die das deutsche Heer auf in gesamt zehn Panzerdivisionen kam. Aber zur Unterstützung der Panze verbände verfügte die Wehrmacht immer noch lediglich über die vi

---

78 Vgl. Reitlinger, a. a. O., S. 262 f.
79 Vgl. »Bericht über die tschechischen Waffen beim Kampfeinsatz«, 5. Augu 1940, Geheim, RFSS/T-175, 104/2626129 ff.
80 Taylor, a. a. O., S. 17.

motorisierten Infanteriedivisionen, mit denen sie im September des Vorjahres den Krieg begonnen hatte. Dieser Mangel wurde von der Waffen-SS wettgemacht, die Verbände in der Stärke von drei Divisionen motorisierter Infanterie stellte: die SS-Verfügungsdivision, die Totenkopfdivision und das verstärkte Regiment Leibstandarte-SS »Adolf Hitler«. Alles in allem verfügte die Waffen-SS, wenn man die nicht motorisierte Polizeidivision mitrechnet, den in Ausbildung befindlichen Ersatz und die Mannschaften der SS-Totenkopfregimenter, beim Beginn der Offensive im Westen über mehr als 125 000 Mann in Uniform[81].

So wie das Heer verbrachte auch die Waffen-SS die Zeit des sogenannten faulen Krieges damit, ihren Mannschaftsbestand auf volle Stärke zu bringen und ihre Verbände auszubilden und auszurüsten. Während die SS-Führer in Berlin ihre politischen Kämpfe mit den Mandarinen des OKW ausfochten, waren die SS-Truppenoffiziere mit der praktischen Aufgabe beschäftigt, ihre Einheiten auf die bevorstehende Offensive vorzubereiten. Dafür waren die SS-Feldverbände verschiedenen Armeekorps längs der deutschen Westgrenze zugeteilt worden. SS-Truppen, die dem Befehl des Heeres unterstanden, waren den militärischen Dienstvorschriften unterworfen und mußten, zum ersten Male, »nach militärischem und nicht nach ehemaligem SS- oder Polizeirang« grüßen. Als Zugeständnis an die politische Ausrichtung der Waffen-SS war ihren Mitgliedern erlaubt, den Nazigruß zu verwenden; außerdem waren sie vom Kirchgang und einer Anzahl anderer traditioneller militärischer Vorschriften befreit[82].

Die Aufgabe der SS-Truppenbefehlshaber, besonders der der beiden jüngsten SS-Divisionen, wurde durch eine Anzahl von Faktoren erschwert. Erstens war ein großer Teil der den neu aufgestellten Totenkopf- und Polizeidivisionen gelieferten Ausrüstung tschechischer Herkunft, wodurch sich zusätzliche Ausbildungs- und Nachschubprobleme ergaben. Zweitens war die Haltung einzelner Befehlshaber des Heeres gegenüber den SS-Verbänden in ihrer Mitte oft alles andere als herzlich; auch das galt wieder in besonderem Maße für die jüngsten SS-Verbände. Die älteren, anerkannten SS-Regimenter — die Leibstandarte, »Deutschland«, »Germania« und in geringerem Maße »Der Führer« — hatten vorher unter dem Befehl der Wehrmacht gedient und (mit Ausnahme des Regiments »Der Führer«) in Polen ge-

---

81 SS-Divisionen waren stärker als Heeresdivisionen und zählten im Durchschnitt 21 000 Mann gegenüber den 15 000 bis 17 000 Mann einer regulären Infanteriedivision. Einen statistischen Überblick über die Waffen-SS mit Stand vom 1. Mai 1940 bietet der »Übersichtsplan«, 4. Mai 1940, RFSS/T-175, 104/2626381 ff.
82 OKW-Befehl, »Anwendung der Standortdienstvorschrift... auf die in die Wehrmacht eingegliederten Teile der bewaffneten SS und Polizei«, 26. April 1940, Geheim, RFSS/T-175, 104/2626029 f.

kämpft. Ihre Kommandeure waren Männer wie Paul Hausser, Felix Steiner und Sepp Dietrich, die von ihren Kameraden im Heer respektiert oder doch wenigstens anerkannt wurden[83]. Aber Himmlers jüngste Divisionen und ihre Kommandeure mußten sich erst noch bewähren. Das wenige, was die Truppenoffiziere des Heeres von ihnen gehört hatten, wirkte nicht gerade beruhigend: Die Polizeidivision unter dem Befehl von Karl von Pfeffer-Wildenbruch, einem Polizeigeneral, bestand aus Polizisten mit tschechischen Waffen und altehrwürdig bespannter Artillerie. Die Totenkopfdivision unter SS-Gruppenführer Theodor Eicke, Himmlers Oberaufseher der Konzentrationslager, hatte unter ihren Leuten eine beträchtliche Anzahl früherer KZ-Wächter.

Himmler erhob 1940 bezüglich der Polizeidivision keine Ansprüche; sie bestand nicht aus SS-Männern, und er machte keine Einwendungen, als ihr für den *Fall Gelb* eine passive Verteidigerrolle gegenüber der Maginotlinie zugewiesen wurde. Die Totenkopfdivision dagegen verkörperte das Prestige der viel geschmähten KZ-Wachen. Hier sah Himmler eine Gelegenheit, den Beweis zu führen, daß die gefürchteten Totenkopfeinheiten zum ehrbaren Soldatenhandwerk ebenso befähigt waren wie zur unmenschlichen Behandlung hilfloser Gefangener. Deshalb drängte er darauf, daß die Totenkopfdivision bei der entscheidenden ersten Angriffswelle mitmachen durfte. Aber Generaloberst Franz Halder, der Generalstabschef des Heeres, hatte bereits entschieden, daß die Division zwar »einen ordentlichen Eindruck« mache, jedoch wohl »einen Kampf verbundener Waffengattungen als schwierige Aufgabe empfinden würde«[84]. Schließlich wurde die Totenkopfdivision der 2. Armee von General von Weichs zugeteilt, einem Teil der OKH-Reserve, der im Kielwasser der Führungsdivisionen in Belgien und Luxemburg einmarschieren sollte.

Am 4. April erhielt die Totenkopfdivision ihren ersten Besuch von dem Oberbefehlshaber der 2. Armee, General Maximilian Freiherrn von Weichs. Der General, einer der hohen Offiziere des Heeres, Aristokrat und gläubiger Katholik, war der SS nicht wohlgesinnt und gab sich keine Mühe, das zu verbergen. SS-Gruppenführer Eicke bezeichnete das Verhalten des Generals bei seiner Ankunft als »kalt und feindselig«[85].

Bei ihrem Eröffnungsgespräch mit Eicke zeigten Weichs und sein Stab ihre Unkenntnis über den Charakter der neuen Division, die ihrem Befehl

---

83 Dietrich war von 1911 bis 1918 Berufssoldat gewesen und hatte es bis zum Feldwebel gebracht. Hausser und Steiner waren beide Offiziere im regulären Heer gewesen. Hausser war 1932 mit dem Rang eines Generalleutnants ausgeschieden, Steiner 1933 als Major.
84 Halder, Kriegstagebuch, I, 179.
85 Eicke an das Kommando der Waffen-SS, »Meldung«, 4. April 1940, Geheim, RFSS/T-175, 107/2629975 ff.

unterstellt worden war. Sie hatten den Eindruck gehabt, die Totenkopfdivision sei »wie eine tschechische Fußdivision organisiert und ausgerüstet«, und waren sehr überrascht, als sie entdeckten, daß es sich in Wirklichkeit um eine moderne, motorisierte Infanteriedivision handelte. Zu einem Zeitpunkt, da nur sieben von den 139 Infanteriedivisionen des deutschen Heeres motorisiert waren, konnte man auf ein solches Kommando wirklich stolz sein, und als Eicke hinzufügte, daß eine schwere Artillerieabteilung für die Division im Aufbau sei, war Weichs' Berufsinteresse geweckt, und seine Kühle begann zu schwinden. Von der Inspektion der Truppen war Weichs sichtlich beeindruckt, und er beendete seinen Besuch in einer Stimmung, die sich von seiner Haltung bei seiner Ankunft gründlich unterschied. Als er ein paar Wochen später zu einem zweiten Besuch kam, war Weichs »völlig aufgeräumt und freundlich gestimmt« und voll des Lobes für die SS-Truppen[86].

Die Bekehrung des Generals von Weichs ist ein gutes Beispiel dafür, wie sich die Beziehungen zwischen SS und Wehrmacht oftmals an der Front entwickelten. Die meisten älteren Offiziere der Wehrmacht, die keinen Kontakt mit der Waffen-SS gehabt hatten, erwarteten, daß die SS-Divisionen aus Nazi-Radaubrüdern von der Straße bestanden, aus Männern jenes Schlages, der die Masse der Braunhemden der SA ausgemacht hatte. Deshalb waren sie überrascht und nicht selten erfreut, wenn sie feststellten, daß ihnen der Befehl über eine gut disziplinierte Truppe anvertraut worden war, deren Soldaten einen vorzüglichen Eindruck machten. Am begeistertsten lobte Weichs, laut Eicke, die hervorragende körperliche Kondition der SS-Truppe.

Was man auch sonst über die Waffen-SS sagen mag, es kann nicht geleugnet werden, daß sie in den ersten Kriegsjahren aus Männern bestand, die in außergewöhnlich guter körperlicher Verfassung waren. Wenn auch die Berufsoffiziere weiterhin über Führung und Zweck der Waffen-SS klagten, so hatten sie doch für das »Menschenmaterial« der klassischen SS-Divisionen nur höchstes Lob. Feldmarschall Erich von Manstein zum Beispiel, der viel Erfahrung mit Einheiten der Waffen-SS hatte, fand, daß es den Offizieren und Unteroffizieren der Totenkopfdivision an Erfahrung und Führungsqualitäten mangele; aber »was ihre Disziplin und ihr soldatisches Verhalten angeht, machte die fragliche Division unzweifelhaft einen guten Eindruck«. Den ganzen Krieg über habe die Totenkopfdivision stets viel Schneid beim Angriff gezeigt und sei standhaft in der Verteidigung gewesen; Manstein war der Meinung, daß es »wahrscheinlich die beste Waffen-SS-Division« sei, der er je begegnet war[87].

---

86 Eicke an Kommando der Waffen-SS »Besichtigung durch den Oberbefehlshaber der 2. Armee«, 29. April 1940, Geheim, RFSS/T-175, 107/2629975 ff.
87 Manstein, a. a. O., S. 187 f.

Militärische Eliteformationen auf hohem physischen Standard mit aggressiver Führung und einem entweder durch Tradition oder durch weltanschauliche Prägung erzeugen *esprit de corps* sind ungeheuer gefährliche Gegner. Die frühen SS-Divisionen besaßen diese Eigenschaften im Übermaß, und diese Tatsache ist der Schlüssel zum Verständnis ihrer Leistungen im Kampf.

III. KAPITEL

## Auf dem Wege zu militärischer Geltung

### Die Waffen-SS im Westfeldzug 1940

Der Westfeldzug 1940 war ein Markstein in der Entwicklung der Waffen-SS. Zum ersten Male fochten SS-Truppen in Divisionsstärke unter dem Befehl ihrer eigenen Offiziere und sicherten durch ihre Leistungen der Waffen-SS einen dauernden Platz als de facto viertem Wehrmachtteil. Viele weitere Feldzüge sollten für die Waffen-SS folgen, ihre glorreichsten Jahre lagen noch vor ihr; aber in Holland und Frankreich begann die Waffen-SS im Mai und Juni 1940 sich jenes Ansehen zu erwerben, das sie in späteren Jahren zur Hoffnung ihres Führers und zum Schrecken ihrer Feinde machen sollte.

### Der Fall Gelb und die Rolle der Waffen-SS

Ende April 1940 waren die Kampftruppen der SS auf volle Stärke gebracht worden. Trotz einiger Fehlbestände bei Artillerie und Fahrzeugen stand die Waffen-SS einsatzbereit. Die Eroberung Dänemarks und Norwegens, die am 9. April begann, war in der ersten Maiwoche praktisch abgeschlossen, und Hitler befahl den *Fall Gelb*, den oft hinausgeschobenen Angriff im Westen[1].

Die für die Offensive bereitgestellten 136 Divisionen wurden in drei Heeresgruppen eingeteilt — B, A und C —, die in dieser Anordnung längs einer 650 Kilometer langen Front vom Norden Hollands bis zur schweizerisch-deutsch-französischen Grenze auseinandergezogen waren. Die Operationen im *Fall Gelb* sollten ausschließlich von den Heeresgruppen A und B

---

1 Beim »Fall Weserübung«, der deutschen Invasion von Dänemark und Norwegen, waren keine Einheiten der Waffen-SS beteiligt.

durchgeführt werden, die von einer Division Luftlandetruppen unterstützt wurden. Die Heeresgruppe C, neunzehn feststehende Divisionen, sollte unbeweglich der Maginot-Linie gegenüberstehen; abgesehen von einem Scheinangriff im Saargebiet hatte sie im ersten Teil des Feldzuges keine aktive Rolle.

In seiner einfachsten Form erforderte der deutsche Plan drei Hauptangriffe mit etwa 75 Divisionen, dazu 45 weiteren, die in Reserve gehalten wurden. Der nördlichste Angriff, der von einem Teil der Heeresgruppe B geführt werden sollte, zielte auf die Zerschlagung der holländischen Verteidigungsanlagen und die Besetzung der Niederlande, um der britischen Luftwaffe die Benutzung holländischer Flugplätze für Angriffe auf Deutschland zu sperren. Der restliche und weitaus stärkere Teil der Heeresgruppe B sollte ins Herz Belgiens vorstoßen. Beide Angriffe würden, so hoffte man, die Alliierten nach Norden locken, während der deutsche Hauptschlag, den die Heeresgruppe A zu führen hatte, einen Panzerkeil durch Südbelgien und Luxemburg in Nordfrankreich hineintreiben sollte. Wenn alles planmäßig verlief, würden die holländische und die belgische Armee weggefegt und das britische Expeditionskorps und ein Teil der französischen Armee eingekreist und vernichtet werden. Dann würde der *Fall Rot* folgen, der Marsch sämtlicher deutschen Streitkräfte südwärts nach Frankreich hinein, um die Reste der französischen Armee auszuschalten[2].

Nach Abschluß der endgültigen Aufstellung standen die Leibstandarte SS »Adolf Hitler« und das 3. SS-Regiment »Der Führer« (das von der SS-Verfügungsdivision abgestellt worden war) längs der holländischen Grenze, der Rest der Verfügungsdivision stand alarmbereit in der Nähe von Münster, um in Holland einzumarschieren, sobald die Grenzverteidigung durchbrochen war; die SS-Totenkopfdivision wurde bei Kassel in OKH-Reserve gehalten, und die Polizeidivision stand in Tübingen in Reserve hinter der Oberrheinfront der Heeresgruppe C[3].

## Die Waffen-SS in den Niederlanden

Da ihre Armee zu schwach war, um die mehr als 300 Kilometer lange Grenze mit Deutschland verteidigen zu können, stützten die Holländer ihre Verteidigung auf eine Anzahl von Flußläufen und Kanälen, die in

---

2 Weitere Einzelheiten bei Hans-Adolf Jacobsen, Fall Gelb: Der Kampf um den deutschen Operationsplan zur Westoffensive 1940, Wiesbaden 1957.
3 S. dazu den Lageplan »Lage West vom 10. 5. 1940«, in Halder, Kriegstagebuch, I, Anhang 4.

Grenznähe leicht befestigt waren, nach Westen zu aber eine immer stärkere Befestigung aufwiesen. Die letzte Verteidigungslinie umgab die »Festung Holland«, einschließlich Rotterdam, Amsterdam, Den Haag, Utrecht und Leiden. Da bekannt war, daß die holländische Verteidigung sich hauptsächlich auf die Sprengung von Brücken und die Überflutung tiefliegender Gebiete stützen würde, sah der deutsche Plan die Besetzung der in die Festung Holland führenden strategisch wichtigen Brücken durch Luftlandetruppen und Fallschirmjäger vor, damit alle Übergänge für die anrollenden Panzer und die motorisierte SS-Infanterie offengehalten werden konnten[4].

Der Erfolg des deutschen Angriffs hing im wesentlichen von einer etwa vier Divisionen starken Truppe ab: 4000 Fallschirmjägern der Luftwaffe und vier Regimentern Luftlandetruppen des Heeres, die die Brücken hinter den holländischen Linien besetzen und passierbar halten sollten, sowie einer Panzerdivision des Heeres und vier motorisierten SS-Infanterieregimentern, die mit starker Unterstützung durch Sturzkampfbomber und Jagdflugzeuge die holländischen Verteidigungen durchbrechen, die von den Deutschen besetzten Brücken überschreiten und die Schlüsselstädte der Festung Holland besetzen sollten. Die restlichen für diese Operation bestimmten Streitkräfte, eine Kavalleriedivision und sechs drittrangige Infanteriedivisionen (Landsturm), waren von untergeordneter Bedeutung.

Am 9. Mai entschied Hitler schließlich, daß der Angriff am nächsten Tag beginnen sollte. Das Alarmsignal wurde durchgegeben, und überall an der 650 Kilometer langen Front standen die deutschen Truppen kampfbereit. Um 21 Uhr wurde das Kennwort »Danzig« durchgegeben, das den Beginn der Offensive anzeigte[5].

Eine Kampfgruppe der Leibstandarte SS »Adolf Hitler«, deren Erlebnisse aufgezeichnet wurden, bezog an der Grenzbrücke bei der holländischen Grenzstadt De Poppe Stellung. Punkt 5.30 Uhr, als der Morgen dämmerte, überwältigte ein Stoßtrupp die holländischen Grenzwachen, schnitt die Zündschnüre der Brückensprengladungen durch und hob den Schlagbaum für die wartende Kolonne der SS-Fahrzeuge[6]. Ähnliche Szenen spielten sich an anderen Punkten längs der Front ab. Als die Fahrzeuge der SS-

---

4 Eine eingehende Erörterung des deutschen Planes zur Invasion der Niederlande findet man bei Taylor, a. a. O., S. 188 ff. und Jacobsen, Fall Gelb, S. 244 ff.
5 »Das dienstliche Tagebuch des Chefs des Wehrmachtführungsamtes im OKW, Generalmajor A. Jodl«, Eintragung 9. Mai 1940. Abgedruckt in William Shirer, The Rise an Fall of the Third Reich, New York 1960, S. 720 (deutsche Ausgabe unter dem Titel: »Aufstieg und Fall des Dritten Reiches«, Köln und Berlin 1961).
6 Kurt Meyer, Grenadiere, München 1957, S. 19.

Vorausabteilung über die Brücke rollten, donnerten über ihnen Schwärme von Ju-52-Transportmaschinen, die deutsche Luftlandetruppen tief im Innern des holländischen Verteidigungsnetzes absetzen sollten.

Gegen Mittag hatte die Leibstandarte nach einem stürmischen Vormarsch über rund 110 Kilometer ihr Ziel, Zwolle, die Hauptstadt der Provinz Overijssel, und die beiden großen Brücken, die die Ijssel in der Nähe überspannen, genommen und besetzt. Trotz der sensationellen und beinahe unblutigen Eroberung ihres Kampfzieles war es für die Leibstandarte kein voller Erfolg, denn in den frühen Morgenstunden hatten die Holländer aus Furcht vor einer Fallschirmjägerlandung die Brücken zerstört. Trotzdem erzwang sich das 3. Bataillon der Leibstandarte weiter südlich in der Nähe von Zuitphen einen Übergang über die Ijssel, besetzte die Stadt Hooen und nahm 200 ihrer Verteidiger gefangen. Dann stieß ein verstärkter Zug von SS weitere 70 Kilometer vor, machte 127 Gefangene und gewann dabei für seinen Kommandeur, Obersturmführer (Hauptmann) Krass, das erste Eiserne Kreuz 1. Klasse, das einem Offizier in diesem Feldzug verliehen wurde[7]. Trotz dieser Leistungen war der Blitzvormarsch der Leibstandarte durch die Zerstörung der Ijssel-Brücken wirksam an diesem Frontabschnitt aufgehalten worden. Sie wurde daher zurückgezogen und nach Süden geschickt, um sich mit der 9. Panzerdivision und der SS-Verfügungsdivision bei dem großen Vorstoß gegen Rotterdam zu vereinigen[8].

Unterhalb des Operationsgebietes der Leibstandarte gelang am 10. Mai ein anderer Übergang über die Ijssel: Das 3. SS-Regiment »Der Führer« überschritt als Stoßkeil für den Vormarsch der 207. Infanteriedivision bei Arnheim den Fluß, stürmte in den folgenden Tagen die befestigte Grebbe-Linie und rückte auf Utrecht vor[9].

Inzwischen war südlich des Rheins der Hauptangriff auf die Niederlande in Gang gekommen. Am Morgen des 11. Mai wurden die 9. Panzerdivision und Paul Haussers SS-Verfügungsdivision über die Eisenbahnbrücke bei Gennep geschickt, die einzige Maasbrücke, die unzerstört in deutsche Hände gefallen war. Die Holländer, ständigen Luftangriffen ausgesetzt und ohne ausreichende panzerbrechende Waffen, konnten wenig tun, um sie aufzuhalten. Die deutschen Panzer und die motorisierte Infanterie der SS jagten durch Nordbrabant, ohne auf großen Widerstand zu stoßen[10].

---

7 A. a. O., S. 20 ff.
8 Der Oberbefehlshaber der Heeresgruppe B (Bock) zog die Leibstandarte zurück, weil sie »steckengeblieben« war. »Tagebuchaufzeichnungen des Oberbefehlshaber der Heeresgruppe B, Generaloberst F. v. Bock«, Eintragung für den 11. Mai 1940, abgedruckt bei Hans-Adolf Jacobsen, Dokumente zum Westfeldzug 1940, Göttingen 1960, S. 15.
9 Heeresgruppe B (Bock), 15. Mai 1940, a. a. O., S. 34.
10 Taylor, S. 198.

Sobald die deutsche Offensive am 10. Mai begann, warfen die Alliierten die Masse ihrer leichten Divisionen nach Belgien, um der vordringenden Wehrmacht eine durchgehende Front entgegenzustellen. General Henri Girauds 7. Armee auf dem äußersten linken Flügel der alliierten Front rückte in Eilmärschen auf Antwerpen und Breda vor. Als die Meldung bei den Franzosen eintraf, daß die Moerdijk-Brücken, die den einzigen Weg bildeten, auf dem alliierte Truppen von Belgien aus die Festung Holland erreichen konnten, in den Händen deutscher Fallschirmjäger seien, erhielt Giraud den Befehl, seinen Vormarsch fortzusetzen und die Brücken zu säubern.

Am 11. Mai erreichten die Franzosen Breda und schickten sofort zwei motorisierte Gruppen aus, eine nordöstlich auf Moerdijk, die andere nordwestlich, um den deutschen Vormarsch durch Nordbrabant zum Stehen zu bringen. Als der Kommandeur der 9. Panzerdivision von der Bewegung der Franzosen erfuhr, teilte er seine Kräfte. Die Hälfte der deutschen Panzer- und der SS-Verfügungsdivision zog ab nach Südwesten, um die Franzosen aufzufangen. Der Rest der Division setzte den Vormarsch auf Moerdijk fort, wohin die Leibstandarte nach ihrer Ankunft aus dem Norden zur Unterstützung folgen sollte[11].

Der französische Verband, der auf Moerdijk vorrückte, wurde aus der Luft ausgemacht, von Stukas der Luftwaffe angegriffen und zum Rückzug gezwungen. Die andere französische Kolonne erreichte am Nachmittag des 11. Mai Tilburg und stieß direkt auf die Hälfte der 9. Panzerdivision und der SS-Verfügungsdivision. Die Panzer und die motorisierte SS-Infanterie trieben, von der Luftwaffe unterstützt, die Franzosen nach Breda zurück. Am folgenden Tag wurden die Panzer nordwärts geleitet, um sich wieder mit ihrer Division zu vereinigen. Die SS-Verfügungsdivision und die Infanterie des Heeres blieben zurück, um die französischen Streitkräfte in Nordbrabant völlig aufzureiben. Am 13. Mai zogen sich die Franzosen nach Roosendaal zurück, und am Tag darauf rückten sie aus den Niederlanden nach Antwerpen ab. Der Widerstand in der Provinz war gebrochen. Die überlebenden holländischen Truppen zogen sich nach Zeeland zurück, wo sie zu den französischen Kräften stießen, die dieses Gebiet hielten. Gegen sie wurde die SS-Verfügungsdivision nun eingesetzt[12].

Inzwischen hatten die Vorausabteilungen des nördlichen Flügels der 9. Panzerdivision am Morgen des 12. Mai die deutschen Fallschirmjäger erreicht, die die Brücken bei Moerdijk hielten, und rückten sofort über den Fluß. Am frühen Nachmittag war die Verbindung zu den Luftlandetruppen

---

11 A. a. O., Meyer, S. 22.
12 Taylor, S. 198 f., Jacques Benoist-Méchin, Soixante Jours qui ébranlèrent l'Occident, Paris 1956, I, S. 115 ff. (Deutsch: »Der Himmel stürzt ein«, Düsseldorf 1958).

hergestellt, die das Rotterdam zugekehrte Stück des Brückenkopfes hielten; hier aber brach der rasche deutsche Vormarsch zusammen. Die Holländer hatten den Brückenkopf abgeriegelt, und die Deutschen konnten ihre Panzerformation nicht entfalten. Am Morgen des 14. Mai hielt sich Rotterdam weiterhin, und die Festung Holland war noch nicht aufgebrochen. Das OKH war bestrebt, die 9. Panzerdivision und die motorisierten SS-Verbände aus den Niederlanden herauszuziehen, damit sie den Durchbruch in Frankreich mit ausbauen konnten. Man beschloß, die Verteidiger durch massive Bombenangriffe in die Knie zu zwingen.

Vor der Stadt ging die Leibstandarte für den Sturmangriff in Stellung, der dem Bombenabwurf folgen sollte. Sie war am Nachmittag zuvor beim Befehlsstand der 9. Panzerdivision eingetroffen und hatte Befehl erhalten, hinter der Panzerdivision anzugreifen, »durch Rotterdam hindurch oder an Rotterdam vorbei, um die im Raum Delft/Rotterdam eingeschlossenen Luftlandetruppen zu entsetzen und dann auf s'Gravenhage (Den Haag) vorzustoßen«[13].

Gegen 15 Uhr erschien ein starker Verband von Heinkel-111-Bombern und legte den Stadtkern von Rotterdam in Schutt und Asche; mehr als 800 Zivilisten wurden getötet, Tausende verwundet und 78 000 obdachlos gemacht. Die letzte Bombe fiel um 15.45 Uhr, und nun begann die Leibstandarte einzurücken[14].

Die Flammen und die mit Trümmern übersäten Straßen verzögerten den Vormarsch. Einige Einheiten verirrten sich, und mehrere Trupps wären fast durch einstürzende Gebäude und das sich ausbreitende Feuer abgeschnitten worden. Vielleicht kam es dadurch zu einer der merkwürdigsten Episoden des Tages. Die Holländer hatten schließlich, etwa zwei Stunden nach dem Bombenangriff, die Kapitulationsbedingungen angenommen. In Begleitung einer Kolonne ihrer Soldaten begaben sich General Kurt Student, Kommandeur der Luftlandetruppen, und Oberstleutnant Dietrich von Choltitz zum niederländischen Hauptquartier, das sie zu ihrer Befehlsstelle machen wollten. Während die Deutschen sich in dem Gebäude einrichteten, sammelter sich draußen Hunderte von holländischen Soldaten, um ihre Waffen abzuliefern.

»Plötzlich dröhnten Panzer und Lastwagen heran. Es war Sepp Dietrich motorisierte SS LAH, die nordwärts jagte... Die SS-Männer, schießwütig und vielleicht in Unkenntnis der Kapitulationsbedingungen, waren bein Anblick der bewaffneten holländischen Soldaten alarmiert und feuerten mi

---

13 Meyer, S. 22 f.
14 A. a. O., S. 24. Der Ablauf der Geschehnisse während des Bombenangriffs un vorher, wie ihn Meyer, der Augenzeuge war, schildert, weicht erheblich vo der Darstellung Taylors, a. a. O., S. 200 ff., ab.

Maschinengewehren blindlings in sie hinein. Student und Choltitz liefen ans Fenster der Kommandantur, um zu sehen, was los sei. Student erhielt einen Kopfschuß und fiel schwer verwundet und heftig blutend Choltitz in die Arme[15].«

Offenbar ohne zu ahnen, daß sie beinahe den Gründer und Befehlshaber von Deutschlands Fallschirmjägerkorps getötet hatten, brausten die Männer der Leibstandarte weiter durch Rotterdam.

Das Regiment erreichte Overschie an der Straße zwischen Rotterdam und Delft und fand nur gefallene Deutsche und reihenweise zerstörte Junkerstransportmaschinen. Aber die Holländer lebten noch und empfingen die SS mit schwerem MG- und Gewehrfeuer. Nach lebhaften Kämpfen erreichte die Kolonne gegen 21 Uhr die Stadt Delft und stellte die Verbindung mit den Überlebenden der 22. Luftlandedivision her, die vier Tage zuvor gelandet war. Während der Kämpfe im Laufe des Tages hatte das Regiment 3536 Holländer gefangengenommen[16].

Am nächsten Tag erreichte die Leibstandarte Den Haag. Inzwischen hatte die niederländische Armee kapituliert. Das Kriegsministerium in der Hauptstadt wurde besetzt und die Garnison entwaffnet. Der Krieg in Holland war für die Leibstandarte vorüber; sie unternahm einen raschen Siegesmarsch nach Norden bis Amsterdam und schwenkte dann südwärts, um am Frankreich-Feldzug teilzunehmen.

Während der Rest der schnellen deutschen Verbände auf dem Weg nach Frankreich war, führte SS-Gruppenführer (Generalleutnant) Hausser mit Teilen seiner Verfügungsdivision und einiger Heeresinfanterie einen Feldzug durch, um Zeeland und die Inseln Walcheren und Zuid-Beveland von französisch-holländischen Streitkräften zu säubern, die sich dort immer noch hielten[17]. In Eilmärschen stieß das SS-Regiment »Deutschland«, von der Luftwaffe stark unterstützt, bis zur Küste durch. Am 17. Mai transportier-

---

15 Taylor, S. 203 f. Es sei angemerkt, daß die Leibstandarte, im Gegensatz zu vielen Berichten, im Jahre 1940 keine Panzer besaß. Wenn in der schießenden Gruppe Panzer waren, dann gehörten sie zur 9. Panzerdivision, in deren Gefolge die Leibstandarte durch die Stadt vorrücken sollte. Zu Stärke und Ausrüstung der Leibstandarte s. »Verstärkung der Leibstandarte SS ›Adolf Hitler‹«, 28. August 1940, Geheime Kommandosache, RFSS/T-175, 106/2629683 ff. (Student blieb am Leben und führte 1941 den Luftlandeangriff auf Kreta).
16 Meyer, S. 24 f.
17 Am ersten Tage des deutschen Angriffs hatten die Franzosen zwei Infanteriedivisionen (die 60. und die 68.) auf Walcheren und Beveland gelandet. Das Gebiet unterstand dem Befehl der Marine, und die holländischen Truppen unter dem Kommando des Admirals van der Stadt waren nicht in die Kapitulation der niederländischen Armee eingeschlossen. Benoist-Méchin, a. a. O., S. 109 f., 145, 153.

ten französische Zerstörer die Überlebenden ab, und die SS-Truppen nahmen den Haupthafen Vlissingen. Der Kampf in den Niederlanden war beendet, und die SS-Verfügungsdivision wurde nach Frankreich beordert[18].

## Die Waffen-SS in Flandern und im Artois

Zur Zeit der holländischen Kapitulation waren die ersten beiden Etappen der deutschen Offensive in Belgien und Frankreich bereits abgeschlossen. Die äußeren belgischen Verteidigungsanlagen waren durchbrochen, die französischen und britischen Armeen nach Flandern hineingezogen, die französische Stellung an der Maas aufgerissen, und ein rascher Vorstoß war im Gange, mit dem der Kanal erreicht und die alliierte Streitmacht gespalten werden sollte.

Am 16. Mai wurde die SS-Totenkopfdivision aus der OKH-Reserve in Deutschland herausgezogen und nach vorn beordert, um den durch den deutschen Panzervorstoß geschaffenen Frontbogen ausbauen zu helfen. Über Namur-Charleville raste die Division durch Belgien, um Anschluß an das XV. Armeekorps (das aus der 5. und der 7. Panzerdivision bestand) zu gewinnen, das die Nordkante des deutschen Stoßkeils bildete[19]. Am 17. Mai hatte General Erwin Rommels 7. Panzerdivision Le Cateau erreicht, und am folgenden Tag stieß ein Panzerbataillon vor zur Einnahme von Cambrai. Aus Besorgnis vor einem alliierten Angriff auf die Nordflanke des Stoßkeils blieb das XV. Armeekorps in Cambrai stehen, um Infanterieverstärkung abzuwarten. Am 19. Mai traf die Verstärkung ein – es war die SS-Totenkopfdivision – und wurde sofort darangesetzt, das Gebiet zu säubern und die deutsche Stellung in Le Cateau und Cambrai zu festigen. Dabei erhielt die Division ihre Feuertaufe und erlitt ihre ersten Verluste: 16 Tote und 53 Verwundete in der kurzen Spanne vom 19. bis zum 20. Mai[20].

Während die 7. Panzerdivision und die SS-Totenkopfdivision südwestlich von Arras aufgehalten wurden, setzten vier andere deutsche Panzer-

---

18 Unvollständige Verlustmeldungen, die am 17. Mai an Himmler gingen, lassen erkennen, daß die Verfügungsdivision für ihre Siege in Holland einen hohen Preis zahlen mußte. Vgl. Kommando der Waffen-SS an Reichsführer SS, »3. Meldung«, 17. Mai 1940, Geheim, RFSS/T-175, 106/2629853 ff.
19 Kommando der Waffen-SS an Reichsführer SS, »5. Meldung«, 17. Mai 1940, Geheim, RFSS/T-175, 106/2629853 ff.
20 Vgl. die Übersicht über die Verluste der Totenkopfdivision für die Zeit vom 19.—29. Mai 1940, RFSS/T-175, 107/2630048 ff.

divisionen den Vormarsch nach Westen fort. Am Abend des 20. Mai hatten die Deutschen die Kanalküste westlich von Abbeville an der Sommemündung erreicht. Ein Streifen von 50 bis 80 Kilometer Länge zwischen der Scarpe und der Somme war in deutscher Hand, und mehr als vierzig französische, britische und belgische Divisionen — fast eine Million Mann — waren von dem Hauptteil der französischen Armee im Süden abgeschnitten[21].

Ein verzweifelter alliierter Versuch, quer durch den deutschen Frontbogen anzugreifen, um wieder eine gemeinsame Front mit der Masse der französischen Streitkräfte südlich der Somme herzustellen, scheiterte an der allgemeinen Verwirrung, den chaotischen Nachrichtenverhältnissen und den widerspruchsvollen Zielen der Alliierten. Nur südlich von Arras leiteten die Engländer ein begrenztes Angriffsunternehmen ein, um den deutschen Druck auf ihre Südflanke abzuschwächen. Trotzdem bedeutete dieser verhältnismäßig begrenzte Gegenangriff den ernstesten Widerstand, auf den die hochmütigen Deutschen bisher gestoßen waren, und erschütterte sie merklich[22].

Am Nachmittag des 21. Mai stießen die angreifenden alliierten Streitkräfte — 74 britische Panzer und zwei Bataillone Infanterie, unterstützt von weiteren 60 Panzern der französischen Leichten Panzergrenadierdivision — in die Flanken der vorrückenden 7. Panzer- und der SS-Totenkopfdivision. Bevor die Angreifer endgültig zum Stehen gebracht werden konnten, hatten sie einen Teil der Heeres- und SS-Truppen in wilde Flucht geschlagen, neun deutsche mittlere Panzer, eine Anzahl leichter Panzer und große Mengen von Transportfahrzeugen zerstört. Die Verluste der 7. Panzerdivision beliefen sich auf 89 Tote, 116 Verwundete und 173 Vermißte, die Totenkopfdivision verzeichnete 19 Tote, 27 Verwundete und zwei Vermißte[23].

Dem britischen Gegenangriff folgte am nächsten Tag ein Ausbruchversuch der im Osten eingeschlossenen französischen Kräfte. Die Leibstandarte SS »Adolf Hitler« wurde auf ihrem Marsch von Holland nach Süden an

---

21 Einzelheiten darüber in den Auszügen aus den Tagebüchern von Jodl (OKW), Halder (OKH), Bock (Heeresgruppe B) und dem Kriegstagebuch der Heeresgruppe A für die Zeit vom 18.—21. Mai bei Jacobsen, Dokumente, S. 44 ff. Den offiziellen britischen Bericht findet man bei Major L. F. Ellis, The War in France and Flanders 1939—1940, London 1953, S. 59 ff., und eine französische maßgebliche Version bei Benoist-Méchin, a. a. O., I, 196 ff.
22 Berichte über die Schlacht von Arras bei B. H. Liddell Hart (Herausgeber), The Rommel Papers, New York 1953, S. 29 ff.; Taylor, a. a. O., S. 234 ff. Über die Rolle der SS-Totenkopfdivision gibt eine Reihe von Briefen und Berichten ihres Kommandeurs Eicke an den Chef des Persönlichen Stabes des Reichsführers SS, Karl Wolff, Aufschluß; RFSS/T-175, 107/2629895 ff.
23 Die Verlustziffern der 7. Panzerdivision stehen in den »Rommel Papers«, S. 33, die der Totenkopfdivision findet man bei RFSS/T-175, 107/2630048 ff.

die Front geworfen, um die deutsche Infanterie zu unterstützen. Das SS-Regiment, das einen etwa 32 Kilometer breiten Abschnitt in der Nähe von Valenciennes hielt, schlug eine Anzahl schwacher französischer Angriffe zurück[24].

## Vormarsch auf Dünkirchen

Inzwischen schleuste das OKH alle ihm zur Verfügung stehenden motorisierten Truppen in den deutschen Frontbogen, um den Druck auf die Südflanke der in Flandern eingeschlossenen alliierten Truppen zu verstärken. Bis zum 24. Mai waren die Alliierten auf einem Dreieck zusammengepreßt, dessen Grundlinie die Kanalküste zwischen Gravelines und Terneuzen bildete und dessen Spitze bei Valenciennes lag. Die Südkante des Dreiecks verlief hinter einer Anzahl von Kanälen, hinter denen das britische Expeditionskorps eine Verteidigungslinie aufbaute. Die Deutschen zogen nun die Masse ihrer Streitkräfte in dem Frontbogen zusammen, um diese Linie zu durchbrechen. Alle drei SS-Verbände in Frankreich wurden für diese Operationen eingesetzt.

Die Leibstandarte wurde in einem nächtlichen Gewaltmarsch von Valenciennes zur Kanalküste herangeführt und stand am 24. Mai bereit, einen Übergang über die Kanallinie bei Watten zu erzwingen[25]. Inzwischen erkämpften sich weiter südöstlich die Totenkopf- und die Verfügungsdivision ihren Weg zur Kanallinie gegen den zähen Widerstand britischer Nachhuten[26].

Nachdem die Verfügungsdivision am 24. Mai in die Nähe der Kanallinie gelangt war, sandte sie einen starken Spähtrupp hinüber. Die Patrouille, 32 Mann in Panzerspähwagen, drang bis Merville vor, rund acht Kilometer jenseits des Kanals, wo sie in Gefechtsberührung mit feindlichen Panzern kam und abgeschnitten wurde. Die Patrouille, die über Funk noch immer mit ihrer Division in Verbindung stand, berichtete am nächsten Tag, daß nur noch acht Mann unverwundet seien. Da ihre Lage hoffnungslos war, erhielten die Überlebenden den Befehl, ihr Funkgerät zu zerstören und den Versuch zu unternehmen, bei Nacht durchzubrechen. Keiner der 32 SS-Männer ist je zurückgekehrt[27].

---

24 Meyer, S. 25 f.: »Tagebuchaufzeichnungen, Heeresgruppe B (Bock)«, Eintragung 23. Mai 1940, Jacobsen, Dokumente, S. 72 f.
25 Meyer, S. 26.
26 Über Einzelheiten der britischen Verteidigung s. Ellis, a. a. O., S. 121 ff.
27 SS-Verfügungsdivision an Kommando der Waffen-SS, »Berichte der SS-V.-Division«, 26. Mai 1940, RFSS/T-175, 106/2629883 f.

Weiter im Süden waren Teile der Verfügungsdivision dabei, das Gebiet nordöstlich von Arras, das, obwohl von deutschen Divisionen umgeben, immer noch in britischem Besitz war, von britischen Truppen zu säubern. In der Nacht vom 23. zum 24. Mai gelang es dem größten Teil der Garnison, sich hinter die Kanallinie zurückzuziehen, und am nächsten Tag stießen britische Panzer, die den Rückzug der Nachhut deckten, mit SS-Truppen zusammen. Bei dem Gefecht verlor die Verfügungsdivision drei Feldgeschütze mit Mannschaft, gab aber an, die meisten der angreifenden Panzer vernichtet zu haben[28].

Der zunächst widerstandslose Vormarsch der SS-Patrouille, die später bei Merville abgeschnitten wurde, deutete darauf hin, daß ein Abschnitt der Kanallinie nicht besetzt war. Eine französische Einheit, die die Stellung hielt, war vor der Ankunft der britischen Truppe, die die Verteidigung des Abschnitts übernehmen sollte, abgezogen worden. Die Verfügungsdivision nutzte die Lücke aus und überquerte, ohne auf Widerstand zu stoßen, den Kanal, und ihre Vorausabteilungen stießen bis St. Venant vor. Die Engländer schickten rasch eine kleine Abteilung, die die Flanke des Frontvorsprungs halten sollte, aber die Kanallinie war nun durchbrochen[29].

Aus einer Vielzahl von Gründen, über die eine Diskussion noch immer im Gange ist, wurde am Nachmittag des 24. Mai im Namen des Führers eine Weisung gegeben, die den deutschen Angriffskräften befahl, die Kanallinie nicht zu überschreiten[30]. Als der Befehl die Truppen erreichte, war die SS-Verfügungsdivision bereits am anderen Ufer, und längs des Kanals in Richtung Küste waren mindestens zwei weitere Übergänge erfolgt. Die Leibstandarte erhielt den Haltbefehl, als sie gerade im Begriff war, ihren Angriff bei Watten über den Kanal zu tragen. Das Regiment befand sich in exponierter Stellung unter schwerem Artilleriebeschuß; Sepp Dietrich zog es vor, sich nicht um den Befehl zu kümmern, und erlaubte seinen Männern, planmäßig anzugreifen. Trotz erbitterten Widerstandes der britischen und französischen Verteidiger erzwang die Leibstandarte den Kanalübergang und besetzte die Höhe bei Watten, bevor sie haltmachte[31]. Es gab jetzt vier Breschen in der Kanallinie. Nur das südöstliche Drittel der Linie blieb undurchbrochen.

Trotz der verhältnismäßigen Ruhe an der alliierten Südfront nach dem deutschen Haltbefehl war die belgische Armee, die einen breiten Sektor längs des anderen Dreieckschenkels hielt, in Gefahr auseinanderzufallen, und in

---

28 A. a. O., 2629884.
29 Ellis, a. a. O., S. 137.
30 S. »Dokumente zum ›Halt-Befehl‹ für die deutschen Panzertruppen vor Dünkirchen«, Jacobsen, Dokumente, S. 114 f.
31 Meyer, a. a. O., S. 26 f.

London entschloß man sich dazu, das britische Expeditionskorps auf dem Seeweg von Dünkirchen aus zu evakuieren. Deshalb benutzten die Engländer die zeitweilige Atempause zu einer Neugliederung ihrer Streitkräfte und brachten drei reguläre Infanteriedivisionen entlang der Kanallinie in Stellung, die den Rückzug zur Küste abschirmen sollten[32]. Die deutschen motorisierten und Panzerdivisionen erhielten ebenfalls Befehl, ihre Abschnitte längs des Kanals zu befestigen und die Zeit für die Wartung und Instandsetzung ihres Gerätes auszunutzen[33].

Für die SS-Einheiten brachte der Haltbefehl keine Periode der Ruhe. Leibstandarte und Verfügungsdivision hatten Brückenköpfe zu verteidigen. Die Verfügungsdivision hatte ein großes Gelände am Nordufer der Kanallinie erobert, einschließlich des Ortes St. Venant, durch den eine der britischen Rückzugsstraßen nach Dünkirchen lief. Die Engländer wollten den Ort zurückgewinnen, und am 25. Mai griff eine Brigade aus dem Verband der in das Gebiet entsandten frischen Divisionen an und warf die SS aus St. Venant heraus. Danach reparierten die Engländer die Lysbrücke, und der Rückzug lief hinter einer Schutzwand von zahlenmäßig unterlegenen, aber entschlossenen Infanteristen weiter[34]. Obwohl St. Venant nur zwei Tage in britischer Hand blieb, geschah es immerhin zum ersten Male in diesem Feldzug, daß die SS einen größeren Stützpunkt wieder aufgeben mußte.

In der Nacht vom 26. zum 27. Mai wurde der Haltbefehl aufgehoben, und die deutschen Truppen traten an der gesamten Kanallinie wieder zum Vorrücken an. Die SS-Totenkopfdivision erkämpfte sich nun ebenfalls einen Übergang über den Kanal bei Béthune und stieß nordwärts auf Merville vor. Die englischen Truppen an der Kanallinie wußten, daß das Schicksal des britischen Expeditionskorps von ihrer Fähigkeit abhing, den feindlichen Vormarsch lange genug aufzuhalten, um einen Rückzug auf den Bereich von Dünkirchen zu erlauben, und sie kämpften verbissen um jeden Fußbreit Boden. Aber sie standen fünf Panzerdivisionen, einer motorisierten Infanteriedivision des Heeres, zwei motorisierten SS-Divisionen, dem Eliteregiment des Heeres, »Großdeutschland«, und der Leibstandarte SS »Adolf Hitler« gegenüber[35]. Die Kämpfe am 27. Mai 1940 waren die erbittertsten des ganzen Feldzuges, und die SS-Einheiten erlitten entsprechende Verluste.

Die Verfügungsdivision erhielt Befehl, mit zweien ihrer drei Regimenter durch den dichten, acht Kilometer tiefen Wald von Dieppe anzugreifen. Das zurückbleibende Regiment »Deutschland« zog auf der früheren Vormarschstraße der Division durch St. Venant in Richtung auf Merville weiter, zu

---

32 Einzelheiten bei Ellis, a. a. O., S. 139, 177 ff.
33 »Armeebefehl Nr. 5 für den 26. 5. 40«, Jacobsen, Dokumente, S. 128 f.
34 Ellis, a. a. O., S. 146.
35 »Kriegstagebuch der Heeresgruppe A«, Eintragung für den 27. Mai 1940, Jacobsen, Dokumente, S. 90 f.

seiner Rechten die 3. Panzerdivision, zur Linken die SS-Totenkopfdivision. Die durch den Wald vorrückenden SS-Regimenter stießen auf außerordentlich heftigen Widerstand und mußten »starke Verluste« hinnehmen, denn »die Division hatte keine schwere Artillerie zur Verfügung und konnte somit die feindliche Artillerie nur in beschränktem Umfang bekämpfen, die uns diese Verluste zufügte«. Die Division richtete an den Chef des Stabes der Waffen-SS »noch einmal die dringende Bitte, die schwere (Artillerie-) Abteilung baldmöglichst... in Marsch zu setzen«. Wegen der schweren Ausfälle bei den Offizieren der Division erging die Bitte, »die angeforderten Führer mit einem Kfz baldmöglichst zur Division in Marsch zu setzen, da sich die Division weiterhin im Angriff befindet und auf Grund des Widerstandes weiterhin mit Führerverlusten rechnen muß«[36]. Hier taucht zum ersten Male ein Problem auf, das in den späteren Kriegsjahren ernste Ausmaße annehmen sollte: Jene für die Waffen-SS besonders charakteristische Art der Führung vom Schlage des markigen »Mir nach!« bewirkte einen hohen Grad von Kampfkraft, bedingte aber bei einem entschlossenen Gegner zugleich eine hohe Ausfallquote unter den SS-Führern.

Während der Hauptteil der Verfügungsdivision sich langsam einen Weg durch die Wälder erkämpfte, durchbrachen die 3. Panzerdivision und das ihr zugeteilte SS-Regiment »Deutschland« (an der rechten Flanke der Verfügungsdivision) die britische Linie zwischen St. Venant und Robecq. Die Masse der deutschen Panzerdivision drückte die Verteidiger schrittweise in die beiden Städte, wo sie belagert wurden; inzwischen jagten ihre Panzerspitzen nordwärts auf Merville zu, und das SS-Regiment stieß auf der rechten Flanke vor[37].

Die Engländer hatten unterdessen an der Lys zwischen St. Venant—Merville—Estaires—Armentaires eine zweite Verteidigungslinie aufgebaut (der Fluß war längs des größten Teils der Linie kanalisiert), die gehalten werden mußte, damit die Hauptstreitkräfte der Engländer und Franzosen in der kommenden Nacht auf die Lys zurückgenommen werden konnten. Die Vorausabteilungen der 3. Panzerdivision blieben kurz vor Merville stecken, aber dem Regiment »Deutschland« gelang es, den Lyskanal zwischen Merville und Estaires vor der Mittagsstunde am 27. Mai zu erreichen. Es war nun in diesem Frontabschnitt allen anderen deutschen Einheiten weit voraus. Hinter dem Regiment leisteten die Überreste der britischen 2. Division noch immer zähen Widerstand und verzögerten dadurch den Vormarsch der anderen deutschen Truppen. Vor dem Regiment lag der Lyskanal, den die Engländer unter allen Umständen für mindestens vierundzwanzig Stun-

---

36 SS-Verfügungsdivision an Kommando der Waffen-SS, »Anforderung von Führern«, 27. Mai 1940, RFSS/T-175, 106/2629881 f.
37 Ellis, a. a. O., S. 187 ff.

den zu halten entschlossen waren. SS-Oberführer Felix Steiner, der Regimentskommandeur, befahl einen Angriff über die Wasserstraße[38].

Was nun folgt, ist in einem Bericht verzeichnet, den Steiner für das Kommando der Waffen-SS abfaßte. Er beeindruckte Himmler derart, daß er ihn Hitler als Beispiel für die Leistungen der SS im Kampf vorlegen ließ. Das war damals ein ungewöhnlicher Schritt, denn Hitler plante die Strategie für den Feldzug, kümmerte sich aber im allgemeinen nicht um die Taten einzelner Regimenter. Trotzdem las er den Bericht durch und gab ihn Himmlers Adjutant mit der Bemerkung »Sehr schön« zurück[39].

Der Angriff wurde von Steiners 3. Bataillon mit Unterstützung von zwei Batterien SS-Artillerie begonnen. Der Sturmangriff überwältigte die »englische Infanterie und MG-Einheiten, die den Kanal verteidigten«. Am Nachmittag des 27. Mai hielten zwei Bataillone Steiners einen Brückenkopf auf der anderen Seite des Kanals. Zur Linken des Regiments waren Estaires und Lestrem noch immer in britischer Hand. Die SS-Totenkopfdivision, die links von Steiner vorrücken sollte, war noch kilometerweit zurück. Auf dem rechten Flügel war die Lage nicht viel besser. Merville war immer noch von den Engländern besetzt, die Spitzen der 3. Panzerdivision saßen südlich der Stadt fest, während der Rest der Division versprengte Überlebende der britischen 2. Division weit hinten an der Kanallinie bekämpfte. Deshalb mußte Steiner seine schwachen Kräfte zur eigenen Flankendeckung ausdehnen, während Pioniere mit dem Bau von Übergängen über die Lys begannen[40].

Gegen 19 Uhr inspizierten Steiner und sein Adjutant den Brückenkopf auf der anderen Kanalseite, als aus einem nördlich gelegenen und von den Engländern gehaltenen Dorf plötzlich eine Gruppe von Kampfwagen auftauchte und das 1. Bataillon angriff. Die Übergänge waren noch nicht so weit, daß sie auch nur für leichte Fahrzeuge verwendbar gewesen wären; aus diesem Grunde stand auch keine Pak zur Verfügung. Nach Angaben des Bataillonskommandeurs brachen etwa zwanzig britische Panzer in seine Stellung ein. Die 3. Kompanie des 1. Bataillons wurde besonders hart getroffen. Obwohl es »sonst nicht üblich« ist, meinte Steiner, müßten »in diesem Kampf ... einzelne Heldentaten besonders erwähnt werden«. Der Bericht schildert dann, wie ein junger Offizier dieser Kompanie »sich verpflichtet hielt, seinen Zug in seiner Widerstandskraft zu überprüfen«. Er »wurde von einem Pz-Wagen auf kürzeste Entfernung angegriffen. Er wehrte sich mit Handgranaten und wurde vom (sic!) den englischen Kreuzer

---

38 Oberführer ist ein Rang, für den es keine Entsprechung in der Wehrmacht gab. Er ist zwischen dem Oberst und dem Generalmajor anzusetzen.
39 S. den handschriftlichen Kommentar von SS-Gruppenführer Wolff zu dem Steiner-Bericht, »Gefechtsbericht«, 31. Mai 1940, RFSS/T-175, 106/2629848 ff.
40 A. a. O., 2629848.

niedergewalzt«. Einer seiner Männer, ein SS-Mann, sprang daraufhin »einem englischen Kreuzer auf das Heck, um diesen mit Handgranatenwürfen in die Sehschlitze zu erledigen. Er wurde dabei von einem rückwärts folgenden englischen Kreuzer abgeschossen«. Viele der SS-Männer wollten angesichts der Übermacht nicht zurückweichen und feuerten, nach dem Bericht ihres Kommandeurs, »auf die englischen Kreuzer bis auf fünf Meter mit Gewehr, MG und Pz-Büchsen. Das Regiment ist leider nicht in der Lage, diese Mannschaften für eine Auszeichnung in Vorschlag zu bringen, weil sie dabei gefallen sind«. Aber Steiner schlug drei Kompanieführer, die »die Seele des Widerstandes« waren, für das Eiserne Kreuz Erster Klasse vor[41]. Hier haben wir eines der frühesten überlieferten Beispiele für das fanatisch zähe, nahezu selbstmörderische Verhalten, das im ganzen Krieg für die Kampfesweise der Waffen-SS charakteristisch war. Damit soll nicht gesagt sein, daß andere Soldaten – auf seiten der Achsenmächte wie auf der der Alliierten – nicht mitunter ähnliche kämpferische Qualitäten bewiesen hätten; für die Elitetruppe der Waffen-SS aber war Fanatismus (und oft seine natürliche Folge: Brutalität) die Regel, nicht eine Ausnahme.

Die rechtzeitige Ankunft eines Panzerjägerzuges der SS-Totenkopfdivision zwang die britischen Kampfwagen zum Rückzug, bevor sie Steiners Brückenkopf völlig zerstören konnten. Sie nahmen jedoch die SS-Truppen weiterhin aus der Entfernung unter Feuer, zerstörten fünf Panzerabwehrgeschütze der SS und (was noch wichtiger war) hinderten die Deutschen daran, den Rückzug der alliierten Kräfte zu stören. In der Nacht des 27. Mai zogen sich der größte Teil der englischen Streitkräfte und ein Teil der französischen Ersten Armee hinter die Lys zurück.

## Die SS-Totenkopfdivision und das Massaker in Le Paradis

Während das SS-Regiment »Deutschland« am 27. und 28. Mai an der Lys kämpfte, hatte die SS-Totenkopfdivision bei Béthune die Kanallinie überschritten. Der Kanal, der an diesem Punkt La-Bassée-Kanal heißt, lief mit einer Schleife in die Stadt, aber ein Seitenkanal führte quer durch die Schleife. Dieser Umstand ist nur darum von Bedeutung, weil er die Totenkopfdivision zwang, auf ihrem Vormarsch zwei Wasserwege zu überschreiten. Der erste Übergang erfolgte am 26. Mai und war mit schweren Verlusten verbunden; die Division verlor 44 Tote, 144 Verwundete und elf

---

41 A. a. O., 2629850.

Vermißte[42]. Der Übergang am nächsten Tag war nicht leichter; sämtliche deutschen Truppen, die die Kanallinie südlich von Béthune angriffen, mußten feststellen, daß die Operation schwierig und die Verluste hoch waren[43].

Jenseits des Kanals ging es nicht besser. Die britische 2. Division opferte sich, um die Rückzuglinie zur Lys offenzuhalten. Weniger als ein Drittel der Division überlebte den Tag, aber der Preis, den sie von den vorrückenden Deutschen forderte, war hoch. Am Schluß des Berichtes über die Tageskämpfe verzeichnet die offizielle britische Kriegsgeschichte, daß »die deutsche Kampfführung an dem Tag durch eine Schandtat einer der kämpfenden Formationen besudelt wurde« — eine Bemerkung, die sich auf die Totenkopfdivision bezieht[44].

Die britische 4. Brigade — eine der drei, die zur 2. Division gehörten und die die Aufgabe hatten, die Kanallinie zwischen Robecq und Béthune zu halten — war unter dem Druck der Totenkopfdivision gezwungen worden, Zoll für Zoll auf Le Paradis und Locon zurückzuweichen. Dort stellten sich die 1. Royal Scots, das 2. Royal Norfolk und die 1./8. Lancashire Fusiliers dem Feind zum letztenmal entgegen und wurden nach und nach überwältigt[45]. Ungefähr hundert Mann des 2. Royal Norfolk, die bei einem Bauernhof in der Nähe von Le Paradis umzingelt waren, wollten sich nicht ergeben; sie hatten Befehl, Zeit für den Rückzug ihrer Kameraden zu gewinnen. Die SS-Männer, die den Hof belagerten, gehörten der 4. Kompanie des 1. Bataillons des 2. SS-Totenkopf-Infanterieregiments an und standen unter dem Befehl von SS-Obersturmführer (Hauptmann) Fritz Knochlein.

Nachdem sie solange wie möglich Widerstand geleistet und von ihren Gegnern einen schweren Blutzoll gefordert hatten, ergaben sich die Überlebenden, von denen viele verwundet waren, am Ende[46].

Der 28 Jahre alte SS-Offizier ließ die Gefangenen durchsuchen und dann in einer Reihe hinter eine Scheunenwand treten, wo sie durch das Feuer von zwei Maschinengewehren niedergemäht wurden. Wer noch ein Lebenszeichen von sich gab, wurde erschossen oder durch Bajonettstiche getötet. Zwei britische Soldaten blieben jedoch am Leben; als die SS-Truppen abzogen, krochen die beiden Schwerverwundeten unter dem Leichenhaufen hervor. Sie wurden später von einer anderen deutschen Einheit aufgegriffen und in ein Lazarett gebracht. Beide überlebten den Krieg und sagten nach dem Krieg in dem Prozeß gegen Knochlein als Zeugen aus. Ein britisches Militärgericht

---

42 RFSS/T-175, 107/2630048 ff.
43 Einzelheiten bei Ellis, a. a. O., S. 183 ff., vgl. vor allem den Auszug aus dem Kriegstagebuch des XXXIX. deutschen Korps, S. 192.
44 Ellis, a. a. O., S. 192.
45 A. a. O., S. 189.
46 Das 2. SS-Totenkopf-Infanterieregiment verlor 1 Offizier und 16 Mann an Gefallenen, 5 Offiziere und 47 Mann an Verwundeten und 3 Vermißte an diesem 27. Mai 1940 bei Le Paradis. RFSS/T-175, 107/2630050.

verurteilte den ehemaligen SS-Führer am 25. Oktober 1948 zum Tode; drei Monate später wurde er gehenkt[47].

In den für die vorliegende Untersuchung durchgearbeiteten SS-Berichten findet sich kein Hinweis auf diesen Vorfall. Reitlingers Bericht stellt dagegen fest:
»Knochlein war bei seinen Offizierskameraden nicht beliebt, die ihn nach diesem Vorfall zum Duell fordern wollten, was beträchtliche Aufregung hervorrief. Aus Hoeppners (des Kommandeurs des XVI. Korps) Stab wurden Forderungen nach einer Untersuchung laut. Zufällig kam Oberst Gunter d'Alquen als Kriegsberichterstatter der Wehrmacht-PK am nächsten Tag in Le Paradis an. Er sah die Leichen, und man erzählte ihm die recht lahme Geschichte, die hingeschlachteten Männer hätten Dumdumgeschosse verwendet. Aber Eicke verschleppte die Untersuchung ... Es gab kein Kriegsgericht für Fritz Knochlein. Er führte im Dezember 1944 ein Regiment norwegischer freiwilliger SS-Männer in Kurland und erhielt als Oberstleutnant das Ritterkreuz[48].«

Aus den Akten der Totenkopfdivision geht hervor, daß SS-Gruppenführer Wolff, Chef des Persönlichen Stabes Reichsführer SS, Le Paradis kurz nach dem Massaker besichtigte; anscheinend aber beklagte er sich nur darüber, daß eine große Anzahl von SS-Gefallenen in dem Gebiet noch nicht beerdigt worden war[49].

Es war allerdings bei der SS nicht üblich, vor allem nicht in schriftlichen Mitteilungen, unmittelbar auf Greueltaten Bezug zu nehmen.

Es gibt Zeugen dafür, daß SS-Reservisten, die nach Beendigung des Westfeldzuges aus dem aktiven Dienst in der Totenkopfdivision entlassen wurden, sich über »unsoldatisches Verhalten« beklagt haben. Alle aus der Division entlassenen Männer hatten eine Schweigeverpflichtung unterschreiben müssen und weigerten sich daher, über die Vorgänge zu sprechen, deren Zeugen sie gewesen waren. Einige von ihnen verlangten jedoch, daß sie im Falle einer erneuten Einberufung zum aktiven Dienst einer anderen Einheit zugeteilt würden. Andere gingen noch weiter und erklärten, sie wollten nach dem Krieg aus der SS austreten. Eicke geriet infolgedessen unter schweren Beschuß aus dem Kommando der Waffen-SS, trotzte aber dem Sturm, und schließlich ging die ganze Geschichte vorüber[50].

---

47 Vgl. Ellis, a. a. O., S. 192 und eine ausführlichere Darstellung des Massakers bei Reitlinger, a. a. O., S. 148 f.
48 A. a. O.
49 Eicke an Wolff, 4. Juni 1940, RFSS/T-175, 107/2630062.
50 Kommando der Waffen-SS an SS-Totenkopfdivision, »Entlassung von Reservisten«, 27. August 1940, RFSS/T-175, 107/2629935; Eicke an Jüttner, 22. Oktober 1940, Persönlich, Geheim, RFSS/T-175, 107/2629927; Jüttner an Eicke, 24. Oktober 1940, RFSS/T-175, 107/2629921 ff.

Das Massaker von Le Paradis war, soweit bekannt, die erste Untat dieser Art, die von der Waffen-SS im Westen begangen wurde. Ein Berichterstatter hat zu dem Fall gesagt, er sei »der traurige Vorläufer des Malmédy-Massakers amerikanischer Truppen im Dezember 1944«[51]. Ein ähnliches Verhalten von Angehörigen der Waffen-SS in Polen wurde bereits erwähnt; es sollte nach 1941 an der Ostfront häufiger in Erscheinung treten.

Während Knochleins Kompanie bei Le Paradis kämpfte, stießen andere Teile der Totenkopfdivision (nach dem Bericht ihres Kommandeurs) gegen englische Garderegimenter vor, »die prächtig und todesmutig« kämpften. Der Tag kostete die SS-Division »über 150 Tote«, während die Engländer mehr als 300 Gefallene verloren[52].

## Das Britische Expeditionskorps entkommt

Nahe der Nordspitze der Front nahm die Leibstandarte SS »Adolf Hitler« ihren Vormarsch gegen den Bereich von Dünkirchen wieder auf. Am 28. Mai hätte das Regiment fast seinen Kommandeur verloren. Dietrich, der mit den bei seiner Befehlsstelle einlaufenden Nachrichten nicht zufrieden war, wollte seine Vorausabteilungen selber aufsuchen. Auf dem Weg von seinem 1. zum 2. Bataillon kam sein Stabsfahrzeug bei Esquebeck, ohne daß er eine Ahnung davon hatte, bis auf 50 Meter an eine starke britische Stellung heran, wurde unter heftiges Feuer genommen und blieb liegen.

Der SS-Obergruppenführer (General) und sein Adjutant nahmen in einem Bachdurchlaß Deckung, während Maschinengewehrfeuer ihr Fahrzeug in Brand setzte. Als brennendes Benzin in den Durchlaß sickerte, mußte sich der hohe SS-Führer zum Schutz gegen die starke Hitze selbst von Kopf bis Fuß mit Schlamm bedecken. Fünf Stunden lang lagen Dietrich und sein Adjutant hilflos im Graben, während über ihnen ein größeres Gefecht stattfand. Sobald eine Meldung über Dietrichs verzweifelte Lage beim Regimentsstab eintraf, wurden zwei Kompanien SS in Marsch gesetzt, um die britische Stellung anzugreifen. Sie wurden unter schweren Verlusten zurückgeschlagen. Eine Panzerkompanie des Heeres hatte ebensowenig Glück; sie verlor ihren Kommandeur und vier Panzer, bevor sie aufgab. Schließlich kämpften

---

51 Taylor, a. a. O., S. 265.
52 Eicke an Wolff, 28. Oktober 1940, Persönlich, Geheim, RFSS/T-175, 104/2629896. Wenn Eicke die in Le Paradis gemordeten 100 Mann mitgerechnet hat, dann haben die Engländer selbst auf dem Rückzug wahrhaftig ihr Bestes gegeben.

sich fünf schwere Panzer, ein Zug Kampfwagen und das gesamte 3. Bataillon der Leibstandarte aus dem rückwärtigen Gebiet den Weg nach Esquebeck hinein frei und ermöglichten es auf diese Weise einem SS-Stoßtrupp, Dietrich und seinen Adjutanten aus dem Durchlaß zu befreien[53].

Nach der Befreiung seines Kommandeurs rückte das SS-Regiment weiter nach Wormhoudt vor. Das 2. Warwickshire Regiment, das die Stadt verteidigte, wurde seit dem frühen Morgen von Panzern und Infanterie (mit starker Unterstützung durch Artilleriefeuer und Bombenangriffe) heftig attackiert. Es hatte den Befehl, bis zum Anbruch der Dunkelheit auszuhalten und sich dann auf Dünkirchen zurückzuziehen. Es gelang den Engländern, den ersten Angriff zurückzuwerfen, aber mit der Ankunft der Leibstandarte verschlechterte sich ihre Lage. In einem Kampf Haus um Haus nahm die SS elf Offiziere und 320 Mann gefangen. In der Nacht versuchten die überlebenden britischen Soldaten sich zurückzuziehen, aber die Deutschen drückten nach, und die Leibstandarte nahm weitere sechs Offiziere und 430 Mann gefangen[54].

Bis zum 30. Mai befand sich der größte Teil des Britischen Expeditionskorps abgesichert im Raum Dünkirchen. Die Leibstandarte verfolgte den zurückweichenden Flankenschutz solange sie konnte, wurde aber bald in die Reserve zurückbefohlen. Kurze Zeit darauf wurde sie in das Gebiet von Cambrai zurückgenommen, um für den *Fall Rot* neu ausgerüstet zu werden, die bevorstehende Offensive gegen die französischen Armeen südlich der Somme-Aisne-Linie. Die SS-Verfügungsdivision, der es niemals gelungen war, weit über die Wälder von Dieppe hinauszukommen, machte am 30. Mai in Norbecque Ruhe; wenig später wurde sie zurückgeschickt, um sich mit der Leibstandarte zu vereinigen. Am selben Tag befand sich die Totenkopfdivision in Bailleul. Am 30. Mai wurde die Division zur Kanalküste südlich von Dünkirchen geleitet und mußte, mit dem Hauptquartier in Boulogne, eine Weile die Küstenverteidigung übernehmen, bevor sie sich dem Vormarsch ins Herz Frankreichs anschließen konnte[55]. Inzwischen war die Evakuierung des Britischen Expeditionskorps zur See von Dünkirchen aus in vollem Gange. Als die Nachhut sich am Morgen des 3. Juni ergab, war der größere Teil des Korps — fast 200 000 Mann, dazu 140 000 französische und belgische Soldaten — sicher in England angekommen. Die Deutschen hatten die Schlacht gegen die Engländer gewonnen, aber den Sieg verspielt.

---

53 Meyer, a. a. O., S. 29 f.
54 A. a. O., S. 30; Ellis, a. a. O., S. 206.
55 SS-Hauptsturmführer Grünwalder an das Kommando der Waffen-SS, »Bericht über meine Kurierfahrt zur V.- und T.-Division«, 3. Juni 1940, RFSS/T-175, 106/2629831 ff.; »Kurier-Bericht für die Zeit vom 5.—6. 6. 1940«, RFSS/T-175, 106/2629829 f.; SS-Totenkopfdivision, »Schlachten- und Gefechtsbezeichnungen«, 24. Oktober 1940, RFSS/T-175, 107/2629910.

## Die Waffen-SS und die Schlacht um Frankreich

Der deutsche Plan für den *Fall Rot* wurde vom OKH am 31. Mai 1940 bekanntgegeben; sein Ziel war, »die noch in Frankreich verbliebenen alliierten Streitkräfte ... sobald wie möglich nach der Schlacht in Artois und Flandern« zu vernichten[56]. Im wesentlichen sah er den Einsatz aller drei Heeresgruppen (A, B und C) in einer Offensive in drei Wellen vor, die von Westen nach Osten entlang der Front abrollen sollte. Die Heeresgruppe B sollte am 5. Juni an einer Frontlinie angreifen, die sich von der Kanalküste bis zur Aisne nördlich von Reims erstreckte; die Heeresgruppe A sollte am 9. Juni zwischen der Aisne und der deutsch-französischen Grenze vorgehen, und die Heeresgruppe C sollte ungefähr eine Woche später die Maginotlinie und die Oberrheinfront angreifen. Alles in allem stellten die Deutschen 140 Divisionen für die Operation bereit, denen die Franzosen knapp 65 eigene gegenüberstellen konnten[57].

In der Zwischenzeit bereiteten sich die SS-Feldverbände für ihre Aufgabe im *Fall Rot* vor. Aus Deutschland wurde Ersatz geschickt, um die durch Verluste im Gefecht entstandenen Lücken aufzufüllen: 270 Mann für die Leibstandarte, 2020 für die Verfügungsdivision und 1140 für die Totenkopfdivision. Die Ausfälle bei den Offizieren waren so schwer gewesen, daß man Fahnenjunker von den SS-Junkerschulen als Ersatz mobilisieren mußte. In der ersten Juniwoche bekamen die beiden SS-Divisionen in Frankreich schließlich ihre schweren Artilleriebataillone. Ausgeruht, in voller Stärke und mit allem Gerät versehen, stand die Waffen-SS wieder einmal einsatzbereit. Vor dem Fall von Frankreich sollte auch die Polizeidivision, die bisher noch keine Verluste zu verzeichnen hatte, ihre Feuertaufe erleben[58].

Am 4. Juni nahm das Artillerieregiment der Verfügungsdivision an dem Eröffnungsartillerieduell mit den französischen Streitkräften südlich der Somme teil und verzeichnete die ersten SS-Verluste im *Fall Rot*: 2 Tote und 17 Verwundete. Am nächsten Tage stießen Verbände der Heeresgruppe B in der ersten Angriffswelle über die Somme vor. Als Teil der Panzergruppe Kleist nahmen Leibstandarte und Verfügungsdivision an dem Hauptstoß gegen Paris teil. Inzwischen war die SS-Totenkopfdivision von Boulogne nach St. Pol verlegt worden und sollte dort, bis sie gebraucht wurde, alarmbereit stehen[59].

---

56 Oberkommando des Heeres, »Aufmarschanweisung Rot«, 31. Mai 1940, Geheime Kommandosache, Jacobsen, Dokumente, S. 152 ff.
57 A. a. O.; Taylor, a. a. O., S. 281 ff.
58 Kommando der Waffen-SS an RFSS, »12. Meldung«, 2. Juni 1940, Geheim, RFSS/T-175, 106/2629877 ff.
59 SS-Hauptsturmführer Barthelmess, »Kurier-Bericht für die Zeit vom 5.–6. 6. 1940«, RFSS/T-175,106/2629829.

Am 6. Juni hatte die Verfügungsdivision die Somme überschritten und jagte südwärts, wobei sie nur auf geringen Widerstand stieß. Am nächsten Tag dagegen, als sich die Division dem Avre näherte, blieben ihre Vorausabteilungen im schweren Feuer vom Südufer her stecken. Trotzdem gelang es dem SS-Regiment »Der Führer«, von der Divisionsartillerie unterstützt, einen Übergang über den Fluß zu erzwingen und zwei Brückenköpfe am anderen Ufer zu errichten.

An dem Tag, an dem die Verfügungsdivision die Somme überschritt, scheint Kleists Panzergruppe einen größeren Durchbruch erzielt zu haben. Am 7. Juni stellte sich jedoch heraus, daß der Panzerangriff angesichts des sich versteifenden französischen Widerstandes langsamer wurde. Am folgenden Tag war Kleists Lage Gegenstand einer besorgten Diskussion im Führerhauptquartier. Am Ende wurde beschlossen, die gesamte Panzergruppe aus dem stark verteidigten Abschnitt nördlich von Paris herauszuziehen (die Gruppe hatte 30 Prozent ihrer Panzer verloren) und sie weiter östlich einzusetzen, wo deutsche Infanterie bereits bis zur Aisne durchgebrochen war[60]. So erhielt die Verfügungsdivision Befehl, ihre mühsam erkämpften Brückenköpfe aufzugeben. Am 9. Juni war die SS-Division wieder über die Somme zurückgegangen und vorerst aus den Kämpfen heraus. Sie hatte 24 Tote und 113 Verwundete in den drei Kampftagen verloren[61].

Die Leibstandarte SS »Adolf Hitler«, die ebenfalls an Kleists verfehlter Offensive teilgenommen hatte, wurde südlich von Bapaume über die Somme zurückgenommen, erhielt aber im Gegensatz zur Verfügungsdivision keine Ruhepause. Am 9. Juni wurde das Regiment dem Befehl des XLIV. Armeekorps unterstellt und sofort nach Süden geschickt, um dem raschen Vormarsch des Korps zur Marne bei Château Thierry zu folgen. Die Männer der Leibstandarte, »hundemüde«, jagten über die Somme zurück, durch Soissons südwärts auf Villers-Cotterets zu. Unterwegs stießen sie nur auf sporadischen Widerstand; »französische Nachzügler ergeben sich willig. Sie gehören meist der 11. französischen Division an«. Gegen 16 Uhr erreichte das SS-Regiment Villers-Cotterets und nahm eine Anzahl überraschter Franzosen gefangen. »Die Lage trägt bereits den Stempel des bevorstehenden Zusammenbruchs[62].«

Am 12. Juni hatte die Leibstandarte die Marne bei Château Thierry erreicht und eine Anzahl von Übergängen erkämpft. Am selben Tag wurde Kleists Panzergruppe, die eine dreitägige Ruhepause genossen hatte, längs

---

60 Taylor, a. a. O., S. 292 ff.; Jacobsen, Dokumente, S. 177 ff.
61 SS-Verfügungsdivision, »Bericht Nr. 9 (durch SS-Obersturmführer Fetzer)«, 10. Juni 1940, RFSS/T-175, 106/2629846 f.
62 Meyer, a. a. O., S. 32 f.; »Bericht des SS-Obersturmführers Fetzer über die Kurierfahrt zur SS-V-Division und Leibstandarte SS ›Adolf Hitler‹ vom 8. bis einschließlich 12. Juni 1940«, RFSS/T-175, 106/2629822 ff.

der Marnefront zwischen Château Thierry und Epernay wieder eingesetzt, und die Leibstandarte schloß sich erneut der Gruppe an. Inzwischen wurde die SS-Totenkopfdivision, die in Reserve gehalten worden war, nach vorn befohlen, damit sie sich dem Vormarsch anschließe. Alle drei SS-Formationen in Frankreich folgten nun Kleists Panzerdivisionen, die durch Mittelfrankreich rasten[63].

Am 10. Juni verließ die französische Regierung Paris; zwei Tage später wurde die Hauptstadt zur Offenen Stadt erklärt. Am 13. Juni wurde die französische Hauptwiderstandslinie bis unterhalb von Paris zurückgenommen, und am folgenden Tag zogen deutsche Truppen in die Stadt ein. Das deutsche Oberkommando, das den unmittelbar bevorstehenden französischen Zusammenbruch voraussah, gab am 14. Juni eine Weisung heraus, die den Feldzug zum Abschluß bringen sollte[64]. Um die Franzosen daran zu hindern, südlich von Paris eine neue Front aufzubauen, befahl Hitler eine »scharfe Verfolgung« in Richtung Orléans. Längs der Ostfront wurde vom Führer die »Vernichtung« der verbleibenden französischen Streitkräfte befohlen. Um diese Operation zu unterstützen, erhielt die Heeresgruppe C den Befehl, sofort einen Angriff gegen die Maginotlinie und die Rheinfront zu unternehmen[65].

In den Einsatzbefehlen, die in Übereinstimmung mit Hitlers Weisung gegeben wurden, erhielt Kleists Panzergruppe (einschließlich Leibstandarte, Totenkopfdivision und Verfügungsdivision) den Befehl, durch die Champagne auf Dijon in Burgund vorzurücken, um die französischen Streitkräfte im Elsaß und in Lothringen an einem Rückzug nach dem Südwesten zu hindern.

Während es die Leibstandarte in der Regel einrichten konnte, daß sie an der Spitze des Vormarsches operierte (oft ohne anderen Befehl als den Sepp Dietrichs), folgten die bedeutend größeren SS-Divisionen im allgemeinen weit hinter den rasch vorrollenden Panzern, ihre offenen Flanken deckend, umgangene Widerstandsnester säubernd und Gefangene machend.

Am 15. Juni rückte die SS-Totenkopfdivision durch das Departement Yonne vor als Reserve des XIV. Armeekorps. Um Mitternacht erhielt die Division Befehl, der 10. Panzerdivision zu folgen, die in Berührung mit einer auf dem Rückzug befindlichen französischen Truppe gekommen war. Das Ziel des nächsten Tages war Clamecy. Die nächsten beiden Tage verliefen für die Totenkopfdivision kampflos, sie machte dennoch »rund 4000

---

63 S. verschiedene Kriegstagebucheintragungen bei Jacobsen, Dokumente, S. 108 ff.; Meyer, a. a. O., S. 34.
64 Der Führer und Oberste Befehlshaber der Wehrmacht, »Weisung Nr. 15«, 14. Juni 1940, Geheime Kommandosache, Jacobsen, Dokumente, S. 163 f.
65 A. a. O.

Gefangene« und hatte zwei Verletzte bei einem Kradunfall und zwei Tote und drei Verwundete bei dem Angriff eines französischen Flugzeugs, »das heruntergeholt wurde«[66].

Die Erfahrungen der Totenkopfdivision in den Tagen unmittelbar nach dem Fall von Paris waren typisch für die letzten Tage der Schlacht um Frankreich. »Der größte Teil dieses gewaltigen Unternehmens war mehr Verfolgung als Schlacht«, schreibt Telford Taylor[67]. Aber in vereinzelten Fällen leisteten einzelne französische Einheiten Widerstand, und es kam zu heftigen Gefechten. Ein solches Treffen gab es auch auf dem im übrigen ereignislosen Vormarsch der SS-Verfügungsdivision.

Die Division war seit dem 13. Juni südwärts »über die Oise, Aisne, Marne und Seine auf Dijon« auf dem Marsch. In »anstrengenden Nachtmärschen ... den Panzerdivisionen des XIV. und XVI. Korps folgend«, mit der Aufgabe, »die links offenen Flanken der Pz-Divisionen zu decken«[68]. Inzwischen hatte der Angriff auf die Maginotlinie begonnen. Um einer Einkreisung zu entgehen, versuchten die französischen Streitkräfte im Vogesengebiet nach Südwesten zu entkommen. Ein starker französischer Verband versuchte durch den Abschnitt der Verfügungsdivision durchzubrechen, aber er wurde »nach harten, für den Gegner sehr verlustreichen Kämpfen überall geworfen, zum Teil vernichtet und zum größten Teil gefangengenommen«[69].

Während der Nacht vom 16. Juni zum 17. Juni und am Morgen des 17. wurden weitere französische Gegenangriffe abgewehrt und die Orte Channes und Bragelogne, die zeitweilig von den Franzosen besetzt worden waren, zurückerobert. Mittags setzte die Verfügungsdivision ihren Vormarsch fort »auf den Straßen 80 und 71 beiderseits Châtillon«. Die auf dem Rückzug befindlichen französischen Truppen, denen es gelungen war, sich quer über die Straße festzusetzen, leisteten »in den Ortschaften und großen Waldstücken verzweifelten Widerstand. Durchbruch gelingt ihnen aber an keiner Stelle«. Am Abend des 17. Juni betrachtete der Divisionskommandeur Hausser »den feindlichen Durchbruchsversuch vor der Division« als »völlig gescheitert ... Weit über 30 000 Gefangene und unübersehbares Material befindet sich in unserer Hand. Im Vergleich zu diesem großen Erfolg müssen die Verluste der Division als sehr gering bezeichnet werden,

---

66 SS-Totenkopfdivision an Kommando der Waffen-SS, »Kurier-Meldung«, 18. Juni 1940, RFSS/T-175, 107/2630040 f. und SS-Hauptsturmführer Eugen Schlotter, »Bericht über meine Kurierfahrt zu den Feldeinheiten der Waffen-SS vom 14.–21. Juni 1940«, RFSS/T-175, 107/2630037 ff.
67 Taylor, a. a. O., S. 300.
68 SS-Verfügungsdivision an Kommando der Waffen-SS, »Bericht Nr. 10 vom 11. 6.–19. 6.«, 19. Juni 1940, Geheim, RFSS/T-175, 106/2629807 ff.
69 A. a. O., 106/2629808.

gefallen sind während dieser Kampftage drei Führer und 30 Männer, verwundet drei Führer und 91 Männer[70]«.

Während die Verfügungsdivision ihr letztes großes Gefecht im Westfeldzug bestritt, »verschwand« die Leibstandarte. Drei Tage lang konnte keiner der Kuriere vom Kommando der Waffen-SS das Regiment finden. Selbst beim Befehlsstand der Panzergruppe hatte man keine Ahnung, wo es war. Schließlich am 18. Juni fand General von Kleist auf einer Inspektionsfahrt das Regiment 25 Kilometer südlich von Nevers an der Straße St. Pierre—Le Moutier—Moulins. Er befahl ihm sofort, »einen Brückenkopf jenseits der Allier südwestlich von Moulins zu errichten«[71].

Kleist hatte Befehl erhalten, seinen Stoß nach Süden fortzusetzen, um einen möglichen Widerstand der Franzosen an der Loire zu verhindern. In Wirklichkeit bestand nicht viel Aussicht, daß das passieren würde. Die französische Regierung war zusammengebrochen, und das neue Regime unter Marschall Pétain verhandelte bereits wegen eines Waffenstillstands. »Die Franzosen hatten weder Zeit noch Mittel, noch große Neigung, eine Verteidigungslinie längs des großen Flusses Mittelfrankreichs zu organisieren[72].« Als er das erkannte, erlaubte nun Kleist seinen Panzerdivisionen, ihren Vormarsch zu verlangsamen, und schickte einige Einheiten seiner motorisierten Streitkräfte an die Spitze, damit sie den Vormarsch führen sollten.

Auf Befehl Kleists jagte die Leibstandarte auf die Allier bei Moulins zu. Kaum war der erste Soldat auf der Brücke, als sie von den Franzosen in die Luft gesprengt wurde. Der Übergang gelang jedoch über eine in der Nähe liegende brennende Eisenbahnbrücke. Dann raste die Leibstandarte in einem wilden Vormarsch mit dem Ziel, »Boden zum Süden hin zu gewinnen«, auf Vichy zu. Wo die Straßen nicht versperrt waren, eilten die Vorausabteilungen mit höchster Geschwindigkeit vorwärts und belegten feindliche Kräfte am Weg von ihren Kraftfahrzeugen aus mit dem massierten Feuer automatischer Waffen. Straßensperren wurden durch Panzer und Mörserfeuer zerschlagen, besetzte Ortschaften von den Spitzen umgangen und dann von den nachfolgenden Bataillonen der SS-Infanterie gestürmt. Das war jene Art des Kampfes, in der Sepp Dietrichs Männer sich auszeichneten.

Auf diese ungestüme Art erreichte die Leibstandarte am 19. Juni St. Pourcain. Gannat wurde am selben Tag genommen, die Allier — über eine unzerstörte Brücke — wieder überquert und eine Verbindung mit anderen deutschen Truppen bei Vichy hergestellt. Auf dem Tagesmarsch hatte das

---

70 A. a. O.; SS-Sturmbannführer Grezesch an Kommando der Waffen-SS, »Fernschreiben Sonderzug Heinrich Nr. 176, 22. 6. 40«, RFSS/T-175, 106/2629810.
71 SS-Hauptsturmführer Eugen Schlotter, »Bericht über meine Kurierfahrt zu den Feldeinheiten der Waffen-SS vom 14.—21. Juni 1940«, RFSS/T-175, 107/2630039.
72 Taylor, a. a. O., S. 302.

Regiment fast 1000 Franzosen gefangengenommen. Am folgenden Tage, auf dem Vormarsch südwärts nach Clermont-Ferrand, eroberte es einen Flugplatz, erbeutete 242 Flugzeuge, acht Panzer, eine Unmenge Fahrzeuge und nahm 287 Offiziere (darunter einen General) und 4075 Soldaten gefangen. Dann stieß die Leibstandarte in dem tiefsten Einbruch, den die Deutschen auf diesem Feldzug erzielten, auf St. Etienne vor, nahm die Stadt und machte ihre Garnison am 24. Juni zu Gefangenen[73].

Während die Leibstandarte auf dem Vormarsch nach Süden war, operierten die SS-Totenkopf- und die Verfügungsdivision noch immer weit hinten als Flankendeckung für den Vormarsch. Die Verfügungstruppe hatte — an der offenen linken Flanke — nach der erfolgreichen Abwehr des französischen Durchbruchversuches am 16. und 17. Juni wenig zu tun und verbrachte den Rest der Woche damit, das Gelände hinter der Leibstandarte und den Panzerdivisionen zu säubern. Die Totenkopfdivision auf der rechten offenen Flanke hatte sogar noch weniger zu tun und war seit Beginn des *Falles Rot* in keinerlei ernste Kämpfe verwickelt worden. Aber schließlich, am 19. Juni, wurde die Division zu Eickes großer Freude schließlich den »Vorausabteilungen der Panzergruppe Kleist unterstellt und erhielt den Auftrag, auf Tarare, rund 140 km nach Süden, vorzustoßen und dann Spähtätigkeit bis nach Lyon zu betreiben«[74].

Selbst dabei erlebte die Totenkopfdivision keine größeren Kämpfe. Ihre Aufklärungsabteilung hatte allerdings ein hartes Gefecht bei Tarare mit französischen Kolonialtruppen zu bestehen, wobei sie bei nur leichten eigenen Verlusten rund 6000 Gefangene machte[75]. Für Eickes und Haussers SS-Divisionen war die Schlacht um Frankreich in jeder Hinsicht beendet.

Während die motorisierten Verbände der Waffen-SS durch Frankreich brausten, wurde es der bespannten Polizeidivision endlich gestattet, eine eigene Offensive zu unternehmen. Am 9. und 10. Juni nahm das Gros der Division an dem hartnäckig umkämpften Übergang über die Aisne und den Ardennenkanal teil. Am Abend des 10. Juni stürmten das 1. Polizeiregiment und ein Teil des 2. die bewaldeten Höhen bei Voncq. Sie erreichten ihr Ziel, aber die Franzosen unternahmen einen Gegenangriff mit Panzern und trieben die Polizeitruppe aus dem Wald heraus. In seinem offiziellen Bericht darüber schrieb der Divisionsbefehlshaber Pfeffer-Wildenbruch: »Dreimal

---

73 Meyer, a. a. O., S. 35 ff., SS-Obersturmführer Brandt, »Bericht«, 24. Juni 1940, RFSS/T-175, 106/2629803 ff. gibt die gleiche Darstellung mit einigen leichten Varianten.
74 SS-Hauptsturmführer Eugen Schlotter, »Bericht über meine Kurierfahrt zu den Feldeinheiten der Waffen-SS vom 14.–21. Juni 1940«, RFSS/T-175, 107/2630038.
75 SS-Obersturmführer Brandt, »Bericht«, 24. Juni 1940, RFSS/T-175, 106/2629805.

stürmt das Pol.-Rgt. 1 erfolgreich vor, dreimal muß es wieder zurück, lediglich aus dem Grund, weil unsere Panzerabwehrgeschütze gegen die mittleren französischen Panzer machtlos sind.« Bei Anbruch der Dunkelheit gelang es Teilen des 2. Polizeiregiments endlich, Voncq zu nehmen, und am Morgen entdeckte man, daß die Franzosen sich aus dem Gebiet zurückgezogen hatten[76].

Danach erhielt die Polizeidivision den Befehl zum Vormarsch durch den Argonner Wald. Bei ihrer zweiten und letzten größeren Feindberührung stieß die Division im Argonnen-Engpaß bei Les Islettes mit einer französischen Nachhut zusammen. Die mit schwerer Artillerie ausgerüsteten Franzosen verteidigten sich »mit derselben Zähigkeit und Gewandtheit wie die französischen Truppen bei Voncq«. Aber im Nahkampf brach das 2. Polizeiregiment durch und nahm das Städtchen Les Islettes[77].

Eine Zeitlang deckte die Division weiterhin die linke Flanke des deutschen Vormarsches, hatte aber keine bemerkenswerte Feindberührung mehr. Am 20. Juni wurde die Polizeidivision aus der Front herausgenommen und südwestlich von Bar-le-Duc in Reserve gestellt. Sie hatte sieben Offiziere und 125 Mann als Gefallene verloren, zwölf Offiziere und 515 Mann waren verwundet und 45 Mann vermißt — ein Gesamtausfall von 704 Mann in nur zwei verhältnismäßig unbedeutenden Gefechten[78]. Aber Pfeffer-Wildenbruch berichtete auf eine Weise, die darauf berechnet war, seinem Chef zu gefallen, daß seine Division einen »vorzüglichen Eindruck« mache, und »Führer und Männer bedauern nur, daß sie nicht häufiger Gelegenheit hatten, ihre Einsatzbereitschaft und ihr Können vor dem Feind zu beweisen«[79].

In der Zwischenzeit gingen die Verhandlungen über einen Waffenstillstand weiter. Nachdem man übereingekommen war, daß die gesamte französische Küste von Belgien bis Spanien unter deutsche Besetzung kommen sollte, befahl das OKW am 19. Juni einem Teil von Kleists Panzergruppe, sich zu einer Verlegung an die Atlantikküste bereitzuhalten. Kurz darauf war das XIV. Korps, das aus der 9. und der 10. Panzerdivision bestand, sowie aus der SS-Totenkopfdivision und der SS-Verfügungsdivision, auf dem Weg nach Westen[80].

76 SS-Polizeidivisions-Kommandeur an RFSS, 20. Juni 1940, Geheime Kommandosache, RFSS/T-175, 107/2630506 ff. Vgl. Georg Tessin »Die Stäbe und Truppeneinheiten der Ordnungspolizei« in Neufeldt, Huck und Tessin, a. a. O., Teil II, S. 24.
77 RFSS/T-175, 107/2630507.
78 A. a. O.; Jüttner an Himmler, »16. Meldung«, Geheim, 25. Juni, 1940, RFSS/T-175, 106/2629798.
79 SS-Polizeidivisions-Kommandeur an RFSS, 20. Juni 1940, Geheime Kommandosache, RFSS/T-175, 107/2630507 f.
80 OKH (Halder), 19. Juni 1940; Heeresgruppe B (Bock), 20. Juni 1940, Jacobsen, Dokumente, S. 228 ff.

Am 25. Juni 1940, dem Tage, an dem die Waffenruhe in Kraft trat, befanden sich Verfügungs- und Totenkopfdivision in der Nähe von Bordeaux und bereiteten sich darauf vor, den Küstenabschnitt südlich der Stadt bis zur spanischen Grenze zu besetzen. Die Polizeidivision war in der Reserve der Heeresgruppe A an der oberen Maas bei Rondilly, und die Leibstandarte stand südlich der Demarkationslinie bei St. Etienne, bereit zum Marsch nordwärts nach Paris, um an einer großen Siegesparade für den Führer teilzunehmen[81]. Der Feldzug im Westen war vorüber.

## Die Waffen-SS und der Westfeldzug im Rückblick

Im Laufe des Krieges sollte die Zeit kommen, da Sieg oder Niederlage bei größeren militärischen Operationen von der Leistung der Waffen-SS abhingen; im Jahre 1940 war das aber noch keineswegs der Fall. Der deutsche Sieg im Westen wäre ohne die Beteiligung der dreieinhalb SS-Divisionen im wesentlichen auf die gleiche Weise errungen worden. Die Bedeutung des Beitrags der Waffen-SS zu dem Feldzug lag nicht in der Quantität, sondern in der Qualität.

Vom rein taktischen Standpunkt aus gesehen bestand der Wert der SS-Einheiten in dem Umstand, daß sie groß und — mit Ausnahme der Polizeidivision — voll motorisiert waren. Sie gehörten zu den wenigen Infanterieformationen der deutschen Wehrmacht um 1940, die mit den schnellen Panzerdivisionen Schritt halten konnten. Bei der Invasion der Niederlande, bei der nur eine verhältnismäßig kleine deutsche Streitmacht eingesetzt wurde, spielten Leibstandarte und Verfügungsdivision eine größere Rolle. Im Verlauf der übrigen Feldzüge hatte die Waffen-SS gewiß ihren Anteil an den Kämpfen; bei einem Gesamteinsatz von beinahe 140 Divisionen war dieser Anteil jedoch verhältnismäßig bescheiden.

Die amtlichen Bekanntmachungen des OKW, die während des Feldzuges täglich ausgegeben wurden, erwähnten Heer, Kriegsmarine und Luftwaffe, aber niemals die Waffen-SS. Schließlich erhielt aber auch die SS öffentliche Anerkennung für ihren Beitrag, und zwar von allerhöchster Stelle.

---

[81] OKH (Atlas zum Westfeldzug 1940), »Lage am 25. 6. 1940, 01.35 Uhr«, ibd. Karte 3 hinter S. 340; Meyer, a. a. O., S. 38 ff.; Jüttner an Himmler, »16. Meldung«, Geheim, RFSS/T-175, 106/2629795 ff. Die große Siegesparade wurde später abgesagt, und die Leibstandarte wurde nach Metz geschickt, wo sie bis zu ihrem nächsten Feldzug blieb.

Am 19. Juli 1940 sprach Hitler vor dem Reichstag und zur Welt über die Ereignisse der zurückliegenden Monate[82]. Nach einem Überblick über den Feldzug im Westen lobte er die deutschen Truppen, die daran teilgenommen hatten, und erklärte zum ersten Male, daß »im Rahmen dieser Armeen die tapferen Divisionen und Regimenter der Waffen-SS kämpften«. Zur Leistung der »jungen Einheiten unserer Panzer- und motorisierten Truppen« erklärte Hitler: »Dieser Krieg hat dazu geführt, daß das deutsche Panzerkorps sich einen Platz in der Weltgeschichte errungen hat; die Männer der Waffen-SS haben Teil an dieser Ehre.« Er pries sogar »die Ersatz-SS-Formationen«, ohne die »die Schlacht an der Front niemals hätte stattfinden können«[83]. Am Schluß seiner Anerkennung für die SS dankte Hitler »dem Parteigenossen Himmler, der das gesamte Sicherheitssystem unseres Reiches sowie die Einheiten der Waffen-SS organisiert hat«.

Bei Hitlers langer Rede in der Krolloper waren alle führenden Generale des Heeres anwesend (zwölf wurden im Verlauf der Rede öffentlich zu Feldmarschällen befördert), und das Führerlob auf die Waffen-SS hatte die beabsichtigte Wirkung. Der Ausdruck »Waffen-SS« wurde zur anerkannten Bezeichnung für die Feldverbände der SS.

Selbst wenn zu Hitler auf dem normalen militärischen Informationsweg kaum eine Erwähnung der Waffen-SS gedrungen wäre, hätte allein Himmler dafür gesorgt, daß ihm SS-Kampfberichte vorgelegt wurden. Auf diese Weise erhielt die Waffen-SS auch ihren Anteil an den Beförderungen und Orden, die Hitler freigebig verteilte: sechs Ritterkreuze (die höchste Stufe des Eisernen Kreuzes[84]) wurden SS-Offizieren verliehen. Wie vorauszusehen, erhielt eines Sepp Dietrich für seine Führung der Leibstandarte, zwei weitere gingen an Regimentskommandeure der SS-Verfügungsdivision: Felix Steiner vom SS-Regiment »Deutschland« und Georg Keppler vom SS-Regiment »Der Führer«. Die übrigen drei wurden SS-Offizieren niedrigerer Ränge verliehen[85].

In Anbetracht der militärischen Qualitäten der Waffen-SS, die in dem Sechswochenfeldzug von 1940 deutlich wurden, ist es vielleicht nicht überraschend, daß alle jene Eigenschaften, die die SS auf dem Gipfelpunkt ihrer Entwicklung bekundete, bereits im ersten Kriegsjahr klar in Erscheinung

---

82 »Aus der Rede des Führers vor dem Großdeutschen Reichstag am 19. 7. 1940 nach Beendigung des Feldzuges im Westen«, Friedrich Heiß (Hrsg.), Der Sieg im Westen, Prag 1943, S. 5 ff.
83 Das war ganz deutlich eine euphemistische Bezugnahme auf die SS-Totenkopfstandarten und ihre »Polizeiaufgaben«.
84 Genaugenommen gab es einen noch höheren Orden, das Großkreuz, das für Taten verliehen wurde, die »den Kriegsverlauf entscheidend beeinflussen«; erhalten hat ihn (ebenfalls am 19. Juli 1940) nur Göring.
85 Einzelheiten bei Ernst-Günther Krätschmer, Die Ritterkreuzträger der Waffen-SS, Göttingen 1955.

traten. Vor allem führten die SS-Truppen ganz allgemein ihre Kampfaufträge mit einer Zähigkeit und Entschlossenheit durch, die mitunter an Tollkühnheit grenzte. Sie wurden, nach Hitlers Worten, »von einem verbissenen Willen inspiriert«, waren Truppen mit dem »personifizierten Gefühl der Überlegenheit«[86]. Aber — Hitler erkannte das klar —, »Truppen wie die SS müssen eine höhere Blutrechnung bezahlen als alle anderen«.

Elitesoldaten in allen Armeen der Welt lehrt man den Tod zu verachten; die Berufssoldaten der Waffen-SS machten darin keine Ausnahme. Ihre besondere Ausbildung für den Sturmangriff baute darauf auf, daß Schnelligkeit und Kampfgeist beim Angriff die Verluste verringern. Das ist zwar, im allgemeinen gesehen, richtig, gilt aber nicht im Einzelfall. In einer Schlacht, die rasch gewonnen wird, fallen weniger Soldaten, aber von denen, die voranstürmen, um sie zu gewinnen, sterben mehr. Elitetruppen sind allerdings noch nie nach dem Ausmaß ihrer Verluste beurteilt worden, sondern vielmehr nach dem Ruhm ihrer Waffentaten. Trotzdem hätten die Verluste der SS nicht so hoch zu sein brauchen, wenn die Vorsicht des Berufssoldaten an die Stelle blinden Kampfeseifers getreten wäre.

Unter dem Befehl früherer Berufsoffiziere des Heeres, wie Paul Hausser, Felix Steiner und Georg Keppler, hätte der Eifer der SS-Truppen — besonders der verhältnismäßig gut geschulten Aktiven der Vorkriegsverfügungstruppe — eingesetzt werden können, um einen hohen Grad militärischer Leistung bei erträglichen Verlusten zu erzielen, obwohl selbst diese Kommandeure nicht immer imstande waren, ihre weniger erfahrenen jüngeren Offiziere im Zaume zu halten und zu lenken. Aber die neueren SS-Divisionen aus Reservisten der Allgemeinen SS, früheren KZ-Wächtern, Polizeibeamten und jungen Rekruten, geführt von tapferen, aber militärisch unerfahrenen Männern wie Theodor Eicke und Karl von Pfeffer-Wildenbruch, zahlten einen hohen Preis für ihre Kühnheit. Mut und weltanschauliche Überzeugung sind kein Ersatz für Ausbildung, Erfahrung und richtige Führung. Der rasche Ausbau der Waffen-SS während des Krieges gestattete es nicht immer, das zu berücksichtigen, und mancher junge »schwarze Ritter« wurde in den Hexenkessel der Schlacht geschickt, mit wenig anderem ausgerüstet als mit ideologischer Überzeugung oder *esprit de corps*.

In der Waffen-SS, wo Treue, Pflichterfüllung und blinder Gehorsam eine Lebensform waren, hing die Haltung der Truppe zu einem großen Teil von der Verhaltensweise ihrer Führer ab. Ungeachtet der weltanschaulichen Schulung, die den Angehörigen der Waffen-SS unter anderem Haß auf Deutschlands Feinde einhämmerte, besonders auf Juden, Slawen, Bolschewisten und andere »Untermenschen«, scheinen Fälle von Vergehen gegenüber Kriegsgefangenen und der Zivilbevölkerung verhältnismäßig sel-

---

[86] Hitler's Secret Conversations, S. 177 f.

ten gewesen zu sein. Wo aber derartige Akte befohlen, gefördert oder einfach von Einheitsführern geduldet wurden, sind Greuel großen Ausmaßes vorgekommen. Man kann sich nur schwer eine reguläre Truppe des Heeres vorstellen, die bei einem Befehl, 100 hilflose Kriegsgefangene niederzuschießen, nicht gezögert haben würde; als aber ein untergeordneter SS-Offizier bei Le Paradis einen solchen Befehl erteilte, gehorchte man ihm, ohne zu fragen und ohne zu zögern, und Angehörige der SS-Kompanie gingen umher, um den Überlebenden mit Gewehr und Bajonett den Garaus zu machen. Das war nicht die Regel, aber ähnliche Vorfälle sind oft genug vorgekommen, besonders an der Ostfront, um ein derartiges Verhalten zu einem Kennzeichen der Waffen-SS werden zu lassen.

So also sah die Waffen-SS im Jahre 1940 aus: klein, aber gut ausgerüstet, voller Korpsgeist und von einer einheitlichen Weltanschauung inspiriert, dabei aber ohne die Tradition eines festgegründeten Heereskörpers; mit einer Mannschaft von außergewöhnlicher physischer Tauglichkeit, guten Soldaten, die aber imstande sind, unsoldatische Taten zu begehen: eine Elitetruppe, die oft von den besten Einheiten des deutschen Heeres, bei dem sie dient, nicht zu unterscheiden ist, und doch eine Truppe, die unverkennbar den Stempel der SS und der nationalsozialistischen Bewegung trägt, aus der sie hervorgegangen war.

## IV. KAPITEL

## Vom Westen nach dem Osten

*Die Entwicklung der Waffen-SS zwischen der Niederlage Frankreichs und dem Einfall in die Sowjetunion*

Die intensive Freiwilligenwerbung, die die Waffen-SS nach dem Sieg über Polen begann, dauerte im Frühjahr und Sommer 1940 an. Ende Mai waren die genehmigten Quoten neuer Rekruten für die Waffen-SS erreicht, aber Gottlob Bergers Werber nahmen weiterhin Freiwillige auf in dem Bestreben, eine Reserve junger Rekruten aufzubauen, mit denen man die vielen älteren Reservisten aus der Allgemeinen SS, die in den Felddivisionen dienten, ersetzen könnte. Zusätzlich wurde eine große Anzahl junger Männer für die SS-Totenkopf- und Polizeiregimenter geworben, die immer noch unter der von Hitler genehmigten Stärke waren[1]. Die anscheinend unbegrenzte Ausdehnung der Waffen-SS und die damit verbundene Beanspruchung des Kräftereservoirs der Wehrmacht führte zu einem neuen harten Zusammenstoß zwischen den Militärbehörden und dem Kommando der SS.

*Der Kampf um die Wehrfähigen:*
*Die Beziehungen zwischen SS und Wehrmacht in den Jahren 1940/41*

Bei ihrem Kampf um die wehrfähigen Männer ging die SS nach zwei Grundsätzen vor. Erstens versuchte sie durch die verschiedensten Tricks Freiwillige der jüngeren Altersgruppen aus dem deutschen Kräftepotential abzusaugen. Zweitens verstärkte sie ihre Bemühungen, Rekruten aus Gebieten außerhalb des Reiches zu bekommen, also ein Kräftepotential zu erschließen, das nicht den Weisungen der Wehrmacht unterlag.

---

1 Die SS-Totenkopf- und Polizeiregimenter standen — im Gegensatz zu den Feldformationen der Waffen-SS — nicht unter der Kontrolle der Wehrmacht, und Hitler setzte besondere Rekrutierungsquoten für sie fest.

Schon 1938 hatte Himmler die Aufnahme geeigneter »Germanen« in die SS-Verfügungstruppe genehmigt[2]. Das bezog sich nicht auf Volksdeutsche, die ohnehin schon längst in die Waffen-SS aufgenommen wurden. Wenn Himmler von »Germanen« sprach, meinte er Nichtdeutsche »nordischen Blutes«. Gegen Ende 1938 gab es nur 20 solcher Freiwilligen in der Waffen-SS, im Mai 1940 waren es 100, einschließlich fünf Männern aus den USA, drei aus Schweden und 44 aus der Schweiz[3]. Diese Männer, die sich — ohne daß besondere Bemühungen durch Bergers Ergänzungsamt vorausgegangen waren — zur Waffen-SS gemeldet hatten, dienten in regulären Einheiten, ohne Rücksicht auf ihre fremde Herkunft.

Die deutsche Eroberung Dänemarks, Norwegens, Belgiens und der Niederlande eröffnete jedoch der SS-Werbung gänzlich neue Dimensionen: Am 30. April 1940 wurde Befehl zur Aufstellung der SS-Standarte (Regiment) »Nordland« erteilt, die sich aus dänischen und norwegischen Freiwilligen zusammensetzen sollte[4]. Im Juni folgte die Aufstellung der SS-Standarte »Westland« für Freiwillige aus den Niederlanden und den flämischen Gebieten Belgiens. Bis Juli standen genügend Freiwillige zur Verfügung für ein zweites Bataillon »Westland«. Gleichzeitig mit ihrer »Germanenwerbung« verstärkte die SS ihre Bemühungen, weitere Freiwillige aus den Millionen Volksdeutschen herauszuholen, die außerhalb des Reiches lebten. Im Mai wurden zum Beispiel mehr als tausend Volksdeutsche aus Rumänien angeworben, und ab Juli trafen diese Männer im SS-Ausbildungszentrum in Prag ein[5].

Bei Ende des Westfeldzuges erhielt die Waffen-SS bedeutenden Zuwachs an fremden Kräften, und die Zukunftsaussichten in dieser Beziehung erschienen rosig. In einer Ansprache vor Offizieren der Leibstandarte-SS »Adolf Hitler« am 7. September 1940 erklärte Himmler: »Wir müssen alles nordische Blut der Welt zu uns heranholen, es unseren Feinden entziehen, auf daß niemals wieder ... nordisches oder germanisches Blut gegen

---

2 »Gruppenführerbesprechung« am 8. Oktober 1938 im Führerheim der SS-Standarte »Deutschland«, RFSS/T-175, 90/2612561.
3 S. »Übersichtsplan«, 4. Mai 1940, RFSS/T-175, 104/2626381 ff. Dieses Dokument enthält auch Angaben über die Zahl der Volksdeutschen, die in der Waffen-SS dienten, und gibt ihre Ursprungsländer an.
4 Deutsche Gesandtschaft Kopenhagen, »Aufstellung der SS-Standarte ›Nordland‹«, 20. Mai 1940, Geheime Reichssache, RFSS/T-175, 104/2626350 f.
5 Berger an Himmler, »Werbung für die SS-VT unter den Holländern«, Geheim, 15. Mai 1940, RFSS/T-175, 104/2626355 f.; Berger an Himmler, 4. Juni 1940, Geheime Kommandosache, RFSS/T-175, 104/2626261; Kommando der Waffen-SS, »Aufstellung der SS-VT-Standarte ›Westland‹«. Geheime Kommandosache, 6. Juni 1940, RFSS/T-175, 104/2626256; Kommando der Waffen-SS, »Aufstellung II./SS-Standarte ›Westland‹«, 11. Juli 1940, Geheime Kommandosache, RFSS/T-175, 104/2626163 ff.

uns kämpft⁶.« Bei Kriegsende waren insgesamt mehr als 100 000 Westeuropäer und vielleicht viermal soviel andere Ausländer durch die Reihen der Waffen-SS gegangen; aber das ist ein Thema für sich und soll in den folgenden Kapiteln eingehender behandelt werden. Im Jahre 1940 mußte sich die SS jedenfalls noch auf Reichsdeutsche stützen, was die Masse der Truppe anging — und auf diesem Sektor taten die Wehrmachtbehörden ihr Bestes, um die überaus ehrgeizigen Bestrebungen des SS-Werbeamtes zum Scheitern zu bringen.

Um die Mitte des Jahres merkte das OKW anscheinend, daß die SS die ihr genehmigten Rekrutierungsquoten weit überschritten hatte. Generalmajor Jodl, Chef des Wehrmachtführungsstabes, verzeichnete am 25. Mai in seinem Tagebuch: »Der Plan zu einer unbegrenzten Ausdehnung der SS ist beunruhigend⁷.« Infolgedessen führte das OKW eine Untersuchung der SS-Rekrutenwerbung durch.

In der ersten Juniwoche berichtete Berger dem Reichsführer SS, daß 15 000 SS-Einberufungen aufgehalten würden, weil die Wehrbezirkskommandos sich weigerten, die Männer freizugeben. Er klagte, daß »die Unruhe daher komme, daß vom Führer gegebene Befehle nie bis zu Ende durchgeführt, sondern immer in der Mitte abgebremst würden«⁸. Aller Wahrscheinlichkeit nach hatten die militärischen Dienststellen einen inoffiziellen Stillstand der SS-Einberufungen bis zu der Feststellung erklärt, wieviel Mann die SS tatsächlich in den vorhergehenden Monaten angeworben hatte.

Berger entdeckte bald, daß seine Arbeit behindert wurde. Er meldete Himmler: »Zum erstenmal im Juni haben mir die Herren (des OKW) ungefähr nachgerechnet, wieviel Männer für Polizei, SS-VT und TV eingestellt wurden; sie sind ›entsetzt‹ darüber, und es hat im OKW geradezu eine ›Palastrevolution‹ gegeben.« Besonders »empört« waren die Generale, daß Berger die genehmigte Quote für die Totenkopfdivision um »900 Mann ... mit zwölfjähriger Dienstverpflichtung« überschritten hatte. In Wirklichkeit, so bekannte Berger schadenfroh, habe er im Juni 1164 Mann für die Totenkopfdivision einberufen. Überdies habe er seit Beginn der Werbung ungefähr 15 000 Mann mit zwölfjähriger Dienstverpflichtung für die Totenkopfdivision angenommen, alles in allem 11 000 Mann mehr, als Hitler genehmigt hatte⁹.

6 »Ansprache des Reichsführers SS an das Offizierskorps der Leibstandarte SS ›Adolf Hitler‹ am Abend des Tages von Metz (Überreichung der Führerstandarte)«, 7. September 1940, Nürnberger Dokumente 1918-PS.
7 Jodl-Tagebuch, Eintragung für den 25. Mai 1940. Jacobsen, Dokumente, S. 77. Vgl. Warlimont, a. a. O., S. 104.
8 Berger an Himmler, »Zusammenstellung von Einberufungsvorgängen«, 4. Juni 1940, Geheime Kommandosache, RFSS/T-175, 104/2626259.
9 Berger an Himmler, »Demobilmachung«, 3. Juli 1940, Geheime Kommandosache, RFSS/T-175, 104/2626156.

Angesichts Bergers krasser Mißachtung der amtlichen Werbungsquoten war es nicht überraschend, daß »wieder einmal eine ganz beträchtliche ›Furchtwelle‹ vor der Waffen-SS im allgemeinen und vor Reichsführer SS im besonderen durch das OKW geht«[10]. In einem Versuch, sein Vorgehen zu rechtfertigen, erinnerte Berger das OKW daran, daß er die zusätzlichen Rekruten brauche, um zur Entlassung vorgesehene ältere Reservisten der Allgemeinen SS zu ersetzen. Darin steckte viel Wahrheit. Kurz vor der Niederlage Frankreichs hatte Hitler der Wehrmacht Befehl gegeben, die Auflösung von 39 Divisionen und die Entlassung aller Nichtberufssoldaten der Jahrgänge 1896—1900 vorzubereiten. Obwohl keine SS-Divisionen für die Auflösung vorgesehen waren, mußten doch überalterte SS-Reservisten aus dem aktiven Dienst entlassen werden. Von den annähernd 20 000 Mann in der SS-Totenkopfdivision fielen 13 246 in diese Gruppe. Für diese müsse »unter allen Umständen ein Nachersatz da sein«, beharrte Berger[11].

Aber das OKW hegte wenig Sympathie für die Ersatzprobleme der SS im Sommer 1940. Es focht damals gerade einen weiteren »Kleinkrieg« mit dem Oberkommando der Luftwaffe (OKL) über die Zuteilung von Ersatzkräften aus. Göring, der neue Luftlandedivisionen aufstellen wollte, verlangte, daß die Luftwaffe einen Rekruten bei jeweils drei zum Heer einberufenen bekäme. Das OKW, das das Kräftereservoir des Heeres von zwei Seiten bedroht sah, reagierte — nach Bergers Worten —, indem es seine »Haupttätigkeit darin suchte(n), der SS Schwierigkeiten in der Ersatzgestellung zu machen«. Der Chef des Ergänzungsamtes der Waffen-SS schloß: »Wenn auf gütlichem Wege eine Einigung nicht möglich sei, dann müsse eben wieder der Führer entscheiden[12].«

Trotz ständiger Beschwerden bei Himmler über seine Schwierigkeiten mit dem Heer und dem OKW hatte Berger mit seiner Werbung bemerkenswerten Erfolg gehabt: Vom 15. Januar 1940 bis zum 30. Juni 1940 waren 59 526 Mann zum Dienst in der Waffen-SS einberufen worden[13]. Die Ersatzverbände der Waffen-SS waren auf voller Stärke, und Himmler wußte, daß zu diesen Verbänden genügend junge Rekruten gehörten, um die älteren Männer, die entlassen werden sollten, ersetzen zu können[14].

Am 29. Juni 1940 veröffentlichte Himmler den ersten und letzten Demobilmachungsbefehl der Waffen-SS. Er betraf nur SS-Reservisten fol-

10 A. a. O.
11 A. a. O., 2626157.
12 A. a. O.
13 In der Zahl sind die für die Polizei- und Totenkopfregimenter angeworbenen Männer enthalten. S. Berger an Himmler, »Zusammenstellung von Einberufungen«, 2. Juli 1940, Geheime Kommandosache, RFSS/T-175, 104/2626144 ff.
14 Kommando der Waffen-SS an RFSS, »16. Meldung«, 25. Juni 1940, Geheim, RFSS/T-175, 106/2629796.

gender Kategorien: alle vor 1906 Geborenen, die zwischen 1906 und 1910 (einschließlich) Geborenen, die Entlassung aus dem aktiven Dienst beantragten, und die nach 1918 Geborenen, die Bauern oder Arbeiter in lebenswichtigen Industrien waren. Der Befehl schloß mit der Ermahnung: »Jeder Entlassene bleibt in Zukunft Reservist der Waffen-SS und kann jederzeit wieder einberufen werden[15].« Die meisten der im Spätsommer 1940 Entlassenen wurden am Ende wieder zum aktiven Dienst eingezogen.

Himmler teilte die Besorgnisse seines Ergänzungsamtsleiters über die Zukunft der Waffen-SS nicht, hatte aber auch den Vorzug, einige der neuesten Gedanken Hitlers über den geplanten Kriegsverlauf zu kennen. Denn während noch die SS-Divisionen für die England-Invasion (Unternehmen Seelöwe) ausgebildet wurden, erwog der Führer den Gedanken, in die Sowjetunion einzufallen. Vor Ende Juni wurde der Generalstabschef des Heeres, Generaloberst Franz Halder, informiert, daß Hitlers Blick nun auf den Osten gerichtet sei[16].

Als Himmler am 11. Juli auf Bergers Bericht über seine Schwierigkeiten mit dem OKW antwortete, wußte er bereits, daß die Dienste seiner Waffen-SS in Hitlers neu geplantem Unternehmen benötigt werden würden. In seiner Mitteilung an Berger beschränkte Himmler sich auf die Versicherung, daß die Totenkopf- und Polizeidivisionen nicht aufgelöst werden würden; die Polizeidivision werde sogar in Kürze motorisiert werden. Die Mitteilung schloß mit dem dunklen Hinweis: »Alles andere einmal mündlich[17].« »Alles andere« war sicherlich Hitlers Absicht, Rußland anzugreifen, eine so delikate Angelegenheit, daß man schriftlich nicht darauf Bezug nehmen konnte, nicht einmal in einer Geheimen Kommandosache des Reichsführers SS an einen seiner vertrauenswürdigsten Paladine.

Vor Mitte Juli hatte Hitler den Wehrmachtführern seine Absichten dargelegt, und zum Monatsende wurden vorläufige Pläne für den Krieg gegen die Sowjetunion vorbereitet. Einer der ersten konkreten Schritte in dieser Richtung war die Rückgängigmachung von Hitlers Entlassungsbefehl. Das Heer wurde nicht von 160 auf 120 Divisionen verringert, sondern auf 180 Divisionen verstärkt. Von den 20 neuen Divisionen sollten zehn Panzer- und fünf motorisierte Divisionen sein[18].

---

15 Kommando der Waffen-SS, »Entlassung der Reservisten im Verlauf der Umorganisation«, 29. Juli 1940, Geheime Kommandosache, RFSS/T-175, 104/2626188 f.
16 Halder, Kriegstagebuch, Eintragung für den 30. Juni 1940, S. 374. Vgl. auch Alfred Philippi und Ferdinand Heim, Der Feldzug gegen Sowjetrußland 1941—1945, Stuttgart 1962, S. 27.
17 Himmler an Berger, »Demobilmachung«, 11. Juli 1940, Geheime Kommandosache, RFSS/T-175, 104/2626155.
18 Philippi und Heim, a. a. O., S. 28.

## Umorganisation und Verstärkung für einen neuen Feldzug

Die Umorganisation und Verstärkung der Wehrmacht für einen Krieg mit der Sowjetunion verschärfte die bereits schwelenden Streitigkeiten zwischen den einzelnen Wehrmachtteilen über die Zuteilung von Ersatzkräften. Bei Kriegsbeginn war die Verteilung der Rekruten folgendermaßen festgesetzt: Heer 66 Prozent, Kriegsmarine neun Prozent und Luftwaffe 25 Prozent. Der Bedarf der Waffen-SS war nicht prozentual festgelegt, sondern wurde nach vom Führer bestimmten Zahlen von der Quote des Heeres abgezweigt[19]. Im August 1940 wurde das OKW von einem erbitterten Streit der Wehrmachtteile um eine neue Verteilungsformel erschüttert. Berger meldete Himmler, die Luftwaffe verlange 40 Prozent und die Kriegsmarine zehn Prozent, so daß für Heer und Waffen-SS nur 50 Prozent verblieben[20].

Im August hatte Hitler anscheinend Himmler einige recht konkrete Informationen über die Rolle gegeben, die die Waffen-SS in dem nahenden Feldzug spielen sollte. Himmler wiederum hatte diese Pläne mit Brigadeführer Jüttner, seinem Stabschef im Kommando der Waffen-SS, erörtert, und Jüttner hatte Berger informiert, nach dessen Schätzung die Waffen-SS mindestens 18 000 neue Rekruten im Jahr brauchen würde, um die ihr bestimmten Aufgaben durchführen zu können. Auf Grund früherer Erfahrungen sagte Berger voraus, daß das OKW der Waffen-SS nicht erlauben würde, mehr als zwei Prozent des verfügbaren Ersatzes einzuberufen, was nach seinen Zahlen nur 12 000 Mann im Jahr bringen würde. Da außerdem Deutschlands Geburtenrate Ende der zwanziger und Anfang der dreißiger Jahre beträchtlich zurückgegangen war, würde die Zahl der jungen Männer für den Wehrersatz in den kommenden Jahren weiter abnehmen, so daß die Waffen-SS bei einem Anteil von nur zwei Prozent »im Jahre 1953 einen Tiefpunkt von 9000 Mann zu erwarten« hätte[21].

So wie Berger es sah, bestand die einzige Lösung für die SS darin, ihre Werbung in fremden Ländern zu verstärken. Er wies darauf hin, daß »von den anderen Wehrmachtteilen keine Einwendungen gegen eine weitere Ausdehnung der Waffen-SS erhoben werden können, wenn es uns gelingt, einen Teil der deutschen und germanischen Bevölkerung anzuwerben, der nicht dem Zugriff der Wehrmacht untersteht. Ich sehe darin eine besondere Aufgabe des Reichsführers[22]«. Er bat Himmler »um Genehmigung zum Aufbau

---

19 Berger an Himmler, »Bevölkerungsbewegung«, 7. August 1940, Streng geheim, Nürnberger Dokumente NO-1825, Fall XI, Dokumentenbuch 65, S. 1 ff.
20 A. a. O.
21 A. a. O.
22 A. a. O. Leider war der Verfasser nicht in der Lage, ein deutsches Exemplar dieses sehr wichtigen Dokumentes aufzutreiben; er mußte eine dürftige englische Übersetzung benutzen, die in einer für die Nürnberger Prozesse zusammengestellten Sammlung vervielfältigter Dokumente enthalten ist.

eines Ergänzungsamtes für fremde Länder«. Die Erlaubnis wurde rasch erteilt.

Aber selbst mit der Verwendung von Ersatz aus dem Ausland genehmigte Hitler nur eine sehr bescheidene Verstärkung der Waffen-SS im Jahre 1940. Am 6. August stimmte er der Vergrößerung der Leibstandarte SS »Adolf Hitler« von Regiments- auf Brigadestärke zu, benutzte aber die Gelegenheit zur Veröffentlichung einer Erklärung, die der Wehrmacht versichern sollte, daß er nicht beabsichtige, eine unbegrenzte Ausdehnung der Waffen-SS zuzulassen. Nach einem allen Kommandierenden Generalen am 11. September 1940 zugestellten (und zu einer breiteren Streuung am 21. März 1941 nochmals herausgegebenen) OKH-Memorandum betrachtete der Führer die Waffen-SS in erster Linie als »eine Staatstruppenpolizei..., die in jeder Situation befähigt ist, die Autorität des Reiches im Innern zu vertreten und durchzusetzen«. Eine solche Aufgabe, so meinte Hitler, könne »nur eine Staatspolizei erfüllen, die in ihren Reihen Männer besten deutschen Blutes hat und sich ohne jeden Vorbehalt mit der das Großdeutsche Reich tragenden Weltanschauung identifiziert«. Überdies werde »in unserem zukünftigen Großdeutschen Reich... aber auch eine Polizeitruppe nur dann den anderen Volksgenossen gegenüber die notwendige Autorität besitzen, wenn sie soldatisch ausgerichtet ist... (und sich) in geschlossenen Verbänden an der Front ebenso bewährt und ebenso Blutopfer bringt wie jeder Verband der Wehrmacht«. Aber »um sicherzustellen, daß die Qualität der Menschen in den Verbänden der Waffen-SS stets hochwertig bleibt, muß die Aufstellung der Verbände begrenzt bleiben«. Darum sollten »die Verbände der Waffen-SS im allgemeinen die Stärke von fünf bis zehn Prozent der Friedensstärke des Heeres nicht überschreiten«[23].

23 Nürnberger Dokumente D-665. In dem Bestreben, Hitlers Memorandum zu benutzen, um das Verhältnis zwischen Wehrmacht und Waffen-SS zu klären und »den Aufbau einer militärischen Organisation, die nicht den Befehlen des OKW untersteht« zu verhindern, legte die Abteilung L (Nationale Verteidigung) des OKW General Jodl folgenden Entwurf in Form eines Memorandums zur Weiterleitung an Himmler vor:
1. Bestätigung des Grundsatzbefehls von Hitler selbst, daß die Waffen-SS eine politische Organisation der NSDAP sei für innere Aufgaben polizeilicher Art.
2. Bestätigung der bereits gesetzlich verankerten Tatsache, daß Personalersatz und Ausrüstung alleiniges Recht des OKW seien.
3. Einheiten der Waffen-SS, die vorübergehend in das Heer eingegliedert sind, behalten ihren militärischen Status nur, solange diese Eingliederung besteht.
4. Jene Teile der SS, die nicht zur Waffen-SS gehören, haben keinerlei militärische Befehlsgewalt und haben nicht das Recht, militärische Rangabzeichen oder feldgraue Uniformen zu tragen.

Laut General Walter Warlimont, stellvertretendem Chef des Führungsstabes im OKW, hat man von diesem Memorandum, das einen entsprechenden Begleitbrief hatte, der an den Reichsführer SS gerichtet war, nie wieder gehört. Warlimont, a. a. O., S. 104 f.

Im Juni hatte Hitler die Friedensstärke des deutschen Heeres auf 64 Divisionen festgesetzt. Seinem Wort getreu, genehmigte er der Waffen-SS nur eine einzige neue Division. In der reorganisierten Wehrmacht (Zieldatum 1. Mai 1941) sollte die Feldtruppe der Waffen-SS aus vier Divisionen und der Leibstandarte bestehen, letztere in Brigadestärke. Selbst die Aufstellung der einen neuen SS-Division war davon abhängig gemacht, daß sie »größtenteils aus Fremdnationalen ergänzt« werden sollte[24]. Hinsichtlich der Verteilung deutscher Ersatzkräfte während der Neuaufstellungen und der Umgliederung sollte jeder Wehrmachtteil, einschließlich der Waffen-SS, einen Teil der verfügbaren Geburtsjahrgänge (1921, 1920 und das letzte Drittel des Jahrgangs 1919) entsprechend seiner genehmigten Stärke innerhalb der Wehrmacht am 1. Mai 1941 erhalten[25]. So erhielten die Feldeinheiten der Waffen-SS, die zu diesem Zeitpunkt annähernd drei Prozent der Wehrmacht bilden würden, Anspruch auf ungefähr drei Prozent der Rekruten dieser Jahrgänge[26].

Die Entscheidung, die Sowjetunion anzugreifen, und die sich daraus ergebende Verlängerung des Krieges ließen es Himmler geboten erscheinen, eine größere militärische Rolle für seine SS zu suchen. Laut Hitler sollte die Waffen-SS *nach dem Kriege* die »Staatspolizeitruppe« des Reiches werden, aber in der Zwischenzeit konnte die SS sich nur durch ihre Waffentaten an der Front öffentliche Anerkennung gewinnen. Göring hatte seine blendende und — im Jahre 1940 — außerordentlich erfolgreiche Luftwaffe, um sein militärisches und politisches Prestige zu erhöhen. Sogar Goebbels, der keine unmittelbare militärische Aufgabe hatte, fand in der verstärkten kriegsbedingten Tätigkeit seines Propagandaministeriums ein Mittel zum Ausbau seiner Macht. Was aber hatte der Reichsführer SS der deutschen Öffentlichkeit zu bieten? Sicherlich nicht die Gestapo, die Konzentrationslager, die SD-Mordkommandos oder die Intrigen des SS-Reichssicherheitshauptamtes. Gewiß, vom nationalsozialistischen Standpunkt aus waren diese vielleicht ebenso wichtig wie der Kampf an der Front, aber es waren Geheim-

---

24 OKW an OKH/AHA/Ag/E, »Heranziehung der Rekruten«, 24. August 1940, Geheim, RFSS/T-175, 103/2625971.
25 A. a. O., 2625971 f.
26 Die Waffen-SS (einschließlich Polizei) hatte bereits über 10 000 Freiwillige des Jahrgangs 1920 vor der Bekanntgabe der OKW-Richtlinie aufgenommen. Ende 1940 war diese Zahl auf 18 444 angewachsen. Außerdem hatte die SS auch kräftig aus den Jahrgängen 1921 (W-SS 10 400/Pol: 55), 1922 (W-SS: 9254/Pol: 5), 1923 (W-SS: 5229/Pol: 0) geschöpft. Selbst die Sechzehnjährigen des Jahrgangs 1924 stellten 168 Rekruten für die Waffen-SS. Eine vollständige Liste der Einberufungen nach Jahrgängen findet man in »Einberufung bei der Polizei im Jahre 1940« und »Einberufung bei der Waffen-SS im Jahre 1940«, 23. Februar 1941, Geheime Kommandosache, RFSS/T-175, 110/2635111 ff.

sachen, die wenig öffentliche Anerkennung fanden und Himmler und seiner SS sogar noch weniger Ruhm einbrachten. Infolgedessen verdoppelte Himmler, um in Militärfragen mitreden zu können und sein Bild in der Öffentlichkeit aufzupolieren, seine Anstrengungen, die Waffen-SS auszubauen und so ihre Rolle in dem bevorstehenden Ostfeldzug zu vergrößern.

Himmler verfügte über nahezu 40 000 Mann in den SS-Totenkopfregimentern[27]. Wenn diese Truppen in die Feldverbände der Waffen-SS eingegliedert werden konnten, würde eine Vermehrung, die dem Umfang zweier Divisionen entsprach, ohne zusätzliche Rekrutierungen erreicht werden können. Himmler hatte bereits entdeckt, daß die Sicherheitsaufgaben, für die die Totenkopfregimenter aufgestellt worden waren, ebensogut von Polizeiverbänden aus älteren Angehörigen der Ordnungspolizei bewältigt werden konnten. Außerdem konnten auch die Ersatzverbände der Waffen-SS, die über das ganze besetzte Europa verstreut waren, zur Durchführung von Polizeiaufgaben einberufen werden.

Durch die Entscheidung, die SS-Totenkopfregimenter für den Fronteinsatz bereitzustellen, hatte Himmler einen Weg gefunden, den langen und erbitterten Kampf über ihren Status zu beenden. Wenn sie an der Front kämpften, würde es keine Entschuldigung mehr für die Weigerung des OKW geben, den Dienst in diesen Einheiten als »Wehrdienst« anzuerkennen. Aber die Wehrmachtdienststellen hatten eine solche Anerkennung davon abhängig gemacht, daß die Totenkopfverbände der taktischen Führung des Heeres unterstellt würden. Obwohl Himmler gewillt war, ihre Verwendung an der Front zu gestatten, war er nicht geneigt, seine Kontrolle über sie aufzugeben, wie er das im Falle der Feldeinheiten der Waffen-SS getan hatte.

Schließlich (und damit greifen wir etwas vor) kam man zu einem Kompromiß. Bei Beginn des Rußlandfeldzuges waren die SS-Totenkopfregimenter umgebildet und hatten die neue Bezeichnung SS-Infanterieregimenter

---

27 Die SS-Totenkopfregimenter (oder Totenkopfstandarten, wie sie oft genannt wurden) sind in dem Abschnitt über Bezeichnungen und Begriffe einigermaßen ausführlich behandelt worden, ebenso im 2. Kapitel. Sie dürfen nicht mit der SS-Totenkopfdivision verwechselt werden, die eine Feldformation der Waffen-SS war. Die Totenkopfregimenter (zeitweilig gab es bis zu sechzehn) bestanden großenteils aus Jugendlichen unter dem Wehrpflichtalter und älteren SS-Reservisten, die als »Polizeiverstärkung« einberufen worden waren. Obwohl im Grunde Teil der Waffen-SS, unterstanden die Totenkopfregimenter nicht militärischem Befehl und wurden in den von den Deutschen besetzten Teilen Europas als militärische politische Polizei verwendet; sie unterstanden in dieser Eigenschaft ganz eindeutig der Befehlsgewalt Himmlers. Totenkopfregimenter waren wie reguläre Infanterieregimenter des Heeres organisiert und ausgerüstet, und ihre Angehörigen trugen die feldgraue Uniform mit einem Totenkopf statt der üblichen SS-Runen am Kragenspiegel.

erhalten[28]. Drei wurden zur SS-Kampfgruppe (später SS-Division) »Nord« zusammengeschlossen, und eine andere wurde einer bereits bestehenden SS-Division zugeteilt. Diese vier Regimenter waren vorbehaltlos Feldverbände der Waffen-SS und unterstanden der taktischen Führung des OKH. Die übrigen fünf SS-Infanterieregimenter und zwei SS-Kavallerieregimenter wurden dem Kommandostab RFSS unterstellt, einer neu geschaffenen SS-Organisation, die für die Partisanenbekämpfung und ähnliche Aufgaben unmittelbar hinter der Front verantwortlich war. Wenn sie an der Front als Verstärkung gebraucht wurden, unterstanden diese Regimenter vorübergehend dem Befehl des Heeres, aber Himmler behielt das Recht, sie jederzeit für SS-Aufgaben zurückzuziehen. Wie so viele Vereinbarungen zwischen Wehrmacht und SS, fiel auch diese den Anforderungen eines langen und kostspieligen Krieges zum Opfer. In verhältnismäßig kurzer Zeit wurden alle früheren SS-Totenkopfstandarten entweder Stammeinheiten neuer SS-Felddivisionen oder Ersatz für die Verluste in bereits bestehenden Divisionen[29].

Der erste tastende Schritt zur Eingliederung der SS-Totenkopfverbände wurde während des Westfeldzuges getan, als Hitler — um Mannschaften der Wehrmacht zu schonen — Himmler befahl, ein voll ausgerüstetes Bataillon für die Besetzung und Verteidigung der norwegischen Polarsiedlung Kirkenes vorzubereiten. Ende Juni 1940 war das Bataillon ausgesuchter aktiver Totenkopfsoldaten auf dem Weg nach Norden. Ein Jahr später wurde es Teil der neugebildeten SS-Division »Nord« und kämpfte am Nordende der Finnlandfront[30].

Ein größerer Schritt folgte am 1. August 1940, als Himmler, im Zuge einer größeren Umgliederung der Waffen-SS, die Inspektion der SS-Totenkopfstandarten auflöste; danach unterstanden diese Regimenter unmittelbar dem Kommando der Waffen-SS[31]. Einige Wochen später gab er einem Er-

28 Die Bezeichnung »Totenkopf« war künftig auf die gleichnamige SS-Division und die unrühmlichen Totenkopfwachsturmbanne beschränkt, die die KZ- und Vernichtungslager bewachten.
29 Der vorstehende Bericht stützt sich auf SS-Dokumente, die zu zahlreich sind, als daß sie einzeln aufgeführt werden könnten. Vgl. besonders SS-Führungshauptamt, »Zusammensetzung der Waffen-SS«, 22. April 1941, Geheim, RFSS/T-175, 104/2626944; SS-Führungshauptamt, »Feldpostnummernverzeichnis der Einheiten der Waffen-SS, Stand vom 30. Dezember 1940«, Geheim, RFSS/T-175, 104/2627061 ff.; SS-Führungshauptamt, »Unterstellungsverhältnis der Waffen-SS«, 27. Februar 1941, Geheim, RFSS/T-175, 104/2627078.
30 Kommando der Waffen-SS an Reichsführer SS, »16. Meldung«, 25. Juni 1940, Geheime Kommandosache, RFSS/T-175, 106/2629796; Kommando der Waffen-SS, »Aufstellung eines verst. Bataillons«, 24. Juni 1940, Geheime Kommandosache, RFSS/T-175, 107/2630321 ff.
31 Kommando der Waffen-SS, »Auflösung der Inspektion der SS-T-Standarten«, 1. August 1940, Geheime Kommandosache, RFSS/T-175, 107/2630267 ff.

suchen der Wehrmacht statt, die beiden Totenkopfstandarten in den Niederlanden im Falle einer plötzlichen Feindinvasion dem Befehl des Heeres zu unterstellen[32]. Das bedeutete einen völligen Umschwung; noch ein Jahr zuvor hatte Himmler jeder Anregung, daß Totenkopfeinheiten unter dem Befehl des Heeres dienen sollten, heftigen Widerstand entgegengesetzt.

In Einklang mit der allgemeinen Entlassung älterer Jahrgänge wurde sämtlichen 1910 oder früher geborenen Reservisten der Totenkopfverbände ihre Entlassung aus dem aktiven Dienst angeboten. Anscheinend hat eine beträchtliche Anzahl Männer davon Gebrauch gemacht, und im August mußten drei der dreizehn Totenkopfstandarten aufgelöst werden[33]. Im November machte die Versetzung von Totenkopfsoldaten zu Feldeinheiten der Waffen-SS die Auflösung von zwei weiteren Totenkopfregimentern notwendig[34]. Gegen Jahresende zeichnete es sich ab, daß die frühere Trennung der Waffen-SS in Feldformationen und Totenkopfstandarten nun rasch beseitigt werden würde.

Zur selben Zeit wurden andere Maßnahmen im Rahmen der Umgliederung und Erweiterung der Waffen-SS durchgeführt. Eine der wichtigsten strukturellen Änderungen, die Himmler anordnete, war die Errichtung des SS-Führungshauptamtes (SSFHA) am 15. August 1940, das als »Kommandostelle zur militärischen Führung der Waffen-SS (soweit nicht ihre Verbände in besonderem Einsatz dem Ob. d. H. unterstehen) und zur vor- und nachmilitärischen Führung und Erziehung der Allgemeinen SS« diente[35]. Das Kommando der Waffen-SS, das nun Kommandoamt der Waffen-SS hieß, und alle seine Untergliederungen wurden vom SS-Hauptamt dem SS-Führungshauptamt übertragen. In Wirklichkeit war die neue Organisation nichts weiter als ein Mittel zum Zweck, die militärischen Funktionen der SS (die alle im Kommando der Waffen-SS vereint waren) auf den gleichen Stand zu heben, den die anderen »Hauptämter« der vielgesichtigen SS-Organisation einnahmen[36]. Himmler leitete die neue Abteilung persönlich,

---

32 Der Wehrmachtbefehlshaber in den Niederlanden an Höheren SS- und Polizeiführer (Den Haag), »Abwehr von Feindlandungen«, 19. August 1940, Geheim, RFSS/T-175, 107/2630239; Himmlers Zustimmung, 4. September 1940, 2630237.
33 Kommando der Waffen-SS, »Umorganisation und Entlassung von Reservisten«, 29. Juli 1940, Geheime Kommandosache, RFSS/T-175, 107/2630309 ff.; desgl. Sonderbefehl zur Auflösung jedes Regiments, »Auflösung der 12. Totenkopf-Standarte«, 107/2630241 ff.
34 Kommando der Waffen-SS, »Auflösung der 9. und 15. SS-T-Standarte«, 2. November 1940, Geheime Kommandosache, RFSS/T-175, 107/2630137.
35 S. den Befehl des Reichsführers SS, »Gliederung des SS-Führungshauptamtes«, 24. Oktober 1940, Geheim, RFSS/T-175, 103/2625794 ff. Der zitierte Satz ist Teil des ursprünglichen Befehls, der am 15. August 1940 erlassen wurde (2625804).
36 Vgl. das Diagramm der höheren SS-Organisation im Anhang dieses Buches.

aber die tägliche Kleinarbeit besorgte SS-Brigadeführer Hans Jüttner, der den Befehl über das Kommandoamt der Waffen-SS in Personalunion mit seiner Funktion als Chef des Stabes des SS-Führungshauptamtes führte[37].

Mit der Errichtung des SS-Führungshauptamtes hatte Himmler praktisch ein SS-Oberkommando geschaffen, das den gleichen Rang beanspruchen konnte wie die Oberkommandos der anderen Wehrmachtteile. Ab Mitte August wurden sämtliche Weisungen auf höherer Ebene, die die Waffen-SS betrafen, vom SS-Führungshauptamt ausgegeben. Eine der ersten war ein Befehl, der die Verstärkung der Leibstandarte auf Brigadestärke anordnete[38]. Kurz danach teilte Feldmarschall Keitel, Chef des OKW, dem Oberkommando des Heeres mit, daß »der Führer und Oberste Befehlshaber der Wehrmacht... im Rahmen der dem Heer... befohlenen Neuaufstellungen« die Errichtung einer neuen SS-Division befohlen habe, die »den aus artverwandten Ländern (Norwegen, Dänemark, Holland) zufließenden Mannschaftsbestand aufnehmen« solle. Außerdem ermächtigte Keitel das OKH, alle Waffen ausländischer Herkunft, die noch im Besitz von SS-Divisionen waren, gegen neue aus deutscher Herstellung einzutauschen und ihnen neue Sturmgeschütze im gegebenen Verhältnis zu der Ausrüstung der motorisierten Divisionen des Heeres zu geben[39].

Nachdem er die amtliche Ermächtigung in Händen hatte, gab Jüttner die notwendigen Weisungen für die Aufstellung der neuen Division aus. Den ganzen Herbst 1940 über wurde die Waffen-SS durch die Wirrnisse von Ausbau und Umgliederung erschüttert. Nach und nach wurden die einzelnen Bestandteile der neuen und noch namenlosen Division geschaffen: ein neues Artillerieregiment mit Mannschaften aus den SS-Verfügungs- und -Totenkopfdivisionen, neue Bataillone germanischer Freiwilliger, um die Regimenter »Westland« und »Nordland« auf volle Stärke zu bringen, Ersatzbataillone zur Sicherung der personellen Ergänzung; zugleich wurde ein Divisionskommandeur, SS-Brigadeführer (Generalmajor) Steiner, vordem Kommandeur des Regiments »Deutschland«, ernannt. Im Dezember waren die verschiedenen Einheiten, die die neue Division bilden sollten, bereit, und am 3. Dezember 1940 vereinte das SS-Führungshauptamt »auf Befehl des Führers« die Regimenter »Nordland«, »Westland« und »Ger-

---

37 RFSS/T-175, 103/2625795. Ein Organisationsschema des SS-Führungshauptamtes findet man auf 2625796.
38 SS-Führungshauptamt, »Verstärkung der Leibstandarte SS ›Adolf Hitler‹«, 28. August 1940, Geheime Kommandosache, RFSS/T-175, 106/2629683 ff. Diese Weisung erfolgte in Durchführung der Ermächtigung durch Hitler vom 6. August 1940.
39 OKW an OKH, »Ausbau der Waffen-SS«, 19. September 1940, Geheim, RFSS/T-175, 106/2629681.

mania« (aus der SS-Verfügungsdivision) sowie das SS-Artillerieregiment Nr. 5 zu der neuen SS-Division, die »Germania« genannt wurde[40].

Als Entschädigung für den Verlust des Regiments »Germania« erhielt die Verfügungsdivision eine von Himmlers Extra-Totenkopfstandarten. Die in SS-Infanterieregiment Nr. 11 umbenannte frühere Totenkopfeinheit wurde mit den alten Regimentern der Waffen-SS »Deutschland« und »Der Führer« vereint. Gleichzeitig wurde der Name der Division geändert; aus dem recht nüchternen »SS-Verfügungsdivision« wurde die »SS-Division ›Deutschland‹«[41]. Dieser Name und der der neuen SS-Division (»Germania«) führten freilich zu Verwechslungen mit den Regimentern, die dieselben Namen trugen. Ende des Monats waren beide Divisionen umgetauft: Die Verfügungsdivision (alias »Deutschland«) wurde zur SS-Division »Reich« (später »Das Reich«), und die neue Division wurde zur SS-Division »Wiking«; beide Bezeichnungen wurden später nicht mehr geändert.

Aus den umgruppierten SS-Totenkopfregimentern schuf Himmler eine weitere Feldformation für die Waffen-SS. Die Totenkopfstandarten 6 und 7 (in SS-Infanterieregimenter 6 und 7 umbenannt), mit zusätzlichen Artillerie- und Unterstützungseinheiten, wurden zur SS-Kampfgruppe »Nord«[42]. Aber für diesen neuen Ausbau der Waffen-SS mußte Himmler einen Preis zahlen: Die Kampfgruppe wurde dem taktischen Befehl des Heeres unterstellt. Die obenerwähnte Totenkopfeinheit, die einsame Wache bei Kirkenes oben am Polarkreis hielt, wurde verstärkt und als SS-Infanterieregiment Nr. 9 dem Heer unterstellt.

Es war unvermeidlich, daß die sich aus der Umgliederung und dem Ausbau ergebenden Veränderungen eine gewisse Verwirrung bezüglich der Stellung der verschiedenen Teile der Waffen-SS hervorriefen. Deshalb gab das SS-Führungshauptamt gegen Ende Februar eine Weisung heraus, die die Situation klären sollte[43]. Darin hieß es: »Die in das Heer eingegliederten Teile der Waffen-SS und der Polizei *unterstehen* der Kommandogewalt des Heeres, daher auch in territorialer Beziehung den Wehrkreiskommandos. Die Befugnisse des Reichsführers SS auf dem Gebiet der weltanschaulichen Erziehung, der Besetzung der Führer- und Unterführerstellen sowie der Ersatzgestellung bleiben hierdurch unberührt[44].«

---

40 SS-Führungshauptamt, »Aufstellung der SS-Division (mot) ›Germania‹«, 3. Dezember 1940, Geheime Kommandosache, RFSS/T-175, 106/2629471 ff.
41 S. Himmlers Befehl vom 3. Dezember 1940, RFSS/T-175, 106/2629458.
42 »Feldpostnummernverzeichnis der Einheiten der Waffen-SS, Stand vom 30. Dezember 1940, Geheim, RFSS/T-175, 104/2627061 ff. und SS-Führungshauptamt«, »Aufstellung Kampfgruppe ›Nord‹«, 4. November 1940, Geheime Kommandosache, RFSS/T-175, 106/2629670.
43 SS-Führungshauptamt, »Unterstellungsverhältnis der Waffen-SS«, 27. Februar 1941, Geheim, RFSS/T-175, 104/2627078 ff.
44 A. a. O., 2627078. Hervorhebung im Original.

Als beim Heer dienende SS-Einheiten sind in dieser Anweisung aufgeführt:

SS-Division »Reich«
SS-Totenkopfdivision
SS-Polizeidivision
SS-Division »Wiking« (voraussichtlich erst ab 1. 4. 41)
Leibstandarte SS »Adolf Hitler«
SS-Kampfgruppe »Nord«
9. SS-Standarte (SS-Infanterieregiment 9)

Der Feldtruppenteil der Waffen-SS entsprach nun sechs Divisionen. Trotz der Hindernisse, die ihnen in den Weg gelegt worden waren, hatten es Himmler und seine Helfer geschafft, in einem Zeitraum von annähernd sechs Monaten den Umfang der Feldtruppe der Waffen-SS zu verdoppeln.

Überdies behielt Himmler immer noch eine eigene bewaffnete Macht von beträchtlicher Stärke. In seiner Anweisung vom 27. Februar wurde ausgeführt, »die Ersatzformationen der ... genannten Einheiten sowie die *übrigen Teile der Waffen-SS* (SS-Standarten usw.) unterstehen dem Heer nicht, also auch nicht in territorialer Hinsicht den Wehrkreiskommandos«[45]. Welche »übrigen Teile der Waffen-SS« waren das?

Himmler behielt nicht nur die Kontrolle über die Ersatzformationen der Feldeinheiten (ein Ersatzbataillon für jedes Feldregiment), sondern auch über die restlichen fünf Totenkopfstandarten. Sie wurden von ihren über ganz Europa verstreuten Posten zurückbeordert und in Polen zusammengezogen. Dort wurden sie in einem neu errichteten militärischen Übungsgelände der SS mit dem vollen Soll an Infanteriewaffen ausgerüstet, vollständig motorisiert und in Kampfbrigaden gegliedert[46]. Aus den SS-Infan-

---

45 Der Kommandierende General in jedem Wehrkreis war jedoch ermächtigt, »das Besichtigungsrecht über alle in ihrem Befehlsbereich befindlichen Ersatzeinheiten der eingegliederten Teile der Waffen-SS auszuüben sowie an diese Einheiten Weisungen in allen Fragen der Ausbildung zu erteilen.« A. a. O., 2627079, Hervorhebung im Original.

46 Seit Beginn des Krieges hatte Himmler versucht, sich ein großes Sperrgebiet zu sichern, wo die Waffen-SS Manöver großen Ausmaßes durchführen konnte; alle seine Bemühungen aber waren an finanziellen Schwierigkeiten und am Widerstand des Heeres gescheitert. Schließlich warf Hitler, angesichts der bevorstehenden Operationen gegen die Sowjetunion, sein Gewicht in die Waagschale für die SS: Im Laufe einiger Monate wurden Tausende von Polen aus einem Gebiet in der Nähe von Debica vertrieben, und Himmler erhielt einige Quadratkilometer polnischen Gebiets als Truppenübungsplatz für seine SS. S. Himmlers Erläuterungen zu Jüttners »16. Meldung«, 25. Juni 1940, RFSS/T-175, 2629795 f. Einzelheiten über die Verhandlungen über den SS-Truppenübungsplatz bei Debica in der umfangreichen Korrespondenz RFSS/T-175, 106/2629767 ff.

terieregimentern 8 und 10 wurde die motorisierte SS-Brigade Nr. 1 gebildet und aus den SS-Infanterieregimentern 4 und 14 die SS-Brigade Nr. 2. Die eine übrige SS-Totenkopfstandarte blieb als motorisiertes SS-Infanterieregiment 5 selbständig. Die Totenkopf-Organisation hatte auch zwei Kavallerieeinheiten behalten. Diese wurden neu gegliedert, so daß sie aus zwei Schwadronen berittener Truppen, einer Schwadron Radfahrer und einer Schwadron bespannter Artillerie bestanden. Als SS-Kavallerieregimenter 1 und 2 vervollständigten sie die Gesamtheit der nicht dem Heer unterstellten kampfbereiten SS-Truppen[47].

Kurzum, Himmler behielt unumschränkte Macht über eine Privatarmee von fünf Infanterie- und zwei Kavallerieregimentern, bis die Anforderungen der Front ihn zwangen, sie aufzugeben. Um jede Unterscheidung zwischen diesen Regimentern und den dem Heer unterstellten SS-Verbänden zu beseitigen, befahl Himmler, daß alle bewaffneten Einheiten der SS in der Waffen-SS zusammenzuschließen seien; die Bezeichnungen »SS-Verfügungstruppe« und »SS-Totenkopfverbände« sind nicht mehr anzuwenden[48].

Im April unternahm Himmler einen Schritt, der verhängnisvolle Folgen für die Waffen-SS haben sollte. Er gab eine Anweisung heraus, die sämtliche SS-Organisationen aufführte, welche künftig als Teile der Waffen-SS zu betrachten seien. Die ursprüngliche Liste umfaßte 163 gesonderte Einheiten, Abteilungen und Anlagen. Außer den bereits erwähnten waren darin die beiden SS-Junkerschulen aufgeführt, zwei neue SS-Unterführerschulen[49], verschiedene andere militärische und technische Ausbildungsstätten und eine Fülle von Verwaltungs-, Ersatz-, Nachschub-, Rechts- und Sanitätsabteilungen. Alle waren Teile des Apparates, der zur Unterhaltung einer bewaffneten Macht notwendig ist. Aber Himmler schloß auch sämtliche Konzentrationslager ein (es waren acht im April 1941) mit ihren Stäben und Wachtruppen. Jedes Lager hatte einen SS-Totenkopfsturmbann (Bataillon), der aus drei bis sieben Wachkompanien bestand, insgesamt 29 Kompanien[50].

---

47 SS-Führungshauptamt, »Verlegung der 8., 4. und 14. SS-Standarte«, 26. März 1941, Geheime Kommandosache, RFSS/T-175, 104/2627031; SS-Führungshauptamt, »Zusammensetzung der Waffen-SS«, 22. April 1941, Geheim, RFSS/T-175, 104/2626944 ff.; SS-Führungshauptamt, »Aufstellung von 2 SS-Brigaden (mot)«, 24. April 1941, Geheim, RFSS/T-175, 109/2633312 ff.
48 RFSS/T-175, 104/2626944.
49 Die erste wurde am 1. November 1940 in Lauenburg errichtet, die zweite im Februar 1941 in Radolfzell. SS-Führungshauptamt, »Aufstellung der SS-Unterführerschule«, 28. September 1940, Geheime Kommandosache, RFSS/T-175, 106/2629674 ff.; SS-Führungshauptamt, »Errichtung einer SS-Unterführerschule in Radolfzell«, 29. Januar 1941, Geheime Kommandosache, RFSS/T-175, 104/2627169 f.
50 SS-Führungshauptamt, »Zusammensetzung der Waffen-SS«, 22. April 1941, Geheim, RFSS/T-175, 104/2626950.

Im Laufe des Krieges wurden neue Lager eingerichtet, und die Zahl der Wach- und Stabsangehörigen wuchs. Im April 1945 waren ungefähr 30 000 bis 35 000 Mann der Waffen-SS auf diese Weise beschäftigt. Soweit sich feststellen läßt, scheinen viele von ihnen früher Angehörige der Totenkopfstandarten oder ältere Reservisten aus der Allgemeinen SS gewesen zu sein. Es liegen jedoch Beweise vor, daß auch verwundete Soldaten der Waffen-SS zu diesen Einheiten versetzt worden sind, während ein Teil des tauglichen Totenkopfpersonals als Ersatz an die Front geschickt wurde. Alle Wachen trugen Uniformen der Waffen-SS und hatten auch Soldbücher der Waffen-SS. So stellte Himmler im April 1941 ein — wenn auch schwaches — Bindeglied zwischen den Feldeinheiten der Waffen-SS und dem KZ-Lagerpersonal der Waffen-SS her[51].

Gänzlich außerhalb der Waffen-SS errichtete Himmler eine beträchtliche Streitmacht aus Angehörigen der Ordnungspolizei zur Durchführung jener Aufgaben, für die ursprünglich die SS-Totenkopfeinheiten vorgesehen waren. Zur Erledigung von »Sonderaufgaben« hinter der bald zu eröffnenden russischen Front ernannte Himmler drei neue Höhere SS- und Polizeiführer und teilte jedem ein Polizeiregiment zu, das aus zwei Kampfwagenzügen, zwei Panzerjägerzügen und drei Polizeibataillonen bestand. Drei Polizeibataillone und drei Schwadronen Polizeikavallerie wurden in Reserve gehalten.

Diese Polizei»armee« unterstand vollkommen dem Kommandostab Reichsführer SS, und die Höheren SS- und Polizeiführer waren nur Himmler verantwortlich[52]. Einige dieser Polizeieinheiten wurden schließlich in Krisenzeiten an die Front geworfen; meist aber wurden sie zur Partisanenbekämpfung und zu Massenexekutionen von Juden und politischen Gefan-

---

51 Vgl. Kap. X.
52 Am 30. Juni 1941 waren die Polizeikräfte an der russischen Front folgendermaßen organisiert:

| Höh. SS- und Pol.-Führer A | Höh. SS- u. Pol.-Führer C |
|---|---|
| Pol.-Rgt. Süd | Pol.-Rgt. Nord |
| 2 Panzerkampfwagenzüge | 2 Panzerkampfwagenzüge |
| 2 Panzerjägerzüge | 2 Panzerjägerzüge |
| Pol.-Btl. 314 (3 Komp.) | Pol.-Btl. 307 (3 Komp.) |
| Pol.-Btl. 45 (3 Komp.) | Pol.-Btl. 316 (3 Komp.) |
| Pol.-Btl. 303 (3 Komp.) | Pol.-Btl. 322 (3 Komp.) |
| Höh. SS- u. Pol.-Führer B | Reserve |
| Pol.-Rgt. Mitte | Pol.-Kav.-Abt. (3 Schwadronen) |
| 2 Panzerkampfwagenzüge | Pol.-Btl. 254 |
| 2 Panzerjägerzüge | Pol.-Btl. 304 |
| Pol.-Btl. 53 (3 Komp.) | Pol.-Btl. 315 |
| Pol.-Btl. 319 (3 Komp.) | |
| Pol.-Btl. 321 (3 Komp.) | |

Kommandostab RFSS, 30. Juni 1941, Geheim, RFSS/T-175, 106/2629064.

genen benutzt. Im Laufe des Krieges errichtete Himmler 25 bis 30 Polizeiregimenter für den Dienst in den besetzten Gebieten. Diese Einheiten bestanden großenteils aus Männern über 45, einer beträchtlichen Anzahl Jugendlicher, die noch nicht im wehrpflichtigen Alter waren, und einigen verwundeten Kriegsteilnehmern, die nicht mehr frontdienstfähig waren. Außerdem schuf Himmler zahlreiche Bataillone Hilfspolizei aus den — wie er es nannte — »wilden Völkern«, Letten, Litauern, Esten, Polen und Ukrainern. Diese erwiesen sich als besonders nützlich bei der »Säuberung« der besetzten Gebiete von Juden[53].

Während in Organisation und Struktur der Waffen-SS größere Änderungen vor sich gingen, blieben ihre Kriegsformationen — die SS-Division »Reich«, die SS-Polizeidivision, die SS-Totenkopfdivision und die Leibstandarte SS »Adolf Hitler« — in Frankreich und bereiteten sich auf die, wie man glaubte, bevorstehende Invasion Englands, die Operation Seelöwe, vor. Was die Männer der Waffen-SS nicht wußten, wenn auch manche es geargwöhnt haben mochten, war, daß sie bei einem ausgeklügelten Bluff mitspielten: Hitler hatte nämlich seine frühere Absicht, in Großbritannien zu landen, längst aufgegeben und beschlossen, gegen Rußland loszuschlagen.

Dementsprechend gab Hitler am 18. Dezember 1940 seine Weisung Nr. 21, Fall Barbarossa, heraus. »Die deutsche Wehrmacht muß darauf vorbereitet sein, auch vor Beendigung des Krieges gegen England *Sowjetrußland in einem schnellen Feldzug niederzuwerfen* (Fall Barbarossa) ... Die Vorbereitungen ... sind ... bis zum 15. 5. 41 abzuschließen[54].« Sechs Wochen später war ein Entwurf der Kräfteverteilung bereit. Alle dem Heer unterstellten Verbände der Waffen-SS waren in die Planung einbezogen. Um den Zweck der Operation so lange wie möglich zu tarnen, beschloß das OKH, die Masse der deutschen Streitkräfte erst im Mai und Juni nach Osten zu transportieren. Die motorisierten Divisionen von Heer und Waffen-SS sollten

---

53 Über Himmlers Äußerungen hinsichtlich seiner Polizeiverbände vgl. man die »Rede des Reichsführers SS auf der Tagung der RPA-Leiter am 28. Juni 1944«, Geheim, RFSS/T-175, 94/2614737 ff. und die »Rede des Reichsführers SS bei der SS-Gruppenführertagung in Posen am 4. Oktober 1943«, Nürnberger Dokumente 1919-PS. Über die Tätigkeit der Ordnungspolizei im Kriege, besonders in Rußland, s. RFSS/T-175, Rolle 11 und 229—231. Berichte der Höheren SS- und Polizeiführer in Deutschland und in den besetzten Gebieten findet man in RFSS/T-175, Rollen 219—229. Vor allem vgl. man Neufeldt, Huck und Tessin, a. a. O., passim.
54 Die Anweisung ist abgedruckt in »Hitlers Weisungen für die Kriegführung 1939—1945«, Walther Hubatsch (Hrsg.), Bernard & Graefe Verlag für Wehrwesen, Frankfurt 1962 (1965 auch ungekürzt als dtv-Band erschienen). Pläne für Barbarossa findet man in den Nürnberger Dokumenten 446-PS, 447-PS, C-35, C-78; OKW/T-77, Rolle 778, 784 und 792, OKH/T-78, Rolle 335. Der beste Bericht über Vorbereitungen und Planung findet sich bei Philippi und Heim, a. a. O., S. 19 ff.

als letzte in Marsch gesetzt werden. Die steigende Intensität der Vorbereitungen machte es den SS-Truppen natürlich bald klar, daß irgend etwas ganz Außergewöhnliches bevorstand, vielleicht etwas Größeres als die England-Invasion. So machte sich im Frühling 1941 die Waffen-SS in Frankreich, Deutschland und Polen auf einen Feldzug ins Unbekannte bereit.

Als die ersten Einheiten der Waffen-SS schließlich ihren Marschbefehl erhielten, zogen sie nicht gegen England und nicht gegen Rußland, sondern gegen Jugoslawien und Griechenland.

## *Zwischenspiel auf dem Balkan:*
## *Die Waffen-SS in Jugoslawien und Griechenland, April 1941*

Im Oktober 1940 hatte Hitlers italienischer Verbündeter ohne Vorwarnung plötzlich eine Invasion Griechenlands unternommen. Binnen weniger Wochen verloren die Italiener gegen die zähen griechischen Gebirgstruppen eine Schlacht nach der andern. Dieser »bedauerliche Schnitzer«, wie Hitler es nannte, bedrohte die Stellung der Achsenmächte auf dem Balkan ernstlich. Angesichts des geplanten Einfalls in die Sowjetunion konnte Hitler eine unsichere militärische Lage in seiner südlichen Flanke nicht riskieren. Folglich wies er das OKH an, einen Plan für einen deutschen Angriff auf Griechenland auszuarbeiten[55].

Mitte Dezember nahm das »Unternehmen Marita« (so der Schlüsselname für die Griechenland-Invasion) Gestalt an. Im Laufe der folgenden drei Monate wurden sechzehn deutsche Divisionen nach Südrumänien geschafft. Die Leibstandarte SS »Adolf Hitler« verließ Metz Anfang Februar, um zu ihnen zu stoßen. Nach dem ursprünglichen Plan sah das Unternehmen Marita nur die Eroberung des griechischen Festlandes nördlich des Ägäischen Meeres vor, aber die Landung britischer Truppen in Griechenland Anfang März führte zu dem Entschluß, die ganze Halbinsel sowie die Insel Kreta zu besetzen[56].

Am 25. März 1941 trat Jugoslawien nach starkem deutschen Druck, dem Beispiel Bulgariens folgend, dem Dreimächtepakt (Rom-Berlin-Tokio) bei. Der Weg zur griechischen Grenze schien offen. Aber am nächsten Tag stürzte eine Militärrevolte in Belgrad Regentschaft und Regierung, rief den

---

55 Hitlers Anweisung Nr. 18 vom 12. November 1940. A. a. O.
56 Hitlers Weisung Nr. 20, 13. Dezember 1940, a. a. O. Die endgültige Entscheidung, Kreta zu besetzen, fiel erst, nachdem das Unternehmen Marita angelaufen war. Die Operationspläne für Marita findet man in OKH/T-78, Rolle 329, 334, 346 und in OKW/T-77, Rolle 778, 781 und 782.

jungen Peter II. zum König aus und errichtete eine neue, deutschfeindliche Regierung unter General Simovic.

In rasendem Zorn befahl Hitler, die Invasion Rußlands um bis zu vier Wochen zu verschieben und Jugoslawien militärisch und als Nation zu vernichten. Dafür, daß der südslawische Staat es gewagt hatte, ihm zu trotzen, sollte er »mit unbarmherziger Brutalität ... in einer Blitzoperation« zerschlagen werden. In aller Eile wurde »Marita« dahingehend abgeändert, daß der Plan nun die Zerstörung Jugoslawiens und Griechenlands umfaßte; von dem im Gange befindlichen Aufmarsch für das Unternehmen Barbarossa wurden zusätzliche deutsche Divisionen für den Balkan abgezweigt[57].

Am 28. März erhielt die SS-Division »Reich« den Befehl, auf dem Landweg von Vesoul in Ostfrankreich nach Temesvár in Südwest-Rumänien auszurücken, um an der Invasion Jugoslawiens teilzunehmen. Mit Tag- und Nachtmärschen legte die SS-Division den Weg in weniger als einer Woche zurück. In dieser Zeit kam es zu einer Reihe von Zwischenfällen zwischen SS- und Wehrmachtangehörigen, die in den Augen des Heeres ernst genug waren, um eine förmliche Beschwerde des Oberkommandierenden, Feldmarschalls von Brauchitsch, bei Himmler zu rechtfertigen[58].

Aus verschiedenen Gründen hatte die SS-Division Ärger mit ihrem Gewaltmarsch. Es gab Verkehrsstauungen in der kilometerlangen Kolonne, einigen Einheiten ging der Treibstoff aus, Fahrzeuge blieben liegen, und überladene Lkw schlichen im Schneckentempo über steile Berge. Die stolzen SS-Truppen waren verdrossen, daß ihre sich abmühenden Kolonnen von den Lkw-Kolonnen der erfahreneren Heeresverbände überholt wurden. Das neu abgestellte SS-Infanterieregiment 11, eine ehemalige Totenkopfstandarte, war im Verhalten auf Militärstraßen besonders unerfahren und stand unter dem Befehl eines arroganten und sprunghaften Offiziers. Als seine sich mühsam vorwärtsquälende Kolonne von einer schnellen Formation des Heeres überholt wurde, ließ der SS-Befehlshaber diese halten und verbot ihr den Weitermarsch, bis sein Regiment die Stelle passiert haben würde. Als der Kolonnenführer protestierte, ließ der SS-Offizier zwei Tellerminen unter die Vorderräder des Spitzenfahrzeugs der Heereskolonne legen und befahl einem SS-Mann, mit aufgepflanztem Bajonett Wache davor zu halten.

---

57 Hitlers Weisung Nr. 25, 27. März 1941. A. a. O. Hitlers verärgerte Äußerungen über Jugoslawien fielen auf einer Zusammenkunft mit den deutschen Militärbefehlshabern in der Reichskanzlei in Berlin am 27. März. S. die OKW-Protokolle dieser Zusammenkunft in den Nürnberger Dokumenten 1746-PS.
58 Vgl. die Akte beginnend mit Oberbefehlshaber des Heeres an Reichsführer SS, »Marschbewegung der SS-Division ›Reich‹«, 23. Mai 1941, RFSS/T-175, 107/2630630 ff.

Bei einem ähnlichen Zwischenfall am nächsten Tag stoppte ein SS-Offizier eine Lkw-Kolonne des Heeres, die seine Fahrzeuge zu überholen versuchte. In dem folgenden Streit, den ein Münchner Verkehrspolizist mit anhörte und meldete, schrie der SS-Offizier seinem Kameraden vom Heer wütend zu: »Wenn Sie ohne meine Erlaubnis weiterfahren, lasse ich meine Leute auf Ihre Kolonne feuern!«

Auf diese unheilvolle Weise begann ein neues Kapitel in der nolens volens praktizierten Waffenbrüderschaft zwischen Heer und Waffen-SS. Wie gewöhnlich bewiesen jedoch die Elite-SS-Verbände ihren Wert im Kampf. Im Morgengrauen des 6. April 1941 marschierten die deutschen Heere in Jugoslawien und Griechenland ein. Als Teil des XLI. Panzerkorps von General Georg-Hans Reinhardt stieß die SS-Division »Reich« auf Belgrad vor. Die kümmerlich ausgerüstete und durch pausenlose Angriffe der Luftwaffe zerschlagene jugoslawische Armee war rasch überrannt. Im typischen SS-Stil, wenn auch in diesem Fall ohne großes Risiko, raste eine Kampfgruppe der SS-Division »Reich« auf die Hauptstadt zu. Sie erreichte die heftig bombardierte Stadt am 13. April und nahm ihre Kapitulation entgegen. Für dieses Unternehmen verlieh Hitler dem Kampfgruppenkommandeur, SS-Hauptsturmführer (Hauptmann) Klingenberg, das Ritterkreuz des Eisernen Kreuzes[59]. Vier Tage später kapitulierte die jugoslawische Armee.

Inzwischen griff am Südabschnitt der Front Wilhelm Lists 12. Armee mit acht Infanteriedivisionen, vier Panzerdivisionen, dem Eliteregiment des Heeres »Groß-Deutschland« und der Leibstandarte SS »Adolf Hitler« von Bulgarien aus an und stieß durch Südjugoslawien nach Griechenland vor. In enger Zusammenarbeit mit der 9. Panzerdivision rückte die Leibstandarte durch Skopje vor und hatte binnen drei Tagen die Festung Monastir nahe der jugoslawisch-griechischen Grenze genommen. Seit Beginn des Feldzuges hatte die Leibstandarte nur fünf Verlustfälle, sämtlich Verwundete, zu beklagen gehabt. Aber am 10. April erhielt die SS-Brigade den Befehl, den Klidipaß, das Tor nach Griechenland, für die deutschen Streitkräfte aufzubrechen. Hier endete der militärische Spaziergang. Der lebenswichtige Paß wurde von kampferprobten Australiern und Neuseeländern des Britischen Expeditionskorps verteidigt. Zwei Tage brauchte die Leibstandarte, um die Verteidiger aus ihren Stellungen zu drängen. Sie bezahlte es mit 53 Toten, 153 Verwundeten und drei Vermißten[60].

Bei einem anderen Gefecht in den Bergen, diesmal gegen griechische Truppen, stürmte die Aufklärungsabteilung der Leibstandarte den stark verteidigten Klissurapaß und nahm mehr als tausend Gegner gefangen, bei eigenen Verlusten von nur sechs Toten und neun Verwundeten. Der dama-

---

59 Hausser, a. a. O., S. 41.
60 SSFHA an RFSS, »Zahlenmäßige tägliche Verlustmeldung LSSAH seit 6. 4. bis 18. 4. 41«, 26. April 1941, RFSS/T-175, 108/2632356 f.

lige Befehlshaber der Aufklärungsabteilung, Kurt Meyer, entwirft bei der Schilderung des Treffens in seinen nach dem Krieg geschriebenen Erinnerungen ein sprechendes Bild jener unorthodoxen Kampfesführung, die, wenigstens bei der deutschen Wehrmacht, eine Besonderheit der Waffen-SS war.

Während zwei seiner Kompanien die Steilhänge emporkletterten, um die Verteidiger in der Flanke zu packen, begann Meyer mit einer kleinen Vorausabteilung den Vormarsch über die Straße durch den Paß. Plötzlich riß eine Reihe von Explosionen riesige Trichter in die Straße und ließ ganze Teile ins Tal hinunterstürzen. Die griechischen Verteidiger hatten die Hauptsprengladungen gezündet. Durch Wolken von Staub und Rauch fegte heftiges Maschinengewehrfeuer über den Paß.

»Wir kleben hinter Felsen und wagen uns nicht zu rühren. Ein ekliges Gefühl würgt mir beinahe die Kehle zu. Ich brülle (Untersturmführer) Emil Wawrzinek zu, er soll den Angriff fortsetzen. Doch der gute Emil sieht mich an, als ob er an meinem Geisteszustand zweifle. MG-Feuer klitscht gegen den Felsen vor uns. Unsere Spitzengruppe ist ungefähr zehn Männer stark. Verflucht, wir können hier doch nicht liegenbleiben, weil vor uns Trichter in die Straße gesprengt werden und MG-Feuer auf den Trümmern liegt! Aber ich selber hocke ja auch in voller Deckung und bange um mein Leben. Wie kann ich den ersten Sprung von Wawrzinek fordern? In meiner Not spüre ich die glatte Rundung einer Eierhandgranate in der Hand. Ich brülle die Gruppe an. Alles sieht mich entgeistert an, als ich die Handgranate zeige, abreiße und genau hinter den letzten Grenadier rollen lasse. Nie wieder habe ich einen so geschlossenen Sprung nach vorne erlebt, wie in dieser Sekunde. Wie von der Tarantel gestochen stürzen wir um die Felsnase herum und in den frischen Trichter hinein. Der Bann ist gebrochen. Die Handgranate hat uns die Lähmung genommen. Grinsend sehen wir uns an und springen der nächsten Deckung entgegen[61].«

Am nächsten Tag nahm Meyers Bataillon die Schlüsselstadt Kastoria und machte weitere 11 000 Gefangene. Für die Leistungen seiner Einheit während der vorangegangenen vierundzwanzig Stunden kam Meyer auf die wachsende Liste der SS-Männer, denen das Ritterkreuz verliehen worden war[62].

In den nun folgenden Tagen rückte die Leibstandarte gegen einen bereits zerbröckelnden Widerstand vor. Am 20. April hatte die SS-Einheit den Metsovonpaß erobert und damit den Rückzugsweg der griechischen Epirusarmee durchschnitten und die Übergabe ihrer sechzehn Divisionen erzwun-

---

61 Meyer, a. a. O., S. 64.
62 A. a. O., S. 67.

gen. Drei Tage später wurde in Saloniki die Kapitulation der gesamten griechischen Armee unterzeichnet[63].

Nun mußte das Britische Expeditionskorps allein weiterkämpfen. Am 24. April marschierte die Leibstandarte auf der Verfolgung der zurückweichenden britischen Truppen nach Süden. Die Jagd ging über den Golf von Korinth und quer durch den Peloponnes weiter. Hinter einem Schirm tapferer Nachhutgefechte gelang es den Engländern, den größten Teil ihrer Truppen zu evakuieren, so wie es in größerem Maßstab weniger als ein Jahr zuvor bei Dünkirchen geschehen war. Am 27. April zogen deutsche Truppen in Athen ein. Drei Tage später stand das ganze Land vollständig unter deutscher Kontrolle. Alles in allem waren 223 000 Griechen und 21 900 Engländer gefangengenommen worden. Die deutschen Verluste des ganzen Balkanfeldzuges beliefen sich auf 2559 Tote, 5820 Verwundete und 3169 Vermißte. Wiederum erhielt die Leibstandarte Befehl, an der Siegesparade teilzunehmen, diesmal in Athen. Die SS-Brigade wurde nordwärts nach Prag geschickt, um für ihr nächstes Unternehmen neu ausgerüstet zu werden — für den Einfall in die Sowjetunion[64].

---

63 Hans-Adolf Jacobsen und Hans Dollinger, Der Zweite Weltkrieg, München 1962, I, S. 298.
64 A. a. O.; Meyer, a. a. O., S. 67 ff. Zwischen dem Beginn des Balkanfeldzuges und dem Ende der heftigen Kämpfe am 18. April verlor die Leibstandarte 72 Tote, 246 Verwundete und 3 Vermißte. Am 21. April waren 21 Verwundete ihren Verletzungen erlegen, RFSS/T-175, 108/2631356 f.

# V. KAPITEL

# Militärische Konsequenzen einer Ideologie: Die Waffen-SS in Rußland

Der Balkanfeldzug war ein glänzendes Beispiel für den »Blitzkrieg« gewesen, aber er hatte Hitler gezwungen, den Beginn des Unternehmens Barbarossa bis zum 22. Juni 1941 hinauszuschieben. Jugoslawien hatte die Wehrmacht fast die Hälfte der besten Jahreszeit für einen Feldzug in Rußland gekostet. So hatten die Jugoslawen, die sich an Stalin mit der Bitte um Unterstützung gegen die Deutschen gewandt hatten und von ihm abgewiesen worden waren, Rußland — ohne es zu wissen — vor einem noch schlimmeren Schicksal bewahrt als dem, das ihm bevorstand.

## Unternehmen Barbarossa

Bis Anfang Juni waren 129 deutsche Divisionen nach dem Osten gebracht worden, und der letzte Aufmarsch der Panzer- und motorisierten Divisionen begann[1]. Als am 21. Juni das Alarmbereitschaftssignal »Dortmund« durch Blitzmeldung an die Frontkommandos durchgegeben wurde, standen die deutschen Streitkräfte mit sieben Armeen, vier Panzergruppen und drei Luftflotten — mehr als 3 000 000 Mann, 600 000 Fahrzeugen, 750 000 Pferden, 3580 gepanzerten Gefechtsfahrzeugen, 7184 Geschützen und 2100 Flugzeugen bereit. Die deutschen Truppen waren von Norden nach Süden längs der Hauptfront in drei Heeresgruppen unterteilt: Die Heeresgruppe Nord unter Feldmarschall Ritter von Leeb sollte mit zwei Armeen und einer Panzergruppe durch die Baltikumländer vorstoßen und Leningrad besetzen; die Heeresgruppe Mitte unter Feldmarschall von Bock hatte den Befehl

---

1 Jacobsen und Dollinger, a. a. O., S. 358.

erhalten, mit ihren beiden Armeen und zwei Panzergruppen durch Weißrußland auf Moskau vorzurücken, und die Heeresgruppe Süd unter Feldmarschall von Rundstedt sollte ihre drei Armeen und eine Panzergruppe durch Galizien marschieren lassen, um Kiew einzunehmen und einen Brückenkopf über den Dnjepr zu sichern[2].

Die Verbände der Waffen-SS waren in dieser massiven militärischen Machtentfaltung zeitweilig untergegangen: Die Leibstandarte-SS »Adolf Hitler« und die SS-Division »Wiking« standen bei der Heeresgruppe Süd, die SS-Division »Reich« bei der Heeresgruppe Mitte und die SS-Totenkopfdivision sowie die SS-Polizeidivision (in Reserve) bei der Heeresgruppe Nord. Weit nördlich der Hauptfront, in Finnland, standen die SS-Kampfgruppe »Nord« und das SS-Infanterieregiment 9 beim norwegischen Heereskommando von Generaloberst von Falkenhorst[3].

Als um 3.15 Uhr am Morgen des 22. Juni 1941 plötzlich das Mündungsfeuer von Tausenden von Geschützen die fahle Dämmerung zerriß, stieß die Wehrmacht mit der Roten Armee zusammen, und es begann die größte fortdauernde Schlacht zu Lande, die die Geschichte kennt. Mit Ausnahme der Polizeidivision befanden sich sämtliche der Wehrmacht unterstellten Waffen-SS-Verbände innerhalb der ersten wenige Tage des Feldzuges im Kampf. Anfang August stand auch die Polizeidivision im Feuer, während

---

2 Philippi und Heim, a. a. O., S. 46 und 52.
3 Bei Beginn des Rußlandfeldzuges hatte die Waffen-SS folgende Stärke:

| | | | |
|---|---|---|---|
| SS-Division LSSAH | 10 796 | Verwaltungsabteilung | 4 007 |
| SS-Division »Wiking« | 19 377 | Ersatzeinheiten | 29 809 |
| SS-Totenkopfdivision | 18 754 | Inspektion Kz-Lager | 7 200 |
| SS-Division »Nord« | 10 573 | SS-Wachbataillone | 2 159 |
| SS-Division »Reich« | 19 021 | SS-Garnisonsposten | 992 |
| SS-Polizeidivision | 17 347 | SS-Junker- und Unterführerschulen | 1 028 |
| Kommandostab RFSS | 18 438 | SS-Freiwilligenbataillon »Nordost« | 904 |

Die Gesamtstärke der Waffen-SS belief sich auf 160 405 Mann. Der Bericht, dem diese Zahlen entnommen sind, wurde etwa zwei Monate nach Beginn des Feldzuges abgefaßt. Zu der Zeit war die Leibstandarte zur Division ausgebaut worden und ist auch als solche bezeichnet. Das gleiche gilt für die SS-Division »Nord« und das SS-Infanterieregiment 9. Der Kommandostab RFSS bestand aus zwei vorher erwähnten Feldverbänden, die nicht dem Heer unterstellt waren. Das SS-Freiwilligenbataillon »Nordost« bestand aus Finnen, die sich freiwillig zum Dienst in der Waffen-SS gemeldet hatten. Erwähnt sei auch, daß es in der Einführung zu dem Bericht heißt: »... die Zahlen sind wahrscheinlich etwas zu niedrig ... da infolge der gegenwärtigen Situation die Stärke der Waffen-SS nicht mit absoluter Sicherheit angegeben werden kann.« Vgl. Bericht des Inspekteurs für Statistik an Reichsführer SS, »Stärkemeldung der Schutzstaffeln vom 30. Juni 1941«, 27. August 1941, Geheim, RFSS/T-175, 111/2635846 ff.

unmittelbar hinter der Front zwei Brigaden von Himmlers Kommandostab RFSS (SS-Infanteriebrigade 1 und SS-Kavalleriebrigade) gegen russische Truppen kämpften, die bei dem Hauptvormarsch seitlich liegengelassen worden waren[4].

## *SS-Ideologie und der Krieg im Osten*

Über die Frage, warum Hitler den Einfall in die Sowjetunion befahl, ist viel geschrieben worden. Über drei Hauptgründe herrscht Übereinstimmung, auch wenn sich die Historiker über das Gewicht, das jedem dieser Gründe zukommt, nicht einig sind. Man kann sagen: Hitler marschierte in Rußland ein, erstens um den Bolschewismus zu vernichten, den er als den unausweichlichen ideologischen Feind der nationalsozialistischen »Neuordnung« in Europa betrachtete; zweitens um die UdSSR als Staat (und damit als militärische Drohung) zu zerstören; drittens um für Deutschland »Lebensraum« und ein riesiges neues Gebiet für koloniale Ausbeutung zu gewinnen. Deutschlands Machtpolitik und seine Pläne in Osteuropa, die in der deutschen Geschichte tief verwurzelt sind, verflochten sich also unentwirrbar mit der ideologischen und politischen Unmoral des Nationalsozialismus[5].

Hand in Hand mit dem Kolonialismus im Nazistil ging zwangsläufig ein unvernünftiger Rassenwahn, der dadurch gekennzeichnet war, daß er die Slawen, besonders die Russen, zu »Untermenschen« herabwürdigte. Die Folgen dieser Politik sind zu gut bekannt, als daß sie hier wiederholt werden müßten. Es genügt die Feststellung, daß auch im militärischen Bereich das Blutvergießen und die Barbarei des Kampfes, der sehr an Kreuzzüge und Religionskriege erinnert, zum beträchtlichen Teil auf seinen weltanschaulichen Charakter zurückzuführen sind.

Kein Wunder, daß für die ideologisch geschulten Soldaten der Waffen-SS (viel mehr noch als für die übrige Wehrmacht) der Kampf gegen die Rote

---

4 Die SS-Kavalleriebrigade war gerade aus einer Verschmelzung der Kavallerieregimenter 1 und 2 gebildet worden. Ausführlich berichten über die täglichen Kampfhandlungen von in Rußland eingesetzten Einheiten der Waffen-SS die »Tagesmeldungen der SS-Divisionen«, 6. Juli 1941 bis 12. März 1942, Geheime Kommandosache, RFSS/T-175, 111/2635573 ff.

5 Über die deutsche Politik in und gegenüber Rußland während des Zweiten Weltkrieges s. Alexander Dallin, German Rule in Russia 1941–1945, New York 1957; vgl. auch die deutsche Ausgabe dieses Buches: Deutsche Herrschaft in Rußland, Düsseldorf 1958; ferner: Gerald Reitlinger, The House Built on Sand, London 1960.

Armee ein heiliger Krieg war, ein Kreuzzug gegen Bolschewismus und Untermenschentum. Obwohl SS-Divisionen auf jedem Kriegsschauplatz außer in Afrika kämpften, war ihr Kampf im Osten der härteste, längste und fanatischste, und eben dort entwickelten die Eliteformationen der Waffen-SS jene Mischung aus Entschlossenheit und Unbarmherzigkeit, die zu ihrem besonderen militärischen Stil wurde[6].

Um dessen Wesen zu verstehen, muß man, sei es auch nur kurz, den Charakter der SS-Ideologie untersuchen, wobei zu beachten ist, daß die Ideologie nur *einen* wichtigen Faktor darstellte, der zu den Kampfleistungen der Elite-SS-Divisionen beitrug, und daß SS-Ideologie in der Theorie und Waffen-SS-Ideologie in der Praxis nicht immer übereinstimmten.

Trotz der Vielschichtigkeit der SS und der Vielzahl von Deutungen, mit denen man ihr Wesen und ihre Bedeutung zu erklären versucht hat, unterliegt es kaum einem Zweifel, daß sie eine festumrissene Weltanschauung besaß, die im Falle der Waffen-SS mehr Mittel zum Zweck als eine echte Ideologie gewesen zu sein scheint[7].

Die Weltanschauung der SS wurzelte in dem Rassenideal, das in Hitler-Deutschland mit dem Begriff »Blut und Boden« umrissen wurde. Daraus erwuchs die Idee der SS als einer Verkörperung der nationalsozialistischen Lehre von der Überlegenheit des nordischen Blutes. Im Jahre 1940 sagte Himmler vor Offizieren der Leibstandarte SS »Adolf Hitler«, »daß das höchste Ziel dieser elf Jahre, in denen ich Reichsführer SS gewesen bin, unverändert geblieben ist: Einen Orden guten Blutes zu schaffen, der Deutschland zu dienen vermag«[8]. Demgemäß hatte die SS zwei Hauptaufgaben, eine positive und eine negative. Im positiven Sinne war die SS als rassische und biologische Elite gedacht, als eine Nazi-Aristokratie, eine neue herrschende Klasse, aus der die Führerschaft kommen sollte, die erforderlich war, um die »neue Ordnung« in einem von Deutschland beherrschten Europa zu errichten und aufrechtzuerhalten. Im negativen Sinne übernahm die SS die Verantwortung für die Ausrottung aller rassisch und biologisch minderwertigen Elemente und die radikale Beseitigung jeder

---

6 Obwohl eine eingehende Untersuchung des Ostfeldzuges außerhalb des Rahmens dieses Buches liegt, werden einige der wichtigeren Schlachten und ihre Folgen für die Entwicklung der Waffen-SS hier erwähnt. Außer den bereits genannten Werken behandeln den Ostfeldzug Alan Clark, Barbarossa: The Russian-German Conflict, 1941—1945, New York 1965, und Paul Carell, Unternehmen Barbarossa, Berlin 1963.

7 Der Begriff der echten Ideologie wird hier im Sinne eines einigermaßen systematischen Ideengutes, verbunden mit einem leidenschaftlichen Drang zu dessen Verwirklichung, gebraucht. Über die zweckbestimmte Art der SS-Ideologie vgl. Robert Koehl, »The Character of the Nazi SS«, The Journal of Modern History, XXXIV (September 1962), S. 280.

8 Diesen Teil der Rede findet man in den Nürnberger Dokumenten 1918-PS. Vollständiger Text auf RFSS/T-175, 90/2612641 ff.

politischen Opposition, die sich grundsätzlich weigert, die weltanschauliche Grundlage des nationalsozialistischen Staates und seiner wesentlichen Einrichtungen anzuerkennen[9]. Bis der Endsieg im Rassenkampf errungen war, mußte die SS ein »nationalsozialistischer militärischer Orden nordischer Männer« bleiben, eine durch weltanschauliche Eide gebundene Kampftruppe, »deren Kämpfer aus bester arischer Zucht ausgewählt sind«[10]. Damit die SS ihre Aufgaben durchführen konnte, mochten sie auch noch so schwierig oder widerwärtig sein, wurde von ihren sämtlichen Angehörigen absoluter Gehorsam verlangt. »Der Gehorsam muß bedingungslos sein. Er entspricht der Überzeugung, daß die nationalsozialistische Weltanschauung oberstes Gesetz zu sein hat ... Jeder SS-Mann ist daher bereit, blindlings jeden Befehl auszuführen, den der Führer oder sein Vorgesetzter erteilt, ohne Rücksicht auf die damit verbundenen Opfer[11].« Bedingungslose Unterwerfung unter die Autorität war darum der zweite Grundstein der SS-Ideologie.

In ihrer Rolle als Stoßtrupp der nationalsozialistischen Revolution war die SS bereit, jeden Feind der NSDAP oder des Dritten Reiches zu bekämpfen, aber von Anfang an hatte die SS ihre Mitglieder gelehrt, daß der Hauptfeind »die jüdisch-bolschewistische Revolution von Untermenschen« sei[12]. Als dieser Feind in Deutschland mehr oder weniger ausgerottet war, ging man dazu über, seine Ausrottung in ganz Europa zu fordern. Besonders die weltanschauliche Linie der SS unterstrich immer stärker die Unvermeidlichkeit eines Entscheidungskampfes zwischen dem nordischen Deutschland (später wurde es um das nordische Europa erweitert) und der Brutstätte der »jüdisch-bolschewistischen Revolution von Untermenschen«, der Sowjetunion[13].

Himmler kam in seinen Ansprachen vor Führern seiner Waffen-SS immer wieder auf das Thema des Rassenkampfes zurück. 1943, als die Waffen-SS Tausende neuer Rekruten aufnahm, darunter viele Ausländer und blutjunge Burschen, die keine Nazis waren, erinnerte er die versammelten Offiziere

---

9 Vgl. Kogon, a. a. O., S. 20.
10 Organisationsbuch der NSDAP, S. 416, Nürnberger Dokumente 1922-A-PS und 2640-PS.
11 A. a. O.
12 Himmler in seiner Broschüre »Die SS als antibolschewistische Kampforganisation«, die 1936 veröffentlicht wurde. Teilabdruck in den Nürnberger Dokumenten 1851-PS.
13 Das wichtigste gegenwärtige Sprachorgan für Verteidiger der SS ist die Monatszeitschrift der ehemaligen Waffen-SS-Angehörigen »Der Freiwillige«: Kameradschaftsblatt der HIAG (Osnabrück). Eine Zeitschrift, in der ähnliche Ansichten geäußert werden, ist »Nation Europa«: Monatsschrift im Dienst der europäischen Erneuerung (Coburg). Sehr bezeichnend auch: Felix Steiner, Die Freiwilligen: Idee und Opfergang, Göttingen 1958.

der drei SS-Divisionen an die Notwendigkeit, ihren Männern die Weltanschauung der SS einzuimpfen:

»Ich bitte Sie als Kommandeure und Einheitsführer, Ihre Männer immer wieder in unseren weltanschaulichen Glaubenssätzen zu unterweisen ... Ich fordere Sie auf, sich um sie zu kümmern, sie zu leiten und sie nicht gehenzulassen, ehe sie nicht mit unserem Geist durchtränkt sind und so kämpfen, wie die Alte Garde gefochten hat ... Wir haben nur eine Aufgabe — standhaft zu sein und den Rassenkampf ohne Erbarmen weiterzuführen[14].«

Ehemalige Angehörige der Waffen-SS, denen man Exemplare von Himmlers Reden vorlegt, behaupten einer wie der andere, die kämpfende Truppe habe sein bombastisches Gerede nicht ernst genommen und ihn als eine Art komische Figur betrachtet, die den Boden der Wirklichkeit unter den Füßen verloren habe. Das mag für einige SS-Männer zutreffend gewesen sein, besonders im späteren Kriegsverlauf, als die Waffen-SS zur Zwangsrekrutierung greifen mußte; angesichts des großen Zeitaufwandes, den man vor dem Kriege der weltanschaulichen Schulung bei der SS widmete und angesichts des dokumentarischen Materials kann kaum Zweifel darüber herrschen, daß viele Männer der Waffen-SS von 1941 — besonders Führer und Unterführer — sich zu den Ansichten bekannten, die in Himmlers Äußerungen über den Rassenkampf und ähnliche Fragen zum Ausdruck kamen[15].

Überdies waren die zur Waffen-SS kommenden neuen Rekruten vor 1943 noch immer überwiegend Freiwillige, die schwerlich die Einmaligkeit des Verbandes übersehen konnten, dem sie beitraten. Das amtliche Werbeflugblatt der Waffen-SS, das allen ausgehändigt wurde, die als Freiwillige in Frage kamen, besagte:

»Wenn du dem Rufe der Waffen-SS folgst und freiwillig in die Reihen der großen Front von SS-Divisionen trittst, wirst du einem Korps angehören, das von Anfang an der Inbegriff hervorragender Leistungen gewesen ist und deshalb ein besonders tiefes Kameradschaftsgefühl entwickelt hat. Du wirst die Waffen eines Korps tragen, in dem die wertvollsten Elemente der jungen deutschen Generation vereint sind. Vor allem wirst du der nationalsozialistischen Weltanschauung besonders verbunden sein.«

Der Leser dieses Flugblatts wurde daran erinnert, daß die Meldung so vieler junger Deutscher zur Waffen-SS ein »großartiger Beweis für die positive weltanschauliche Verpflichtung von Deutschlands Jugend« sei, die

---

14 Auszüge aus Himmlers Rede in Charkow in NCA, II, S. 192.
15 Beispiele für die Art des Materials, das Angehörigen der Waffen-SS bei ihrer weltanschaulichen Schulung dargeboten wurde, enthält u. a. der Prospekt des SS-Hauptamtes (Schulungsamt) mit Lehrbüchern in der Reihe Stoffsammlung für die weltanschauliche Erziehung der Waffen-SS, RFSS/T-175, 161/2693498 ff. Siehe ferner SS-Hauptamt, Schulungsamt, Akte mit Lehrmaterial und Vortragsdias für Unterricht über Juden, Kommunisten, Rassenmerkmale verschiedener Völker u. dgl. A. a. O., 2694069 ff.

»den Sinn des Kampfes der SS begriffen hat und genau weiß, warum die Waffen-SS eine dem Führer besonders verbundene Gemeinschaft bildet«[16].

Für die Soldaten der Waffen-SS nahm der Rassenkampf freilich nicht die Formen an, die er für die SS-Männer hatte, die die Vernichtungslager leiteten oder die Erschießungskommandos der Einsatzgruppen stellten. Himmler zufolge sollte die Waffen-SS eine Schlüsselrolle im Rassenkampf spielen, indem sie an der militärischen Eroberung Rußlands Anteil nahm und so dem Reich dabei diente, »Lebensraum« zu gewinnen und gleichzeitig die »Macht der Bolschewisten und der Juden« zu vernichten.

Am 13. Juli 1941, genau drei Wochen nach dem Einfall in die Sowjetunion, fuhr Himmler nach Stettin, um dort vor einer kleinen Gruppe von Männern der Waffen-SS zu sprechen, die als Ersatzmannschaften für die Kampfgruppe »Nord« an die finnische Front geschickt werden sollten. Die Kampfgruppe hatte gerade bei ihrem ersten Einsatz eine vernichtende Niederlage erlitten, und Himmler hielt es für notwendig, einige ermutigende Worte an die neuen Mannschaften zu richten. Seine Stegreifrede wurde aufgezeichnet, als »geheim« eingestuft und zu den Akten gelegt. Sie bietet bemerkenswerte Hinweise auf den Blickwinkel, unter dem, nach Himmlers Auffassung, seine Waffen-SS den Krieg mit Rußland sehen sollte:

»Euch SS-Männern brauche ich nicht viel zu sagen. Jahrelang, über ein Jahrzehnt lang haben wir alten Nationalsozialisten mit diesem Gegner, mit dem Bolschewismus, mit den Kommunisten in Deutschland gerungen. Wir können heute eines feststellen: Was wir im politischen Kampf predigten, war mit keinem einzigen Wort und Satz übertrieben. Im Gegenteil, es war zu milde und zu schwach, weil wir damals die Einblicke noch nicht hatten, die wir jetzt tun konnten. Es ist ein großer Segen des Himmels, daß das Schicksal uns in Jahrtausenden einmal diesen Führer geschickt hat. Es ist eine Fügung des Schicksals, daß der Führer wiederum im rechten Augenblick den Entschluß gefaßt hat, Rußland in die Parade zu fahren und einen Angriff Rußlands zu verhindern. Dies ist ein Weltanschauungskampf und ein Kampf der Rassen. Bei diesem Kampf steht hier der Nationalsozialismus, eine auf dem Wert unseres germanischen, nordischen Blutes aufgebaute Weltanschauung, steht eine Welt, wie wir sie uns vorstellen: schön, anständig, sozial gerecht, die vielleicht im einzelnen mit manchen Fehlern noch behaftet ist, aber im ganzen eine frohe, schöne, kulturerfüllte Welt, so wie unser Deutschland eben ist. Auf der anderen Seite steht ein 180-Millionen-Volk, ein Gemisch aus Rassen und Völkern, deren Namen schon unaussprechlich sind, und deren Gestalt so ist, daß man sie bloß ohne Gnade und Barmherzigkeit zusammenschießen kann. Diese Tiere, die jeden Gefangenen von unserer Seite, jeden, den sie verwundet treffen, quälen und schinden

---

16 Vgl. Dich ruft die SS, Berlin 194?, New York Public Library Microcopy Z-941.

und nicht als anständigen Soldaten behandeln, werdet Ihr selbst sehen. Dieses Volk ist vom Juden in einer Religion, in einer Weltanschauung zusammengefaßt, die Bolschewismus genannt wird, mit der Aufgabe: Jetzt haben wir Rußland, halb Asien, einen Teil von Europa, nun fallen wir über Deutschland und dann über ganz Europa her. Wenn Ihr, meine Männer, dort drüben im Osten kämpft, so führt Ihr genau denselben Kampf, den vor vielen, vielen Jahrhunderten, sich immer wiederholend, unsere Väter und Ahnen gekämpft haben. Es ist derselbe Kampf gegen dasselbe Untermenschentum, dieselben Niederrassen, die einmal unter dem Namen der Hunnen, ein andermal, vor 1000 Jahren zur Zeit König Heinrichs und Ottos I., unter dem Namen Magyaren, ein andermal unter dem Namen der Tataren, wieder ein andermal unter dem Namen Dschingis-Khan und Mongolen angetreten sind. Heute treten sie unter dem Namen Russen mit der politischen Deklaration des Bolschewismus an[17].«

Wenn die Männer der Waffen-SS sich auch nur einen Bruchteil der Ansichten ihres Reichsführers zu eigen machten (und das taten viele sicherlich), trägt das dazu bei, den Eifer zu erklären, mit dem sie den Krieg gegen Rußland führten.

Da es seit langem klar ist, daß es den Soldaten leichter fällt, zu töten oder Gefahr zu laufen, getötet zu werden, wenn sie gegen einen Feind kämpfen den sie hassen, haben alle modernen Staaten auf die eine oder andere Art versucht, ihren Soldaten ein Bild des Feindes vor Augen zu stellen, das genügend abstoßend und böse ist, um ihnen Haß einzuflößen[18]. Zwei haßeinflößende Bilder wurden bei der weltanschaulichen Schulung, der die Männer der Waffen-SS unterworfen waren, besonders gern verwendet: einmal das alte, aber immer wiederkehrende Bild des Feindes als Untermenschen; zum anderen — mit dem ersten in enger Beziehung und dem modernen Soldaten, der (wie der überzeugte Nazi oder Kommunist) in seinem Denken totalitär ist, besonders vertraut — das Bild des Feindes als sein weltanschaulicher Gegenpol, als ein Teufel, der sich gegen »die Wahrheit« stemmt und deshalb in einem heiligen Kreuzzug ausgerottet werden muß. Für die an der Ostfront kämpfenden Truppen der Waffen-SS waren diese beiden Bilder des Feindes untrennbar miteinander verbunden.

Betrachtet man den Feind (wie Himmler in der oben zitierten Ansprache) als ein abstoßendes und bösartiges Tier, als einen »Untermenschen«, dann ist das Ergebnis eine weitgehende Verrohung der Kriegführung, da der Soldat im allgemeinen von Schuldgefühlen oder Gewissensbissen wegen

---

17 »Der Reichsführer SS zu den Ersatzmannschaften für die Kampfgruppe ›Nord‹ am Sonntag dem 13. Juli 1941 in Stettin«, Geheim, RFSS/T-175, 109/2632683 ff.
18 Für diesen Teil meiner Ausführungen habe ich, sowohl was das Material als auch die Ideen angeht, auf das klarsichtige Buch von J. Glenn Gray zurückgegriffen: The Warriors: Reflections on Men in Battle, New York 1959.

seiner Greueltaten befreit wird. Ein deutliches Beispiel dafür bietet die Haltung der amerikanischen kämpfenden Truppe gegenüber ihren japanischen Feinden im Zweiten Weltkrieg. Ein kürzlich erschienener Bericht über die Landung von Marinesoldaten auf der von Japanern besetzten Insel Tarawa im Jahre 1943 enthält folgenden Abschnitt:

»Im Kriege sind die Soldaten wenig geneigt, einen Feind unter allen Umständen als ein fühlendes menschliches Wesen zu betrachten, und die Japaner stellten den perfekten Feind dar. Sie hatten so viele Wesenszüge, die ein amerikanischer Marinesoldat hassen konnte. Sie waren von kleinem Wuchs, hatten eine merkwürdige Hautfarbe und waren (nach manchen amerikanischen Maßstäben) unansehnlich. Die Marinesoldaten, bei denen die Erinnerung an Pearl Harbor noch wach war, sowie ein paar Kindheitserinnerungen an Japaner in schlechten Filmen, betrachteten sie als ›heimtückisch‹. Überdies verstanden sie diese unergründlichen Orientalen nicht und haßten sie wegen ihrer ›fanatischen‹ Bereitschaft zu sterben. Die Marinesoldaten hatten nicht das Gefühl, Menschen umzubringen, ihresgleichen, sie vertilgten Ungeziefer ... Mochten sie in späteren Jahren ihre Meinung über die Japaner auch geändert haben, dieser glühende Haß war damals ein wirksames und notwendiges Stimulans[19].«

Die Haltung der amerikanischen Marinesoldaten gegenüber den Japanern auf Tarawa war im pazifischen Krieg keineswegs vereinzelt, wie jeder, der aus Erfahrung sprechen kann oder davon gelesen hat, sicherlich zugeben wird. Leider ist das Bild vom minderwertigeren, einem niedrigeren Niveau angehörenden Feind vielleicht unvermeidlich, wenn Soldaten einen Gegner anderer Rasse oder Hautfarbe bekämpfen. Durch geschickte und beharrliche »Schulung« aber kann man die gleiche Haltung anerziehen, wenn es nur wenige oder gar keine merklichen Unterschiede zwischen den Gegnern gibt. Wenn daher selbst Amerikaner, die in einer freien Gesellschaft aufgewachsen sind, so den Japanern gegenüber reagieren konnten, sollte es uns nicht überraschen, daß Männer der Waffen-SS, Produkte einer systematischen rassischen und politischen Schulung, in ihrem Kampf gegen die Russen zumindest in gleicher Weise »stimuliert« wurden[20].

---

19 Andrew A. Rooney, The Fortunes of War, Boston 1962, S. 37.
20 Neben der offiziellen weltanschaulichen Schulung wurden die Männer der Waffen-SS ständig mit entsprechenden Zeitschriften gefüttert (SS-Leithefte), die unterhaltende Aufsätze und Geschichten enthielten und gleichzeitig belehrend waren. »In diesen Leitheften«, sagte Himmler, »versuchen wir, in jedem Satz unmerklich grundlegende politische Informationen zu vermitteln.« Eine vollständige Beschreibung der Verwendung von Leitheften findet man in der »Rede des Reichsführers SS auf der Tagung der RPA-Leiter am 28. Januar 1944«, Geheim, RFSS/T-175, 94/2614803 ff. Eine Sammlung von SS-Leitheften aus ungefähr acht Jahren befindet sich in der Bibliothek des Document Center in Berlin und ist auf National Archives Microcopy T-611, Rolle 43—45, greifbar.

Die bedauernswerten Nebenwirkungen, die sich aus dieser künstlichen Enthumanisierung des Feindes im Osten ergaben, sind nur allzugut bekannt: Erschießung von Gefangenen, Mord der Zivilbevölkerung, die Zerstörung friedlicher Dörfer. In welchem Umfang derartige Akte das Ergebnis weltanschaulicher Beeinflussung *allein* waren, ist natürlich schwer zu beurteilen, und vielleicht müssen wir uns mit der selbstverständlichen Schlußfolgerung begnügen, die SS-Obergruppenführer (General) Erich von dem Bach-Zelewski vor dem Internationalen Militärgericht in Nürnberg zog. Auf die Frage, ob Himmlers Forderung, daß dreißig Millionen Slawen ausgerottet werden sollten, und der Mord von 90 000 Juden durch eine kleine Einsatzgruppe (großenteils aus Männern der Waffen-SS) der nationalsozialistischen Weltanschauung entsprochen habe, erwiderte von dem Bach: »Wenn man jahrelang predigt, jahrzehntelang predigt, daß die slawische Rasse eine Unterrasse ist, daß die Juden überhaupt keine Menschen sind, dann muß es zu einer solchen Explosion kommen[21].«

Wir dürfen den engen Zusammenhang zwischen der »Untermenschen«-Philosophie und jener Seite der NS-Ideologie, die den Krieg gegen die Sowjetunion als einen Kreuzzug zur Rettung der westlichen Zivilisation vor dem Ansturm des »asiatischen Bolschewismus« betrachtete, nicht aus dem Auge verlieren[22]. Alle Kriegführenden neigen dazu, zwischen ihrer eigenen Sache, die »gut und gerecht« ist, und der des Feindes, die »falsch und böse« ist, zu unterscheiden; nirgends aber ist diese Einstellung so ausgeprägt, so dogmatisch und so kompromißlos wie bei einem Zusammenstoß weltanschaulich antithetischer totalitärer Systeme. Der Krieg zwischen Nazideutschland und dem kommunistischen Rußland erinnerte tatsächlich in vieler Beziehung an die großen Religionskriege früherer Zeiten, obwohl die meisten der beteiligten Soldaten weder fanatische Kommunisten noch überzeugte Nazis waren.

»Als freiwillige deutsche SS-Männer gegen fanatische Kommunisten in Rußland während des Zweiten Weltkrieges im Kampfe standen, war ein Höhepunkt an Feindseligkeit und Haß erreicht, bei dem jegliche Spur von Ritterlichkeit verschwand und alle Mäßigung aufgegeben wurde. Selbst wenn man nur über einige dieser Schlachten liest und dabei versucht, sie einfühlend zu verstehen, reicht das hin, um jeden zutiefst zu erschüttern[23].«

---

21 »Verhör in Nürnberg am 7. Januar 1946 (Nachmittagssitzung)«, abgedruckt bei Leon Poliakow und Josef Wulf, Das Dritte Reich und seine Diener, Berlin 1956, S. 152.
22 Zu diesem Punkt s. Dallin, a. a. O., S. 67 ff.
23 Gray, a. a. O., S. 156 f. Die Erbitterung mancher dieser Schlachten, in denen SS-Truppen gegen Elitetruppen der Roten Armee kämpften, läßt sich an den Berichten ermessen, die in den erwähnten Werken von Alexander Werth, Alan Clark und Paul Carell zu finden sind.

## *Eine Niederlage der Waffen-SS*

Je nach der Urteilsquelle sind die Männer der Waffen-SS entweder als Fanatiker oder als hervorragend tapfere Soldaten dargestellt worden. Wo auch die Wahrheit liegen mag, unleugbar waren sie entschlossene Soldaten. Aber Entschlossenheit, ob sie nun auf weltanschaulicher Überzeugung oder auf anderen Faktoren beruht, erklärt noch nicht die kämpferischen Leistungen der SS-Elitedivisionen. Personelle Auslese, gute Ausbildung, tüchtige Führung und erstklassige Bewaffnung waren ebenfalls wichtig. Während die SS-Divisionen »Leibstandarte Adolf Hitler«, »Reich«, »Totenkopf« und »Wiking«, für die das alles zutraf, sich in den ersten Tagen des Rußlandfeldzuges an der Front auszeichneten, mußte eine andere SS-Formation, der manche dieser Voraussetzungen fehlten, eine schmähliche Niederlage durch die Sowjetarmee hinnehmen.

Am 2. Juli griff die SS-Kampfgruppe »Nord« zusammen mit einer finnischen und einer deutschen Heeresdivision im Nordabschnitt der finnischen Front den russischen Stützpunkt Salla an. Die fünf bei dem Angriff eingesetzten SS-Bataillone wurden zweimal unter schweren Verlusten zurückgeschlagen. Bei einem dritten Versuch machten die Russen einen Gegenangriff, der die SS-Einheiten bis hinter ihre Ausgangsstellung zurücktrieb. Am Ende des Tages meldete die Kampfgruppe:

»Lage sehr ernst. Auflösungserscheinungen in der Truppe. Unruhe wird durch Zurückgehende nach rückwärts getragen. Stellung nach nochmaliger Wiederholung des Panzerangriffs unhaltbar. Russe greift mit starken Kräften an[24].«

Nach Augenzeugenberichten an Himmler wurden die SS-Männer bei dem russischen Angriff von blanker Furcht gepackt; viele warfen ihre Waffen weg und rannten davon, mit vor Entsetzen starren Augen. Mit dem Schreckensruf »Russische Panzer kommen!« liefen die zurückweichenden SS-Truppen mitten durch die Linien der deutschen Artillerie. Inzwischen hatten die Finnen und die Heeresdivision ihre Ziele mit Erfolg angegriffen, so daß die Russen gezwungen waren, zurückzuweichen. Das rettete die SS-Kampfgruppe davor, vollkommen überrannt zu werden. Dieser erste Angriff kostete die SS-Einheit 74 Tote (darunter 13 Offiziere), 232 Verwundete (13 Offiziere) und 147 Vermißte[25].

Die Schlappe der Kampfgruppe wurde für Himmler und die SS-Führer dadurch noch trostloser, daß die meisten der vermißten SS-Männer von den

---

24 Telegramm des Höheren SS- und Polizeiführers Nord an SSFHA, 2. Juli 1941, RFSS/T-175, 111/2635801.
25 SSFHA an RFSS, »Tagesmeldung der SS-Divisionen: 6. Meldung«, 19. Juli 1941, Geheime Kommandosache, RFSS/T-175, 111/2635764.

Russen gefangengenommen worden waren, trotz Himmlers wiederholter ausdrücklicher Befehle an die Waffen-SS, zu kämpfen, bis sie falle — oder sich eher selbst den Tod zu geben, als die Hände hochzuheben[26]. General von Falkenhorst hatte nach dieser trübseligen Kampfprobe so wenig Zutrauen zu der SS-Kampfgruppe, daß er zum Schaden noch die Kränkung fügte und ihre Bataillone auf seine finnischen und deutschen Heeresverbände aufteilte[27].

Das Fiasko von Salla zeigte klar, daß weltanschauliche Überzeugung keine Gewähr für Kampferfolge bot. In den beiden ehemaligen Totenkopfstandarten, die zur Kampfgruppe »Nord« vereint worden waren, gab es zweifellos viele überzeugte Nazis, aber sie waren für Polizeiaufgaben — nicht für den Krieg — ausgebildete Männer. Ohne ausreichendes Gefechtstraining, von unfähigen Offizieren geführt, deren »militärische« Erfahrung sich auf den Befehl über Wachabteilungen von Konzentrationslagern und auf die Hinrichtung wehrloser Zivilisten beschränkte, und teilweise aus überalterten SS-Reservisten bestehend, war die SS-Kampfgruppe kein ebenbürtiger Gegner für die russischen Soldaten, die bereits im finnischen Krieg gekämpft hatten[28].

## Eine neue Art des Krieges

Trotz Himmlers Befürchtungen konnte die Schlappe, die die Waffen-SS im hohen Norden erlitten hatte, der deutschen Öffentlichkeit verheimlicht werden[29]. Zur selben Zeit erkämpften die SS-Divisionen an der Hauptfront

---

26 Lange vor dem Krieg hatte Himmler seinen Gruppenführern schon erklärt, daß es »so etwas wie einen gefangenen SS-Mann niemals geben dürfe. Er muß eher seinem Leben selbst ein Ende machen«. (S. »Gruppenführerbesprechung am 8. November 1938 im Führerheim der SS-Standarte ›Deutschland‹«, RFSS/T-175, 90/2612581.) Zu der Zeit, da die Deutschen sich auf dem Rückzug befanden, besonders nach Beginn des Jahres 1943, begingen SS-Männer oft Selbstmord, statt sich den Russen zu ergeben (S. Werth, a. a. O., S. 767, 782).

27 Das war allerdings nur eine vorübergehende Maßnahme, und einige Monate später stellte Himmler die SS-Einheit, nach Verstärkung und Überholung, wieder als Division auf.

28 Dieser Bericht über die Tätigkeit der SS-Kampfgruppe »Nord« stützt sich auf ein umfangreiches Aktenstück aus den Akten des Persönlichen Stabes RFSS, das Zeugenaussagen, Untersuchungsberichte, Tagebücher, Karten, Kampfberichte und Richtlinien für diese Truppe aus dem Jahre 1941 enthält. RFSS/T-175, 108/2632384 ff.

29 In einer Ansprache vor Offizieren, die als Ersatz zur Kampfgruppe »Nord« nach deren Niederlage geschickt wurden, sagte Himmler, er fürchte, dieser

einen eindrucksvollen Sieg nach dem andern. Doch von Anfang an trugen die Kämpfe an der russischen Front einen gänzlich anderen Charakter als alles andere Kriegsgeschehen, das sie bisher erlebt hatten.

»Wie ein in einem Netz gefangenes vorgeschichtliches Ungeheuer kämpfte die Rote Armee verzweifelt, und, nachdem Reflexe allmählich die entlegeneren Teile ihres Körpers aktivierten, mit zunehmender Wirkung. Bis zu jenem Tag hatten die Deutschen stets festgestellt, daß Tote und Sterbende des eingekreisten Feindes am Boden lagen. Die Schnelligkeit und Tiefe eines Panzervorstoßes, die rastlose Allgegenwärtigkeit der Luftwaffe, vor allem aber die glänzende Koordinierung aller Waffen hatte den Deutschen einen Ruf der Unbesiegbarkeit gegeben, dessen sich seit Napoleons Zeiten keine andere Armee hatte erfreuen können. Aber den Russen schien das ebenso unbekannt zu sein wie die Regeln militärischer Lehrbücher[30].«

Trotz großer Verluste an Gelände, Menschen und Gerät leisteten die Russen weiterhin verbissenen Widerstand, und wenn ihre Verlustziffern astronomisch waren, so waren auch die der Deutschen hoch.

Beide Seiten kümmerten sich im übrigen nicht um die üblichen Konventionen der Kriegführung. Einige deutsche Truppen (besonders die der Waffen-SS) führten den schändlichen »Kommissarbefehl« aus, der besagte, daß sämtliche im Kampf gefangengenommenen politischen Kommissare der Roten Armee sofort zu erschießen seien. Auf der anderen Seite behauptet Feldmarschall von Manstein in seinen Nachkriegserinnerungen, daß am ersten Tage der Offensive »unsere Truppen auf einen deutschen Spähtrupp stießen, der vorher vom Feind abgeschnitten worden war. Alle Mitglieder waren tot und grauenhaft verstümmelt[31]«. In ähnlicher Weise wurde zwei Wochen später eine Kompanie leichter Pioniertruppen der SS-Division »Reich« vorübergehend abgeschnitten und teilweise überwältigt. Als die Überlebenden schließlich herausgeholt wurden, stellte man fest, daß die Russen »alle Verwundeten und Gefangenen« erschossen hatten[32]. Bei einem anderen Zwischenfall wurden sechs Angehörige der SS-Division »Leibstandarte Adolf Hitler« während einer Patrouille gefangengenommen; einige Monate später, als die Deutschen die Stadt Taganrog besetzten, fand

---

Rückschlag könne das Ansehen der Waffen-SS verdunkeln, »das unter so viel Blutopfern errungen« worden sei. »Denn die Leute sprechen nicht über die Siege von fünf (SS) Divisionen, wenn sie über die Niederlage einer einzigen reden können.« S. »Der Reichsführer SS zu den Führern der Ersatzmannschaften für die Kampfgruppe ›Nord‹ am Sonntag dem 13. Juli 1941 in Stettin«, Geheim, RFSS/T-175, 109/2632686 ff.

30 Clark, a. a. O., S. 49.
31 von Manstein, a. a. O., S. 178.
32 Bericht der SS-Division »Reich« vom 10. Juli 1941 in SSFHA an RFSS, »Tagesmeldung der SS-Divisionen: 6. Meldung«, 19. Juli 1941, Geheime Kommandosache, RFSS/T-175, 111/2635762.

man ihre verstümmelten Leichen im Brunnen des Hofes der GPU-Zentrale. Überlebende Zivilgefangene schilderten, wie die sechs SS-Männer, die seit ihrer Gefangennahme im Gewahrsam der sowjetischen Geheimpolizei waren, kurz vor dem Eintreffen der deutschen Streitkräfte in den Hof geführt und mit Äxten, Spaten, Bajonetten und Gewehrkolben geschlagen und zu Tode gehackt wurden, worauf man ihre Leichen in den Brunnen warf[33]. Als Vergeltung befahl der Kommandeur der Leibstandarte, Sepp Dietrich, seinen Männern, alle Russen zu erschießen, die in den nächsten drei Tagen gefangengenommen würden. Rund 4000 Russen wurden daraufhin für ein Verbrechen erschossen, an dem sie unschuldig waren[34].

So groß waren der Haß und die Barbarei, die ein ideologischer Krieg hervorbrachte. Obwohl beide Seiten Kriegsverbrechen begingen, besteht kaum Zweifel daran, daß die größere Schuld bei den Deutschen liegt, deren systematische und willkürliche Mißachtung der Kriegsregeln das Leben von Millionen russischer Gefangener kostete[35]. Obwohl es wenige Aufzeichnungen gibt, mit denen das bewiesen werden kann, haben die Männer der Waffen-SS angeblich eine große Anzahl ihrer Gefangenen an Ort und Stelle getötet, und darum überrascht es auch nicht, daß SS-Männer aus Furcht vor Vergeltung oft lieber Selbstmord begingen, als sich den Russen zu ergeben.

Eines steht fest: Je wilder der Krieg wurde, desto mehr ragten die Waffentaten der SS-Divisionen heraus. Himmler erklärte Goebbels und seinem Stab, die weltanschauliche Überzeugung der SS-Truppen gebe ihnen die Kraft, »durchzuhalten, wenn sie normalerweise zusammenbrechen würden«, und in der Stunde der Gefahr »über sich selbst hinauszuwachsen«[36].

Mitte November, als die Heeresgruppe Mitte auf Moskau vorstieß, um dem sterbenden russischen Bären den Gnadenstoß zu versetzen, zog die Waffen-SS die Bilanz ihrer Verluste. Die Zahlen waren bestürzend. Seit Beginn des Unternehmens Barbarossa hatte die Waffen-SS an Gefallenen 407 Offiziere und 7930 Mann verloren, an Verwundeten 816 Offiziere und 26 299 Mann; 13 Offiziere und 923 Mann wurden vermißt, und vier Offiziere und 125 Mann waren bei Unfällen ums Leben gekommen[37]. Aber in diesen vier Monaten erbitterter Kämpfe hatte die Waffen-SS sich jenes

---

33 Mit ihrer gewohnten Tüchtigkeit führten die Deutschen eine gründliche und anscheinend objektive Untersuchung des Zwischenfalles (einschließlich Autopsien) durch. S. den umfangreichen Bericht von Dietrich an Himmler vom 3. April 1942, RFSS/T-175, 108/2631518 ff.
34 Reitlinger, a. a. O., S. 170 f.
35 Zahlen bei Clark, a. a. O., S. 207, und Werth, a. a. O., S. 708.
36 »Rede des Reichsführers SS auf der Tagung der RPA-Leiter am 28. Januar 1944«, Geheim, RFSS/T-175, 94/2614811.
37 SSFHA an RFSS, »Tagesmeldung der SS-Divisionen: 31. Meldung«, 19. November 1941, Geheime Kommandosache, RFSS/T-175, 111/2635589.

militärische Ansehen erworben, das sie bei Freund und Feind für den Rest des Krieges behalten sollte.

Etwa sechs Wochen später, als die Deutschen angesichts eines heftigen und unerwarteten russischen Gegenschlages vor den Toren Moskaus zurückwichen, erhielt Reichsführer SS Heinrich Himmler einen unerbetenen Brief vom Befehlshaber des III. Panzerkorps, General Eberhard von Mackensen: »Es wird Ihnen vielleicht von Wert sein, aus dem Munde desjenigen Kommandierenden Generals, dem die Leibstandarte während langen und schweren Kampfzeiten im Feldzug unterstanden hat, und eines dem Heere und nicht der SS selbst Angehörenden zu hören, wie er und die andern Divisionen über diese Truppe denken. Herr Reichsführer, ich kann Ihnen versichern, der Name der Leibstandarte hat nicht nur bei ihren Vorgesetzten, sondern auch bei ihren Kameraden vom Heere den allerbesten Klang. Jede Division wünscht sich die Leibstandarte zum Nachbarn sowohl im Angriff wie in der Verteidigung. Ihre innere Disziplin, ihr frisches Draufgängertum, ihre fröhliche Unternehmungslust, ihre durch nichts zu erschütternde Krisenfestigkeit, auch wenn es mal schwer oder auch sehr schwer ist, ihre Härte sind beispielhaft, ihre Kameradschaftlichkeit — das möchte ich besonders betonen — vorbildlich und nicht zu übertreffen. Dabei zeichnet ihr Führerkorps eine wohltuende Bescheidenheit im Auftreten nach außen aus. Eine wahre Elitetruppe, die unter meinem Befehl zu haben ich stolz und froh bin und auch ferner mir aufrichtig und hoffentlich nicht vergeblich wünsche! Diese uneingeschränkte Anerkennung hat sich die Leibstandarte durchaus durch eigene Kraft und eigenes Können und übrigens auch eigenes militärisches Wissen vor einem Feinde erworben, der an Zähigkeit, Verbissenheit, Zahl und Bewaffnung nicht gering einzuschätzen ist. Es ist nicht so, daß der Nimbus, der nun mal die Garde unseres Führers umgibt, hier an der Front ihr diese Anerkennung hätte in den Schoß fallen lassen können[38].«

Im Schmelztiegel der Ostfront sahen sich viele Generale, die die Waffen-SS als eine widerliche Rotte von Emporkömmlingen betrachtet hatten, gezwungen, ihre Meinung zu revidieren. So hatte Mackensens Achtungsbeweis vor der Leibstandarte bald auch bei anderen Generalen — angesichts der Leistungen der Waffen-SS-Divisionen — ein Echo gefunden[39]. Daher können, in streng militärischer Sicht, seine Worte als generelle Lobrede (oder auch Grabrede) für die gesamte Waffen-SS im Ostfeldzug dienen.

Gewiß beschränkten sich Mackensen und seine Kameraden vom Heer darauf, nur die eine Seite der Medaille zu zeigen. Die Leibstandarte und

---

38 Mackensen an Himmler, 26. Dezember 1941, RFSS/T-175, 108/2632287 f.
39 Zum Beispiel schrieb Feldmarschall von Manstein: Es dürfe unter keinen Umständen vergessen werden, daß die »Waffen-SS als gute Kameraden« Schulter an Schulter mit dem Heer an der Front gekämpft und sich stets als tapfer und zuverlässig erwiesen habe. Manstein, a. a. O., S. 188.

die anderen Verbände der Waffen-SS hatten bereits jene Brutalität bewiesen, die mehr als ein Jahr später Himmler veranlaßte, vor den versammelten Führern von drei SS-Divisionen zu prahlen: »Wir werden diese ausgezeichnete Waffe, den furchteinflößenden und fürchterlichen Ruf, der uns in den Schlachten um Charkow voranging, niemals dahinschwinden lassen, sondern ihm ständig neue Bedeutung geben[40].«

Eine der ersten Aktionen, die die Waffen-SS unternommen hatte, als sie die Stadt zwei Wochen zuvor zurückerobert hatte, war »die Niedermetzelung von 200 Verwundeten in einem Hospital, das anschließend in Brand gesteckt wurde«[41]. Und wenn man russischen Behauptungen Glauben schenken darf, ermordete die Waffen-SS auch rund 20 000 Zivilisten, bevor sie im August 1943 zum letztenmal aus Charkow vertrieben wurde[42].

---

40 Rede des Reichsführers SS Heinrich Himmler in Charkow, April 1943, Nürnberger Dokument 1919-Ps (vervielfältigt). Charkow war im Februar 1943 befreit, aber im Monat darauf durch einen Gegenangriff zurückerobert worden, den die SS-Divisionen »Leibstandarte Adolf Hitler«, »Das Reich« und »Totenkopf« anführten.
41 Werth, a. a. O., S. 618.
42 Schlußansprache über Organisationen von General R. A. Rudenko, 1. Ankläger für die Sowjetunion, TGMWC, XXII, 352.

## VI. KAPITEL

## Die westeuropäische SS

### Das Aufgebot der Ausländer (I)

Bei Ausbruch des Zweiten Weltkrieges war die Zahl der in der Waffen-SS dienenden Nichtdeutschen verschwindend gering; bei Kriegsende wurden die Deutschen zahlenmäßig von den Ausländern übertroffen. Von den 38 SS-Divisionen, die 1945 bestanden, war keine ausschließlich aus Deutschen zusammengesetzt, und 19 Divisionen bestanden überwiegend aus ausländischen Mannschaften[1].

### Der Mythos von der europäischen Armee

Bisher gibt es keine grundlegende Untersuchung über das Aufgebot Nichtdeutscher für die deutschen Streitkräfte, obwohl von ehemaligen Angehörigen der Waffen-SS zahlreiche tendenziöse Schriften darüber veröffentlicht wurden[2]. Infolgedessen entstand eine romantische Legende, die – in ihrer simpelsten Form – die Waffen-SS der letzten Kriegsjahre als ein europäisches Vielvölkerheer aus Idealisten darstellt, die dafür kämpften, die westliche Kultur vor dem Ansturm des »asiatischen Bolschewismus« zu bewahren. In den letzten Jahren haben Verteidiger der SS die Sache sogar in der Weise dargestellt, daß die multinationale Waffen-SS als Vorläufer der NATO und die Bestrafung norwegischer, dänischer, niederländischer, belgischer und französischer SS-Soldaten durch die Regierungen ihrer Heimatländer nach dem Kriege als Rechtsbeugung erschienen.

---

1 S. Anhang II.
2 S. die oben genannten Arbeiten von Hausser, Kanis, Steiner, Kersten und auch von Léon Degrelle, Die verlorene Legion, Stuttgart 1952.

Die Legende von »über einer halben Million Freiwilligen fremder Nationalität«, die dem »Befehl ihres Gewissens« folgten und freiwillig Familie und Beruf aufs Spiel setzten, um ihr Leben »einer großen Idee« zu opfern, ist glatter Unsinn[3]. Es stimmt, daß rund 500 000 Ausländer während des Zweiten Weltkrieges in der Waffen-SS dienten, aber viele von ihnen waren keine Freiwilligen, und nur sehr wenige waren Idealisten der geschilderten Art.

Die größte Gruppe nichtdeutscher SS-Männer bildeten die Osteuropäer: Letten, Esten, Ukrainer, Bosnier, Kroaten, Serben, Albanier, Ungarn, Rumänen, Bulgaren, Russen und sogenannte »Volksdeutsche« aus Osteuropa. Viele dieser Männer waren einberufen und zum Dienst in der SS gezwungen worden, andere dienten aus streng nationalistischen Gründen freiwillig. Für die baltischen Völker und die Ukrainer war der Krieg gegen die Sowjetunion einfach ein Kampf um nationalen Fortbestand. Selbst Felix Steiner, Erzpropagandist dieses Mythos, hat zugegeben, daß »die Ostfreiwilligen in erster Linie für die Freiheit und Selbständigkeit ihrer Länder kämpften« in der Hoffnung, die Deutschen würden ihren Heimatländern nach dem Krieg eine Art Autonomie gewähren[4].

Im Gegensatz zu den Nichtdeutschen aus Osteuropa entsprachen die ausländischen SS-Angehörigen aus Westeuropa schon eher der Legende. Genaue Zahlen fehlen zwar, aber wahrscheinlich haben immerhin 125 000 Westeuropäer in der Waffen-SS gedient. Etwa die Hälfte dieser Männer war beigetreten, bevor der Krieg unwiderruflich eine Wendung zuungunsten Deutschlands nahm. Ein gewisser Druck wurde — meist propagandistisch — von den Deutschen und von einheimischen Nazigruppen auf potentielle Freiwillige ausgeübt, aber die meisten scheinen doch echte Freiwillige gewesen zu sein.

Die übrigen rund 60 000 stießen im letzten Kriegsjahr hinzu, darunter einige Franzosen und Wallonen, die automatisch SS-Männer wurden, als ihre Einheiten vom deutschen Heer 1943 zur Waffen-SS versetzt wurden[5]. Andere kamen aus den Reihen der Kollaborateure, die nach der alliierten Invasion in der Normandie aus ihren Heimatländern nach Deutschland geflohen waren, und wieder andere waren junge Burschen, die zum Arbeitsdienst im Reich verpflichtet worden waren und die man dazu überredet hatte, das harte Leben eines Zwangsarbeiters gegen das eines SS-Soldaten zu vertauschen.

Die westeuropäische oder »germanische« SS setzte sich wie folgt zusammen: Die größte Einzelgruppe, rund 50 000 Mann, bildeten die Holländer; Belgien stellte 40 000 SS-Männer, fast zu gleichen Teilen Flamen und

---

3 Steiner, Die Freiwilligen, S. 9.
4 A. a. O., S. 57.
5 Vgl. S. 142 ff.

Wallonen; 20 000 Mann kamen aus Frankreich; Dänemark und Norwegen lieferten je 6000 Mann, und weitere 1200 kamen aus Ländern wie die Schweiz, Schweden und Luxemburg. Außerdem dienten ungefähr zwei Jahre lang, von 1941 bis 1943, etwa 1000 Finnen in der Waffen-SS; als Bürger eines unabhängigen und mitkriegführenden Staates nahmen sie jedoch im Verhältnis zu den anderen ausländischen Freiwilligen eine Sonderstellung ein[6].

Das merkwürdige Schauspiel, das diese Menschen boten, die sich einer Armee anschlossen, die noch kurz vorher den Landesfeind repräsentierte, wird häufig mit dem Argument erklärt, daß sie Europa oder zumindest ihr Heimatland vor dem »Bolschewismus« zu retten suchten[7]. Das mag für einige zutreffend gewesen sein, aber mit ziemlicher Sicherheit nicht für die Mehrzahl. Die erste Gruppe Westeuropäer meldete sich zur Waffen-SS, als der deutsch-sowjetische Nichtangriffspakt noch in Kraft war.

Steiner gibt zu, daß die meisten der westeuropäischen Freiwilligen junge Burschen waren, die erst durch »das Kriegserlebnis im Osten« zu ihren paneuropäischen und antikommunistischen Überzeugungen gelangten[8]. Viele standen wegen ihrer Meldung zur Waffen-SS zuerst in einem Widerstreit der Gefühle. Laut Steiner wurden sie ihre »seelischen Hemmungen« erst los, nachdem sie »am Schicksal des russischen Volkes die diabolischen Folgen der bolschewistischen Diktatur erlebten und in der fanatischen Kampfführung der roten Soldaten den unerbittlichen Willen der Moskauer Gewalthaber erkannten, der Weltrevolution ohne Rücksicht auf Menschenopfer den Weg zum Siege über die freie Welt zu bahnen«[9].

Ohne sich ausschließlich auf Steiners Ansicht zu stützen, kann man die Schlußfolgerung ziehen: Wenn die westlichen Freiwilligen jemals eine starke

---

6 Von den Finnen soll später noch ausführlich die Rede sein. Amtliche Zahlen über westeuropäische Freiwillige (soweit sie im Rahmen dieser Untersuchung ermittelt wurden) reichen nur bis zum Beginn des Jahres 1942 (s. SS-Hauptamt, »Übersicht über die in der Waffen-SS befindlichen germanischen Freiwilligen: Stand v. 15. Januar 1942«, RFSS/T-175, 109/2633910), aber die bei Steiner, Die Freiwilligen, S. 373 ff., genannten sind wahrscheinlich die genauesten, die zur Zeit vorliegen.
7 S. z. B. Kanis, a. a. O., S. 116 f., wo ein 1944 aufgenommenes Foto abgebildet ist mit einer Hinweistafel für die Besucher eines Lazaretts für verwundete SS-Männer. Sie enthält zehn Namen aus neun verschiedenen Ländern, und die Bildunterschrift (1957 veröffentlicht) lautet: »Sie kämpften für ihre Vaterländer gegen den Bolschewismus«.
8 Steiner, Die Freiwilligen, S. 50.
9 A. a. O. Interessant ist die Feststellung, daß Steiners Ausführungen kaum weniger sinnvoll wären, wenn man statt »russisch« »deutsch« und statt »Bolschewik« »Nazi«, statt »rot« »SS« und statt »Moskau« »Berlin« schreiben würde, ein Umstand, der dem selbstgerechten ehemaligen SS-General sicherlich entgangen ist.

idealistische Überzeugung von der Notwendigkeit besessen haben sollten, Europa vor dem Ansturm des »roten Imperialismus« zu retten, so gewannen sie diese Überzeugung erst *nach* ihrem Eintritt in die SS. Ausnahmen mochten junge Menschen bilden, die Mitglieder von politischen Organisationen wie Musserts holländischer Nazipartei (NSB), Quislings norwegischer Nazipartei und Degrelles belgischen Rexisten waren. Gruppen dieser Art machten einen Teil der Freiwilligen aus, doch bis zu dem großen Zustrom geflüchteter Kollaborateure im letzten Kriegsjahr war ihre Zahl weitaus kleiner, als man annehmen sollte.

Man könnte vielleicht vermuten, daß die jungen Menschen durch Eltern, die mit den Deutschen sympathisierten, dazu veranlaßt worden seien, sich freiwillig zu melden. Bei einigen ist das ohne Zweifel der Fall gewesen, aber Himmler selbst gab 1943 zu, daß — im Gegenteil — mindestens ein Drittel von ihren Familien verleugnet worden sei und daß einige verheiratete Freiwillige sogar ihre Frauen infolge ihrer SS-Verpflichtung verloren hätten[10]. Ein schlagendes Beispiel für so entstehende Familienstreitigkeiten findet man in einem Brief, den ein norwegischer SS-Freiwilliger 1942 an einen Freund geschrieben hat und der dem an Himmler geschickten amtlichen Bericht des SS-Zensors beigefügt ist: »Mein Vater hat sehr wenig für meine politischen Anschauungen übrig, so wenig, daß er mich, als ich ihn am Heiligabend besuchen wollte — ich hatte ihn sieben oder acht Monate nicht gesehen und befand mich auf Urlaub — hinauswarf[11].«

Im Jahre 1948 veröffentlichte ein niederländischer Psychologe, Dr. A. F. G. van Hoesel, die Ergebnisse einer Untersuchung, die er mit 450 jungen Niederländern angestellt hatte, welche wegen militärischer Zusammenarbeit mit den Deutschen verhaftet worden waren. Die meisten von ihnen hatten in der Waffen-SS gedient. Nachdem er sie persönlich verhört, ihre Eltern und Freunde befragt und ihre Prozeßakten geprüft hatte, kam van Hoesel zu dem Schluß, daß die große Mehrzahl durch Faktoren wie dem Verlangen nach Abenteuern, besserem Essen, dem Ansehen, das die SS-Uniform verlieh, reiner Langeweile oder durch den Wunsch, der tristen Arbeitsdienstpflicht zu entgehen, veranlaßt worden waren, sich freiwillig zu melden. Hinzu kam noch eine Vielzahl persönlicher Beweggründe, darunter in einigen Fällen der Wunsch, sich der Strafverfolgung wegen Jugendkriminalität oder kleinerer Straftaten zu entziehen. Auf alle Fälle wurden nur wenige der jungen Menschen, die die Masse der niederländischen SS-Freiwilligen bildeten, durch irgendeine Form des politischen oder weltanschaulichen

---

10 »Rede des Reichsführers SS auf der Tagung für Befehlshaber der Kriegsmarine in Weimar am 16. 12. 1943«, RFSS/T-175, 91/2613345.
11 »Auszug aus einem Brief eines Norwegers zur Heimat (Soldat Leo Larsen)«, RFSS/T-175, 22/2527277.

Idealismus zum Beitritt bewogen[12]. Berger, dem das Ergänzungsamt Ausland unterstand, hatte sicherlich keine Illusionen über den Idealismus seiner Rekruten, obwohl er sich nach außen hin zu dem Mythos bekannte. In einer geheimen Mitteilung an den Höheren SS- und Polizeiführer Nordwest, SS-Gruppenführer (Generalleutnant) Rauter, gab er zu, daß viele der holländischen Freiwilligen moralisch nicht einwandfrei seien; manche hatten sogar schon ein Strafregister aufzuweisen. Aber Berger meinte, »viele ›Verbrecher‹ sind ganz ausgezeichnete Soldaten, wenn man sie richtig zu fassen versteht«. Und in jedem Fall werden wir »es nie verhindern können, daß zu den Legionen und zur Waffen-SS Männer gehen, die keine Nationalsozialisten sind und die nicht aus idealistischen, sondern aus mehr materiellen Gründen sich zu diesem Schritt entschließen. Das ist aber überall so in der Welt und auch in Deutschland in der Kampfzeit nicht anders gewesen«[13].

Man kann daraus schließen, daß die Mehrzahl der westeuropäischen Freiwilligen aus anderen Gründen als politischer oder ideologischer Überzeugung der Waffen-SS beitraten. Steiner stellt in einem pseudophilosophischen Essay über den »politisch-geistigen Hintergrund« der Freiwilligenbewegung fest, daß sie das nicht taten, weil sie Nazis oder weil sie Opportunisten gewesen wären, sondern auf Grund tieferer »psychologischer« Faktoren, in denen sich »die ganze geistige Krisis der europäischen Jugend überhaupt« widerspiegelte[14].

Nach Steiners Meinung hat die Weltwirtschaftskrise der dreißiger Jahre die Berufsaussichten eines großen Teiles der europäischen Jugend ungünstig beeinflußt. Enttäuscht durch die scheinbare Hilflosigkeit und Unsicherheit ihrer Regierungen, gingen viele von ihnen auf die Suche nach einem Ideal, das ihrem Leben einen Sinn geben konnte. Laut Steiner machte die wirtschaftliche Gesundung Deutschlands nach 1933 auf einige Eindruck, und im Gegensatz zu der skeptischen älteren Generation neigten sie dazu, die Entwicklung im Dritten Reich »mit idealistischen Hoffnungen« zu begleiten. Ihre ganzen Sympathien schwanden jedoch mit der deutschen Invasion ihres Heimatlandes. Dieser tiefen Enttäuschung folgte noch eine andere, nämlich die über »den schnellen Zusammenbruch der anscheinend so starken Heere der westlichen Welt«. Das, so behauptet Steiner, führte zu einer sonderbaren Reaktion bei vielen dieser jungen Leute. Statt ihrer Wut gegen Deutschland Luft zu machen, neigten sie dazu, ihren eigenen Regierungen die Schuld an dem Zusammenbruch zuzuschreiben. Unter einem seelischen

---

12 Vgl. Dr. A. F. G. van Hoesel, De Jeugd die wij vreisden, Utrecht 1948, zitiert bei Henry L. Mason, The Purge of Dutch Quislings: Emergency Justice in the Netherlands, Den Haag 1952, S. 22 ff.
13 Berger an Rauter, »Freiwillige in der Niederländischen Legion«, 9. April 1942, Geheim, RFSS/T-175, 111/2635463 ff.
14 Vgl. »Die supranationale Freiwilligen-Bewegung des 2. Weltkrieges und ihr politisch-geistiger Hintergrund«, Steiner, Die Freiwilligen, S. 41 ff.

Schock und mit einem Gefühl »innerer Hilflosigkeit« sahen sie nun ihre Eroberer zum erstenmal aus der Nähe. »Sie erkannten die Ordnung und Disziplin der deutschen Truppen an und begannen Vergleiche anzustellen, die nicht zum Nachteil der Deutschen ausfielen.« Steiner kommt zu dem Schluß, daß »alle diese psychologischen Momente und die Sorge um das zukünftige nationale Schicksal ihres Heimatlandes« zusammengekommen seien, »um in Teilen der Jugend den Entschluß reifen zu lassen, als Freiwillige in die deutsche Wehrmacht einzutreten«.

Entkleidet man Steiners These ihrer romantischen und subjektiven Bestandteile, scheint sie eine gewisse Gültigkeit zu besitzen. Sicherlich verdient sie eine nähere Prüfung, obwohl sie nicht viel mehr als eine Erklärung der allgemeinen psychologischen Faktoren gibt, welche die Westeuropäer für die Verlockungen der SS-Werber empfänglich machten.

Ein Blick auf das vorliegende Beweismaterial zeigt, daß der größte Teil westlicher Freiwilliger aus nichtidealistischen Gründen der SS beigetreten ist, zum Beispiel aus Abenteuerlust, dem Verlangen nach Rang, Ruhm oder materiellen Vorteilen (außer Sold und Versorgung wurde den Freiwilligen bevorzugte Einstellung im Staatsdienst und Landzuteilung nach dem Krieg versprochen). Die nächst größere Gruppe dürften Anhänger politischer oder nationalistischer Organisationen gewesen sein, die durch den Dienst in der SS die Aussichten ihrer Bewegung zu verbessern oder ihre weltanschauliche Verpflichtung gegenüber dem Nationalsozialismus bekunden wollten. Zu denen, die nicht einer der beiden großen Kategorien zugeordnet werden können, gehörten zweifellos manche, die in der Hauptsache von dem aufrichtigen Wunsch getrieben wurden, an einem Krieg gegen die Sowjetunion teilzunehmen. Sicherlich paßt diese Beschreibung auf die tausend Finnen in der Waffen-SS, aber für sie war der Krieg kein ideologischer Kreuzzug. Die Finnen waren einfach daran interessiert, den Kampf gegen den Erzfeind ihres Landes fortzusetzen. Sie bekämpften nicht den »Bolschewismus«, sondern vielmehr den jahrhundertealten russischen Imperialismus.

Wenn viele der fremdländischen SS-Männer am Ende auch die Sprache des Mythos sprachen, dann war das entweder die Folge weltanschaulicher Schulung nach ihrem Beitritt zur SS oder das Bedürfnis, sich vor jenen ihrer Landsleute zu rechtfertigen, die nicht mit den Deutschen zusammengearbeitet hatten.

Es sei daran erinnert, daß Himmler schon 1938 beschlossen hatte, Ausländer »germanischen« Blutes für die Waffen-SS zu werben. Damals fröhnte Himmler einfach einer privaten Passion. So wie König Friedrich Wilhelm I. von Preußen seine Werbeoffiziere durch ganz Europa schickte, um nach außergewöhnlich hochgewachsenen Soldaten für seine Potsdamer Riesengarde zu suchen, so suchte Himmler Rekruten aus allen germanischen Ländern für ein rassisches Schauregiment. Mit der deutschen Besetzung Dänemarks, Hollands, Norwegens und Frankreichs wurde Himmlers Traum

Wirklichkeit. Durch die Bemühungen von Bergers SS-Ergänzungsamt wurden genügend Dänen, Elsässer, Norweger und Niederländer dazu bewogen, sich freiwillig zur Waffen-SS zu melden, um so die Grundlage für zwei Regimenter zu schaffen. Diese Regimenter (»Westland« und »Nordland«) bildeten zusammen mit einem kampferprobten alldeutschen SS-Regiment (»Germania«) den Kern der neuen SS-Division »Wiking«. Aber trotz eines vielversprechenden Anfangs stieß die Werbung im Ausland auf ernste Schwierigkeiten, und als die »Wiking«-Division im Sommer 1941 in den Kampf geworfen wurde, waren weniger als ein Drittel ihrer Männer westeuropäische Freiwillige.

Obwohl Berger sich große Mühe gab, im Sommer 1940 soviel ausländische Freiwillige wie möglich anzuwerben, zogen die SS-Führer die Aufstellung einer »europäischen« Armee noch nicht ernsthaft in Erwägung. Aber die Beendigung des Feldzuges im Westen brachte keinen Frieden. Die Drosselung ihrer Werbung im Inland und Pläne zur Fortsetzung des Krieges in neue Richtungen veranlaßten die Waffen-SS, eine Rekrutierung großen Ausmaßes von »germanischen« Ausländern aus den besetzten westlichen Ländern und »Volksdeutschen« aus Mittel- und Südosteuropa zu unternehmen. Mit Hitlers Zustimmung schuf Berger in seinem SS-Hauptamt eine neue Abteilung für die Ausländerwerbung, und mit neuen Mitteln für diesen Zweck kam die Werbekampagne auf hohe Touren[15].

Der Plan, eine große Anzahl von Ausländern für die SS zu werben, war einfach eine Frage der Zweckmäßigkeit: Himmler brauchte junge Männer für seine Waffen-SS, und solange innerhalb Deutschlands die Bedürfnisse der Wehrmacht Vorrang hatten, war er gezwungen, sich anderswo umzusehen. Aber diese Maßnahmen mußten ideologisch gerechtfertigt sein, denn die SS war ja schließlich eine »weltanschauliche Truppe«. So wurde wiederum eines jener Manipulationsmittel der Nazis geschaffen, das weder allein zynische Propaganda noch wahre Weltanschauung war, sondern eher eine Aneinanderreihung künstlicher Ideen, die in dem heutigen Mythos von der Waffen-SS als einem Vielvölkerheer von Freiwilligen weiterleben; von einem Heer, das dafür kämpfte, Westeuropa vor dem Kommunismus zu retten.

Da die frühen Versuche der SS, Ausländer anzuwerben, sich nur auf »germanische« Völker richteten, bedurften die Rassentheorien der SS-Ideologie keiner Änderung. Gegen Ende 1940 errichtete das SS-Hauptamt ein Lager in Sennheim (Elsaß), wo die eintreffenden ausländischen Freiwilligen aus Westeuropa eine vormilitärische körperliche und weltanschauliche Ausbildung erhielten. Freiwillige, die den Lehrgang durchlaufen hatten und immer noch in der Waffen-SS dienen wollten, legten den SS-Eid ab

---

15 Berger wurde am 15. August 1940 Chef des SS-Hauptamtes. S. RFSS/T-175, 103/2625795.

und wurden zu weiterer Ausbildung einer aktiven Einheit zugewiesen[16]. Ihre weltanschauliche Schulung entsprach ganz der Unterrichtung der regulären SS-Rekruten. 1943 zwang freilich der Zustrom nichtgermanischer Mannschaften die SS, ihre einheitliche militärische Unterweisung aufzugeben. Das SS-Hauptamt arbeitete dann ein für jede nationale oder völkische Gruppe maßgeschneidertes Programm aus[17]. Den Ukrainern zum Beispiel ersparte man die Vorlesungen über die Minderwertigkeit der slawischen Rasse, während die bosnischen Rekruten, fromme Mohammedaner, keine Kritik der organisierten Religion zu hören bekamen.

Trotz dieses taktischen Rückzuges aus der weltanschaulichen Uniformität blieb die Waffen-SS bei ihren grundlegenden rassischen und politischen Lehren für deutsche und »germanische« Rekruten. Als sich dann die Kriegslage verschlechterte, stand naturgemäß weniger Zeit für die Schulung zur Verfügung, und darum war der weltanschauliche Unterricht auch bedeutend weniger gründlich. Hausser warnt in seiner Nachkriegsapologetik davor, Stärke und Ausmaß der »weltanschaulich-politischen Schulung« bei den Kampfverbänden der Waffen-SS zu überschätzen. Er behauptet, die Haltung der Truppe spiegele die ihrer Führer wider, die »in erster Linie, wenn nicht gänzlich soldatisch« dachten[18]. Diese Feststellung mag vielleicht Haussers eigene Einstellung und die anderer SS-Führer wiedergeben, die Offiziere des Heeres gewesen waren, sie braucht aber nicht als eine zutreffende Beurteilung von Führern der Waffen-SS allgemein hingenommen zu werden.

Behielt die SS ihre rassischen Grundsätze offiziell bei, so wurde eine andere Lehre der SS nach und nach modifiziert. In der Waffen-SS, besonders in den Junkerschulen und bei denen, die mit der ausländischen Freiwilligenbewegung zu tun hatten, wich der Gedanke eines Großgermanischen Reiches dem Begriff einer europäischen Union freier, selbständiger Staaten mit einem gemeinsamen Heer, in dem jeder Staat durch ein nationales Kontingent vertreten sein sollte. Die Waffen-SS wurde als Vorläufer und möglicher Kern dieser europäischen Armee betrachtet. Im Rahmen dieser neuen Theorie wurde das verbindende Element der Rasse durch die gemeinsame Feindschaft gegenüber dem »Bolschewismus« ersetzt[19].

---

16 Über Sennheim s. Berger an SSFHA, »Freiwillige aus germanischen Ländern«, 2. Februar 1942, Geheime Kommandosache, RFSS/T-175, 109/2633660, und Berger an Rauter, 109/2635463. Nach dem 30. Januar 1941 legten alle ausländischen Freiwilligen (aber nicht die Volksdeutschen) den Eid auf Adolf Hitler als »Führer« und nicht als »Führer und Reichskanzler« ab. Befehl und vollständiger Wortlaut des SS-Eides bei RFSS/T-175, 107/2630599.
17 »Rede des Reichsführers SS Reichsinnenminister Himmler auf der Tagung der RPA-Leiter am 28. Januar 1944«, Geheim, RFSS/T-175, 94/2614801 ff.
18 Hausser, a. a. O., S. 231.
19 A. a. O., S. 231 ff.

Der genaue Ursprung der neuen Bewegung läßt sich nur schwer zurückverfolgen. Berger versichert in seiner Aussage nach dem Krieg, er sei mehr für eine europäische Union als für ein Großgermanisches Reich gewesen, und zwar vom Beginn des Krieges an. Das wurde durch Felix Kerstens Erinnerungen bestätigt[20]. Aber aus dem dokumentarischen Beweismaterial läßt sich diese Behauptung nicht begründen. Berger mag der europäischen Union den Vorzug gegeben haben, wenn er vor Ausländern sprach, deren Unterstützung er gewinnen wollte, aber im höchsten Rat der SS redete er anders. Im Jahre 1942 sagte Berger als Vorsitzender einer Konferenz über germanische Angelegenheiten:

»Durch den Führererlaß ... ist die Verantwortung für das gesamte germanische Gebiet dem Reichsführer SS übertragen worden. In diesem Zusammenhang muß es unsere Pflicht sein, dem Führer den Weg zu ebnen, damit er später die germanischen Länder in einem Germanischen Reich verschmelzen kann. Ohne ihre Nationalität und ihre Kultur zu opfern, müssen diese Länder zum Germanischen Reich gehören[21].«

Himmler hielt es anscheinend für angebracht, seinen Untergebenen die Ermunterung des Gedankens einer europäischen Union zu gestatten. Hitler allerdings — und deshalb auch Himmler — gab niemals das Ziel eines von Berlin aus regierten Großgermanischen Reiches auf. Es konnte auch gar nicht anders sein, denn die rassischen und geopolitischen Meinungen des Führers standen im krassen Widerspruch zu dem Gedanken eines nicht völlig von Deutschland beherrschten Europas.

Bemerkenswert ist, daß Himmler in keiner der vielen geheimen Ansprachen, die er während des Krieges gehalten hat, für eine europäische politische Union oder eine unabhängige europäische Armee eingetreten ist. Ja, Steiner sagt in seinem Nachkriegsbuch zu diesem Thema, daß »die Berliner Dogmatiker« und besonders Himmler keiner Ausbildung der ausländischen Freiwilligen »nach rein soldatischen Gesichtspunkten und Ansichten« zustimmen wollten, sondern auf einer pangermanischen Betrachtungsweise beharrten, die im Widerspruch zu dem Begriff einer europäischen politischen Union und einer integrierten europäischen Armee stand, für die viele Angehörige der Waffen-SS eintraten. Steiner behauptet, daß die Fronttruppe von Anfang an dem germanischen Konzept skeptisch gegenübergestanden habe, denn »geschichtlich und politisch war sie reinste Roman-

---

20 S. Schlußplädoyer für Gottlob Berger, United States Military Tribunal IV, Case 11 (vervielfältigt); Kersten, a. a. O., S. 251 und S. 255 ff.
21 Nürnberger Dokumente NO-3026, United States Military Tribunal IV, Case 11, Prosecution Document Book 65 (vervielfältigt), S. 4.

tik«. Man könnte diese Auffassung jedoch als »verbindende kulturelle Brücke« anerkennen, solange sie »darauf beschränkt blieb und nicht in verworrene, mythische oder gar rassische Vorstellungen abglitt«[22].

Als das germanische Konzept »aber später imperialistische Tendenzen enthüllte, war die Waffen-SS« — laut Steiner — »die erste, vielleicht sogar einzige Institution, die laut widersprach«. Anscheinend stieß dieser Widerspruch auf taube Ohren, denn Steiner berichtet, daß die germanische Idee erst als in der zweiten Hälfte des Jahres 1942 Massen von Nichtgermanen in die Waffen-SS kamen, »begraben« worden sei. Nun war der Weg offen für die »historisch und politisch richtige Idee einer europäischen Schicksalsgemeinschaft, die alle europäischen Freiwilligen umfaßte und sie miteinander innerlich verband«[23].

Das war natürlich reines Wunschdenken. Himmler war durchaus bereit, die Verbreitung solcher Ansichten zu gestatten, solange sie als Mittel zum Zweck brauchbar waren, aber er wich niemals von der orthodoxen nationalsozialistischen Linie ab, die Hitler vorgezeichnet hatte, und vergewisserte sich, daß bei seinen Frontoffizieren keine Zweifel daran bestanden. Im April 1943 hielt Himmler eine geheime Ansprache vor den versammelten Offizieren der drei SS-Divisionen Leibstandarte »Adolf Hitler«, »Das Reich« und »Totenkopf« in Charkow, in der er seine Ansichten über die Zukunft Europas äußerte:

»Das Ergebnis, das Ende dieses Krieges, wie viele Monate oder selbst Jahre er auch dauern mag, wird dieses sein: daß das Reich, das Deutsche Reich oder das Germanische Reich deutscher Nation mit vollem Recht die Bestätigung seiner Entwicklung finden wird, daß sich uns ein Tor, ein Weg nach dem Osten öffnet, und daß dann, Jahrhunderte später, ein politisch deutsches, ein Germanisches Weltreich gebildet werden wird. Das wird das Ergebnis, die Frucht all der vielen, vielen Opfer sein, die gebracht worden sind und noch gebracht werden müssen[24].«

Hier haben wir die »imperialistischen Tendenzen«, denen — laut Steiner — die Waffen-SS widersprach. Kein einziges Wort von einer europäischen Union, nur ein Germanisches Reich und am Ende ein Germanisches Weltreich. Im weiteren Verlauf seiner Rede wurde Himmler noch deutlicher:

---

22 Steiner, Die Freiwilligen, S. 67.
23 A. a. O., S. 68.
24 Rede des Reichsführers SS Heinrich Himmler in Charkow, April 1943, Nürnberger Dokumente 1919-PS. Die zitierten Abschnitte sind einer vervielfältigten Übertragung entnommen, die zwar nicht vollständig, aber doch ausführlicher ist als der in NCA, II, abgedruckte Auszug.

Kanonen waren im Wald hinderlich – hier ein Tiger der 1. SS-Panzerdivision auf dem Marsch

Paul Hausser
SS-Oberstgruppenführer und Generaloberst der Waffen-SS
Kommandierender General des II-SS-Panzerkorps
Oberbefehlshaber der 7. Armee 1944
Oberbefehlshaber der Heeresgruppe G 1945

Sepp Dietrich
SS-Oberstgruppenführer und Generaloberst der Waffen-SS
Kommandierender General des
I. SS-Panzerkorps
Oberbefehlshaber der 6. SS-Panzerarmee
1944/45

Otto Kumm
SS-Brigadeführer und Generalmajor
der Waffen-SS
letzter Kommandeur der
1. SS-Panzerdivision „Leibstandarte"

Felix Steiner
SS-Obergruppenführer
und General der
Waffen-SS
† 19.04.1979
Kommandierender
General des
III. SS-Panzerkorps

2. SS-Panzerdivision „Das Reich"

Panzergrenadiere 5. SS-Panzerdivision „Wiking" waren berühmt

Befehlshaber der Panzergruppe 2, im Raume beiderseits Minsk, Generaloberst Heinz Guderian, Schöpfer der Panzerwaffe – ihm unterstanden oft die Panzertruppen der Waffen-SS im Kampf

2. SS-Panzerdivision „Das Reich" mit Panzer III und IV mit aufgesessenen Grenadieren im Gegenangriff und Kampf um Ortschaften ...

Der Kdr. des PzRgt. der „LAH" Jochen Peiper, gratuliert der Panzerbesatzung Michael Wittmann zu ihren hervorragenden Erfolgen im Januar 1944.
Wittmann wurde am 14.1. mit dem Ritterkreuz und am 30.1. mit dem Eichenlaub ausgezeichnet. Der Richtschütze Woll erhält ebenfalls am 14.1. das Ritterkreuz.

Am 27. 3. 1944 treten Panther des PzRgt. 5 „Wiking" begleitet von Infanteristen des I.R. 434 an. Der Chefpanzer 800 der 8. PzKp mit Obersturmführer Nicolussi-Leck durchbricht von außen mit 7 Panthern (ohne die Infanterie) den Einschließungsring und verstärkt die Besatzung am 30.3. bis zum endgültigen Entsatz des festen Platzes Kowel.

Eine Panzerkompanie der 12. SS-Panzerdivision „Hitlerjugend" durchfährt ein belgisches Städtchen.

Auf einer Übungsfahrt werden Panzer IV der 2. Abteilung des Panzerregiments 12 über eine schmale Zugbrücke einzeln gelotst.

Tigerkompanie der „Leibstandarte" auf dem Marsch

Panther der 9. SS-Panzerdivision „Hohenstauffen"

Am 9. Juni wird der Kommandeur des SS-Pz.Rgt. 12, Obersturmbannführer Max Wünsche verwundet, auf dem Weg zum HVP mit dem Kompaniechef Obersturmführer Rudolf v. Ribbentrop

Die Panzerfaust als Panzerabwehr der Grenadiere der 10. SS-Pz.Div. „Frundsberg" wird in den Häuserkämpfen und dem Heckengelände der Bocages zu einer gefürchteten Waffe gegen die Panzer und haben große Abschußerfolge.

Brennende Sherman-Tanks säumten die Straßen der Ardennen, aber das CONCERTO in C-moll war wohl für den eigenen Tank nicht gedacht…?

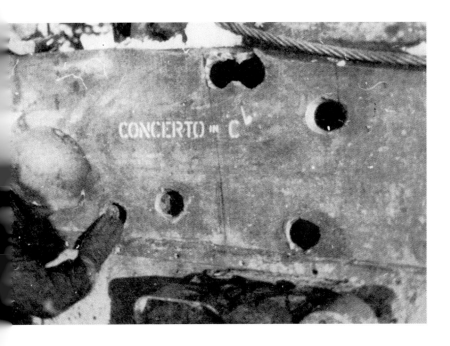

In Ortskämpfen und den Bocages der Normandy wurde die Panzerfaust und das Ofenrohr (Panzerschreck) zu einer gefürchteten Waffe gegen die Feindpanzer, Panzerfaust: Kampfentfernung ca. 30 m und das Ofenrohr ca. 120 m, es war die Panzerabwehr unserer Grenadiere ...

Die Tiger der SS-Pz.Abtl. 102 werden aus dem Kampfraum Vire an die N 158 beordert um die Eroberung von Falaise zu verhindern. Der Tiger 231, Zugführer Loritz wird am 14. 8. abgeschossen bei Ussy und brennt aus, von der Besatzung überlebt niemand...

Ein Panther des PzRgt. 2 in Lauerstellung (Barkmann)

Die 16. SS-Panzergrenadierdivision kämpfte in Italien, hier ein Panzer IV mit Zimmeritbelag und seitlichen Schürzen.

SS-Panzer-Div. die „Wikinger" im Raume westlich Stuhlweißenburg. Aufgesessene Panzergrenadiere, Obersturmführer mit Sturmgewehr – Januar 1945

Kurt Meyer
† 23.12. 1961
SS-Brigadeführer
und Generalmajor der
Waffen-SS
Kommandeur der
12. SS-Panzerdivision
„Hitlerjugend"

Jochen Peiper
ermordet am 14.07.76
in Traves/FR
SS-Obersturmbann-
führer
Kommandeur des
1. SS-Panzerregiments
„Leibstandarte"

Adalbert Gubo –
ein deutscher Landser, der wie hunderttausende Soldaten der Wehrmacht Schulter an Schulter mit den Kameraden der Waffen-SS stets seine Pflicht tat.

Eine Königstiger-Abteilung vor dem Verladen an die Front im Osten ...

»Bei der ersten Stufe müssen und werden alle jene Völker, die einmal Teil Deutschlands, Teil des Deutschen Reiches (des Römischen Reiches Deutscher Nation) gewesen sind und bis 1806 oder auch nur bis 1648 zu uns gehörten — das sind Flandern, Wallonien und die Niederlande — dem Germanischen Reich einverleibt werden. Darüber hinaus müssen wir die Kraft haben, in einer zweiten Stufe auch jene germanischen Völker und Staaten einzupferchen und zu einem Teil unserer Gemeinschaft zu machen, die niemals wesentlicher Bestandteil des Deutschen Reiches gewesen sind — ich meine Dänemark und Norwegen, das dänische und norwegische Volk.«

Himmlers Plan verwarf nicht nur eine europäische Gemeinschaft »freier Staaten«, er hatte auch keinen Raum für eine europäische Armee. Für Himmler blieb die SS, zumindest in der Theorie, ein »germanischer« Orden. Zur Anwerbung von Ausländern für die Waffen-SS sagte er:

»Sie ist von vielen politischen Führern in diesen Ländern nicht immer gern gesehen worden und wird von ihnen noch immer nicht gern gesehen. Von Anfang an habe ich ihnen gesagt: ›Sie können machen, was Sie wollen ..., aber Sie können sicher sein, daß eine SS in Ihrem Land aufgestellt wird, und es gibt nur eine SS in Europa, und diese SS ist die germanische SS, die vom Reichsführer SS geführt wird. Sie können sich dagegen sträuben oder Sie können auf jeden Widerstand verzichten, mir ist das ganz gleich. Tun werden wir es in jedem Fall!‹ Das haben wir ihnen kurz, schlicht und klar von Anfang an gesagt.«

Als die »große Idee«, das Ideal, für das die ausländischen SS-Männer ihr Leben aufs Spiel setzen sollten, hatte Himmler nichts zu bieten als das:

»Wir erwarten von euch nicht, daß ihr euer Vaterland verleugnet oder irgend etwas tut, was ein stolzer Bursche, der Selbstachtung besitzt und sein Heimatland liebt, nicht tun kann. Wir erwarten von euch nicht, daß ihr aus Opportunismus Deutsche werdet. Wir erwarten von euch, daß ihr euer nationales Ideal einem größeren rassischen und geschichtlichen Ideal unterordnet, dem Germanischen Reich[25].«

Nirgends tritt Himmler hier oder später für etwas anderes ein als für ein Germanisches Reich und eine Germanische SS, beide von Deutschland beherrscht und zu seinem Vorteil eingesetzt. Ohne Himmlers Zustimmung ließen sich die Träume der Phantasten in der SS nicht verwirklichen. Kurz vor Kriegsende war die Waffen-SS tatsächlich eine Armee von Europäern geworden, eine europäische Armee aber war sie niemals.

---

25 Rede in Charkow, a. a. O.

## Die Germanische SS

Noch vor Ende 1940 stellte sich heraus, daß die SS nicht hoffen konnte, sich ohne die Unterstützung und den Beistand einheimischer politischer Gruppen eine nennenswerte Zahl von Freiwilligen aus Dänemark, Holland, Belgien und Norwegen zu beschaffen. Die prodeutschen Kreise in diesen Ländern waren im allgemeinen zur Zusammenarbeit gewillt; da sie aber meist stark nationalistisch ausgerichtet waren, bestanden sie darauf, daß ihre Landsleute in ausschließlich nationalen Verbänden unter dem Befehl ihrer eigenen Offizieren dienten.

Damals stand Hitler einem solchen Plan nicht wohlwollend gegenüber, und Himmler befahl Berger, seine Anstrengungen, ausländische Rekruten für die integrierte SS-Division »Wiking« heranzuholen, zu verstärken. Während die Verhandlungen mit den prodeutschen Gruppen in den besetzten Ländern weitergingen, suchte Berger zusätzliche Quellen zur Ergänzung der SS. Sein Auge fiel auf Finnland, einen Staat, der kürzlich einen tapferen, aber hoffnungslosen Krieg gegen die russische Aggression geführt hatte. Angesichts der wachsenden Möglichkeit eines deutsch-sowjetischen Konfliktes schien Finnland ein fruchtbarer Boden für die SS-Werbung zu sein. Auf Grund von Informationen einer Gruppe prodeutscher finnischer Militärs gelangte Berger zu der Auffassung, daß ein Bataillon Finnen ohne weiteres zusammengebracht werden könnte. Am 13. Februar 1941 erhielt er von Himmler die Erlaubnis, mit der Werbung zu beginnen[26].

Trotz ernstlicher Schwierigkeiten mit dem deutschen Auswärtigen Amt und der finnischen Regierung gelang Berger die Aufstellung eines finnischen Freiwilligenbataillons in der Waffen-SS. Die erste Gruppe Finnen (116 ehemalige Soldaten) kam in der zweiten Maiwoche in Deutschland an, und bei Beginn des Rußlandfeldzuges dienten 400 Finnen bei der SS-Division »Wiking«. Durch weitere Werbungen in der zweiten Jahreshälfte 1941 stieg die Zahl der Finnen in der Waffen-SS auf über 1000. Sie bildeten, bis sie Mitte 1943 von ihrer Regierung zurückberufen wurden, eines der stärksten ausländischen SS-Kontingente[27].

Um bei seinen Bemühungen in Finnland Erfolg zu haben, war Berger bereit gewesen, den Finnen zu konzedieren, in einem geschlossenen Bataillon unter dem Befehl ihrer eigenen Offiziere zu dienen (mit vorübergehender Ausnahme der ersten 400). Obwohl diese Abmachung später gebrochen

---

26 Berger an Himmler, »Finnland«, 6. März 1941, Geheim, RFSS/T-175, 110/2634992.
27 Vgl. George H. Stein und H. Peter Krosby, Das Finnische Freiwilligenbataillon der Waffen-SS. Eine Studie zur SS-Diplomatie und zur ausländischen Freiwilligenbewegung, Vierteljahrshefte für Zeitgeschichte, 14. Jahrgang, 4. Heft (Oktober 1966).

wurde, stellte sie einen Präzedenzfall für ähnliche Abmachungen mit Freiwilligen anderer Nationalitäten dar. Der geplante Einmarsch in die Sowjetunion rückte näher, aber der SS-Division »Wiking« fehlten noch immer die verlangten germanischen Freiwilligen. Ja, die Waffen-SS war insgesamt verzweifelt knapp an Menschen. Wohl oder übel mußte die deutsche Führung deshalb die Aufstellung geschlossener ausländischer Verbände in Erwägung ziehen.

Anfang April stimmte Hitler der Aufstellung der SS-Freiwilligenstandarte »Nordwest« zu. Dieses Regiment war ermächtigt, bis zu 2500 Freiwillige aus Flandern und den Niederlanden aufzunehmen. Die Männer brauchten nicht den üblichen rassischen Anforderungen der SS zu entsprechen und sollten nicht als SS-Männer angesehen werden, aber in der SS mit allen Rechten und Pflichten dienen, die damit verbunden waren.

Durch die Aufstellung eines gemeinsamen holländisch-flämischen Verbandes nutzte die SS sehr geschickt die politischen Bestrebungen von Anton Musserts NSB (Nationaal Socialistische Beweging) und Staf de Clercqs VNV (Vlaamsch Nationaal Verbond) aus, die beide für eine kulturell autonome flämisch-holländische Union innerhalb eines Großgermanischen Reiches eintraten. Am 26. April 1941 informierte Berger Himmler, daß de Clercq auf den Köder angebissen und versprochen habe, die Werbung von VNV-Mitgliedern für den Dienst in der SS-Freiwilligenstandarte »Nordwest« zu unterstützen[28].

Kaum war Jugoslawien gefallen, als die SS begann, Angehörige der volksdeutschen Gemeinschaft im Banat zu rekrutieren. Diese Männer wurden so dringend gebraucht, daß SS-Gruppenführer Hausser den Befehl erhielt, rassisch taugliche Freiwillige direkt in seine Division »Reich« aufzunehmen, während sie noch in Jugoslawien stand[29]. Dennoch war Himmler noch nicht bereit, auf seine »Untermenschen«-Theorie zu verzichten. Als

---

28 Berger arbeitete, in Übereinstimmung mit Hitlers Plänen für Belgien, tatsächlich an der Einverleibung Flanderns (und auch Walloniens) in das Reich; nicht in das Großgermanische Reich, sondern als Teile eines enger begrenzten Großdeutschen Reiches. Nach diesem Plan sollten Flandern und Wallonien einfach zwei deutsche Gaue werden. Auf dieses Ziel arbeitete die SS vermittels der nazifreundlichen DEVLAG (Deutsch-Flämische Arbeitsgemeinschaft) hin, die 1935 mit deutscher Unterstützung gegründet worden war. Die DEVLAG unter ihrem Führer Jef van de Wiele, der von Hitler als künftiger Gauleiter von Flandern vorgesehen war, stand in Opposition zu de Clercqs VNV und ihrem Eintreten für eine autonome flämisch-holländische Union. Hitlers Lagebesprechungen, Stuttgart 1962, S. 507, Anm. 2. Vgl. auch Führungshauptamt, »Aufstellung der SS-Freiwilligenstandarte ›Nordwest‹«, 3. April 1941, Geheim, RFSS/T-175, 110/2634951 ff., und Berger an Himmler, »Flandern«, 26. April 1941, Geheim, RFSS/T-175, 110/2634879 f.
29 Berger an Himmler, »Werbung in Jugoslawien«, 26. April 1941, Geheim, RFSS/T-175, 110/2634794.

Berger um Erlaubnis bat, »64 rassisch taugliche und 615 rassisch nicht taugliche Ukrainer« als Kern für die eventuelle Aufstellung eines ukrainischen Freiwilligenverbandes auszubilden, lehnte Himmler ab[30]. Es bedurfte noch zweier Jahre und einer Kette von militärischen Rückschlägen für die Deutschen, bevor den Slawen das Recht zuerkannt wurde, in einer SS-Uniform zu sterben.

Am 30. April 1941 setzte Hitler den endgültigen Termin für das Unternehmen Barbarossa fest. Die Invasion der Sowjetunion sollte am 22. Juni 1941 beginnen. Himmler befahl dem Chef seines Ergänzungsamtes sofort, im Laufe des nächsten Monats 20 000 Mann für die Waffen-SS heranzuschaffen. Infolge von Hitlers Eingreifen hob das OKW widerstrebend die Werbungsbeschränkungen auf. Die Waffen-SS durfte im Mai eine unbegrenzte Zahl von Freiwilligen aufnehmen. Um aber seine eigenen Verluste an Wehrpflichtigen zu verringern, fügte das OKW die Bestimmung hinzu, die Freiwilligen müßten sich auf zwölf Jahre verpflichten. Zu einem solchen Opfer, meinte man, würden nur wenige bereit sein.

Man sollte annehmen, daß bis 1941 die militärischen Dienststellen aus ihren früheren Verhandlungen mit der SS gelernt hatten. Anscheinend war das jedoch nicht der Fall. Viele Werbebeauftragte der Waffen-SS versicherten angehenden Freiwilligen einfach, die Zwölfjahresbedingung sei eine bloße Formalität, und sie würden bei Kriegsende oder in zwei Jahren — welches sich als der längere Zeitraum herausstellen werde — entlassen werden[31]. Am 29. Mai konnte Berger die Ausführung des Befehls melden. Eine Woche später informierte er Himmler: »Etwa 22 361 Ersatzreservisten und Reservisten werden am 9. Juni 1941 in den Kasernen der Ersatzeinheiten der Waffen-SS eingetroffen sein.« Die meisten dieser Männer waren junge Freiwillige, viele aus dem noch ungemusterten Jahrgang 1923. Als das OKW dahinterkam, daß die SS-Werber durch ihre Versprechungen die Klausel der Verpflichtung auf zwölf Jahre für null und nichtig erklärt hatten, war es zu spät, noch etwas anderes dagegen zu tun — als Beschwerde zu führen[32].

Um dazu beizutragen, die geforderte Zahl von 20 000 Mann aufzubringen, hatte Berger auch die Einberufung geeigneter Angehöriger der Allgemeinen SS befohlen und seine Bemühungen, ausländische Freiwillige zu verpflichten, verstärkt; gerade in dieser Hinsicht aber war die Ernte wiederum

---

30 Berger an Himmler, »Ukrainer«, 28. April 1941, Geheim, RFSS/T-175, 110/2634861. Himmlers Ablehnung im Wortlaut 2634860.
31 S. dazu verschiedene Berichte Bergers an Himmler, »20 000-Mann-Aktion«, beginnend mit dem 14. Mai 1941, RFSS/T-175, 110/2634853, und auf der Rolle zurücklaufend bis Aufnahme Nr. 2634763.
32 S. Berger an Himmler, »Beschwerde des OKW über Werbung Maiaktion«, 7. Juni 1941, Geheim, RFSS/T-175, 110/2634753 ff.

dürftig ausgefallen. Abgesehen von den 400 finnischen Soldaten, die zur SS-Division »Wiking« geschickt worden waren, hatte die SS bis Juni nur etwa 2000 westeuropäische Freiwillige zusammenkratzen können[33].

Das veranlaßte Himmler zu dem Entschluß, die Aufstellung nationaler Legionen zu unterstützen, um an das Kräftereservoir der nazifreundlichen, aber streng nationalistischen Gruppen in den besetzten Gebieten heranzukommen.

## Germanische Legionen der Waffen-SS

Einige Tage nach dem deutschen Einmarsch in die Sowjetunion stimmte der Führer der Aufstellung nationaler Legionen zu, die an dem »Kampf gegen den Bolschewismus« teilnehmen sollten. Für jedes der von den Deutschen besetzten Länder Westeuropas sollte eine Legion gebildet werden. Außerdem regte Hitler an, weltanschaulich befreundete Staaten wie Italien, Spanien und Kroatien um ähnliche Legionen zu bitten[34].

Hitlers ursprüngliche Absicht war es, die ganze Bewegung der ausländischen Legionen der SS zu überlassen, aber Himmler war zu jener Zeit nur an Legionen interessiert, die aus »Germanen« bestanden. In den ersten Julitagen fanden mehrere Konferenzen auf höchster Ebene zwischen Vertretern von Wehrmacht, SS und Auswärtigem Amt statt, um die Einzelheiten des Hitlerschen Planes auszuarbeiten. Schließlich kam man zu dem Ergebnis, daß die Legionen aus Norwegern, Niederländern, Schweden, Dänen und Flamen im Rahmen der Waffen-SS aufgestellt werden sollten, während Einheiten aus Kroaten, Spaniern und Franzosen von der Wehrmacht zu organisieren seien[35].

Während in Berlin die Einzelheiten des Legionsprogramms erörtert wurden, machte die Werbung von Bergers Agenten Fortschritte. Das Versprechen nationaler Verbände unter dem Befehl einheimischer Offiziere hatte

---

33 Berger an Himmler, »20 000-Mann-Aktion«, 6. Juni 1941, Geheim, RFSS/T-175, 110/2634766 ff.
34 Himmler, »Aktennotiz«, Führerhauptquartier, 29. Juni 1941, RFSS/T-175, 106/2629090 f. Dieses Memorandum wurde als Nürnberger Dokument NO-1087 abgedruckt.
35 Berger an Himmler, »Entwurf des Führererlasses über den Einsatz ausländischer Freiwilliger«, 9. Juli 1941, Geheime Kommandosache, RFSS/T-175, 106/2629026 ff. Die schwedische Legion kam nie zustande, aber die SS organisierte eine wallonische Legion, die zum Dienst im Heer überstellt, aber 1943 zusammen mit der französischen Legion wieder zur SS zurückversetzt wurde.

die gewünschte Wirkung. Hunderte von Freiwilligen meldeten sich bereits in der ersten Woche. Trotz des Widerstandes der dänischen Regierung hatten sich 500 Dänen — etwa die Hälfte davon Angehörige der dänischen Streitkräfte — freiwillig gemeldet, als das SS-Führungshauptamt am 12. Juli 1941 offiziell den Freiwilligenverband »Dänemark« aufstellte[36]. Während in den Niederlanden die Werbung noch im Gange war, wurde eine Gruppe Flamen, die in der kürzlich aufgestellten Freiwilligenstandarte »Nordwest« dienten, versetzt, um die Stammannschaft der Freiwilligenlegion »Flandern« zu bilden. In ähnlicher Weise wurden einige Niederländer aus demselben Regiment herausgenommen und zur Stammeinheit für die Freiwilligenlegion »Niederlande« bestimmt[37].

Ende Juli wurde das erste Kontingent von 480 Dänen unter dem Befehl des ehemaligen Obersten im dänischen Heer Kryssing in Deutschland ausgebildet, und rund 600 Mann der Legion »Flandern« standen in Polen in Ausbildung. Die ersten norwegischen Legionäre trafen am 29. Juli unter dem Befehl von Hauptmann Jørgen Bakke in Kiel ein, und einen Tag später erließ das SSFHA einen Befehl zur Errichtung der Freiwilligenlegion »Norwegen«. Um die Mitte August waren etwa 1000 Freiwillige für die Legion »Niederlande« unter dem Befehl des ehemaligen Obersten des niederländischen Heeres Stroink auf dem Weg nach Polen, um sich dort der Gefechtsausbildung der Stammannschaft anzuschließen[38].

Die Waffen-SS hatte vier nationale Legionen in ebensoviel Wochen aufgestellt. Trotz dieses verheißungsvollen Anfangs erfüllte die Legionsbewe-

---

36 SS-Führungshauptamt, »Aufstellung des Freiwilligenverbandes ›Dänemark‹«, 12. Juli 1941, Geheim, RFSS/T-175, 110/2634700 f. Die dänischen Behörden versuchten die Bildung der Legion zu verhindern, indem sie alle Militärpersonen, die sich meldeten, als Landesverräter brandmarkten und ihnen ihre Versorgungsrechte strichen. Berger war gezwungen, nach Kopenhagen zu fliegen, um die Lage wiederherzustellen. Himmler, voller Wut über das Vorgehen der dänischen Regierung, befahl, daß die Pensionen von der SS ausbezahlt würden und Dänemark gezwungen werde, die Auslagen zu erstatten. S. Berger an Himmler, »Bericht der Dienstreise nach Dänemark vom 17./18. 7. 41«, 19. Juli 1941, Geheim, RFSS/T-175, 110/2634671 ff.; Telegramm aus Kopenhagen an Himmler, 20. Juli 1941, 106/2628961; Himmler an Berger, 28. Juli 1941, 110/2634668.
37 SS-Führungshauptamt, »Gliederung der SS-Freiwilligenstandarte ›Nordwest‹ und Aufstellung der Freiwilligenlegion ›Niederlande‹«, 26. Juli 1941, Geheim, RFSS/T-175, 110/2634655 f.; »SS-Freiwilligenstandarte ›Nordwest‹ und Legion ›Niederlande‹«, 24. September 1941, Geheim, 110/2634459 ff.
38 SS-Führungshauptamt, »Aufstellung der Freiwilligenlegion ›Norwegen‹«, 30. Juli 1941, Geheim, RFSS/T-175, 110/2634601 ff. Vgl. auch Steiner, Die Freiwilligen, S. 125 ff. Ende Juli betrug die Zahl der Legionäre: Dänemark 480, Niederlande 1100, Flandern 600. Für Norwegen werden keine Zahlen angegeben. S. SS-Ergänzungsamt an Berger, »Einberufung zur Waffen-SS«, 1. August 1941, RFSS/T-175, 110/2634571 ff.

gung nicht die Erwartungen ihrer Gründer. Kaum befanden sich die Legionen im Lager, als es zu schweren Reibungen zwischen den Freiwilligen und ihren deutschen Ausbildern kam. Im Laufe von wenigen Wochen schieden Oberst Stroink und fünf von den 23 niederländischen Offizieren der Legion »Niederlande« aus. Die Flamen, die keinen einheimischen Befehlshaber hatten, der sich für sie einsetzen konnte, mußten bittere Beschimpfungen durch die deutschen Ausbilder erdulden. Einige Monate später unterbreitete Staf de Clercq Himmler eine lange Beschwerde über die schlechte Behandlung seiner Landsleute. Flämische Freiwillige waren mit Stöcken geprügelt, mit dem Revolver bedroht und ständigen Beschimpfungen ausgesetzt worden. Sie waren in aller Öffentlichkeit »Dreckvolk«, »dummes Volk« und »Zigeunervolk« genannt worden[39]. Eine solche Behandlung war dem weiteren Wachstum und der Entwicklung des Verbandes nicht gerade förderlich, und es überrascht daher kaum, daß die Legion »Flandern« bei Beginn des Jahres 1942 ganze 875 Mann zählte. Und selbst von dieser kleinen Anzahl waren noch die meisten durch Täuschung zur Meldung veranlaßt worden. De Clercq zufolge waren 500 Flamen, die in Nordfrankreich für die Deutschen arbeiteten, durch das Versprechen höherer Löhne veranlaßt worden, sich freiwillig zur Arbeit in Polen zu melden. Bei ihrer Ankunft stellten sie fest, daß sie sich in Wirklichkeit »freiwillig« zum Dienst in der Waffen-SS verpflichtet hatten[40].

In Dänemark, in den Niederlanden und in Norwegen schwand das anfänglich von deutschfreundlichen Elementen bekundete Interesse ebenfalls infolge der Art und Weise, wie das Freiwilligenprogramm mißbraucht wurde. Obwohl die Werber keinen Versuch machten, die üblichen rassischen und körperlichen Vorschriften der SS anzuwenden (nur die regulären Tauglichkeitsbedingungen der Wehrmacht mußten erfüllt sein), hatte am Jahresende keine einzige der Legionen Regimentsstärke erreicht. Am stärksten war noch das Echo in den Niederlanden gewesen, die 2559 Mann für die Legion »Niederlande« stellten. Mit deutlichem Abstand folgte die Legion »Norwegen« mit 1218 Mann und das Freikorps »Dänemark« (in diesem Falle hatte man die Bezeichnung *Legion* fallenlassen) mit 1164. Die gründlich enttäuschten Flamen bildeten das Schlußlicht mit 875 Mann[41].

Im November 1941 hatten die niederländische und die flämische Legion eine leichte Ausbildung in Polen beendet und waren im Begriff, zur

---

39 Berger an Jüttner, »Vermerk v. Staf de Clercq«, 25. März 1942, Geheim, RFSS/T-175, 111/2635480 ff.
40 A. a. O.
41 SS-Führungshauptamt, »Übersicht über die in der Waffen-SS befindlichen germanischen Freiwilligen: Stand v. 15. Januar 1942«, RFSS/T-175, 109/2633910.

2. SS-Infanteriebrigade hinter der Leningradfront zu stoßen. Kurz vor ihrer Abfahrt gab Himmler eine umfassende Anweisung über die Stellung der nationalen Legionen heraus. Sie stellte die Legionäre unter das deutsche Militärgesetz und die SS-Vorschriften, befahl, daß ihnen ein ihrem vordem in ihrer Heimatarmee bekleideten Dienstgrad entsprechender SS-Rang zu bieten sei, gewährte ihnen nicht die deutsche Staatsbürgerschaft, band sie aber durch einen persönlichen Eid an Adolf Hitler, sicherte ihnen regulären SS-Sold und Familienunterhalt, wies besonders darauf hin, daß Legionäre keine SS-Männer seien und die SS-Uniform mit einem auf die Volkszugehörigkeit hindeutenden Abzeichen statt der SS-Runen trügen, und legte fest, daß sie zwar in der Regel in einem ausschließlich landsmannschaftlichen Verband unter ihren eigenen Offizieren dienen, aber auf Antrag und bei Eignung in einem regulären SS-Verband eingestellt werden konnten[42]. Mit geringfügigen Abänderungen war diese Anweisung für die Legionen maßgebend, solange sie bestanden. Sie wurde aber, wie wir noch sehen werden, in der Praxis oft nicht beachtet, und die Folgen für die Legionsbewegung waren mannigfacher Art.

Während der zweiten Januarwoche 1942 unternahmen die Russen eine überraschende Gegenoffensive nördlich von Nowgorod und versuchten auf diese Weise, die deutschen Truppen, die Leningrad belagerten, zu umklammern. Sehr rasch hatten die Sowjettruppen einen tiefen Keil in die deutsche Front getrieben. Um einen Durchbruch an diesem dünn verteidigten Frontabschnitt zu verhindern, warfen die Deutschen alle verfügbaren Verbände in den Kampf: Pioniere, Kanoniere, Bautrupps, Polizeiverbände, Versorgungseinheiten — und die frisch angekommenen niederländischen und flämischen Legionen. Unzulänglich ausgebildet, schlecht ausgerüstet, teilweise demoralisiert und schubweise in die Schlacht geworfen, wurden die Legionäre während der Winterkämpfe schwer angeschlagen.

Die beiden übrigen SS-Legionen erwiesen sich inzwischen sogar als eine noch größere Enttäuschung. Die beiden niederländischen Legionen wurden, trotz ihrer Mängel, wenigstens aktiv eingesetzt, aber weder die Dänen noch die Norweger waren zu Anfang des Jahres auch nur im entferntesten fronttüchtig. SS-Gruppenführer Krüger, der von Himmler den Befehl erhalten hatte, die Verzögerung zu untersuchen, berichtete, daß der Fehler im Falle

---

42 Reichsführer SS, »Aufstellung und Einsatz ausländischer Freiwilligenverbände«, 6. November 1941, Geheime Kommandosache, RFSS/T-175, 109/2633820 ff. Vgl. auch Bergers Befehl vom 29. Januar 1943 betreffs Aufnahme germanischer Freiwilliger für die Waffen-SS und die nationalen Legionen, Nürnberger Dokumente NO-1479, United States Military Tribunal IV, Case 11, Prosecution Document Book 66-G (Vervielfältigt), S. 40 ff. Danach zitiert als Nürnberger Dokumente NO-1479, USMT IV, Case 11, PDB 66-G, S. 40 ff.

des Freikorps »Dänemark« in der schlechten Führung läge. Laut Krüger waren der dänische Befehlshaber, Legion-Obersturmbannführer (Oberstleutnant) Kryssing und sein Stellvertreter Sturmbannführer (Major) Jørgensen Nazigegner und taten nichts, um das Freikorps für den Kampf vorzubereiten. Die Disziplin der Truppe war mangelhaft, und es gab mancherlei Reibungen zwischen dänischen Nazis und Antinazis. Immerhin glaubte Krüger, daß die Legion bei richtiger Führung in ein paar Wochen einsatzbereit gemacht werden könnte.

In Anbetracht der nationalen Empfindlichkeit der Dänen schloß Krüger den Ersatz durch einen deutschen Befehlshaber aus, er hatte sich jedoch vergewissert, wie sich die Dänen zur Ernennung von SS-Sturmbannführer Christian von Schalburg stellen würden, einem ehemaligen dänischen Offizier, der jetzt bei der SS-Division »Wiking« diente, und hatte festgestellt, daß die Mehrzahl der Legionäre bereit sein würde, ihn an Stelle von Kryssing anzuerkennen. Krüger drängte Himmler, den Wechsel zu genehmigen, und wies darauf hin, daß Schalburg ausgezeichnete Fronterfahrung habe und auch ein »zuverlässiger Nationalsozialist« sei[43]. Himmler war schließlich einverstanden, und unter ihrem neuen und energischen Befehlshaber wurden die Dänen rasch in Form gebracht. Im Mai 1942 wurde das Freikorps »Dänemark« als Ersatzeinheit der Elite-SS-Division »Totenkopf« zugeteilt[44]. Während des nächsten Jahres blieben die Dänen an der russischen Front im Einsatz, zuerst bei »Totenkopf« und später bei der 1. SS-Infanteriebrigade[45].

Die Norweger waren inzwischen an die Leningradfront geschickt worden, um Fronterfahrungen zu sammeln. Seit Ende Februar wurden die Legionäre als Spähtrupps und bei kleineren Stoßtruppunternehmen eingesetzt. »Norwegen« erlitt von allen Legionen die geringsten Verluste in der ersten Hälfte 1942. Es hatte freilich auch die wenigsten Kämpfe zu bestehen. In der zweiten Jahreshälfte vereinigten sich die Norweger in der 1. SS-Infanteriebrigade mit den Dänen.

So verfügte die Waffen-SS ein Jahr nach dem Beginn der Bewegung über vier Legionen — alles in allem vielleicht 5000 Mann —, die zum »Kampf gegen den Bolschewismus« eingesetzt wurden.

---

43 SS-Gruf. Krüger an Himmler, 13. Februar 1942, RFSS/T-175, 111/2635498 ff. und Telegramm von SS-Brig. Hansen, 22. Februar 1942, Geheim, 2635496 f.
44 Steiner, Die Freiwilligen, S. 137. Nur Teile der Totenkopfdivision standen noch im Kampf; einige ihrer Verbände waren zur Neuausrüstung aus der Front herausgezogen worden.
45 Einen tendenziösen Bericht über die Kampfleistungen des Freikorps »Dänemark« (auch »Danmark« geschrieben) findet man in: »Zur Kriegsgeschichte des Freikorps ›Danmark‹«, Der Freiwillige, September 1964, S. 7 ff.

## Die westeuropäische SS 1942 und danach

Obwohl ursprünglich beabsichtigt gewesen war, die westeuropäischen Legionen von der Germanischen SS getrennt zu halten, war seit Beginn des Jahres 1942 bei beiden Bewegungen die Neigung zum Zusammenschluß festzustellen. Nachdem erst einmal der erste Rausch der Begeisterung vorbei war, zeigte es sich, daß künftige Freiwillige für die Legionen aus derselben Quelle geschöpft werden müßten, aus der der Strom der Ersatzmannschaften für die SS-Division »Wiking« gespeist wurde: aus dem Reservoir der unzufriedenen, abenteuerlustigen und gelegentlich idealistischen Jugend des von den Deutschen besetzten Westeuropas. Zuerst waren die Maßstäbe für die Aufnahme in die Legionen etwas weniger streng als die der SS, aber nachdem der Menschenmangel die Waffen-SS zwang, ihre rassischen und körperlichen Anforderungen herabzusetzen, wurde dieser Unterschied immer weniger spürbar. Mitte 1943 waren die Legionen und die Germanische SS miteinander verschmolzen.

Schon vor Ende des Jahres 1941 war offensichtlich geworden, daß beim Programm der Germanischen SS Schwierigkeiten aufgetreten waren. Das Grundproblem war, daß die den Freiwilligen von der SS gemachten anfänglichen Versprechungen nicht eingehalten wurden. So waren ausländische Offiziere nach sechs Monaten bei der SS in vielen Fällen gezwungen, noch immer als einfache Soldaten oder als Unteroffiziere zu dienen. Finnische Unteroffiziere, die Kriegsdienst gemacht hatten, konnten nicht über den Grad eines Gefreiten hinauskommen. Andere ausländische Offiziere in der SS wurden plötzlich entlassen und ohne Erklärung nach Hause geschickt. Männer, die sich unter der Bedingung verpflichtet hatten, daß sie geschlossenen nationalen Verbänden zugeteilt würden, wurden wahllos als Ersatz zu alldeutschen SS-Einheiten geschickt. So kamen in einem Falle neun Dänen, die nur eine vierwöchige Ausbildung mitgemacht hatten, zu der SS-Division »Reich«, bei der sie kurz nach ihrer Ankunft fielen. Die »Feindpropaganda« meldete diese Tatsache und brachte damit, wie Berger berichtete, »ganz Dänemark« gegen die SS auf[46].

Ein noch ernsterer Grund zur Klage war der, daß Ausländer, die sich für ein Dienstjahr in der Waffen-SS verpflichtet hatten, während der Anfangsstadien der Ausländerbewegung bei Ende ihrer Verpflichtung nicht entlassen wurden. Das galt besonders für die Dänen und Norweger, die in

---

46 Eine umfassende Übersicht über die Probleme, denen die SS-Führung im Zusammenhang mit der ausländischen Freiwilligenbewegung zu Beginn des Jahres 1942 gegenüberstand, findet man in dem langen Bericht (mit Anhang) von Berger an das SS-Führungshauptamt, »Freiwillige aus germanischen Ländern«, 9. Februar 1942, Geheime Kommandosache, RFSS/T-175, 109/2633657 ff.

der SS-Division »Wiking« dienten. Die Folge davon war, daß einige Freiwillige, die auf Urlaub nach Hause geschickt wurden oder Genesungsurlaub hatten, über die schwedische Grenze flüchteten, um einem weiteren Dienst zu entgehen. Einen noch drastischeren Schritt taten zwei ausländische SS-Männer, ein Däne und ein Norweger, die im Regiment »Nordland« der SS-Division »Wiking« dienten; sie verließen ihren Außenposten an der Front und liefen zu den Russen über. Für die Waffen-SS war es der erste verzeichnete Fall dieser Art; er löste eine Reaktion aus, die in keinem Verhältnis zu der tatsächlichen Bedeutung des Vorfalls stand[47].

Von den vielen gebrochenen Versprechungen abgesehen, beklagten sich die ausländischen Freiwilligen bitter über die Art der Behandlung durch ihre deutschen »Waffenbrüder«. Die von den Flamen erduldete schimpfliche Behandlung wurde bereits erwähnt. Keine der anderen Freiwilligengruppen mußte anscheinend eine so konzentrierte Dosis von Grobheiten schlucken, aber viele Ausländer, die vorwiegend deutschen Einheiten zugeteilt worden waren, hatten es ungeheuer schwer, Kameraden und Freunde zu finden. Außerdem wurde keine Rücksicht darauf genommen, daß sie weder deutsch verstanden noch sprachen. Ein Freiwilliger hat erklärt: »Jede Verbindung, jedes Bindeglied zwischen Deutschen und Norwegern fehlt.« Die Deutschen begingen unter anderem den Fehler zu glauben, alle Freiwilligen seien »reife Nationalsozialisten« und würden sich deshalb aus Idealismus alles gefallen lassen. Indessen seien, so erklärte derselbe Freiwillige, die meisten seiner Landsleute »keine Nazis gewesen, sondern einfach Patrioten, die glaubten, daß Deutschland der eigentliche Freund und Beschützer der norwegischen Freiheit sei — und nicht England«. Viele Freiwillige aus Norwegen hatten die Überlegenheit der Deutschen, ihr System und ihre neuen Ideen bewundert — freilich bevor sie merkten, was wirklich dahinter steckte. 1942 waren sie so enttäuscht, daß »selbst die alten norwegischen Nazis sich nicht mehr dagegen wehren konnten«[48].

Ähnliche Beschwerden anderer Freiwilliger veranlaßten ihre Gönner in der Heimat, bei Bergers SS-Hauptamt zu protestieren. Die Reaktion Finnlands, der einzigen wirklich unabhängigen Nation mit einem beachtlichen Kontingent von Staatsangehörigen in der Waffen-SS, machte den SS-Führern in Berlin besonders Sorgen. In seinem Aktenvermerk über ein Gespräch mit Staatspolizeichef Aaltonen, einem der Befürworter des finnischen SS-Bataillons, teilte Bergers Stellvertreter in Finnland mit, heimgekehrte finnische SS-Männer seien unzufrieden darüber, daß ihr Bataillon,

---

47 S. den Bericht des Wiking-Befehlshabers SS-Gruppenführer Steiner, 12. März 1942, RFSS/T-175, 107/2631083 f.
48 Geheime eidesstattliche Erklärung des SS-Mannes Per Imerslund, eines norwegischen Freiwilligen in der Waffen-SS; Anhang zum Bericht von Berger an SSFHA, 2. Februar 1942, RFSS/T-175, 109/2633669 ff.

entgegen der Abmachung, von deutschen Offizieren geführt werde. Diese deutschen Offiziere hatten überdies noch geringe oder gar keine Fronterfahrung, bestanden aber darauf, finnische Offiziere und Unteroffiziere, die schon im Kriege gewesen waren, »als Rekruten« zu behandeln. Der finnische Polizeichef meinte, ihr Verhalten zeige deutlich, daß die Deutschen »ohne das geringste Verständnis für die finnische Mentalität« vorgegangen seien. Würde diese Art der Behandlung fortgesetzt, so meinte Aaltonen, würden die finnischen Freiwilligen »beim ersten Einsatz auf ihre deutschen SS-Führer schießen«, wie das eine Gruppe, die über Weihnachten Heimaturlaub hatte, in seiner Gegenwart tatsächlich angedroht habe[49]. Gleichlautende Beschwerden anderer führender finnischer Persönlichkeiten führten schließlich zu einem formellen Protest des finnischen Außenministers.

Gottlob Berger, dem Apostel der ausländischen Freiwilligenbewegung, erschien die Lage kritisch. Nachdem er genügend Beweismaterial gesammelt hatte, um die Beschwerden über schlechte Behandlung erhärten zu können, schickte er am 9. Februar 1942 das Ergebnis seiner Recherchen an Himmler. »Die Gewinnung von Freiwilligen aus dem germanischen und volksdeutschen Raum wird immer schwerer und hört ganz auf, wenn nicht grundsätzliche Änderungen getroffen werden«, meldete Berger[50].

Das Hauptproblem, so informierte Berger seinen Reichsführer, läge in der Gewaltenteilung zwischen SS-Hauptamt und SS-Führungshauptamt. Werbung und Gesamtverantwortung für das ausländische Freiwilligenprogramm fielen unter die Kompetenz von Bergers SS-Hauptamt; sobald aber die Freiwilligen vereidigt worden waren, unterstanden sie Hans Jüttners SS-Führungshauptamt. Für die erfahrenen Soldaten im Führungsstab der Waffen-SS waren die Ausländer nur soundsoviel Mann Menschenmaterial, die so schnell und so gut wie möglich ausgebildet, ausgerüstet und an die Front geschickt werden mußten. So war es nicht zu vermeiden, daß die ausländischen Freiwilligen von Bergers Werbern ganz andere Töne hörten als zu dem Zeitpunkt, da sie erst fest in den Händen der Waffen-SS waren. Die Nichteinlösung der Versprechen, die den Freiwilligen bei ihrer Meldung gemacht worden waren, die unwürdige Behandlung von einzelnen und ganzen Gruppen und die völlige Gedankenlosigkeit hinsichtlich der politischen Folgen dieses Vorgehens hatten die gesamte ausländische Freiwilligenbewegung an den Rand des völligen Zusammenbruches gebracht.

Gemäß Bergers Empfehlung erließ Himmler eine Reihe von Anweisungen, um die übelsten Mißstände in der Behandlung der ausländischen Freiwilligen

---

49 SS-Obersturmführer Gerlinger an Berger, »Unterredung mit dem Leiter der finnischen Staatspolizei Aaltonen am 8. Januar 1942«, Geheim, RFSS/T-175, 109/2633666.
50 Berger an SSFHA, »Freiwillige aus germanischen Ländern«, 9. Februar 1942, Geheime Kommandosache, RFSS/T-175, 109/2633657.

zu unterbinden. Die Männer, deren Verpflichtung abgelaufen war, wurden aus dem SS-Dienst entlassen, und die Zahl der nationalen Offiziere in jeder Ausländereinheit wurde erhöht. Gleichzeitig wurden besondere Schritte unternommen, um geeignete junge Ausländer für den Besuch der SS-Offiziersakademie in Bad Tölz auszuwählen. Die Folge dieser Maßnahmen war, daß die ausländischen Einheiten schließlich in den unteren Rängen von jungen, SS-geschulten ausländischen Offizieren geführt wurden und in den höheren Rängen von deutschen Offizieren (mit zusätzlicher Verstärkung durch erfahrene deutsche Unterführer und Spezialisten). Eine der Anweisungen Himmlers schrieb vor, daß alles verantwortliche deutsche Personal bei Ausländereinheiten einen zweiwöchigen Orientierungslehrgang mitzumachen hatte, der von Fachleuten des germanischen Direktorats in Bergers SS-Hauptamt durchgeführt wurde. Um jegliche Führungsschwierigkeiten in Zukunft zu vermeiden, behielt sich Himmler persönlich das Recht vor, sämtliche Führer in den Ausländereinheiten der Waffen-SS zu ernennen. In einem Schlußmemorandum erinnerte er die SS-Führer an die Bedeutung der ausländischen Freiwilligenbewegung und das Interesse, das der Führer selbst daran habe[51].

Diese Abhilfemaßnahmen hatten bestenfalls Teilerfolge, aber sie bewahrten immerhin die Germanische Freiwilligenbewegung davor, auseinanderzufallen. Nachdem die schlimmsten Mißstände abgestellt waren, erlaubten die finnischen Behörden dem 1180 Mann starken finnischen Frei-

---

[51] Trotz seines Interesses an dem ausländischen Freiwilligenprogramm war Hitler bezüglich seiner praktischen Brauchbarkeit lange skeptisch gewesen; nur durch Himmlers fortgesetztes Drängen war er dafür gewonnen worden. Die Zweifel des Führers scheinen aber niemals gänzlich zerstreut worden zu sein, und bereits am 5. April 1942 brachte er sie Himmler gegenüber erneut zum Ausdruck: »In jedem Falle dürfen wir nicht den Fehler machen, Ausländer, die uns lohnend erscheinen, in das deutsche Heer aufzunehmen, wenn sie nicht beweisen können, daß sie von der Idee eines Germanischen Reiches völlig durchdrungen sind. Da wir gerade dabei sind, ich hege Zweifel wegen der Teilnahme dieser ganzen Ausländerlegionen bei unserem Kampf an der Ostfront. Man darf nicht vergessen, daß der Fremdenlegionär, wenn er nicht von seiner Rassenmitgliedschaft des Germanischen Reiches überzeugt ist, das Gefühl nicht loswerden kann, sein Vaterland zu verraten. Der Fall der Habsburger Monarchie zeigt uns deutlich das ganze Ausmaß dieser Gefahr. Bei dieser Gelegenheit wurde auch daran gedacht, daß die anderen Völker gewonnen werden könnten — Polen, Tschechen und so weiter —, indem man ihnen einen militärischen Verband im österreichischen Heer gab. Aber im entscheidenden Augenblick wurde es deutlich, daß eben diese Männer die Bannerträger der Rebellion waren.«
Hitlers Bemerkungen erwiesen sich als eine genaue Prognose für die Zukunft des Ausländer-SS-Programms, besonders im Hinblick auf die östliche SS. Himmler nahm von der Warnung keine Notiz. Hitlers Äußerungen fielen bei seinem Abendessen am 5. April 1942, »Hitler's Secret Conversations«, S. 384 (rückübersetzt).

willigenbataillon, mit der SS-Division »Wiking« bis Juni 1943 an der Front zu kämpfen[52]. In anderen Fällen aber war durch ungehörige Behandlung der Freiwilligen ein nicht wiedergutzumachender Schaden angerichtet worden. Laut Berger führte »das formlose Zurückschicken eines (schwedischen) Offiziers« zu »einer wesentlichen Abschließung des uns sonst sehr freundlich gesinnten schwedischen Offizierskorps«; diese Maßnahme habe eine hoffnungsreich begonnene Werbung zerschlagen[53].

Jedenfalls hat die Bewegung der Germanischen Legion nie wieder ihren anfänglichen Schwung zurückgewonnen. Es dauerte nicht lange, und die Meldungen gingen so stark zurück, daß sie die Verluste, welche die Legionen im Kampf erlitten, nicht mehr deckten. Ende 1942 waren die Legionen für die Art der Kriegführung, wie sie an der russischen Front üblich war, nicht mehr verwendbar. Es wurde daher beschlossen, sie in einen größeren Verband umzugruppieren.

Träger dieser Umgruppierung war die neu aufgestellte SS-Panzergrenadierdivision »Nordland«, die Hitler Ende 1942 als Teilstück der ersten größeren Ausweitung der Waffen-SS genehmigt hatte. Die 650 Überlebenden des Freikorps »Dänemark« wurden zum Kern des Panzergrenadierregiments »Danmark« (der Name wurde geändert, um die heimatliche Schreibweise zur Geltung zu bringen); die 1700 Angehörigen der Legion »Niederlande« wurden Teil des Panzergrenadierregiments »Nederland« (auch hier änderte man die Schreibweise des Namens), und die übriggebliebenen 600 Mann der Legion »Norwegen« bildeten die Stammtruppe für das Panzergrenadierregiment »Norge«. Die drei »Nordland«-Regimenter wurden durch Versetzungen von der SS-Division »Wiking« aufgefüllt, durch neue Rekruten (keine Legionäre) aus den »germanischen« Ländern und eine große Zahl gebürtiger Deutscher. »Flandern«, das schwarze Schaf unter den Legionen, wurde vollkommen aufgelöst, und mit seinen Mannschaften wurden Lücken in einer Anzahl von Verbänden der Waffen-SS aufgefüllt[54]. So wurden die nationalen Legionen mit der germanischen SS verschmolzen, und es begann eine neue Phase in der Mobilisierung der westeuropäischen Kräftereserven.

Der große Ausbau der Waffen-SS in den letzten beiden Kriegsjahren spiegelte sich in dem Wachstum der westeuropäischen SS. Paradoxerweise

52 Steiner, Die Freiwilligen, S. 76 und 120. Die Zahl der Finnen in der Waffen-SS in diesem Zeitraum findet sich in der »Übersicht über die in der Waffen-SS befindlichen germanischen Freiwilligen: Stand vom 15. Januar 1942«, RFSS/T-175, 109/2633910.
53 Berger an SSFHA, »Freiwillige aus germanischen Ländern«, 9. Februar 1942, Geheime Kommandosache, RFSS/T-175, 109/2633658.
54 Memorandum Himmlers, »Aufstellung des Germanischen Korps«, 3. März 1943, Geheime Kommandosache, RFSS/T-175, 111/2635157 ff. und SSFHA, »14. (germ.) SS-Panzergrenadierdivision ›Nordland‹«, 22. März 1943, Geheime Kommandosache, RFSS/T-175, 108/2631184 f.

wirkten sich militärische Rückschläge Deutschlands und die wachsende Gefahr einer alliierten Invasion Westeuropas vorteilhaft auf die SS-Werbung in diesem Gebiet aus. Diejenigen, die mit den Deutschen zusammengearbeitet hatten, befanden sich jetzt in einer höchst unerquicklichen Lage. Sie fürchteten nicht nur alliierte Vergeltung, sondern auch örtliche Widerstandsbewegungen, die das Leben der aktiveren Kollaborateure bedrohten. Vielen dieser Männer schienen die unbestimmten Gefahren der Ostfront weniger erschreckend als die sehr realen Gefahren zu Hause. Durch den Rückgriff auf diese Elemente konnte die Waffen-SS einen beträchtlichen Zuwachs ihrer westeuropäischen Verbände erreichen.

Vor Ende des Jahres 1943 wurde das Regiment »Nederland« aus der SS-Division »Nordland« herausgezogen, die nun eine deutsch-skandinavische Formation wurde, und zu einer unabhängigen Brigade umgruppiert. Eine neuaufgestellte und vergrößerte flämische Formation erhielt die Bezeichnung SS-Freiwilligensturmbrigade »Langemarck«. Zur gleichen Zeit wurden das französische Freiwilligenregiment und die wallonische Legion, die beide im deutschen Heer gedient hatten, zur Waffen-SS versetzt. Obwohl keiner dieser beiden Verbände jemals über Brigadestärke hinauskam, waren sie bei Kriegsende dem Namen nach Divisionen mit den Bezeichnungen: 23. SS-Freiwilligenpanzergrenadierdivision »Nederland«, 27. SS-Freiwilligengrenadierdivision »Langemarck«, 28. SS-Freiwilligengrenadierdivision »Wallonien« und 33. Waffengrenadierdivision der SS »Charlemagne« (französisch Nr. 1)[55].

---

55 SSFHA, »Bezeichnung der Feldtruppenteile der Waffen-SS«, 22. Oktober 1943, Geheime Kommandosache, RFSS/T-175, 111/2635138 ff.; Hitlers Lagebesprechungen, S. 536; Keilig, Das deutsche Heer, II, Abschnitt 141, S. 18 ff. Einen tendenziösen Bericht über die kriegerischen Leistungen von »Langemarck« (vordem Legion »Flandern«) enthält der dreiteilige Aufsatz in den Ausgaben Februar, März, April 1965 der Zeitschrift »Der Freiwillige«. Die Waffen-SS versuchte nach der Kapitulation Italiens 1943 auch eine italienische SS-Formation anzuwerben. Im Juni 1944 stand die Waffengrenadierbrigade der SS (ital. Nr. 1). Anscheinend galt dieser Verband nicht als zuverlässig genug, um gegen die vorrückenden alliierten Streitkräfte eingesetzt werden zu können. Er scheint ausschließlich gegen Partisanen hinter der norditalienischen Front verwendet worden zu sein. 1945 wurde die Brigade dem Namen nach zur Division mit der Nummer 29, die nach Auflösung der russischen SS-Division freigeworden war. Es gibt auch Material dafür, daß eine zweite SS-Division, die 24. SS-Gebirgskarstjägerdivision, durch Anwerbung volksdeutscher Freiwilliger aus Norditalien gebildet wurde. Keine dieser Divisionen ist in der OKW-Aufstellung enthalten; das spricht dafür, daß sie nicht der Wehrmacht unterstanden und deshalb bestenfalls Teile der Sicherheitskräfte Himmlers im Hinterland bildeten. S. Hausser, a. a. O., S. 161 und 192; Reitlinger, a. a. O., S. 391 f.; Hitlers Lagebesprechungen, S. 536, Anm. 1; F. W. Deakin, The Brutal Friendship: Mussolini, Hitler and the Fall of Italian Fascism, New York 1962, S. 574, 593 und 725 f.; »Die Aufstellung neuer italienischer Verbände und ihr Einsatz«, KTB/OKW, IV, 585.

Im Gegensatz zu den osteuropäischen Angehörigen der Waffen-SS kämpften die Westeuropäer im allgemeinen gut. Ihre Leistungen scheinen sogar besser geworden zu sein, als der militärische Stern der Deutschen im Sinken war. Ohne Zukunft in ihrer Heimat (außer einem Verratsprozeß!), kämpften sie oft mit größerer Entschlossenheit als die Deutschen selbst. In dem Verzweiflungskampf, der die Russen daran hindern sollte, Berlin zu erreichen, bildeten die westeuropäischen Verbände der Waffen-SS das Rückgrat der Verteidigung, und es ist sicherlich eine Ironie der neueren Geschichte, daß in der eingeschlossenen deutschen Hauptstadt die letzten Verteidiger des lebendig begrabenen Führers u. a. die Dänen und Norweger der SS-Division »Nordland«, eine Kampfgruppe französischer SS-Männer von der Division »Charlemagne« und ein Bataillon lettischer SS-Männer der 15. SS-Division waren[56].

---

56 Steiner, Die Freiwilligen, S. 328 ff.

## VII. KAPITEL

## Die osteuropäische SS

## Mobilisierung von Ausländern (II)

Während des Sommers 1941 drang die Wehrmacht immer tiefer in die Sowjetunion ein. Eine russische Armee nach der andern wurde in die Flucht geschlagen, eingeschlossen oder vernichtet. Ende September waren die strategischen Ziele, die sich das deutsche Oberkommando bei Beginn des Feldzuges gesetzt hatte, größtenteils erreicht: Leningrad war belagert, Kiew genommen und die Ukraine bis zum Donez in deutscher Hand. Bocks Heeresgruppe Mitte bereitete ihren entscheidenden Stoß auf Moskau vor. Vielen Deutschen (auch Hitler) schien es, als sei Rußland militärisch bereits besiegt. Am 21. November rollten deutsche Panzer nach Rostow hinein und machten den Weg in den erdölreichen Kaukasus frei. Im Mittelabschnitt war die letzte russische Armee zerschlagen, und deutsche Streitkräfte bildeten nur 30 bis 45 Kilometer von Moskau entfernt einen Halbkreis. Aber der russische Bär war keineswegs ganz tot. Zu ihrer Überraschung stellten die Deutschen fest, daß der Widerstand der Roten Armee sich angesichts der scheinbar kurz bevorstehenden Niederlage versteifte, und als der November zu Ende ging, hatte der eisige russische Winter eingesetzt.

## Die russische Winteroffensive

In diesem Augenblick der Krise entschloß sich das russische Oberkommando, seinen letzten Trumpf auszuspielen: die »sibirischen Truppen« des Fernostkommandos, in dem einige der stärksten Einheiten der gesamten Roten Armee standen. Das sowjetische Oberkommando, dem seine Agenten in Tokio (die Sorge-Gruppe) versichert hatten, der Schlag der Japaner werde nach Süden zum Pazifik hin geführt werden und nicht gegen die

Mongolei und Sibirien, begann Anfang November Truppen aus dem Fernen Osten in Stellungen hinter der Moskau-Front zu verlegen. Obwohl die Russen das Gros der sibirischen Truppen zurückhielten, »wurde am 18. November die deutsche 112. Infanteriedivision von einer sibirischen Division der russischen 10. Armee und einer frisch aus dem Fernen Osten eingetroffenen und voll mit T 34ern ausgerüsteten Panzerbrigade angegriffen... Für die vor Kälte zitternden und praktisch wehrlosen Männer war der Anblick der mit Maschinenpistolen und Handgranaten schwer bewaffneten Sibirier in ihren weißen, mit Watte abgesteppten Winteruniformen, auf ihren mit 50 km/h dahinjagenden, gefürchteten T 34 zuviel. Die Division zerbrach[1].«

Das war aber nur ein Vorgeschmack der kommenden Dinge. Am 27. November traten die Russen zum Gegenangriff im Süden an, eroberten Rostow zurück und trieben die Deutschen annähernd 80 Kilometer nach Westen; das war der erste stärkere Rückschlag, den die deutsche Wehrmacht im Zweiten Weltkrieg erlitten hatte.

Inzwischen befahl Hitler – überzeugt, daß die Rote Armee zu einer ununterbrochenen Gegenoffensive nicht mehr in der Lage sei – einen endgültigen und umfassenden Angriff auf die russische Hauptstadt. Am 1. Dezember rollte der größte Panzerverband, der jemals für ein einziges Unternehmen zusammengezogen worden war, bei eisigen Temperaturen gegen Moskau. Am zweiten Tage des Großangriffs drang ein deutscher Spähtrupp in einen Moskauer Vorort ein und meldete, daß er die Kremltürme sehen könne. Näher ist die Wehrmacht niemals an die Stadt herangekommen. Am 3. Dezember wurde der Spähtrupp aus dem Vorort hinausgeworfen, und zwei Tage darauf kam der deutsche Angriff durch den erbitterten russischen Widerstand ins Stocken. Der gewaltige Gegenangriff der Roten Armee, den Stalin am 30. November befohlen hatte, sollte in wenigen Stunden beginnen.

Nach einem mehr als fünf Monate dauernden ständigen Vormarsch hatte sich die deutsche Offensive schließlich totgelaufen. An einer 370 Kilometer langen halbkreisförmigen Front hielt die Heeresgruppe Mitte erschöpft inne, während die Temperaturen bis auf 40 Grad unter Null fielen. Hitlers Generale rieten zu einem Rückzug auf eine Winterverteidigungslinie; die Russen schlugen zu. Am 6. Dezember 1941 stießen siebzehn Armeen, an der Spitze für den Winterkrieg geschulte und ausgerüstete sibirische Divisionen, in die Heeresgruppe Mitte. Dieser plötzliche und unerwartete Schlag, von einem überlegenen Verband geführt, brachte die deutsche Linie vor Moskau ins Wanken und drückte sie um 75 Kilometer zurück. Nur Hitlers Befehl, daß jeder Verband aushalten und »fanatischen Widerstand« leisten müsse,

---

1 Clark, a. a. O., S. 174.

ohne Rücksicht auf Verluste, verhinderte die vollständige Niederlage der Deutschen[2].

Dieser schwerwiegende Rückschlag in Rußland hatte zur Folge, daß Hitler wiederum eine umfassende »Säuberung« der Heeresführung vornahm. Rund 35 Offiziere im Generalsrang wurden ihres Kommandos enthoben und — mit unterschiedlichen Zeichen der Ungnade — nach Hause geschickt. Brauchitsch wurde entlassen, und Hitler übernahm selbst die Position des Oberbefehlshabers des Heeres. »Das bißchen Einsatzführung ist etwas, das jeder machen kann«, erklärte er. Seit 1941 wurden keine größeren und wenige kleinere Einsatzentscheidungen, die das Heer angingen, ohne Hitlers Zustimmung getroffen. Rückschauend wird deutlich, daß die wachsende Verachtung des Führers für die Generale sich zum Vorteil der SS auswirkte. Mit Sicherheit verbesserte sich Himmlers Stellung in dem Maße, wie die des Oberkommandos sich verschlechterte. Aber trotz der fast übermenschlichen Anstrengungen der SS-Divisionen im Herbst und Winter 1941 war Hitler noch nicht bereit, eine größere Veränderung im Status der Waffen-SS zu genehmigen.

Im Februar 1942 hatte die russische Offensive nachgelassen, und im folgenden Monat gelang es den Deutschen, eine Front zu errichten, die etwa 160 Kilometer hinter der Linie lag, die von den weitesten Vorstößen markiert worden war. Obwohl die russischen Verluste noch viel höher waren als die der Deutschen, hatte die Wehrmacht seit Beginn des Krieges im Osten über eine Million Mann verloren, etwa 35 Prozent der eingesetzten Kräfte. Davon waren weit mehr als 200 000 Mann gefallen; etwa zehnmal so viele Soldaten, wie im Westfeldzug 1940 den Tod gefunden hatten[3].

Es war bezeichnend, daß die Verluste der Waffen-SS verhältnismäßig viel höher lagen als die des Heeres. Die SS-Division »Das Reich« zum Beispiel hatte 60 Prozent ihrer Gefechtsstärke bis Mitte November verloren, darunter 40 Prozent ihrer Offiziere; dennoch bildete sie den Stoßkeil bei einem größeren Angriff auf Moskau und erzielte einen der tiefsten Einbrüche der ganzen Offensive. Im Verlaufe der russischen Wintergegenoffensive versuchte »Das Reich« — wie alle Einheiten der Waffen-SS an der Ostfront —, Hitlers Befehl (»Kein Rückzug«) buchstäblich zu erfüllen und erlitt dadurch sogar noch größere Verluste. Am 10. Februar 1942 hatte die Division insgesamt 10 690 Mann, die Offiziere nicht einbegriffen, verloren. War »Das Reich« von allen SS-Divisionen am härtesten betroffen,

---

2 Philippi und Heim, a. a. O., 94 ff. Eine ausgezeichnete Beurteilung der Rolle Hitlers während der Winterkrise findet man bei Clark, a. a. O., S. 182 f.
3 Philippi und Heim, a. a. O., S. 109; Werth, a. a. O., S. 259 f.

so hatten auch die anderen schwere Ausfälle gehabt[4]. Nach kurzer Zeit waren sämtliche Reserven Himmlers erforderlich, um nur die Fronteinheiten der Waffen-SS einsatzfähig zu halten.

Als die russische Gegenoffensive zum Stehen gebracht war, hatte die Waffen-SS Verluste von insgesamt mehr als 43 000 Mann erlitten. Es zeigte sich schnell, daß die Quote an heimatdeutschen Rekruten, die das OKW der Waffen-SS zugebilligt hatte, kaum die Ausfälle der bestehenden Feldverbände decken würde[5]. Jeder Ausbau der Waffen-SS mußte deshalb von dem Erfolg der Werbungskampagne unter Ausländern abhängen. Angesichts der Schwierigkeiten, auf die sie bei den westeuropäischen oder »germanischen« Freiwilligen gestoßen waren, wandten die SS-Dienststellen nun ihre Aufmerksamkeit dem Osten zu.

## Volksdeutsche in der Waffen-SS

Es wurde bereits erwähnt, daß im Ausland geborene SS-Männer im letzten Kriegsjahr die heimatdeutschen zahlenmäßig übertrafen. Viele waren »Volksdeutsche« aus Gebieten außerhalb des Reiches. Nach einer 1938 von der deutschen Regierung herausgegebenen Verordnung waren Volksdeutsche solche Personen, die zwar nicht Bürger des Deutschen Reiches, aber nach Sprache und Kultur Deutsche waren. Mitte 1944 dienten mehr als 150 000 Volksdeutsche in der Waffen-SS[6].

Die erste Anwerbung großen Ausmaßes von Volksdeutschen für die SS fand in Rumänien kurz nach Kriegsbeginn statt. Im Frühjahr 1940 sicherte sich Berger mit Hilfe des politischen Führers der deutschen Kolonie in Siebenbürgen, seines Schwiegersohnes Andreas Schmidt, über 1000 junge Freiwillige. Um diplomatische Komplikationen zu vermeiden, wurden die

---

4 Die Verlustziffern für »Das Reich« und die anderen SS-Verbände findet man in SSFHA, »Gesamtaufstellung des Mannschaftsersatzes für die SS-Divisionen und -Regimenter seit Beginn des Ostfeldzuges«, 3. März 1942, RFSS/T-175, 108/263178 ff.

5 Berger an Himmler, »Einberufungen im Jahr 1941«, 6. März 1942, RFSS/T-175, 109/2633780 f. Geheime Kommandosache.

6 Nürnberger Dokumente NG-295, USMT, IV, Case 11, PDB 72-D, S. 12. Die Zahl der Volksdeutschen in der Waffen-SS wurde in der »Rede des Reichsführers SS auf der Ordensburg Sonthofen« erwähnt, 5. Mai 1944, RFSS/T-175, 92/2613482. Eine ausgezeichnete, auf dem Nürnberger Material beruhende, Untersuchung ist: Robert Herzog, Die Volksdeutschen in der Waffen-SS (»Studien des Instituts für Besatzungsfragen in Tübingen zu den deutschen Besetzungen im Zweiten Weltkrieg«, Nr. 5, Tübingen 1955).

Männer als Industrie- und Landarbeiter getarnt nach Deutschland geschickt[7].

Von seinem Erfolg in Rumänien ermutigt, begann Berger an eine SS-Werbung zu denken, die alle volksdeutschen Gemeinschaften auf der ganzen Welt umfassen sollte. In einer Denkschrift, die er Himmler im August 1940 vorlegte, meinte Berger, der Balkan, besonders Rumänien, Ungarn und Jugoslawien mit schätzungsweise anderthalb Millionen Volksdeutschen, würde das ergiebigste Terrain für die Durchführung dieses Planes sein[8]. Damals war zunächst nur eine getarnte Anwerbung möglich, aber bereits Mitte 1941 befand sich Jugoslawien unter der Herrschaft der Achsenmächte, und Rumänien und Ungarn waren Deutschlands Verbündete.

Kurz nach dem Zusammenbruch Jugoslawiens erbrachte eine nicht sehr umfangreiche Werbung in Serbien eine bescheidene Anzahl volksdeutscher Freiwilliger, die unmittelbar der SS-Division »Reich« unterstellt wurden. Auf ihrem Wege von Jugoslawien durch Rumänien nach Deutschland griff die Division weitere 600 Volksdeutsche auf und schmuggelte sie in ihren Fahrzeugen aus dem Land[9]. Aber Berger hatte ehrgeizigere Pläne. Er glaubte, mit geeigneter Unterstützung und Organisation würde es möglich sein, eine ganze SS-Division aus jugoslawischen Volksdeutschen aufzustellen. Himmler gefiel die Idee: Auf diese Weise würde er eine siebente Division bekommen. Er erklärte sich also bereit, die Sache mit dem Führer zu besprechen.

Ende 1941 nahm die Partisanentätigkeit in Serbien und Kroatien zu, und deutsche Kräfte wurden in diesen Gebieten zu einer Zeit gebunden, da sie in Rußland dringend gebraucht wurden. Himmlers ständiges Drängen, dem die überraschende russische Gegenoffensive vor Moskau Nachdruck verlieh, veranlaßten Hitler, Bergers Plan zuzustimmen. Am 30. Dezember 1941 wurde Himmler von Keitel unterrichtet, daß der Führer die Aufstellung einer neuen SS-Division befohlen habe, die aus Volksdeutschen in Serbien bestehen solle. Sie sollte die Stärke von zwei Brigaden erhalten, jede mit zehn oder elf selbständigen Bataillonen, die für die Partisanenbekämpfung ausgebildet und ausgerüstet sein sollten[10].

Ein bereits vorhandener, von SS geführter Selbstschutz aus serbischen Volksdeutschen wurde schleunigst in einen Kern für die neue Division um-

---

7 Nürnberger Dokumente NO-1605, NG-1112, NO-1605 und NO-3362; USMT IV, Case 11, PDB 66-G, S. 73 ff. und PDB 43, S. 42.
8 Berger an Himmler, »Population Movement«, 7. August 1940, Streng Geheim, Nürnberger Dokumente NO-1825, USMT IV, Case 11, PDB 65, S. 1 ff.
9 Berger an Wolff, »Lage in Rumänien«, 15. April 1941, Geheim, RFSS/T-175, 110/2634795 ff.
10 Keitel an Himmler, »Aufstellung von volksdeutschen Verbänden in Serbien durch den Reichsführer SS«, 30. Dezember 1941, Geheime Kommandosache, RFSS/T-175, 109/2633912 f.

gewandelt, die am 1. März 1942 die amtliche Bezeichnung SS-Freiwilligendivision »Prinz Eugen« erhielt[11]. Es war die siebente Division der Waffen-SS und die erste der vielen ausländischen Divisionen, die in den kommenden Jahren den Charakter der Waffen-SS so grundlegend ändern sollte.
Zunächst stand die neue Division allerdings nur auf dem Papier; sie mußte auch Mannschaften bekommen. Himmler hatte Hitler auf Grund von Bergers Informationen versichert, es werde nicht schwer sein, die benötigten volksdeutschen Freiwilligen zu rekrutieren. Aber er irrte sich. Trotz intensiver Werbetätigkeit in Serbien und Kroatien im Frühling und Sommer 1942 meldeten sich nur wenige Volksdeutsche zum Dienst in der Waffen-SS. Berger war verständlicherweise besorgt darüber. Gelang es nicht, Männer für »Prinz Eugen« zu finden, so konnte das sehr leicht das Ende der Unterstützung des Auslandsfreiwilligenprogramms durch Hitler bedeuten. Wenn die Mitglieder der deutschen Volksgruppe in Serbien nicht wußten, was ihre Pflicht war, dann würde die SS ihnen das schleunigst klarmachen: Berger befahl deshalb seinen Werbetrupps, härtere Methoden anzuwenden. So kam zur Propaganda nun der Zwang als Mittel, »Freiwillige« auszuheben, und bald danach wurde die regelrechte Wehrpflicht eingeführt.
Das Frühjahr 1942 markiert einen weiteren Wendepunkt in der Entwicklung der Waffen-SS. Zu jener Zeit hatte sie noch den Charakter einer Elitetruppe, die überwiegend deutsch war und größtenteils aus Freiwilligen bestand. In der zweiten Hälfte des Jahres 1942 begann sie jedoch ihr Gesicht zu wandeln: Immer mehr Ausländer, darunter viele, die nicht freiwillig gekommen waren, traten in ihre Reihen. Seit 1943 wurden sogar Heimatdeutsche zwangsverpflichtet. Kurzum, die Waffen-SS hatte sowohl ihre ethnische Einheitlichkeit als auch die Besonderheit eingebüßt, eine Elitetruppe aus Freiwilligen zu sein.
Die ungesetzlichen Zwangsverpflichtungen für die Waffen-SS begannen in Serbien um die Mitte 1942. Auf Grund der Beschwerden von Mitgliedern der deutschen Volksgruppe befahl das Hauptamt SS-Gericht dem SS- und Polizeigericht in Belgrad, die von Bergers Werbern in jenem Bereich praktizierten Methoden zu untersuchen. Die Ergebnisse der Untersuchung, die Himmler in einem taktvoll abgefaßten Beschwerdeschreiben des SS-Oberführers Dr. Günther Reinecke, Chefs des Hauptamts SS-Gericht, übermittelt wurden, besagten, daß die SS-Freiwilligendivision »Prinz Eugen« »keine Freiwilligenorganisation mehr sei, sondern daß im Gegenteil die Volksdeutschen aus dem serbischen Banat (nach den Feststellungen des SS- und Polizeigerichts in Belgrad) ›großenteils unter Androhung von Strafen durch

---

11 SSFHA, »Aufstellung der Freiwilligengebirgsdivision«, 1. März 1942, Geheim, RFSS/T-175, 109/2633790.

die örtliche deutsche Führung und später durch das (SS-)Ergänzungsamt eingezogen« worden seien«[12].

Um künftiger Kritik dieser Art vorzubeugen, befahl Himmler die Einführung der allgemeinen Wehrpflicht für Volksdeutsche in den von den Deutschen besetzten Gebieten Serbiens. Berger, wegen der rechtlichen und politischen Folgen besorgt, bezweifelte die Notwendigkeit eines solchen Schrittes: »Niemand kümmert sich darum, was wir da unten mit unseren Deutschstämmigen machen... die allgemeine Wehrpflicht für Kroatien und Serbien zu verkünden, ist völkerrechtlich unmöglich und ist auch überhaupt nicht nötig, denn wenn eine Rassengruppe unter einigermaßen guter Führung steht, meldet sich jeder freiwillig, und wer das nicht tut, dem wird das Haus über dem Kopf abgebrochen[13].«

Aber Himmler zog es vor, sich seinen Nachschub an serbischen Volksdeutschen auf dem Wege der Gesetzgebung zu sichern. So wurde der von den Deutschen besetzte Teil Serbiens zum deutschen Hoheitsgebiet erklärt, und die Kaiserliche Tiroler Landsturmordnung von 1872 wurde wieder in Kraft gesetzt, damit man eine juristische Grundlage für die Einführung der allgemeinen Wehrpflicht für die deutsche Volksgruppe in diesem Gebiet hatte[14].

Nachdem Berger die Rekrutierung in Jugoslawien fest in den Griff bekommen hatte, wandte er seine Aufmerksamkeit Ungarn zu. Auf Grund eines Abkommens mit dem ungarischen Heeresministerium (Honved) erhielt die SS Erlaubnis, unter den ungarischen Volksdeutschen zu werben. In einer stürmischen Kampagne gelang es den SS-Werbern, von März bis Mai 1942 insgesamt 16 527 Männer anzuwerben und nach Deutschland zu schicken. 1944 dienten rund 42 000 Volksdeutsche aus Ungarn in der Waffen-SS[15].

Mochte Berger sich auch vor Himmler mit dem phantastischen Erfolg seines »Unternehmens Ungarn« brüsten — das SS-Führungshauptamt teilte seine Begeisterung nicht. Im August 1941 und im März 1942 erneut beschwerte sich SS-Gruppenführer Jüttner über die von Bergers Werbern benutzten Methoden. Und nicht nur im Zusammenhang mit der Einberufung von Volksdeutschen, sondern auch an den bei der Werbung von heimatdeutschen und westeuropäischen Freiwilligen angewandten Verfahren fand

---

12 Nürnberger Dokumente NO-1649, IV, USMT, Case 11, PDB 66-G, S. 57.
13 Nürnberger Dokumente NO-5901, a. a. O., S. 54.
14 Herzog, a. a. O., S. 13; vgl. Absolon, a. a. O., S. 122 ff.
15 Berger an Himmler, »Operation Hungary«, o. D. (wahrscheinlich Mai 1942), Geheim, Nürnberger Dokumente NO-5024, USMT IV, Case 11, PDB 66-G, S. 95; Himmlers Sonthofener Rede, 5. Mai 1944, RFSS/T-175, 92/2613482 und SSFHA »Aufstellung eines Rekrutendepots der Waffen-SS auf dem SS-Tr.-Üb.-Platz Debica«, 17. März 1942, Geheim, RFSS/T-175, 109/2633756 f.

Jüttner einiges auszusetzen. Im September 1942 schrieb der Chef des SSFHA einen dritten und schärferen Brief an Berger, in dem er sich beschwerte, daß man ihm wiederum Ärger wegen »gänzlich ungeeigneter Ersatzbeschaffung« bereitet habe, diesmal aus Ungarn. Viele der Rekruten seien »offenbar niemals einem Arzt oder SS-Führer vorgestellt worden, da ihre körperlichen Mängel so offenkundig sind, daß ein Soldat sie niemals für wehrdiensttauglich erklärt haben würde«. Es hätten sich, so schreibt Jüttner, viele Männer »mit Epilepsie, schwerer Tuberkulose und anderen ernsten körperlichen Gebrechen« gefunden. Man habe diese Rekruten entlassen und nach Ungarn zurückschicken müssen. Außerdem habe man festgestellt, daß viele der Rekruten keine Freiwilligen waren, »sondern Männer, die man unter falschen Vorspiegelungen oder mit Gewalt in die Transporte gesteckt« habe. Wieder andere waren »keine Volksdeutschen, sondern ungarische Staatsbürger, die man überredet hatte, sich den Transporten anzuschließen, indem man ihnen versicherte, es handele sich lediglich um ein kurzes Sporttraining«. Jüttner lenkte Bergers Aufmerksamkeit auch auf die Tatsache, daß er »ständig Beschwerden und Beanstandungen... von Verwandten der Rekruten bekomme wegen der Methoden, die der ungarische Volksbund bei diesen Werbungen anwende«[16].

Bergers Antwort an das SSFHA — wenn er ihm überhaupt geantwortet hat — war nicht aufzufinden. Jüttners Beschwerdebriefe zeigten deutlich die Gefahren einer wahllosen Werbung widerspenstiger Ausländer. Trotzdem scheinen sie wenig Einfluß auf Bergers künftige Pläne gehabt zu haben.

In den Jahren 1942 und 1943 wurde die Anwerbung von Volksdeutschen verstärkt, um den ständig steigenden Mannschaftsbedarf der wachsenden Waffen-SS zu decken. Es wurden Abkommen mit den Regierungen von Rumänien und Ungarn und mit den Marionettenregierungen von Kroatien und der Slowakei geschlossen, die eine fast unbeschränkte Zwangsverpflichtung von Volksdeutschen in diesen Gebieten erlaubten. In den besetzten Gebieten wie Serbien, Polen und Teilen der Sowjetunion wurden die Volksdeutschen einfach zur Waffen-SS einberufen, so wie gebürtige Deutsche zur Wehrmacht eingezogen wurden. Ende 1943 dienten an Volksdeutschen in der Waffen-SS: aus Nord-Schleswig (Dänemark) 1292, aus der Slowakei 5390, aus Ungarn 22 125, aus Rumänien 54 000, aus Serbien 21 516 (einschließlich Polizei) und aus Kroatien 17 538. Als der Krieg ins vierte Jahr ging, waren mehr als ein Viertel der Männer in der Waffen-SS Volksdeutsche aus Gebieten außerhalb der Reichsgrenzen[17].

---

16 Jüttner an Berger, »Recruiting of Racial Germans and Germanic Volunteers«, 5. September 1942, Geheime Kommandosache, Nürnberger Dokumente NO-2476, USMT IV, Case 11, PDB 66-G, S. 70 ff.
17 »Auszug aus dem Informationsblatt des Reichsleiterdienstes vom 28. 12. 1943«, Nürnberger Dokumente NO-2015, a. a. O., S. 80 ff.

Nachdem die SS praktisch den Bestand an zivilen Volksdeutschen wehrpflichtigen Alters in Osteuropa erschöpft hatte, zwang sie Anfang 1944 die Regierungen der Slowakei und Ungarns, der Waffen-SS sämtliche Volksdeutschen zu überstellen, die in den slowakischen und ungarischen Streitkräften dienten. Auf diese Weise fanden nochmals rund 50 000 Volksdeutsche den Weg in die SS[18].

## Die baltischen Legionen der SS 1942—1945

Im Jahre 1940 annektierte die Sowjetunion Estland, Lettland und Litauen. Ein Jahr später wurden die Russen von der Wehrmacht aus diesen Gebieten vertrieben, und aus den baltischen Ländern wurde das »Ostland«. Nach wenigen Wochen deutscher Besetzung bereits begann die SS, baltische Freiwillige für SS-Polizeiverbände zu werben. Am 31. Juli 1941 wurde die erste Gruppe von 396 Esten dem Höheren SS- und Polizeiführer Rußland-Nord für Polizeiarbeit übergeben[19]. In den folgenden Monaten stellte die SS eine Anzahl »Schutzmannsbataillone« aus lettischen und estnischen Freiwilligen auf, während das Heer acht estnische Bataillone rekrutierte, von denen vier als Kampftruppen zur Heeresgruppe Nord geschickt wurden. Ein früher Versuch Himmlers, sich diese Bataillone zu unterstellen, wurde von der Wehrmacht vereitelt[20]. Während der russischen Gegenoffensive im Winter 1941/42 wurden die baltischen Bataillone an die Front geworfen, um Lücken aufzufüllen. Obwohl sie recht tapfer kämpften, wurden die kümmerlich ausgebildeten und unzulänglich bewaffneten Schutzmannschaften — wie die nationalen Legionen — stark dezimiert.

Als es den Anschein hatte, daß der russische Gegenschlag an der Nordfront die deutsche Verteidigung durchbrechen würde, erwog die Wehrmacht verzweifelt die Not-Mobilmachung lettischer, litauischer und estnischer Militärverbände zur Verteidigung des Ostlandes. Der SS-Vertreter in diesem Gebiet verlangte, als er von der Absicht der Wehrmacht erfuhr, daß die SS mit dieser Aufgabe betraut würde, da die Balten nur durch sie »die

---

18 SS-Obersturmbannführer Letsch an Berger, »Slovakia: Introduction of Compulsory Labor and Military Service«, 19. Januar 1944, Geheim, Nürnberger Dokumente NO-3067, a. a. O., S. 106 ff. Über das Abkommen mit Ungarn s. Herzog, a. a. O., S. 10.
19 SSFHA, »Einberufungen zur Waffen-SS«, 31. Juli 1941, Geheim, RFSS/T-175, 110/2634485 ff.
20 KTB/OKW, 2. Dezember 1943, IV, 1328 f.

geistige und politische Ausrichtung erhalten« würden[21]. Die Gefahr eines russischen Durchbruchs ging vorüber, noch ehe eine Entscheidung über die Aufstellung einer baltischen SS fiel, aber die Idee hatte in Berlin Wurzel geschlagen.

Vorerst beschränkten sich die Deutschen auf eine verstärkte Werbung von Esten und Letten für weitere Polizeibataillone. Einige dieser Verbände wurden vom Heer, andere von der SS aufgestellt. Anfangs hauptsächlich für die Partisanenbekämpfung bestimmt, wurden sie dennoch häufig zum Kampf an der Front herangezogen[22].

Inzwischen aber ging das örtliche Interesse weit über das hinaus, was Berlin im Sinne hatte. Für nationalistische Kollaborateure, die eine Autonomie ihrer Länder bezweckten, war die Aussicht auf Neuaufstellung einheimischer Streitkräfte außerordentlich verlockend. Besonders in dem winzigen Estland wuchs die Agitation für die Schaffung einer nationalen militärischen Truppe im Laufe des Jahres 1942. Berger, der rasch die Möglichkeiten der Situation erfaßte, gab den Balten Schützenhilfe. Als der Vorschlag zur Aufstellung einer baltischen SS Himmler im Mai 1942 unterbreitet wurde, war dieser unschlüssig: »Die Aufstellung von SS-Verbänden aus Esten, Letten oder sogar Litauern ist sicherlich verlockend, (birgt aber) sehr große Gefahren[23].« Binnen weniger Monate waren Himmlers Zweifel aber seinem Menschenhunger gewichen. Estland sollte die erste Einheit der östlichen Waffen-SS stellen, denn dort waren die deutschfreundlichen Gefühle stärker als irgendwo anders im Baltikum, und Himmler hatte auch weniger Vorbehalte im Hinblick auf die »Rassereinheit« der Einwohner. Ende August 1942 gab er seine Zustimmung zur Aufstellung einer Estnischen Legion im Rahmen der Waffen-SS[24].

Im Januar 1943 inspizierte Himmler eine Gruppe von 54 estnischen Legionären, die einen Lehrgang auf einer Unterführerschule der Waffen-SS mitmachten, und gewann einen sehr günstigen Eindruck von ihnen. »Rassisch könnten sie von Deutschen nicht unterschieden werden«, bemerkte er. »Die Esten gehören wirklich zu den wenigen Rassen, die nach Auslese von nur einigen wenigen Elementen ohne Schaden für unser Volk mit uns verschmolzen werden könnten.« Er war auch der Meinung, daß die richtige weltanschauliche und sprachliche Erziehung die Legionäre in den Stand

---

21 Abschrift eines Telegramms von SS-Brigadeführer Stahlecker an SS-Obergruppenführer Heydrich, weitergeleitet an Himmler am 25. Januar 1942, Geheim — Dringend, RFSS/T-175, 109/2633024 f.
22 S. Steiner, Die Freiwilligen, S. 141, 185.
23 Zitiert bei Dallin, a. a. O., S. 597.
24 SSFHA, »Aufstellung der Estnischen SS-Legion«, 29. September 1942, Geheim, RFSS/T-175, 111/2635437 ff. Einige Zeit nach Aufstellung der Estnischen Legion mußte die Wehrmacht ihre estnischen Bataillone der Waffen-SS übergeben. S. KTB/OKW, 2. Dezember 1943, IV, 1329.

setzen würde, »den Gedanken zu verbreiten, daß eine Nation von 900 000 Esten nicht als unabhängiger Staat überleben kann, und daß Estland als rassisch verwandte Nation sich dem Reich anschließen muß«[25].

Dem Beispiel der Esten folgend, bat die lettische Marionettenregierung den Reichskommissar für das Ostland, die Wiederaufstellung der lettischen Armee in einer Stärke von 100 000 Mann zu genehmigen. Als Berger von der Eingabe Kenntnis erhielt, ließ er die Angelegenheit prüfen und berichtete Himmler, dahinter stecke nichts als »ein alter Trick, besondere politische Vorteile herauszuholen«. Wenn die Letten wirklich die Bolschewisten bekämpfen wollten, sollten sie »eine Freiwilligentruppe aufstellen, die rassisch brauchbar ist, und sie dem Reichsführer SS zur Verfügung stellen ... als Polizeibataillone für die Partisanenbekämpfung oder, wenn sie besonders geeignet sind, als Lettische Legion«[26]. Bergers Anregung wurde von Rosenberg, dem Reichskommissar für die Ostgebiete, unterstützt. Durch die immer kritischer werdende Lage an der Stalingrad-Front veranlaßt, setzte sich auch Himmler für diesen Vorschlag ein, und Hitler genehmigte die Aufstellung einer lettischen Legion für die Waffen-SS.

Wie bei den Germanischen Legionen schien auch die erste Reaktion der Jugend in den beiden baltischen Ländern eine vielversprechende Zukunft für die neuen Verbände anzudeuten. Binnen zweier Monate nach ihrer Gründung hatte die Estnische Legion eine Stärke von mehr als 200 Deutschen und 700 Esten. Vier Monate später hatten sich rund 15 000 Letten und 6500 Esten für die Legionen verpflichtet. Aber fehlendes Gerät, Mangel an Kasernen und andere Unzulänglichkeiten in der Durchführung des Programms verzögerten ihre Einberufung. Am 15. April 1943 waren erst 2478 Letten und 2850 Esten zum Dienst einberufen worden[27].

Wie bereits erwähnt, war das Frühjahr 1943 eine Periode größerer Umgruppierungen bei der Waffen-SS. Die Germanischen Legionen waren, hauptsächlich wegen ihrer geringen Stärke, als ungeeignet für die Art der Kriegführung im Osten befunden worden. Sie wurden deshalb in Brigaden und später in Divisionen umgruppiert. Dasselbe Verfahren wurde nun auch auf die im Entstehen begriffenen baltischen Legionen angewandt.

---

25 Himmler an SSHA und SSFHA, 13. Januar 1943, Geheim, Nürnberger Dokumente NO-3301, USMT IV, Case 11, PDB 66-G, S. 146 ff.
26 Berger an Himmler, »Latvian Operation«, 11. Dezember 1942, Geheim, Nürnberger Dokumente NO-3300, a. a. O., S. 119 f.
27 Berger an Himmler, »Replacements situation of the Replacement Command Ostland, Riga«, 17. April 1943, Geheim, Nürnberger Dokumente NO-3379; »The situation regarding replacements in the Ostland«, 4. Juni 1943, Geheim, Nürnberger Dokumente NO-3303, a. a. O., S. 122, 124 f. S. auch Telegramm von SSFHA an Himmler, »Estnische Legion«, 20. Dezember 1942, Geheime Kommandosache, RFSS/T-175, 111/2635404 f.

Noch vor Abschluß ihrer Grundausbildung wurden die Legionen umgegliedert und vergrößert. Die Estnische Legion, durch einen Teil der 1. SS-Infanteriebrigade verstärkt, wurde in Estnische SS-Freiwilligenbrigade umbenannt. Die Lettische Legion mit dem Restbestand der 2. SS-Infanteriebrigade wurde die Lettische SS-Freiwilligenbrigade[28]. Da viele der von den SS-Infanteriebrigaden übernommenen Männer Heimat- oder Volksdeutsche waren, ist die baltische SS niemals ein ausschließlich nationaler Verband gewesen.

Kurz nachdem die Legionen in Brigaden umgewandelt worden waren, befahl die SS-Führung, teilweise unter dem Eindruck weiterer militärischer Rückschläge, daß sie zu Divisionen vergrößert werden sollten. Außerdem sollten die verbliebenen lettischen Schutzmannsbataillone Stamm einer dritten baltischen SS-Division werden[29]. In der Erkenntnis, daß man sich nicht darauf verlassen könne, genügend Soldaten zur Auffüllung von drei Divisionen durch Freiwilligenmeldungen zu bekommen, befahl Himmler die Einführung der allgemeinen Wehrpflicht im Ostland. Infolgedessen waren Letten und Esten (Himmler weigerte sich, Litauer in die SS aufzunehmen, weil sie politisch unzuverlässig und rassisch minderwertig seien) der Jahrgänge 1915 bis 1924 nun bei der Waffen-SS dienstpflichtig. Im Jahre 1944 wurde die Wehrpflicht auch auf die Jahrgänge 1904 bis 1914 und 1925 bis 1926 ausgedehnt. Außerdem konnten alle früheren Offiziere und Unteroffiziere des estnischen Heeres bis zum 60. bzw. 55. Lebensjahr zum Wehrdienst eingezogen werden[30].

28 SSFHA, »Umgliederung der 11. SS-Inf.-Brig. (mot) in die Estnische SS-Freiw.-Brigade«, 5. Mai 1943, RFSS/T-175, 111/2635291 ff.; SSFHA, »Umgliederung der 2. SS-Inf.-Brig. (mot) in die Lett. Freiw.-Brig.«, 18. Mai 1943, 111/2635256.
29 Während die Umgliederung in Divisionen stattfand, waren die bestehenden baltischen Verbände — manchmal Legionen, manchmal auch Brigaden genannt — am Nordabschnitt der russischen Front eingesetzt. Einzelheiten bei Steiner, Die Freiwilligen, S. 201, 233 ff.
30 Nürnberger Dokumente NO-3474, NO-2817, NO-3044, NO-2812, NO-2816, NO-2804, NO-2810, NO-4884 und NO-4885, USMT IV, Case 11, PDB 66-G, passim. Aus dem Kriegstagebuch des OKW geht hervor, daß die Deutschen eine Menge Schwierigkeiten mit dem Einberufungsprogramm in Lettland hatten. Die Durchführung lag anfangs in den Händen der einheimischen Kollaborateure (Rudolf Bangerskis, ein ehemaliger lettischer Kriegsminister, wurde zum SS-Gruppenführer und Generalinspekteur der lettischen SS ernannt), aber sie versagten derart, daß es vielen Wehrpflichtigen gelang, sich dem Dienst zu entziehen. Die Wehrmacht richtete daraufhin 50 eigene Werbebüros im Lande ein. Ende 1943 war die ganze Aktion von der SS übernommen worden. In dem Kriegstagebuch des OKW heißt es, »daß der Führer dem Reichsführer SS die Aushebung der wehrfähigen Esten und Letten übertragen hat, der zu diesem Zweck in Reval und Riga je ein SS-Ergänzungskommando erhält. Dieses bekommt die Rechte eines deutschen Wehrbezirkskommandos.« Eintragung 2. Dezember 1942, KTB/OKW, III, 1328 f.

1944 hatte die Waffen-SS drei neue Divisionen zur Verfügung: die 15. Waffengrenadierdivision der SS (lett. Nr. 1), die 19. Waffengrenadierdivision der SS (lett. Nr. 2) und die 20. Waffengrenadierdivision der SS (estn. Nr. 1). Als die SS begann, ihre eigenen Armeekorps aufzustellen, wurden die beiden lettischen Divisionen zum VI. (lett.) SS-Freiwilligenarmeekorps vereint[31]. Alle drei baltischen Divisionen kämpften während des sowjetischen Vormarsches 1944 vergeblich bei der Verteidigung ihrer Heimat. Die Lettische 19. SS-Division gehörte zu dem in Kurland abgeschnittenen Verband, der bis Kriegsende ein nutzloses deutsches Einsprengsel hinter den sowjetischen Linien hielt. Nach dem deutschen Rückzug aus den baltischen Staaten wurde die Lettische 15. SS-Division bei der verzweifelten Verteidigung Pommerns dezimiert. Die Estnische 20. SS-Division wurde aus Schlesien herausgetrieben und zog sich nach Böhmen zurück, wo die Überlebenden bei Kriegsende kapitulierten[32].

## Die östliche Waffen-SS

Für Himmler war das Fundament der Waffen-SS ihre Rassereinheit und ihr Zweck, »einen Orden guten Blutes zu schaffen, der Deutschland zu dienen vermag«. Obwohl er sich gezwungen sah, die strengen Maßstäbe der Vorkriegszeit zu lockern, bemühte er sich doch auch weiterhin, einen gewissen Anschein der früheren rassischen Exklusivität der Waffen-SS zu wahren. Als Hitler 1941 die Aufstellung der nationalen Legionen befahl, weigerte sich Himmler, Franzosen und Wallonen in die Waffen-SS aufzunehmen, weil sie keine »germanischen« Völker seien. Aber nicht einmal mehr die »germanischen« Legionäre brauchten den rassischen Anforderungen der SS zu genügen, und das wurmte Himmler. Im Juli 1942 befahl er dem SSFHA sich zu vergewissern, daß in den Legionen dienende Männer ihre nationalen Embleme statt der SS-Runen auf den Kragenspiegeln trügen. Grund: »Ich will lediglich ganz klar für alle Zeiten vermeiden, daß Männer, die nach strengen Gesichtspunkten nicht die Fähigkeit haben, SS-Männer zu werden, aus den Nöten des Krieges heraus in die SS hineinkommen[33].«

31 S. Hitlers Lagebesprechungen, S. 519, Anm. 4, S. 837, Anm. 2 und S. 939, Anm. 1; Steiner, Die Freiwilligen, S. 201, 269, 280 ff. und 311 ff. Ferner SSFHA, »Aufstellung des Gen.-Kdo. VI. SS-Freiw.-Korps«, 8. Oktober 1943, RFSS/T-175, 111/2635214 ff.
32 S. »Gliederung des deutschen Heeres in den Jahren 1944/45 (schematische Übersicht)«, 1. März 1945, KTB/OKW, IV, 1895 ff.
33 Himmler an Jüttner, 7. Juli 1942, Geheime Kommandosache, RFSS/T-175, 111/2635402 ff.

Himmler kämpfte einen aussichtslosen Kampf. 1943 waren die rassischen Anforderungen der SS, durch den Krieg bedingt, derart herabgesetzt worden, daß frühere Legionäre — westeuropäische und baltische — in jeder Beziehung reguläre Angehörige der Waffen-SS waren. Schritt für Schritt wurden die Vorschriften modifiziert, bis die Waffen-SS auch Rekruten aus Volksgruppen aufnahm, die selbst bei Aufbietung aller Phantasie nicht als »germanisch« betrachtet werden konnten.

Der erste größere Verband der Waffen-SS, der ohne Rücksicht auf rassische oder völkische Faktoren aufgestellt wurde, ist im Februar 1943 von Adolf Hitler ins Leben gerufen worden. Er sollte aus Mohammedanern aus Bosnien und der Herzegowina bestehen und die volksdeutsche 7. SS-Division »Prinz Eugen« bei der Partisanenbekämpfung in Jugoslawien unterstützen[34].

Unter Ausnutzung des traditionellen Hasses der Moslems gegen die christlichen Serben, die die große Masse von Titos Partisanen bildeten, konnte die Waffen-SS schnell Tausende junger Moslems anwerben. Aber wie bei den Germanischen Legionen versickerte auch hier der Freiwilligenstrom nach einer anfänglichen Flutwelle. Diesmal lag der Grund aber nicht in mangelndem Interesse, sondern in dem Widerstand der kroatischen Marionettenregierung, die dem Namen nach über die Gebiete herrschte, in denen ein großer Teil der mohammedanischen Bevölkerung Jugoslawiens lebte.

Himmler kam dahinter, daß die Ortsbehörden Männer, die den Wunsch laut werden ließen, sich freiwillig zur Waffen-SS zu melden, verhaften oder zur kroatischen Armee einziehen ließen. Seine Informanten berichteten, die kroatischen Konzentrationslager in Novogradisca und Jasenovac seien voll von jungen Leuten, die versucht hatten, zur Waffen-SS zu gehen. In einem energischen Brief forderte Himmler seinen Beauftragten in Kroatien, den Polizeigeneralmajor Kammerhofer, auf, »mit aller Kraft und Macht durchzugreifen«, um die kroatischen Behörden daran zu erinnern, daß sie als Marionetten zu gelten hätten. »Ich erwarte Ihre Meldung über die volle Aufstellung der Division in Stärke von rund 26 000 Mann bis 1. 8. 1943.« Zwei Tage später befahl Himmler, Berger solle Kammerhofer zwei Millionen Reichsmark schicken, um die Werbekampagne zu finanzieren[35].

Kammerhofer machte sich sofort an seine neue Aufgabe. Obwohl die kroatischen Behörden sich Zeit ließen, gaben sie doch ihre frühere Taktik rasch auf, und die Zahl von angeworbenen Moslems stieg unverzüglich an. Als dennoch die Freiwilligenmeldungen zur Deckung des Bedarfs nicht ausreichten, wurde die Wehrpflicht eingeführt, um die Moslemdivision auf

---

34 SSFHA, »Aufstellung der kroatischen SS-Freiwilligendivision«, 30. April 1943, Geheime Kommandosache, RFSS/T-175, 111/2635334 ff.

35 Himmler an Kammerhofer, 1. Juli 1943, Geheime Kommandosache, RFSS/T-175, 111/2635371; Himmler an Berger, 3. Juli 1943, Geheime Reichssache, a. a. O., 111/2635386.

ihre Sollstärke zu bringen[36]. Die Ausbildung erfolgte in Frankreich und später in Schlesien. Ende 1943 wurde die Division wieder nach Kroatien zurückverlegt, um an dem Kampf gegen die wachsende Bedrohung durch Titos Partisanenbanden teilzunehmen.

Als erster SS-Verband dieser Art — und sicherlich der sonderbarste, der jemals SS-Uniform getragen hat — verdient die Muselmanendivision nähere Betrachtung. Viele Monate nach ihrer Aufstellung blieb die Einheit namenlos. Manchmal wurde sie als Kroatische SS-Freiwilligendivision bezeichnet, und manchmal wurde sie Muselmanendivision genannt. Im Oktober wurde sie durch eine Anweisung des SSFHA als 13. SS-Freiwilligen b. h. Gebirgsdivision (Kroatien) bezeichnet[37]. Kurze Zeit darauf erhielt die Division im Zuge eines Planes, die Eliteeinheiten von denen mit rassisch minderer Zusammensetzung zu unterscheiden, eine neue und endgültige Bezeichnung: 13. Waffengebirgsdivision der SS »Handschar« (kroat. Nr. 1)[38].

Im Januar schilderte Himmler seine Muselmanendivision vor Goebbels und anderen führenden Leuten des Propagandaministeriums als »total kirchlich«. Jedes Bataillon hätte seinen »Imam«, jedes Regiment seinen »Mullah«, und mit Hitlers Einwilligung erhielten die Moslems die gleichen Rechte, die sie in der alten k. und k. österreichisch-ungarischen Armee gehabt hätten: Sonderverpflegung und die Erlaubnis, ihre religiösen Bräuche auszuüben. Und der aggressiv antireligiöse Himmler erzählte Goebbels, er habe »gegen den Islam gar nichts, denn er erzieht mir in dieser Division seine Menschen und verspricht ihnen den Himmel, wenn sie gekämpft

---

36 SS-Freiw.-Geb.-Division »Prinz Eugen«, Kommandeurnotiz, »Abgabe von Muselmanen aus der kroat. Wehrmacht«, 31. Juli 1943, Geheime Kommandosache, a. a. O., 108/2631276 ff.; Berger an Himmler, »Muselmanendivision«, 4. August 1943, Geheim, a. a. O., 108/2631142.

37 SSFHA, »13. SS-Freiw. b. h. Gebirgsdivision (Kroatien)«, 9. Oktober 1943, Geheime Kommandosache, a. a. O., 108/2631269.

38 In den ersten Kriegsjahren wurden die SS-Divisionen nur durch Namen gekennzeichnet (z. B. SS-Division »Reich«). Im Jahre 1942 wurden jedoch sämtliche SS-Divisionen fortlaufend numeriert, und zwar in der Reihenfolge ihrer Aufstellung: je niedriger die Nummer, desto älter die Division. Der unterscheidende Faktor für die Bestimmung des rassischen oder körperlichen Charakters einer bestimmten Formation war die Stellung der Buchstaben SS in der Einheitsbezeichnung. So wurde eine Eliteeinheit, die größtenteils aus gebürtigen Deutschen bestand, als »SS-Division« bezeichnet (z. B. 3. SS-Panzerdivision »Totenkopf«); ein Verband, der größtenteils aus volksdeutschen oder »germanischen« (westeuropäischen) Freiwilligen bestand, hieß »SS-Freiwilligendivision« (z. B. 11. SS-Freiwilligenpanzergrenadierdivision »Nordland«); ein Verband, der zum großen Teil aus »nichtgermanischem« Personal (Freiwillige oder Wehrpflichtige) bestand, wurde als »Division der SS« bezeichnet mit Angabe der Nationalität in Klammern hinter dem Namen (z. B. 13. Waffengebirgsdivision der SS »Handschar« [kroat. Nr. 1]). Vgl. »Rede des SS-Obergruppenführers Jüttner auf der SS-Führertagung in Prag am 13. April 1944«, NSDAP/T-81, 154/157541 ff.

haben und im Kampfe gefallen sind. Eine für Soldaten praktische und sympathische Religion«! Dennoch trug auch die SS etwas zur Erziehung der Moslems bei: Laut Himmler lernten sie durch acht Wochen SS-Ausbildung, sich nicht gegenseitig zu bestehlen[39].

Obwohl die ursprüngliche Anweisung für die Aufstellung der Division vorschrieb, »für die rasche Heranbringung eines muselmanischen Führernachwuchses ist... besonders zu sorgen«, waren die Offiziere der Division »Handschar« genau wie die der bosnischen Einheiten des k. und k. Heeres größtenteils Deutsche und Volksdeutsche[40]. Man kann sich vorstellen, daß sich die größten Anpassungsschwierigkeiten für die der Division zugeteilten deutschen SS-Männer aus der eigenartigen Kopfbedeckung ergaben, die die ganze Mannschaft trug: Es handelte sich um einen feldgrauen Fez – für die Ausgehuniform rot –, komplett mit Quaste, aber vorn mit dem Hoheitszeichen (Adler und Hakenkreuz) und dem SS-Totenkopf (Schädel und gekreuzte Knochen). Statt der SS-Runen auf dem rechten Kragenspiegel trugen die Angehörigen der Division ein Abzeichen, das ein Hakenkreuz enthielt sowie eine Hand zeigte, die nach einem »Handschar« greift, dem einem Krummsäbel ähnlichen Türkenschwert[41]. Abgesehen vielleicht von den russischen Kosaken, die später bei der SS dienten, war dies zweifellos die malerischste Einheit der Waffen-SS.

Trotz ihrer wohldurchdachten Uniform und der geistlichen Betreuung durch den nazifreundlichen Großmufti von Jerusalem, Hadschi Emin el-Huseini, scheinen die Muselmanen die ihnen erwiesenen Wohltaten niemals gedankt zu haben. Sie meuterten während ihrer Ausbildung in Frankreich, und die Disziplin wurde erst wieder hergestellt, nachdem der Großmufti sich persönlich eingeschaltet hatte. Ende 1943 wurde »Handschar« in das Gebiet zurückverlegt, in dem sie rekrutiert worden war. Ein paar Monate hatte die Division kleine Geplänkel mit Titos Partisanen und zeichnete sich dabei hauptsächlich durch die zahlreichen von ihr begangenen Greuel aus[42].

---

39 »Rede des Reichsführers SS auf der Tagung der RPA-Leiter am 28. Januar 1944«, Geheim, RFSS/T-175, 94/2614801. Vgl. Kersten, a. a. O., S. 259 f.
40 SSFHA, »Aufstellung der kroatischen SS-Freiwilligendivision«, 30. April 1943, Geheime Kommandosache, RFSS/T-175, 111/2635334 ff.
41 Kersten, a. a. O., S. 259; Fotos bei Kanis, a. a. O., S. 125 und 137.
42 Himmlers Verbindungsoffizier in Hitlers Hauptquartier, SS-Brigadeführer Hermann Fegelein, schilderte seinem Führer die Wildheit der Moslems und sagte, daß »die anderen mit allen Sachen abhauen, wenn sie dazwischenfahren. Sie bringen sie nur mit dem Messer um. Es ist ein Mann dabeigewesen, der verwundet war. Er hat sich seinen Arm abbinden lassen und hat mit der linken Hand noch 17 Gegner erledigt. Es kommen auch Fälle vor, wo sie dem Gegner das Herz herausschneiden.« Hitler, der über Fegeleins blutrünstiges Hineinplatzen in eine militärische Besprechung auf hoher Ebene anscheinend verärgert war, erwiderte mit einem abrupten: »Das ist Wurst!« Mittagslage vom 6. April 1944, Hitlers Lagebesprechungen, S. 560.

Nach den Angaben der beiden Standardwerke über die Waffen-SS wurden die Moslems später an die ungarische Front verlegt, wo sie angeblich tapfer gegen die Rote Armee gekämpft haben. Hausser läßt sie während der letzten Tage des Krieges sogar Wien verteidigen[43]. In Wirklichkeit haben die Moslems nirgendwo anders als in Jugoslawien gekämpft, und selbst dort mit keineswegs bedeutendem Erfolg.

Am 2. Oktober 1944 erbat der OB Südost Himmlers Erlaubnis, die Moslemdivision von Bosnien an die jugoslawisch-ungarische Grenze verlegen zu dürfen, wo sie mithelfen sollte, eine Verbindung zwischen den Partisanen und der vorrückenden Roten Armee zu verhindern, »obwohl er sich des (mit der Verlegung der Muselmanen aus ihrer Heimat nach Osten verbundenen) Risikos bewußt war«. Himmler, der anscheinend dieses Risiko nicht eingehen wollte, zögerte. Die Muselmanen wurden immer unzuverlässiger, und bald sträubten sie sich, überhaupt noch zu kämpfen — außer zum Schutze ihrer engeren Heimat. Da sich der Schwerpunkt der Kämpfe nach Nordosten verlagert hatte, entschloß sich Himmler, die Auflösung der Division zu befehlen und ihre Ausrüstung und ihr deutsches Rahmenpersonal an anderer Stelle einzusetzen. Die Moslems wurden entlassen und das deutsche Rahmenpersonal zu einer Regimentsgruppe zusammengefaßt. Im November 1944 hatte die 13. Waffengebirgsdivision der SS »Handschar« (kroat. Nr. 1) aufgehört zu bestehen. An ihrer Stelle blieb die verstümmelte und vorwiegend deutsche Regimentsgruppe 13. SS-Geb. »Handschar«, und diese Einheit, nicht die »tapferen Mujos«, kämpfte später an der Drau-Front[44].

Der mysteriöse Einsatz der SS-Division »Handschar« in Ungarn und später in Wien bedarf noch der Klärung: Hausser, der in den letzten Kriegsmonaten Heeresgruppen im Norden und Westen befehligte, hatte keine persönliche Kenntnis der Geschehnisse im Südosten und wurde deshalb durch eine Sicherheitsmaßnahme des OKW irregeführt. Anfang 1945 wurde beschlossen, die Eliteformation der 16. SS-Panzergrenadierdivision »Reichsführer SS« von Norditalien an die hart bedrängte ungarische Front zu verlegen. Um den Feind zu täuschen, wurde »Reichsführer SS« als die nicht existierende 13. Waffengebirgsdivision der SS »Handschar« getarnt[45].

---

43 Hausser, a. a. O., S. 104 f.; Reitlinger, a. a. O., S. 200. Interessant ist die Feststellung, daß Steiner an keiner Stelle seines Lobgesanges auf die ausländischen Freiwilligen die »Handschar«-Division erwähnt, obwohl er dem Balkanfeldzug viele Seiten seines Buches widmet und oft sogar ausländische Einheiten erwähnt, die nicht einmal zur SS gehörten. Man kann daraus nur schließen, daß Steiner nichts Gutes über die »braven Mujos« zu sagen weiß und deshalb lieber gar nichts sagt.

44 S. »Titos Verhältnis zu Sowjetrußland und das Vordringen der Russen im Südostraum«, KTB/OKW, IV, 699; »Gliederung des deutschen Heeres in den Jahren 1944/45 (schematische Übersicht)«, 26. November 1944, a. a. O., S. 1893.

45 »Lagebuch 7. 3. 45, Heeresgruppe Süd: Angriff in Ungarn«, a. a. O., S. 1151.

Zweck des Manövers war es, die Alliierten an der Entdeckung zu hindern, daß die italienische Front durch den Abzug von »Reichsführer SS« geschwächt worden war, und gleichzeitig die Russen glauben zu lassen, sie stünden einem Sammelsurium von Moslems gegenüber und nicht einer starken Panzergrenadierdivision. Ob die Alliierten durch den Schachzug des OKW getäuscht wurden, wissen wir nicht; Hausser jedenfalls wurde es. Es war der Wolf »Reichsführer SS« im Schafspelz des »Handschar«, der an der Drau, dann nördlich des Plattensees und schließlich in Wien kämpfte[46].

Im Laufe des Jahres 1944 organisierte die SS zwei weitere Moslemverbände nach dem Muster von »Handschar«. Die erste wurde in Albanien rekrutiert und als 21. Waffengebirgsdivision der SS »Skanderbeg« (alban. Nr. 1) bezeichnet. Die zweite setzte sich größtenteils aus Kroaten zusammen und erhielt die Bezeichnung 23. Waffengrenadierdivision der SS »Kama« (kroat. Nr. 2). »Skanderbeg« war kaum aufgestellt, als sich bereits Zeichen der Unzuverlässigkeit bei der Einheit bemerkbar machten. Im September waren schon so viele Männer desertiert, daß man sich entschloß, die Einheit aufzulösen[47]. Wie im Falle »Handschar« wurde das deutsche Personal zu einer Regimentsgruppe (Rgt.-Gr. 21. SS-Geb. »Skanderbeg«) zusammengefaßt, die mit der 7. SS-Division »Prinz Eugen« in Jugoslawien bis zum Februar 1945 kämpfte. Dann wurde sie nach Norden geschickt zur Verteidigung der Oder-Linie[48]. »Kama« ist anscheinend niemals gänzlich aufgestellt worden. Zumindest läßt die Tatsache, daß sie nirgends im Kriegstagebuch des OKW erwähnt wird, darauf schließen, daß sie nie gekämpft hat.

Man wird sich erinnern, daß Berger schon im April 1941 ukrainische Freiwillige aus Polen angeworben hatte in der Hoffnung, den Kern eines ukrainischen SS-Verbandes zu schaffen, aus rassischen Gründen aber von Himmler zurückgewiesen worden war. Die weniger durch die NS-Weltanschauung gebundene Wehrmacht freilich errichtete gegen Ende 1941 einige Freiwilligeneinheiten aus völkischen Minderheiten in Rußland. In den folgenden beiden Jahren wurden regelrechte Legionen von Kaukasiern, Georgiern, Turkmenen, Kosaken und ähnlichen Gruppen aufgestellt. Später kamen ukrainische und russische Einheiten hinzu, so daß bei Kriegsende annähernd eine Million Osttruppen in der Wehrmacht dienten.

Nachdem die Waffen-SS aber nun durch die Bildung der Moslemdivision »Handschar« ganz offen ihre rassische Exklusivität verleugnet hatte, gab es für sie keinen vernünftigen Grund mehr, auf einen Anteil an dem slawischen

---

46 »Lagebuch 28. 3. 45, Heeresgruppe Süd«, a. a. O., S. 1204.
47 »Der Kampf gegen die Aufstandsbewegung im Südosten«, a. a. O., S. 685.
48 »Gliederung des deutschen Heeres in den Jahren 1944/45 (schematische Übersicht)«, 26. November 1944, a. a. O., S. 1893; »Lagebuch 22. 2. 45, Südosten«, a. a. O., S. 1117. Vgl. auch Reitlinger, a. a. O., S. 403.

Menschenreservoir zu verzichten. Am 28. April 1943 wurde ein Aufruf zur Werbung von Freiwilligen für eine »galizische« SS-Division erlassen. Das Echo war überwältigend, fast 100 000 Ukrainer meldeten sich, nicht einmal 30 000 wurden angenommen[49]. Obwohl man sich besonders bemühte, die Werbung auf jenen Teil des von den Deutschen besetzten Polens zu beschränken, der vor 1919 das österreichische Galizien gewesen war, blieb die Tatsache, daß die Division aus Ukrainern bestand; die euphemistische Bezeichnung 14. SS-Freiwilligendivision »Galizien« täuschte niemand, am wenigsten das gesamte Personal der Division, meist ukrainische Nationalisten[50]. Aber nach Jahren der Slawenhetze fiel es den SS-Führern schwer zuzugeben, daß sie nunmehr sogar eine SS-Division von »Untermenschen« aufgestellt hatten.

Im Mai 1944 war die Ausbildung der Division in Deutschland abgeschlossen. Bevor sie zur Ostfront abrückte, wurde sie durch einen Besuch des Reichsführers SS geehrt. In seiner Ansprache an das vorwiegend deutsche Führerkorps der Division gab Himmler zu, daß die Galizier in Wirklichkeit Ukrainer seien, und appellierte an die »Kameradschaft« zwischen den Deutschen und Ukrainern. Als Antwort an jene, die behaupteten, die SS sei lediglich daran interessiert, »Kanonenfutter« für die deutsche Kriegsmaschine heranzuschaffen, führte Himmler mit dubioser Logik aus: wenn dem so wäre, würde die Division wohl kaum ein ganzes Jahr lang fachmännisch ausgebildet worden sein, um sie kriegstüchtig zu machen. Er betonte auch, daß 250 Galizier der Division ausgewählt worden seien, die SS-Junkerschule zu besuchen, und daß sie nun als Offiziere zurückgekommen seien. Da Himmler diesmal nicht seine üblichen Argumente verwenden konnte, war seine Rede farblos und zurückhaltend. Es gab ein paar zaghafte Bemerkungen über den »jüdisch-bolschewistischen Feind«, aber kein Wort von »asiatischen Horden« und »slawischen Untermenschen«[51].

Kurz nach Himmlers Besuch erhielt die Division die neue Bezeichnung 14. Waffengrenadierdivision der SS (galiz. Nr. 1) und wurde an die Ostfront geschickt. Dort, in dem Gebiet, wo sie rekrutiert worden war, warf man sie in den Kampf in dem verzweifelten Bemühen, den russischen Vormarsch aufzuhalten. Als Teil des XIV. Armeekorps wurde die Division abgeschnitten und in der sogenannten »Tasche von Brody-Tarnow« eingekreist. Nach Tagen schwerer Kämpfe, in denen die Division dezimiert wurde, gelang es den überlebenden Ukrainern, aus der Einkreisung auszubrechen.

---

49 Dallin, a. a. O., S. 598.
50 SSFHA, »Aufstellung der SS-Freiw.-Division ›Galizien‹«, 30. Juli 1943, Geheime Kommandosache, RFSS/T-175, 108/2631288 ff.
51 »Rede des Reichsführers SS auf dem Appell des Führerkorps der galizischen SS-Freiw.-Infanteriedivision in Neuhammer am 16. Mai 1944«, RFSS/T-175, 94/2614657 ff.

14 000 Mann waren ins Feuer gegangen, 3000 kamen heraus. Die Ukrainer waren tatsächlich kaum mehr als Kanonenfutter gewesen, denn ihr Anteil an den Kampfhandlungen war unbedeutend. Die Überreste der Division wurden zur Auffrischung in die Slowakei geschickt und haben nie wieder gekämpft[52].

Nachdem sowohl die Ukraine als auch Galizien in den Händen der Sowjets waren, konnte es sich die SS erlauben, eine Konzession an den ukrainischen Nationalstolz zu machen. Anfang 1945 wurde der eingeklammerte Teil des Divisionsnamens von »galizische Nr. 1« in »ukrainische Nr. 1« umgeändert. Am 23. März 1945, nur wenige Wochen vor dem Zusammenbruch des Dritten Reiches, reagierte Hitler wütend, als er entdeckte, daß die Division wieder bis zu einer Stärke von 14 000 Mann aufgefüllt worden war (3000 mehr, als sie nach den letzten Angaben haben sollte) und, wie er es ausdrückte, »beinahe genügend Waffen besaß, um zwei Divisionen auszurüsten«, und dennoch sich weit vom Schuß »auffrischte«[53].

Die nicht gerade hervorragende Leistung der Galizischen Division bezeichnete den Höhepunkt des Programms Ost-SS. Im Sommer 1944 hatte der fortgesetzte Menschenbedarf Himmler veranlaßt, seine noch verbliebenen Vorbehalte gegen die Zulassung von Ostvölkern zur Waffen-SS aufzugeben. Bald nachdem die Galizier aus Frankreich an die Front abgerückt waren, begann die SS weitere osteuropäische Verbände anzuwerben. Keine dieser Einheiten jedoch sollte auch nur an die mittelmäßigen soldatischen Leistungen ihrer Vorgängerin herankommen.

Russen und Ukrainer, die in Schuma-Bataillonen dienten, wurden zusammengelegt, um den Kern für zwei neue Divisionen abzugeben: die 29. Waffengrenadierdivision der SS (russ. Nr. 1) und die 30. Waffengrenadierdivision der SS (russ. Nr. 2). Keine dieser beiden Einheiten wurde jemals über Regimentsstärke hinaus vergrößert. Die 29. wurde der sogenannten russischen Befreiungsarmee des Generals Wlassow zugeteilt, noch bevor sie

---

52 Steiner, Die Freiwilligen, S. 291; Hitlers Lagebesprechungen, S. 941, Anm. 1; Reitlinger, a. a. O., S. 203; Dallin, a. a. O., S. 599, Anm. 3. Eine Eintragung im Kriegstagebuch des OKW für den 2. Februar 1945 hält fest, »die 14. SS-Div. (›Galizien‹) wird nach Wien verlegt.« (Lagebuch 2. 2. 45, Slowakei, KTB/OKW, IV, 1065.) Es besteht jedoch kein Grund zu der Annahme, daß die Verlegung tatsächlich erfolgt ist. Nach der amtlichen Liste des OKW war die Division am 1. März noch in der Slowakei und befand sich auch nicht im Kampf, als Hitler drei Wochen später von ihrer Existenz erfuhr. S. »Gliederung des deutschen Heeres in den Jahren 1944/45«, 1. März 1945, a. a. O., S. 1904.

53 Hitlers Lagebesprechungen, S. 940, Reitlinger, a. a. O., S. 205, Anm. 1, sagt, daß »die Masse der ukrainischen SS, 15 000 Mann, vor den Engländern in Österreich kapitulierte und in Rimini interniert wurde«.

zum Einsatz kam⁵⁴. Die 30. erlitt während des deutschen Rückzuges aus Frankreich Ende 1944 schwere Verluste, und viele ihrer Überlebenden wurden ebenfalls der Wlassow-Armee überstellt. Im März 1945 wurde die »Division« als Brigade wiederaufgestellt, diesmal mit veränderter Nationalbezeichnung: nicht mehr »russische Nr. 2«, sondern »weißruthenische«. Aber sie galt nicht mehr als zuverlässig und wurde nicht wieder eingesetzt⁵⁵.

Während der letzten sechs oder acht Monate des Krieges wurden die folgenden neuen östlichen SS-Verbände aufgestellt: die 25. Waffengrenadierdivision der SS »Hunyadi« (ungar. Nr. 1), die 26. Waffengrenadierdivision der SS (ungar. Nr. 2), die 31. SS-Freiwilligengrenadierdivision »Böhmen-Mähren« (Ungarn und Volksdeutsche), der Osttürkische Waffenverband der SS, der Kaukasische Waffenverband der SS, das Serbische SS-Freiwilligenkorps, das Waffengrenadierregiment der SS (rumän. Nr. 1), das Waffengrenadierregiment der SS (rumän. Nr. 2) und das Waffengrenadierregiment der SS (bulgar. Nr. 1)⁵⁶. Außerdem übernahm die SS Ende 1944 auch eine Division Kosaken-Kavallerie, die zuvor dem Heer unterstellt gewesen war. Aus den Tausenden russischer Kosaken, die vor der nahenden Roten Armee auf den Balkan geflohen waren, bildete die Waffen-SS eine zweite Division, und die beiden Kosaken-Kavalleriedivisionen wurden zum XV. (SS) Kosaken-Kavalleriekorps vereint. Die Kosaken, die unter dem Kommando ihrer eigenen Führer und einer Handvoll deutscher Heeresoffiziere blieben, wurden zur Bekämpfung von Tito-Partisanen in Jugoslawien eingesetzt, wobei sie anscheinend nur bescheidene Erfolge erzielten. Während des großen Rückzuges 1945 flüchteten die überlebenden Kosaken nach Österreich, wo sie sich schließlich den Engländern ergaben. Später wurden sie den Sowjets überantwortet. Die Führer wurden vor Gericht gestellt und hingerichtet, die andern verschwanden in Stalins Arbeitslagern⁵⁷.

*Phantastereien: Die britische und die indische Legion*

Im Frühjahr 1941 kam der Führer der militanten Indischen Befreiungsbewegung, Subhas Chandra Bose, nach Deutschland, um dort Unterstützung für seine Sache zu suchen. Kurze Zeit danach machte sich bereits die Wehr-

---

54 Über die Wlassow-Bewegung ganz allgemein s. Dallin, a. a. O., S. 553 ff.; Reitlinger, The House built on Sand, S. 317 ff.
55 Hitlers Lagebesprechungen, S. 536, Anm. 1; S. 674, Anm. 1 und 2; S. 941, Anm. 1.
56 A. a. O., S. 536, Anm. 1.
57 A. a. O., S. 660, Anm. 1, S. 674 und 864, Anm. 2; vgl. auch Steiner, Die Freiwilligen, S. 228, 293 f. und 308 ff.

macht daran, eine Indische Legion zu schaffen, die Kern einer indischen »Befreiungsarmee« werden sollte. Die »Legion Indien«, die mit acht von Boses Anhängern begann, wuchs in den folgenden Jahren durch die Anwerbung indischer Kriegsgefangener, die sich den Deutschen in Nordafrika und in Italien ergeben hatten, bis zu einer Maximalstärke von etwa 2000 Mann[58].

Die Inder wurden freilich nicht als fronteinsatzwürdig betrachtet und hauptsächlich wegen ihres Propagandawertes als Einheit unterhalten. Bei der Landung der Alliierten in Frankreich befand sich die Legion in einem ruhigen Abschnitt am Golf von Biskaya. Sie kämpfte zwar nicht, wurde aber in den hektischen deutschen Rückzug hineingerissen und verlor dabei anscheinend einen Teil ihrer Mannschaft und ihres Gerätes. Bei ihrer Ankunft in Deutschland wurde die Legion der Waffen-SS zugeteilt[59].

Die SS-Führung beschloß, die Indische Legion zu einer kämpfenden Truppe umzuformen — ein Plan, der von Anfang an unglücklich verlief. Die Inder wurden gezwungen, das ihnen verbliebene schwere Gerät an eine neu aufgestellte SS-Elitedivision abzugeben, die 18. SS-Freiwilligenpanzergrenadierdivision »Horst Wessel«, und ihr erster SS-Kommandeur, ein früherer Beamter des Auswärtigen Amtes, Heinz Bertling, zeigte so wenig Interesse für seine Aufgabe, daß er abgelöst werden mußte. Trotzdem wurde die Legion schließlich reorganisiert und neu mit Waffen und Gerät ausgerüstet.

Im März 1945, als Hitler seine letzten Menschenreserven aus allen Ecken zusammenkratzte, wurde er auf die Indische Legion aufmerksam und war ungehalten, als er erfuhr, daß sie mehr Waffen besaß, als ihrer Größe nach gerechtfertigt schien, und daß sie — obwohl sie niemals im Kampf gestanden hatte — zu einer Zeit, da die Rote Armee sich Berlin näherte, kilometerweit hinter der Front zur »Ruhe und Auffrischung« lag. Hitler wandte sich an SS-Sturmbannführer (Major) Johannes Göhler, einen SS-Verbindungsoffizier, und meinte sarkastisch: »Als in der Auffrischung befindlich sehe ich einen Verband an, der schwer gekämpft hat und nun wieder aufgefrischt wird. Eure Verbände frischen sich dauernd auf und kämpfen nie[60].« Und tatsächlich hat die Indische Legion auch niemals gekämpft.

Ihr Erfolg bei der Anwerbung ehemals feindlicher Soldaten aus den Kriegsgefangenenlagern veranlaßte die Waffen-SS 1943, eine Britische Legion aufzustellen, die an dem Europäischen Kreuzzug gegen den Bolschewismus teilnehmen sollte. Es gab ein paar britische Überläufer in Deutschland, die bereit waren, diese Bestrebungen zu unterstützen. Der prominen-

---

58 Hitlers Lagebesprechungen, S. 939, Anm. 2.
59 A. a. O.
60 A. a. O., S. 942.

teste, John Amery, ein früherer Faschist und Sohn eines Ministers im Kabinett Churchill, wurde durch die Gefangenenlager geschickt, um unter seinen gefangenen Landsleuten nach Freiwilligen zu suchen[61]. Im Frühjahr 1944 wurden die ersten angeworbenen — rund 50 — Briten in das Lager der Legion in Hildesheim gebracht[62].

Am 3. März 1944 meldete Gottlob Berger dem Hauptquartier Himmlers, daß die britischen Freiwilligen »einmütig den Wunsch ausgedrückt haben, Brigadier General (unserem SS-Oberführer entsprechend) Parrington als den künftigen Führer des ›Britischen Freikorps‹ zu bekommen«. Der englische General war 1941 in Griechenland gefangengenommen worden und stand, laut Berger, in dem Ruf, »dem Führer begeistert und tief ergeben« zu sein. Am Schluß seines Berichtes gab der Chef des SS-Hauptamtes seiner Meinung Ausdruck, daß es einigermaßen schwierig sein dürfte, die Briten dazu zu bekommen, einen Eid auf den Führer zu leisten, und bat deshalb Himmlers Adjutanten: »Fragen Sie, bitte, den Reichsführer SS, ob die ... weiche Eidesformel angebracht ist[63].«

Himmlers Antwort an Berger war nicht aufzufinden, aber anscheinend war der Reichsführer bereit, dem britischen Nationalstolz besondere Zugeständnisse zu machen: Er gab dem Freikorps die Genehmigung, englische Uniformen mit deutschen Abzeichen zu tragen. Trotz der Sonderrechte scheint jedoch das Freikorps niemals eine nennenswerte Zahl von Briten angelockt zu haben. Im Juni 1944 beschwerte sich das SS-Hauptamt, daß »die bisher benutzte Werbemethode bei den britischen Kriegsgefangenen nicht zu dem von uns erhofften Erfolg geführt« habe. Es wurde vorgeschlagen, SS-Männer mit englischen Sprachkenntnissen in die KG-Lager zu entsenden, die sich über »die Einstellung der einzelnen Engländer« vergewissern und sofort berichten sollten, »wenn sie einen Anhänger der Britischen Legionsidee entdecken, damit er versetzt werden kann. Die Versetzung muß sofort geschehen, damit die anderen Lagerinsassen nicht länger irgendwelchen Einfluß auf sie ausüben können«[64].

In dem für diese Untersuchung durchgesehenen Aktenmaterial hat sich kein weiterer Hinweis auf das Britische Freikorps befunden. Aber Mitte 1944 waren die Alliierten in Frankreich gelandet, und jeder Reiz, den das Freikorps für Gefangene gehabt haben mochte, mußte zu dieser Zeit sicher-

---

61 A. a. O., S. 267, Anm. 2.
62 »Rede des SS-Obergruppenführers Jüttner auf der SS-Führertagung in Prag am 13. April 1944«, NSDAP/T-81, 154/157544.
63 Berger an Brandt, 3. März 1944, Geheime Kommandosache. Nürnberger Dokumente NO-2757, USMT IV, Fall 11, PDB 66-H, S. 46 f.
64 Klumm (Amt B, SSHA) an Brandt, »British Volunteer Unit«, 13. Juni 1944, Geheim, Nürnberger Dokumente NO-909, USMT IV, Case 11, PDB 66-G, S. 173 f.

lich geschwunden sein. Obwohl das »Britische Freikorps (SS)« noch 1945 als Verband der Waffen-SS verzeichnet war, gibt es keinerlei Beweise dafür, daß es jemals eine andere Bedeutung als die eines Propagandainstruments erlangt hätte.

## Schlußfolgerungen

Die Ausländer-SS stellt sich als eine so vielschichtige Kombination von Kontrasten dar, daß es schwer fällt, ihren Wert zu beurteilen. Immerhin zeichnet sich eine Tatsache ganz deutlich ab: die Vergrößerung der Waffen-SS durch die Massenmobilmachung von Ausländern führte nicht zu einer entsprechenden Steigerung ihrer militärischen Leistung.

Nur die Westeuropäer — zahlenmäßig die kleinste Gruppe — kämpften durchweg gut. Die Besten — darunter befanden sich die meisten der ersten Freiwilligen aus Norwegen, Dänemark und Holland — waren praktisch von den geborenen Deutschen der SS-Elitedivisionen leistungsmäßig nicht zu unterscheiden. Nachdem sie ihr Handwerk in den harten, aber siegreichen Schlachten der frühen Kriegsjahre gelernt hatten, blieben sie bis zum Ende eine gefährliche und zuverlässige Kampftruppe. Als im letzten Kriegsjahr zahlreiche Westeuropäer der Waffen-SS beitraten, trugen ihre kampferprobten Landsleute dazu bei, Führungskräfte zu stellen, Erfahrung und jenen Schwung zu vermitteln, die die neuen Brigaden und Divisionen zu nützlichen Ergänzungen der SS-Kriegsmaschine machten.

Der Kriegseinsatz der »Volksdeutschen« läßt sich schon erheblich schwerer bewerten. Die meisten waren anfangs bereits bestehenden SS-Verbänden als Ersatztruppen zugeteilt gewesen. Schon im November 1941 klagte Gruppenführer Eicke, Kommandeur der SS-Division »Totenkopf«, beim SSFHA, daß der ihm zugewiesene volksdeutsche Ersatz »meistens unterernährt und der körperlichen Anstrengung weniger gewachsen« sei. Viele hätten nicht nur körperliche Gebrechen, sondern seien auch »geistig minderwertig«. Er meldete, sie »neigten zu Ungehorsam und Drückebergerei« und benutzten oft ihre angebliche Unkenntnis der deutschen Sprache als Entschuldigung, um die Ausführung unangenehmer oder gefährlicher Aufgaben zu verweigern. Das hatte, wie Eicke ausführte, zu zahlreichen Fällen von Feigheit vor dem Feinde geführt. Am Schluß seiner Beschwerdeliste erinnerte Eicke Berlin daran, daß seine Division eine Elitedivision sei und daß er keine Verwendung für »Lumpen und Kriminelle« habe[65].

---

65 Eicke an SSFHA, »Erfahrungen über den Nachersatz«, 15. November 1941, RFSS/T-175, 108/2632012 ff.

Kurzum, der Einbau einer großen Anzahl von Volksdeutschen — von denen viele Schwierigkeiten mit der deutschen Sprache hatten — war zu einem ernsten Problem für die Waffen-SS geworden, und in einer ganzen Anzahl von Himmlers Reden vor SS-Führern findet man dringende Bitten um Geduld und Verständnis bei der Behandlung volksdeutscher Mannschaften. Die besten SS-Divisionen blieben vorwiegend deutsch und vermochten anscheinend die ihnen zugewiesenen Volksdeutschen ohne drastische Minderung ihrer Kampfkraft aufzunehmen. Aber weniger zur Elite zählende SS-Einheiten bestanden größtenteils oder sogar in einigen Fällen gänzlich aus Volksdeutschen. Im allgemeinen läßt sich eine Relation zwischen der Anzahl der Volksdeutschen in einer bestimmten Division und ihrer Kampftauglichkeit deutlich erkennen: je höher der Prozentsatz der Volksdeutschen, desto niedriger das Leistungsniveau. Das erkannten auch Hitler und sein militärischer Stab.

In einer Konferenz, über die uns ein Bericht vorliegt, erkundigte sich der Führer nach der Zusammensetzung der Mannschaft von zwei SS-Divisionen, über die er nicht Bescheid wußte. Die Antwort lautete: »Volksdeutsche und Reichsdeutsche«, und Hitler scheint angenehm überrascht gewesen zu sein, zu hören, daß wenigstens ein paar gebürtige Deutsche in den Einheiten standen. Zu einer Zeit, da die meisten der neuen SS-Divisionen aus Ausländern oder Volksdeutschen bestanden, war das Verhältnis von Deutschen zu Nichtdeutschen in einer bestimmten Einheit zum Gradmesser für ihre Zuverlässigkeit geworden[66].

Die Ost-SS, zahlenmäßig um ein Vielfaches stärker als die westliche, war mit Ausnahme der drei baltischen Divisionen in der regulären Kriegführung nahezu nutzlos. Gewiß, Himmlers Absicht war es ursprünglich gewesen, die Ostverbände nur gegen irreguläre Streitkräfte einzusetzen, aber das Gebot eines verlorengehenden Krieges trieb sie aus den Wäldern an die Front. Das aber war eine Aufgabe, der die Ost-SS nicht gewachsen war. Von ihrer ganz allgemein schlechteren Moral abgesehen, waren diese Verbände auch für einen Kampf gegen die von der Roten Armee in den letzten Phasen des Krieges eingesetzten massiven Einheiten mit Panzern und Artillerie weder ausgebildet noch ausgerüstet.

Die Moslems waren, wie wir sahen, nicht einmal bei der Partisanenbekämpfung zuverlässig und mußten noch vor Kriegsende aufgelöst werden. Die große Mehrzahl der in den letzten Kriegsmonaten aufgestellten östlichen SS-Regimenter und -Brigaden war nicht weniger unzuverlässig. An

---

66 Die fraglichen SS-Divisionen waren die 8. SS-Kavalleriedivision »Florian Geyer« und die 22. Freiwilligenkavalleriedivision der SS; die erste bestand zu 40 Prozent aus Volksdeutschen, die andere zu 70 Prozent. Keine dieser Divisionen galt als Eliteformation der SS. S. »Besprechung des Führers mit Generaloberst Jodl am 31. Juli 1944 in der Wolfsschanze«, Hitlers Lagebesprechungen, S. 607.

der unteren Oder-Front liefen schließlich so viele Rumänen und Ungarn zu den Russen über, daß der Rest entwaffnet werden mußte[67]. Die Wlassow-Armee, in der zahlreiche SS-Männer der 29. und 30. SS-Division standen, hat überhaupt nie gegen die Rote Armee gekämpft. Reitlinger berichtet: »Tatsächlich war die Waffen-SS der einzige Feind, gegen den sie überhaupt jemals gekämpft hat, eine der merkwürdigsten Geschichten des ganzen Krieges[68].«

Die baltischen SS-Divisionen, die gut gekämpft hatten, als sie ihre Heimat verteidigten, büßten viel von ihrem Eifer ein, nachdem die Rote Armee Estland und Lettland besetzt hatte. Die 15. Waffengrenadierdivision der SS (lettische Nr. 1) hielt sich in den letzten Monaten besser als die anderen, und einige ihrer Einheiten, darunter ein Bataillon in Berlin, kämpften erbittert bis zum Ende[69]. Ihre Schwesterdivision, die 19. Waffengrenadierdivision der SS (lettische Nr. 2), die in Kurland abgeschnitten war, zerbrach im Dezember 1944 in einer Reihe von Meutereien, während die vordem zuverlässige 20. Waffengrenadierdivision der SS (estnische Nr. 1) auseinanderfiel, als sie Anfang 1945 wieder in Schlesien kämpfen sollte[70].

In der Nacht vom 23. zum 24. März 1945, als die Russen etwa 150 Kilometer vor Berlin standen, hielt Hitler eine Konferenz im Wohntrakt seines unterirdischen Bunkers ab. Die Gespräche wurden stenographisch aufgenommen, und der Sitzungsbericht gibt Hitlers eigenes abschließendes Urteil über die östliche SS wieder[71].

*Hitler:* Man weiß ja nicht, was alles herumflaniert. Ich höre jetzt zum ersten Mal zu meinem Erstaunen, daß eine ukrainische SS-Division plötzlich aufkreuzt. Von dieser ukrainischen SS-Division habe ich überhaupt nichts gewußt.

*Göhler* (Verbindungsoffizier der SS): Die besteht schon sehr lange.

*Hitler:* Aber bei unseren Besprechungen wurde sie nie angeführt. Oder erinnern Sie sich?

*Göhler:* Nein, ich erinnere mich nicht.

---

67 »Lagebuch 5. 4. 45, Heeresgruppe Weichsel«, KTB/OKW, IV, 1224.
68 Der Zusammenstoß ereignete sich in Prag während der letzten Kriegswoche. S. Reitlinger, a. a. O., S. 391.
69 S. »Lagebuch 29. 1. 45, Heeresgruppe Weichsel«, KTB/OKW, IV, 1050; Steiner, Die Freiwilligen, S. 311 ff.
70 Hitlers Lagebesprechungen, S. 939, 537, Anm. 2. Der Zusammenbruch der estnischen Division wurde in der Konferenz vom 23. März 1945 erwähnt, aus der im folgenden Auszüge veröffentlicht werden. Ort und Umstände des Vorfalls sind nicht bekannt, aber die Division gehörte im März zur Korpsgruppe Schlesien in Südschlesien. S. »Gliederung des deutschen Heeres in den Jahren 1944/45«, 1. März 1945, KTB/OKW, IV, 1896. Vgl. Steiner, Die Freiwilligen, S. 335.
71 »Abendlage vom 23. März 1945 in Berlin (Führerwohnung)«, Hitlers Lagebesprechungen, S. 938 ff.

*Hitler* (bezüglich Ausländereinheiten im allgemeinen und der ukrainischen Division im besonderen): Entweder der Verband ist sicher oder ist nicht sicher. Ich kann heute Verbände in Deutschland nicht aufstellen, weil ich keine Waffen habe. Es ist nun ein Blödsinn, wenn ich hergehe und einer ukrainischen Division, die nicht ganz sicher ist, Waffen gebe. Dann nehme ich lieber denen die Waffen weg und stelle eine deutsche Division auf. Ich nehme nämlich an, daß die vorzüglich bewaffnet sein wird, so gut bewaffnet, wie es wahrscheinlich die meisten deutschen Divisionen gar nicht sind, die wir heute aufstellen.

*Burgdorf* (General und Chefadjutant der Wehrmacht beim Führer): Es ist auch so mit der lettischen 20. Die ist da unten auch gleich zerplatzt.

*De Maizière* (Oberstleutnant beim Generalstab): Die lettische kämpft zur Zeit oben in Kurland, und zwar recht gut. Das unten ist die estnische gewesen (20. Waffengrenadierdivision der SS — estnische Nr. 1).

*Burgdorf:* Ja, die estnische ist sofort weggewesen. Man muß es sich auch psychologisch vorstellen. Es ist ein bißchen viel verlangt von den Leuten.

*Hitler:* Für was sollen die überhaupt noch kämpfen? Von der Heimat sind sie weg.

*Hitler:* Die Indische Legion ist ein Witz. Es gibt Inder, die können keine Laus umbringen, die lassen sich lieber auffressen. Die werden auch keinen Engländer umbringen... Ich glaube, wenn man die Inder verwenden würde, um Gebetsmühlen zu drehen oder zu so etwas, wären sie die unermüdlichsten Soldaten der Welt. Aber sie für einen wirklichen Blutkampf anzusetzen, ist lächerlich... Es ist außerdem ein Quatsch. Wenn man einen Überfluß an Waffen hat, kann man sich solche Späße aus propagandistischen Gründen erlauben. Aber wenn man keinen Überfluß an Waffen hat, sind diese Späße propagandistischer Art einfach nicht zu verantworten.

*Hitler* (wieder bezüglich der ukrainisch-galizischen Division): Es flunkert noch dauernd eine galizische Division herum... Wenn die nämlich aus (ehemals) österreichischen Ruthenen besteht, kann man nichts anderes tun, als ihr sofort die Waffen wegzunehmen. Die österreichischen Ruthenen sind Pazifisten gewesen. Sie waren Lämmer, aber keine Wölfe. Die waren schon in der österreichischen Armee miserabel. Es ist ja alles ein Selbstbetrug.

*Hitler:* Ich will nicht behaupten, daß man mit diesen Fremdländischen nichts machen kann. Damit kann man schon etwas machen. Aber man braucht Zeit dazu. Wenn man sie 6 Jahre oder 10 Jahre hat und die Gebiete selber in der eigenen Hand hat wie die alte Monarchie, dann werden das natürlich gute Soldaten. Aber wenn man sie kriegt und die Gebiete irgendwo drüben (in Feindeshand) liegen — warum sollen die da überhaupt noch kämpfen?

*Hitler* (nachdem er sich die Aufzählung der Ausrüstung der ukrainischen Division angehört hat): Ich möchte morgen sofort einmal mit dem Reichsführer sprechen. Er ist sowieso in Berlin. Es muß jetzt ganz gewissenhaft durchgegangen werden, was man von einem solchen Verband erwarten kann. Wenn man nichts erwarten kann, dann hat es gar keinen Sinn. Den Luxus können wir uns nicht erlauben, daß ich solche Verbände habe.

Das Ergebnis des Gespräches zwischen Hitler und Himmler bleibt unbekannt, aber da man nur noch einige Wochen von der endgültigen Niederlage entfernt war, konnte es schwerlich von Bedeutung gewesen sein. Mehr als ein Jahr lang hatte der Reichsführer einen Ostverband der SS nach dem andern gegründet. Als Chef der Heeresrüstung und Befehlshaber des Ersatzheeres konnte er sie mit Waffen ausrüsten, die in den Händen deutscher Truppen von weitaus größerem Nutzen gewesen wären[72]. Außerdem beanspruchten die SS-Ostverbände erfahrene Offiziere und Unteroffiziere bestehender SS-Divisionen zu einer Zeit, als Führungskräfte schon knapp waren. Wie Hitler offen sagte, war die Ost-SS, die 1945 aus rund zwei Dutzend eigener Verbände bestand, ein Luxus, den die deutsche Kriegsmaschine sich kaum leisten konnte.

---

72 Himmler wurde von Hitler wenige Stunden nach dem Bombenattentat am 20. Juli 1944 zum Befehlshaber des Ersatzheeres und Chef der Heeresrüstung ernannt. Generaloberst Fromm, den Himmler ersetzte, wurde wegen seiner zwielichtigen Rolle in der Verschwörung vor Gericht gestellt und später verurteilt.

VIII. KAPITEL

Die Waffen-SS wird mündig: 1942—1943

In seiner Darstellung der SS hebt Gerald Reitlinger die Tatsache hervor, daß der erste große Ausbau der Waffen-SS erst 1943 stattgefunden habe. Er erklärt diese lange Verzögerung damit, daß Hitler »Himmler nicht genügend traute, um ihm ein vollständiges Armeekorps zu bewilligen«, und behauptet, daß erst nachdem die drei »klassischen« SS-Divisionen — »Leibstandarte Adolf Hitler«, »Das Reich« und »Totenkopf« — die Niederlage im Osten vorübergehend in einen Sieg verwandelten, indem sie im März 1943 Charkow zurückeroberten, »Hitlers Einwendungen gegen die Aufstellung weiterer SS-Divisionen, seine Furcht vor einer Privatarmee, seine Besorgnis, den Generalstab zu sehr zu reizen, beide (sic) schwanden«. Das Ergebnis war, nach Reitlinger, die Aufhebung der Sperre für die SS-Werbung und die Sanktionierung »einer starken und sofortigen Vergrößerung« der Mannschaftsstärke der Waffen-SS. Er sagt dann weiter, daß »vier vollkommen neue Panzerdivisionen angeworben wurden mit einem großen Kontingent an westeuropäischen Freiwilligen. Sie hießen »Hohenstaufen«, »Frundsberg«, »Nordland« und »Hitlerjugend«[1].

Mangels einer anderen Erklärung, ist Reitlingers Auslegung die Standarddeutung für den Wendepunkt in der Entwicklung der Waffen-SS geworden. Von den Namen der vier neuen SS-Divisionen abgesehen, stimmt leider wenig in dem Bericht. Der Wendepunkt in der Entwicklung der Waffen-SS wurde 1942, nicht 1943 erreicht. Die Aufstellung des ersten SS-Armeekorps wurde von Hitler im Mai 1942 befohlen, volle zehn Monate vor dem SS-Sieg bei Charkow, und die Aufstellung aller vier von Reitlinger erwähnten SS-Divisionen hatte Hitler vor der erfolgreichen Beendigung der Schlacht genehmigt, ja, zwei davon waren schon vor Ende 1942 ins Leben gerufen worden.

1 Reitlinger, a. a. O., S. 87, 154, 191, 194.

Im übrigen hatten Hitlers Gründe, das Wachstum der Waffen-SS straff zu zügeln, nichts mit einem Mangel an Vertrauen gegenüber Himmler zu tun. Wenn es einen unter seinen höchsten Gefolgsleuten gab, dem Hitler 1942 vertraute, dann war es »der getreue Heinrich«, und da die Waffen-SS dem Befehl des Heeres unterstand, ist nicht recht einzusehen, warum Hitler befürchtet haben sollte, ihr Ausbau könnte Himmler eine »Privatarmee« verschaffen, um so weniger als Hitler damals den Krieg sowohl als Chef des OKH wie auch des OKW persönlich leitete[2].

Will man Hitlers langes Zögern bei der Schaffung neuer SS-Divisionen verstehen, muß man sich seine Grundauffassung von der Waffen-SS nochmals vor Augen führen. Bekanntlich war die Waffen-SS für Hitler in erster Linie eine militarisierte und politisch zuverlässige Elitepolizeitruppe. Diese Auffassung hat er noch im Januar 1942 vertreten. Die SS, so sagte er, mußte an die Front gehen, um ihr Ansehen zu wahren, aber sie mußte eine kleine Auslese bleiben; die Qualität, nicht die Quantität zählte. Daher solle man sich nur um eine Elite bemühen. Jungen Männern, die sich nur aufspielen wollten, müsse man klarmachen, daß die Verluste bei der Waffen-SS höher seien als bei anderen Verbänden. Wenn wieder Frieden sei, so schloß er, würde die Waffen-SS für die ihr zugedachte Rolle einer Elitepolizeitruppe frei sein[3].

Reitlinger hat Hitlers Äußerungen als höfliche Zurückweisung der »Hoffnungen Himmlers auf eine Privatarmee« ausgelegt[4]. Es besteht aber kein Grund zu der Annahme, daß mehr oder weniger in ihnen steckt, als sie tatsächlich besagen. Tatsache ist, daß Hitler damals immer noch unter dem Eindruck stand, der Krieg würde bald vorbei sein. Trotz der Rückschläge, die die Wehrmacht infolge der unerwarteten russischen Winteroffensive erlitten hatte, glaubte Hitler zuversichtlich, bereits den Todeskampf des bolschewistischen Bären zu erleben. Während eine ganze Anzahl Generale Anzeichen von Panikstimmung und Defätismus erkennen ließen, plante Hitler eine neue Offensive, die ihm, wie er glaubte, den Endsieg bringen würde[5].

Hitler brauchte nicht bis zur Schlacht bei Charkow 1943 zu warten, um den Wert der SS-Divisionen schätzenzulernen. Ihre Kampfkraft hatten sie in den Feldzügen 1939, 1940 und 1941 weitgehend bewiesen. Zur selben

---

2 Durch die Auseinandersetzung mit Reitlingers Ansichten über diese Frage versucht der Verfasser keineswegs, den allgemeinen Wert dieses Buches herabzusetzen.
3 Hitler's Secret Conversations, S. 177 f.
4 Reitlinger, a. a. O., S. 191.
5 Eine Schilderung von Hitlers Verfassung im Winter 1942/43 findet man in den Goebbels-Tagebüchern 1942–1943, die Louis P. Lochner herausgegeben hat (Zürich 1948).

Zeit, da er eine rasche Rückkehr der Waffen-SS zu ihren Vorkriegspolizeiaufgaben in Aussicht nahm, verkannte Hitler doch nicht ihre hervorragenden Leistungen im Fronteinsatz. »Ich bin stolz«, so sagte er einer Gruppe von Tischgästen, »wenn ein Armeeführer mir sagen kann, seine Truppe stützt sich im wesentlichen auf eine Panzerdivision und die SS-Division ›Reich‹«. Für Hitler war die SS »eine außergewöhnliche Truppe von Männern, ganz einer Idee ergeben, treu bis in den Tod... Gegenwärtig (zur Zeit der sowjetischen Gegenoffensive) hat sich bestätigt, daß jede Division der SS sich ihrer Verantwortung bewußt ist. Die SS weiß, daß sie die Aufgabe hat, ein Beispiel zu geben... und daß alle Augen auf ihr ruhen«[6]. Während viele Truppenteile des Heeres und ihre Kommandeure angesichts des unerwarteten russischen Angriffs in Panikstimmung gerieten, hielt die Waffen-SS stand, und Goebbels verzeichnete in seinem Tagebuch: »Wenn wir zwanzig Männer wie (Sepp Dietrich) hätten, brauchten wir uns um die Ostfront keine Sorgen zu machen[7].«

Im Winter 1941/42 bewies die Waffen-SS eine Eigenschaft, die für Hitler ihre größte Tugend werden sollte: die Fähigkeit, ihren Kampfgeist auch bei einer Niederlage zu bewahren[8]. Diese Eigenschaft veranlaßte Hitler, gegen Ende 1942 den Befehl zu einem Ausbau der Waffen-SS zu geben, denn zu diesem Zeitpunkt hatten die Ereignisse ihn gezwungen, seinen früheren Optimismus aufzugeben und der Tatsache ins Gesicht zu sehen, daß Deutschland sich in einem langen, harten Krieg befand.

Wie Hitler vorhergesagt hatte, überlebte die Wehrmacht die sowjetische Winteroffensive. Indem sie sich »einigelten« und die Russen an ihren Flanken vorbeiziehen ließen, behaupteten die Deutschen ihre Stellung in den Schlüsselstädten der Front. Hitlers Rückzugsverbot hatte seine Truppen furchtbaren Leiden ausgesetzt, aber die Ostfront gerettet. Im März hatte sich der russische Angriff totgelaufen, und Hitler befahl Vorbereitungen für den Beginn einer neuen deutschen Gegenoffensive[9].

Obwohl Himmler weiter für eine Vergrößerung der Waffen-SS eintrat, schob Hitler die Entscheidung hinaus. Er glaubte fest, der Krieg würde Ende des Jahres vorüber sein. Die einzige völlig neue SS-Division, die in der ersten Jahreshälfte 1942 aufgestellt wurde, war die Volksdeutsche 7. SS-Freiwilligengebirgsdivision »Prinz Eugen«, der die Partisanen-

---

6 Hitler's Secret Conversations, S. 178.
7 Vgl. Goebbels, Tagebücher 1942—1943.
8 Zu Hitlers Ansicht über die Wichtigkeit »fanatischer Zähigkeit« als einer soldatischen Tugend vgl. »Besprechung des Führers mit Generalmajor Thomale am 29. Dezember 1944 im Adlerhorst«, Hitlers Lagebesprechungen, S. 779 f.
9 Der beste Bericht über diese Ereignisse findet sich bei Clark, a. a. O., S. 187 ff. Vgl. auch »The Russo-German Campaign«, The Red Army, B. H. Liddell Hart, ed., New York 1956, S. 109 ff.; Manstein, a. a. O., S. 175 ff.; Philippi und Heim, a. a. O., S. 107 ff.

bekämpfung in Jugoslawien anvertraut wurde. Hitler verfügte jedoch die Reorganisation und Verstärkung der bestehenden SS-Verbände. Um die Jahresmitte war das Gros der drei Elite-SS-Divisionen — »Leibstandarte Adolf Hitler«, »Das Reich« und »Totenkopf« — aus der Front herausgenommen und nach Westen geschickt worden, um in Panzergrenadierdivisionen umgebildet zu werden[10].

Inzwischen hatte im Abschnitt Kursk—Charkow die deutsche Sommeroffensive begonnen. Entsprechend Hitlers Plan, sich der kaukasischen Erdölfelder durch eine Blitzoperation an der Südfront zu bemächtigen, durchbrach eine Panzerarmee unter dem Befehl von Feldmarschall von Kleist die Sowjetfront und ergoß sich in den Kaukasus. Wiederum brachen die sowjetischen Armeen unter dem deutschen Angriff zusammen, und binnen sechs Wochen waren der gesamte Donbogen und die Ölfelder von Maikop in deutscher Hand. Einen der tiefsten Einbrüche hatte die SS-Division »Wiking« erkämpft[11].

Für die Russen war das die kritischste Periode des Krieges. Hitlers Optimismus (»Der Russe ist fertig«, sagte er seinem Stabschef am 20. Juli) schien gerechtfertigt. Mitte September standen deutsche Truppen im Herzen Stalingrads. Hier wurde der Krieg entschieden; denn wenn die Deutschen diese strategisch wichtige Stadt eroberten, würden sie in der Lage sein, nach Norden, längs des Wolgalaufes, zu schwenken und die ganze russische Front aufzurollen. Was nun folgte, ist bekannt. Stalingrad fiel nicht, und am 19. November 1942 unternahm die Rote Armee eine Gegenoffensive, die sie, trotz örtlicher Rückschläge und langer Verzögerungen, zweieinhalb Jahre später bis nach Berlin führte.

In den letzten Monaten des Jahres 1942 wendete sich das Kriegsglück überall gegen das Dritte Reich. Am 4. November wurde Rommels Afrikakorps, das vor den Toren Alexandrias stand, in der Schlacht von El Alamein zum Rückzug gezwungen. Vier Tage später landete eine anglo-amerikanische Armee unter dem Befehl von General Eisenhower in Nordafrika, und am 22. November schlossen die Russen den Ring um die deutsche sechste Armee bei Stalingrad[12]. Nach drei Jahren stetigen Vormarsches verlor die Wehrmacht die Initiative und begann ihren langen Rückzug. Daß die Alliierten noch zwei Jahre brauchten, um Deutschlands Niederlage zu besiegeln, war in nicht geringem Maße den Anstrengungen der Elitepanzerdivisionen der Waffen-SS zuzuschreiben, die Hitler 1942 und 1943 aufstellen ließ.

---

10 Panzergrenadierdivisionen waren technisch voll ausgerüstete Infanterieverbände, deren Mannschaften in Schützenpanzerwagen (SPW) transportiert wurden.
11 Steiner, Die Freiwilligen, S. 158.
12 Eine Zusammenfassung der militärischen Lage Deutschlands findet sich in Hitlers Lagebesprechungen, S. 49.

## Die Entwicklung der Waffen-SS 1942

In den ersten Monaten des Jahres 1942 war die Waffen-SS mit ihrer gesamten Kriegsstärke in die erbitterten Kämpfe verwickelt, die an der Ostfront tobten. Sechs Divisionen, zwei Infanteriebrigaden, eine Kavalleriebrigade, vier nationale Legionen und ein paar kleinere selbständige Verbände waren der Beitrag der Waffen-SS zu dem Feldzug[13].

Als die russische Offensive im Februar auslief, waren die SS-Verbände in einigen Fällen nur noch Schatten ihrer einstigen Stärke. In Anbetracht der Absicht Hitlers, eine Sommeroffensive zu führen, die Rußland kriegsentscheidend schlagen sollte, wurde beschlossen, die Elite-SS-Divisionen zu verstärken und neu auszurüsten. Schon im August 1941 hatte SS-Gruppenführer (Generalleutnant) Hausser gefordert, die SS-Divisionen »Leibstandarte Adolf Hitler« und »Das Reich« in Panzerdivisionen umzugliedern[14]. Im Januar gab Hitler dem Ersuchen statt und befahl die Aufstellung eines Panzerbataillons für jede der beiden Divisionen. Ende Mai waren auch die beiden restlichen Elite-SS-Divisionen, »Totenkopf« und »Wiking«, jeweils mit einer Panzerabteilung ausgerüstet[15]. So hatten Mitte 1942 die vier klassischen SS-Divisionen den ersten Schritt auf dem Wege getan, die »Feuerwehr« des Dritten Reiches zu werden. In der gleichen Zeit löste Hitler endlich sein Versprechen von 1938 ein, ein SS-Armeekorps aufzustellen. Zur Führung der umgruppierten SS-Divisionen verfügte er die Aufstellung eines SS-Generalkommandos unter dem Befehl von Paul Hausser[16].

Während drei der vier Elite-SS-Divisionen im Westen aufgefüllt und wieder mit Waffen und Gerät ausgerüstet wurden, kam die deutsche Sommeroffensive, die so großartig begonnen hatte, bei Stalingrad zum Stehen. Als die deutschen Positionen in Afrika und Rußland sich weiter verschlechterten, traf Hitler die Entscheidung zum Ausbau der Waffen-SS.

---

13 S. Himmlers Memorandum vom 27. April 1942, RFSS/T-175, 105/2628463 ff. Eine vollständige Aufzählung der Fronteinheiten der Waffen-SS zu Beginn des Jahres 1942 findet man in SSFHA, »Feldpostübersicht«, 10. Januar 1942, Geheim, RFSS/T-175, 105/2628746 ff.
14 Haussers Memorandum vom 31. August 1941, RFSS/T-175, 107/2530666.
15 SSFHA, »Aufstellung einer Panzerabteilung für die LSSAH«, 30. Januar 1942, Geheime Kommandosache, RFSS/T-175, 108/2631615 ff.; SSFHA, »Aufstellung einer Panzerabteilung für die SS-Div. ›Reich‹«, 11. Februar 1942, Geheim, 106/2629425 ff.; SSFHA, »Aufstellung einer 3. SS-Panzerabteilung«, 18. April 1942, Geheim, 106/2629382 ff.; SSFHA, »Aufstellung einer SS-Panzerabteilung für die SS-T-Div.«, 20. Mai 1942, Geheim, 108/2631827 ff.
16 SSFHA, »Aufstellung eines SS-Generalkommandos«, 28. Mai 1942, Geheim, RFSS/T-175, 109/2633566 ff. Vor Jahresende war Haussers Kommando in SS-Panzergeneralkommando umbenannt.

Als erstes ordnete er die Neugliederung der SS-Kavalleriebrigade zur 8. SS-Kavalleriedivision »Florian Geyer« an[17]. Im November folgten neue Befehle zur weiteren Verstärkung der Elite-SS-Divisionen »Leibstandarte Adolf Hitler«, »Das Reich« und »Totenkopf«. Mit zusätzlichen Panzern, Sturmgeschützen und Schützenpanzerwagen ausgerüstet, wurden sie nun in SS-Panzergrenadierdivisionen umbenannt[18]. Im Dezember schließlich befahl Hitler die Aufstellung von zwei neuen deutschen SS-Divisionen, den ersten seit 1940. Beide sollten Elite-Panzergrenadierdivisionen werden und ein zweites SS-Armeekorps bilden[19].

Steigende Verluste und die Erfordernisse des Ausbaus bewirkten eine neue Personalkrisis für die Waffen-SS. Aber jetzt stand Hitler fest hinter der SS bei ihren Verhandlungen mit OKW, RAD und Heer. Schon im August genehmigte Keitel der Waffen-SS widerstrebend Werbungen im dreifachen Umfang ihrer Normalquote aus dem Jahrgang 1924, und das Leck konnte, einmal geschlagen, nie wieder gänzlich geschlossen werden[20]. Am 1. September 1942 hatte die Waffen-SS eine Kriegsstärke von 141 975 Mann, dazu 45 663 Mann in Ausbildung und als Ersatz. Genau ein Jahr später hatten sich die Zahlen fast verdoppelt — 280 000 Mann in den Fronteinheiten und 70 000 in Ausbildung und als Ersatz[21].

17 SSFHA, »Gliederung der SS-Kavalleriedivision«, 9. September 1942. Geheime Kommandosache, RFSS/T-175, 109/2632762 ff.
18 SSFHA, »Umgliederung der SS-Div. ›Das Reich‹ in SS-Panzergrenadierdivision ›Das Reich‹«, 14. November 1942, Geheime Kommandosache, RFSS/T-175, 106/2629210 ff.; SSFHA, »Umbenennung und Umgliederung der SS-Div. ›LSSHA‹«, 24. November 1942, Geheime Kommandosache, 108/2631443; SSFHA, »Umgliederung der SS-T-Div. in SS-Panzergrenadierdivision ›Totenkopf‹«, 16. November 1942, Geheime Kommandosache, 108/2631857. Die 5. SS-Division »Wiking« wurde erst im folgenden März umbenannt, s. SSFHA, »Umgliederung der SS-Division ›Wiking‹ in SS-Panzergrenadierdivision ›Wiking‹«, 29. März 1943, Geheime Kommandosache, 111/2635184 ff.
19 Die SSFHA-Anweisungen über die Aufstellung dieser beiden Divisionen wurden in den für diese Untersuchung durchgearbeiteten SS-Akten nicht gefunden, wohl aber weist anderes dokumentarisches Material darauf hin, daß Hitler beide Divisionen (sie wurden schließlich 9. SS-Panzergrenadierdivision »Hohenstaufen« und 10. SS-Panzergrenadierdivision »Frundsberg« genannt) vor Ende 1942 aufzustellen befahl. S. KTB/OKW, 5. Januar 1943, III, 20; Hitlers Lagebesprechungen, S. 207, Anm. 2; »Rede des SS-Obergruppenführers Jüttner auf der SS-Führertagung in Prag am 13. April 1944«, NSDAP/T-81, 154/157539.
20 Keitel an SS-Ergänzungsamt, »Ersatzverteilung Jahrgang 24«, 7. August 1942, Geheim, RFSS/T-175, 110/2634193.
21 »Ist-Stärke der Waffen-SS, Stand vom 1. 9. 1942«, Geheime Kommandosache, RFSS/T-175, 105/2627497 f.; KTB/OKW, III, 1576. Über die Stärke der Waffen-SS nach Einheiten s. »Gesamtstärke der Waffen-SS«, 31. Dezember 1942, Geheime Kommandosache, RFSS/T-175, 111/2635898 ff.

## Aufbau und Entwicklung der Waffen-SS 1943

Zu Beginn des Jahres 1943 waren die Frontverbände der Waffen-SS wie folgt verteilt: die 1. SS-Panzergrenadierdivision »Leibstandarte Adolf Hitler«, die 2. SS-Panzergrenadierdivision »Das Reich«, die 3. SS-Panzergrenadierdivision »Totenkopf« und das SS-Panzergeneralkommando im Westen (meist in Frankreich); die 4. SS-Polizeidivision und die 2. SS-Brigade (einschließlich der holländischen, der flämischen und der norwegischen Legion) kämpften in Rußland bei der Heeresgruppe Nord; die 5. SS-Division »Wiking« in Südrußland bei der Heeresgruppe Don; die 6. SS-Gebirgsdivision »Nord« war an der nördlichen Finnlandfront mit der deutschen 20. Gebirgsarmee im Einsatz; die 7. SS-Freiwilligengebirgsdivision »Prinz Eugen« in Serbien mit der Heeresgruppe Südost; die 8. SS-Kavalleriedivision »Florian Geyer« und die 11. SS-Brigade (einschließlich Freikorps »Danmark«) kämpften in Rußland bei der Heeresgruppe Mitte[22].

Zu diesen Verbänden kamen nun die 9. SS-Panzergrenadierdivision »Hohenstaufen« und die 10. SS-Panzergrenadierdivision »Frundsberg«, die Hitler im Dezember genehmigt hatte. Trotz Himmlers Prahlerei, daß ein Viertel jedes Jahrgangs sich freiwillig zur Waffen-SS melde[23], waren seine Werber nicht imstande, auch nur die zulässige Anzahl an Freiwilligen für die beiden neuen Divisionen zusammenzubekommen. Infolgedessen mußte die Waffen-SS zum ersten Male in größerem Umfange einheimische Deutsche zwangsweise einberufen. Tausende von jungen Männern, die den Tauglichkeitsbestimmungen der SS entsprachen, rund 70 bis 80 Prozent des erforderlichen Mannschaftsbestandes, wurden aus den Lagern des Reichsarbeitsdienstes weg eingezogen. SS-Obergruppenführer (General) Jüttner, Chef des SS-Führungshauptamtes, schilderte seinen Kameraden später die große Aufregung, die dieses Verfahren auslöste. Eine Flut von Beschwerden und Briefen (einige direkt an den Führer) von »Eltern, Pfarrern, Bischöfen und Kardinälen« ergoß sich nach Berlin, Briefe, in denen die Entlassung der Eingezogenen verlangt wurde. Laut Jüttner verstanden sich die SS-Dienststellen zu einem Kompromiß: Die jungen Männer wurden etwa einen Monat zur Ausbildung behalten und konnten sich dann entweder freiwillig melden oder ihre Entlassung aus dem SS-Dienst beantragen. »Ich glaube, es waren drei (die ihre Entlassung forderten) aus insgesamt zwei Divisionen«, berichtete Jüttner, »alle übrigen sagten: ›Nein, wir bleiben!‹ Sie hatten nicht gewußt, was die Waffen-SS wirklich bedeutete, nur was ihre Pfarrer

---

22 S. besonders »Schematische Kriegsgliederung«, 1. Januar 1943, KTB/OKW, III, 3 ff.
23 Himmler rühmte sich dessen in einer Rede in der SS-Junkerschule Tölz am 23. November 1942, RFSS/T-175, 90/2612788.

und ihre Eltern ihnen erzählt hatten.« Beide Divisionen, so schloß Jüttner, entwickelten sich zu Eliteverbänden[24].

Im Januar, als die Werbung für die Divisionen »Hohenstaufen« und »Frundsberg« noch im Gange war, bot Reichsjugendführer Arthur Axmann dem Reichsführer SS an, eine Freiwilligen-Division für die Waffen-SS aufzustellen. Sie sollte aus Mitgliedern der Hitlerjugend, Jahrgang 1926, bestehen und, laut Axmann, »einen Wert wie die Leibstandarte« haben. Am 13. Februar wurde Axmann von Himmler informiert, daß Hitler zugestimmt habe, und er bat den Reichsjugendführer, die Einzelheiten für die neue Division mit Berger auszuarbeiten[25]. Der Chef des SS-Hauptamtes war von der Aussicht auf eine neue Elitedivision auserlesener Jungnazis so begeistert, daß er Himmler bat, ihn zu ihrem Befehlshaber zu ernennen. Bergers Traum, ein zweiter Sepp Dietrich zu werden, zerrann vor Himmlers höflicher, aber entschiedener Weigerung. Es scheint, daß Berger an seinem Schreibtisch wichtiger war, und Himmler ermahnte ihn, »nicht ungeduldig« zu werden[26]. Den Posten erhielt an Stelle von Berger ein Regimentskommandeur in der 1. SS-Panzergrenadierdivision »Leibstandarte Adolf Hitler«, der hochdekorierte 35 Jahre alte SS-Standartenführer (Oberst) Fritz Witt. Mit ihm kamen als Kader für die neue Division eine beträchtliche Anzahl Offiziere, Unteroffiziere und Spezialisten des älteren SS-Verbandes. Im Hochsommer 1943 waren die ersten 10 000 Jungen für die 12. SS-Division »Hitlerjugend« in einem SS-Lager bei Beverloo (Belgien) in der Ausbildung[27].

Inzwischen änderte sich Hitlers Verhältnis zu den Wehrmachtgeneralen und seine Einstellung zur Waffen-SS grundlegend infolge der Abwehrschlachten nach der Stalingrad-Katastrophe; diese veränderte Haltung wurde besonders deutlich nach dem großen SS-Sieg bei Charkow im März 1943. Als die Russen in das Donezbecken vorstießen, rieten die Generale zum Rückzug und behaupteten, der Versuch, das Gebiet zu halten, würde mit einem zweiten Stalingrad enden. Am 6. Februar flog Feldmarschall von Manstein, der Befehlshaber der Heeresgruppe Süd, zu Hitler ins Haupt-

---

24 »Rede des SS-Obergruppenführers Jüttner auf der SS-Führertagung in Prag am 13. April 1944«, NSDAP/T-81, 154/157539 ff.; KTB/OKW, 5. Januar 1943, III, 20.
25 Himmler an Axmann, 13. Februar 1943, Geheim, RFSS/T-175, 108/2631254.
26 Berger an Himmler, 9. Februar 1943, Geheim, RFSS/T-175, 108/2631262 ff. und Himmler an Berger, 16. Februar 1943, Geheim, 108/2631245. Einzelheiten über Bergers Verhandlungen mit Axmann bei Berger an Himmler, »Aufstellung der Division Hitlerjugend«, 18. Februar 1943, 108/2631249 ff.
27 Meyer, a. a. O., S. 205. Es scheint, daß sehr viele Jugendliche zwangsweise zur Division »Hitlerjugend« eingezogen wurden. S. Berger an SSFHA, »Aufstellung der SS-Division ›Hitlerjugend‹«, 21. März 1943, Geheime Kommandosache, RFSS/T-175, 108/2631228 ff.

quartier bei Rastenburg in der Hoffnung, ihn zu einer »Frontverkürzung« bewegen zu können, um zusätzliche Kräfte für eine Verteidigungslinie weiter nach Westen hin frei zu bekommen. Aber Hitler weigerte sich und beharrte darauf: »Wenn man erbittert um jeden Fußbreit Boden kämpft und den Feind jeden Schritt, den er nach vorn macht, teuer bezahlen läßt, muß selbst die Offensivkraft der Sowjetarmeen eines Tages erschöpft sein.« Mansteins fachmännische Ansichten schienen auf den Führer keinen Eindruck zu machen: »Alles, was Hitler tatsächlich über die Lage zu sagen hatte, war, daß er glaubte, das SS-Panzerkorps würde imstande sein, die akute Bedrohung der mittleren Donezfront abzuwenden... Sein Glaube an die Durchschlagskraft dieses neu aufgestellten SS-Panzerkorps war anscheinend grenzenlos[28].«

Manstein, der sich durch Hitlers Unnachgiebigkeit außerstande sah, den Feldzug mit langfristiger Zielsetzung zu führen, tat sein Bestes. Als die Russen, nachdem sie Charkow genommen hatten, sich dem Dnjepr näherten, führte er einen Gegenschlag gegen den Angelpunkt des Vormarsches und zwang die Russen zu einem ungeordneten Rückzug. Obgleich der Erfolg der Operation großenteils Mansteins meisterhafter Strategie zu verdanken war, bildeten die drei Divisionen (»Leibstandarte Adolf Hitler«, »Das Reich« und »Totenkopf«) des SS-Panzerkorps die Angriffsspitze und eroberten Charkow zurück[29]. Dieser SS-Sieg gab Hitler neuen Auftrieb. Der für die deutschen Kriegsanstrengungen so wesentliche Teil des mineralreichen Donezbeckens war gehalten worden. Der großen sowjetischen Stalingrad-Offensive schien Einhalt geboten, und Hitlers Politik des Nichtzurückweichens und sein Vertrauen auf die Elitedivisionen der Waffen-SS schienen gerechtfertigt.

Die Niederschrift von Hitlers militärischen Lagebesprechungen in den Monaten nach der Schlacht von Charkow spiegelt seine erhöhte Wertschätzung der Waffen-SS. »Das SS-Korps ist so viel wie 20 italienische Divisionen«, sagte er bei einer Gelegenheit[30]. Er machte sich viel Gedanken über die SS und sagte zu General Zeitzler, seinem Generalstabschef des Heeres: »Wir müssen sehen, daß die SS ... noch das notwendige Personal kriegt[31].« Er drängte darauf, die drei Panzerdivisionen aus der Front herauszuziehen, um sie für einen neuen Notfall bereit zu haben. Auf Befehl Hitlers bekamen sie die neuesten schweren Panzer. Außerdem erhielten

---

28 Manstein, a. a. O., S. 440 ff.
29 A. a. O., Kap. 13; KTB/OKW, 15. März 1943, III, 214 f. Nach Angaben von Hausser, a. a. O., S. 95, verlor sein Panzerkorps 365 Offiziere und 11 154 Mann in der Schlacht.
30 »Besprechung des Führers mit Feldmarschall v. Kluge am 26. Juli 1943«, Hitlers Lagebesprechungen, S. 383.
31 »Fragment einer Abendlage vermutlich zwischen 12. und 15. März 1943 in der Wolfsschanze«, a. a. O., S. 197.

sogar die beiden neuen SS-Divisionen, trotz Einwendungen des Heeres, Vorrang bei der Zuteilung des neuesten Modells der mittelschweren Panzer vom Typ »Panther«[32].

Als Himmler einmal, was selten vorkam, zu einer militärischen Lagebesprechung erschien, benutzte Hitler die Gelegenheit, um ihn nach den neuen SS-Divisionen »Hohenstaufen« und »Frundsberg« zu fragen. Himmlers Erläuterung, das Durchschnittsalter der beiden Divisionen, einschließlich der Führer, sei nur achtzehn Jahre, veranlaßte Hitler zu der Bemerkung, das sei schön; »die haben sich fabelhaft geschlagen, mit einer Tapferkeit sondergleichen«. Aus einem Urteil ginge hervor: »Die jungen Leute schlagen sich fanatisch, die aus der Hitlerjugend stammen ... junge deutsche Burschen, zum Teil 16jährige. Diese Hitlerjungen kämpfen meist fanatischer als ihre älteren Kameraden.« Er sei sicher, die neuen SS-Divisionen »Hohenstaufen«, »Frundsberg« und besonders »Hitlerjugend« würden genauso kämpfen[33].

Die vorübergehende Festigung der russischen Front und die Invasion Siziliens am 10. Juli 1943, der zwei Wochen später die Kapitulation Italiens folgte, veranlaßten Hitler, die Verlegung von Teilen des SS-Panzerkorps nach dem Westen zu befehlen[34]. Es war eine jener Truppenverschiebungen, wie sie für die Verwendung von Elite-SS-Divisionen während des restlichen Kriegsverlaufes charakteristisch werden sollten. Wo immer nach Hitlers Meinung die Gefahr am größten war, dort wurden die Panzerdivisionen der Waffen-SS hingeschickt.

In der zweiten Hälfte des Jahres 1943 machte der Ausbau der Waffen-SS rasche Fortschritte. Die 9. SS-Panzergrenadierdivision »Hohenstaufen« und die 10. SS-Panzergrenadierdivision »Frundsberg« gelangten jetzt in das letzte Stadium ihrer Ausbildung. Am 22. März wurde durch Zusammenlegung der vier germanischen Legionen, eines Kaders der 5. SS-Division »Wiking« und einer großen Gruppe neuer westeuropäischer Rekruten die 11. SS-Freiwilligenpanzergrenadierdivision »Nordland« geschaffen[35]. Am 24. Juni wurde die 12. SS-Panzergrenadierdivision »Hitlerjugend«, die seit Anfang Frühjahr zusammengestellt wurde, offiziell in Dienst gestellt. In der gleichen Zeit wurden, wie berichtet, drei östliche SS-Divisionen — die 13. »Handschar« (bosnische), die 14. (galizische) und die 15. (lettische) aufgestellt[36]. Wichtiger aber war noch, daß Hitler im folgenden Oktober zwei weitere deutsche SS-Divisionen aufstellen ließ: die 16. SS-Panzergrenadier-

---

32 Verschiedene Konferenzen, a. a. O., S. 212 f., 303 f., 364 f. und 380.
33 »Mittagslage vom 26. Juli 1943«, a. a. O., S. 334 f. Hitler wiederholte seine Äußerungen fast wörtlich gegenüber von Kluge bei einer anderen Konferenz am selben Abend. S. a. a. O., S. 381 f.
34 A. a. O., S. 214.
35 A. a. O., S. 162 f.
36 A. a. O., s. Kapitel 7.

division »Reichsführer SS« und die 17. SS-Panzergrenadierdivision »Götz von Berlichingen«[37]. Schließlich wurden die Überlebenden der schwer angeschlagenen 4. SS-Polizeidivision aus der russischen Front herausgezogen und nach Griechenland verladen, wo sie bei der verhältnismäßig ruhigen Partisanenbekämpfung zur Panzergrenadierdivision umgruppiert wurden.

In der Regel verfügten deutsche Panzergrenadierdivisionen nicht über Panzer; die Bezeichnung besagt einfach, daß es sich um eine teilweise gepanzerte, motorisierte Infanteriedivision handelte. Aber die Elite-SS-Panzergrenadierdivisionen waren längst mit Panzern ausgerüstet — die »Leibstandarte Adolf Hitler« und »Das Reich« besaßen sogar mehr und bessere Panzer als die meisten Panzerdivisionen des Heeres[38]. Im Oktober 1943 wurden deshalb die sieben Elite-SS-Panzergrenadierdivisionen — »Leibstandarte Adolf Hitler«, »Das Reich«, »Totenkopf«, »Wiking«, »Hohenstaufen«, »Frundsberg« und »Hitlerjugend« — in SS-Panzerdivisionen umbenannt[39]. Trotz des fortgesetzten Ausbaus der Waffen-SS in den folgenden Jahren wurden keine weiteren SS-Panzerdivisionen mehr aufgestellt. Diese sieben Divisionen wurden Hitlers »Feuerwehr«. Gelegentlich unterstützt von dem runden halben Dutzend weniger hervorragender SS-Panzergrenadierdivisionen, wahrten und erhöhten sie das militärische Ansehen der Waffen-SS bis zum endgültigen Zusammenbruch des Dritten Reiches.

In den letzten Kriegsjahren waren Panzer, Sturmgeschütze und Panzergrenadiere die entscheidenden Faktoren für die Kriegführung zu Lande. Es war ein Maßstab für die erhöhte Bedeutung der Waffen-SS, daß Ende 1943 immerhin sieben von den 30 Panzerdivisionen und sechs von den 17 Panzer-

37 Die 16. SS-Division entstammte der Sturmbrigade »Reichsführer SS«, die wiederum aus Himmlers persönlichem SS-Begleitbataillon geschaffen worden war. S. SSFHA, »Umgliederung des Begleitbataillons RFSS zur Sturmbrigade RFSS«, 23. Februar 1943, Geheime Kommandosache, RFSS/T-175, 108/ 2631347 ff.; SSFHA, »Aufstellung der 16. SS-Pz.-Gren.-Div. ›RFSS‹«, 19. Oktober 1943, Geheime Kommandosache, 108/2631300 ff.; Hitlers Lagebesprechungen, S. 283 f. Über die 17. SS-Division vgl. SSFHA, »Aufstellung der 17. SS-Pz.-Gren.-Div. ›Götz von Berlichingen‹«, 30. Oktober 1943, Geheime Kommandosache, 108/2631385 ff.; Hitlers Lagebesprechungen, S. 758, Anm. 6.

38 Im Dezember 1942, als Deutschland einen Gesamtbestand von nur 74 neuen Tiger- und Pantherpanzern hatte, gingen zwei Kompanien der neuesten »Tiger«-Modelle an die »Leibstandarte Adolf Hitler«, die damals strenggenommen noch gar keine Panzerdivision war. S. SSFHA, »Aufstellung einer schweren SS-Panzerabteilung«, 24. Dezember 1942, Geheim, RFSS/T-175, 110/ 2633944 f.

39 S. RFSS Adjutantur, »Aufstellung der Verbände der Waffen-SS«, 15. November 1943, Geheime Kommandosache, RFSS/T-175, 111/2635237 ff. Die Umgliederungsanweisungen für die einzelnen SS-Divisionen sind auf der Filmrolle 111 verstreut.

grenadierdivisionen der Wehrmacht SS-Verbände waren[40]. Bei der größeren Mannschaftsstärke, der besseren Ausrüstung und der ganz allgemein höheren Moral der SS-Divisionen ist es klar, daß ihr Kampfpotential beträchtlich größer war, als man allein aus ihrer Zahl schließen könnte.

Um den vielen neuen SS-Divisionen die notwendige taktische Führung zu verschaffen, verfügte Hitler die Bildung zusätzlicher SS-Generalkommandos oder -Armeekorps. Im Laufe des Jahres 1943 wurden insgesamt sechs neue SS-Korps geschaffen, darunter vier Panzerkorps. Haussers SS-Pionierkorps wurde zum II. SS-Panzerkorps, und ein neues Korps, das I. SS-Panzerkorps, wurde geschaffen, dessen Befehl Sepp Dietrich übernahm. Für die germanischen Freiwilligendivisionen »Wiking« und »Nordland« (und die SS-Brigade »Nederland«) genehmigte Hitler die Bildung des III. (Germanischen) SS-Panzerkorps unter der Führung von Felix Steiner. Das letzte der vier neuen Korps, das IV. SS-Panzerkorps, wurde im Juni aufgestellt, sein Kommandeur wurde Herbert Gille[41]. Obwohl ursprünglich beabsichtigt gewesen war, jedem Korps ständig zwei SS-Panzerdivisionen oder Panzergrenadierdivisionen anzugliedern, machte es die dauernde Verlegung der Elite-SS-Divisionen von einem Unruheherd zum andern unmöglich, die geplante Einteilung beizubehalten. Infolgedessen wurden die schnellen SS-Divisionen von Korps zu Korps verlegt, wie es die Lage gerade verlangte.

Außer den vier SS-Panzerkorps wurden 1943 noch zwei SS-Korps aufgestellt, die nicht zur Elite gehörten: das V. SS-Gebirgskorps in Jugoslawien und das VI. SS-Freiwilligenkorps (Lettisches) im Osten. Anfang 1944 wurde ein weiteres SS-Gebirgskorps, das IX. Waffen-Gebirgskorps der SS (Kroatisches), im Balkangebiet aufgestellt, und am Jahresende waren sechs weitere SS-Armeekorps, das XI., XII., XIII., XIV., XV. und XVIII., von Himmler in seiner neuen Eigenschaft als Chef des Ersatzheeres zusammengewürfelt worden. Da die Waffen-SS weder genügend Divisionen hatte, um sie aufzufüllen, noch genügend qualifizierte Offiziere, um sie zu führen, waren es nur dem Namen nach SS-Korps. Die meisten ihrer Kommandeure waren Polizeigenerale, und ein großer Teil der Truppen wurde aus den Mann-

---

40 Feststellung des Verfassers auf Grund von Zahlenangaben in »Zahlenmäßige Übersicht der Divisionen« und »Neuaufstellungen«, 4. Oktober 1943 und 26. Dezember 1943, KTB/OKW, III, 1161, 1403/04; und »Gliederung des Feldheeres 1943«, Keilig, »Das deutsche Heer«, I, Abschnitt 15, S. 51 und 55.
41 SSFHA, »Aufstellung des Germ. SS-Panzerkorps«, 19. April 1943, Geheime Kommandosache, RFSS/T-175, 111/2635181 f.; SSFHA, »Aufstellung des Gen.-Kdo. I. SS-Pz.-Korps ›Leibstandarte‹«, 27. Juli 1943, 111/2635170 f.; SSFHA, »Aufstellung des Gen.-Kdo. IV. SS-Pz.-Korps«, 5. August 1943, 111/ 2635196 ff.; SSFHA, »Aufstellung des Gen.-Kdo. V. SS-Geb.-Korps«, 8. Juli 1943, 111/2635204 ff.; und Abschriften von fünf Führerbefehlen vom 3. Oktober 1943, 111/2635149 ff.

schaften des Ersatzheeres rekrutiert. Kurzum, die ganze Sache bewies lediglich Himmlers Ehrgeiz, möglichst viele »SS-Verbände« aufzustellen, um sich, in Hitlers Augen, noch mehr Ansehen zu sichern.

In ähnlicher Weise wurde zwischen 1943 und Kriegsende die Mannschaftsstärke der Waffen-SS mehr als verdoppelt, und die Zahl der nominellen SS-Divisionen stieg von 18 auf 38. Aber nur eine davon, die 18. SS-Panzergrenadierdivision »Horst Wessel«, konnte auch nur im entferntesten als eine deutsche Elitetruppe betrachtet werden. Von den nicht mehr als regimentsstarken SS-»Divisionen«, die in den letzten Kriegsmonaten zusammengekratzt wurden, waren nur zwei oder drei, in denen das Ausbilderpersonal verschiedener SS-Kriegsschulen vereinigt war, mehr als Spreu im Wind. In Anbetracht der Tatsache, daß der beträchtliche militärische Wert der Waffen-SS in der Hauptsache bei den größtenteils deutschen Elite-SS-Panzerdivisionen lag, die die geistigen Nachfolger der Vorkriegsleibstandarte und -verfügungstruppe waren, kann der Schluß gezogen werden, daß alle SS-Divisionen, die in den letzten anderthalb Jahren des Krieges von wirklichem Wert sein sollten, bereits 1943 bestanden.

## IX. KAPITEL

## Bis zum bitteren Ende

### Die Waffen-SS und die Verteidigung des Dritten Reiches 1943—1945

Durch ihre ganz hervorragenden Leistungen in den ersten Kriegsjahren und durch ihre unerschütterliche Zähigkeit in den Abwehrschlachten von 1942 und 1943 erwarben sich die klassischen Divisionen der Waffen-SS Vertrauen und Dankbarkeit ihres Führers. Nach dem Sieg des SS-Panzerkorps bei Charkow beschloß Hitler, eine starke zentrale Reserve aus SS-Panzerdivisionen aufzustellen.

Mitte 1943 waren die Deutschen überall in die Verteidigung gedrängt, und Hitler ersetzte, gegen den Willen seiner Feldtruppenführer, die vordem erfolgreiche bewegliche Taktik durch eine einfallslose Strategie der starren Verteidigung fester Fronten. Er beabsichtigte aber zugleich eine aktive Verteidigung mit dem Ziel, durch Gegenangriffe dem Feind die Initiative zu entreißen. Dazu brauchte er eine schneidige und ergebene Eingreiftruppe der SS, bei der man sich darauf verlassen konnte, daß sie noch der Niederlage einen Sieg entriß.

Trotz Hitlers Bemühungen machte es die sich ständig verschlechternde militärische Lage unmöglich, sämtliche Elitedivisionen der SS gleichzeitig von der Front abzuziehen. Folglich hetzte man sie von einem Gefahrenpunkt zum andern und ließ ihnen nur gelegentlich eine kurze Ruhepause zur Auffrischung. So pendelte zum Beispiel die »Leibstandarte Adolf Hitler«, die reisefreudigste aller SS-Divisionen, in den letzten beiden Kriegsjahren siebenmal zwischen Ost- und Westfront. Nach jeder Verlegung unternahm die Division unverzüglich eine Offensive. So wurden die Panzer- und Panzergrenadierdivisionen der Waffen-SS die »Feuerwehr« des Dritten Reiches. Wo sie auch eingesetzt wurden, sie griffen an, manchmal mit großem, manchmal mit geringem oder gar keinem Erfolg. Aber wie die einzelne Aktion auch auslaufen mochte – das Endergebnis war eine Verzögerung des feindlichen Vormarsches. Darin lag der eigentliche Wert der Waffen-SS in den letzten beiden Kriegsjahren.

## Abwehrschlachten im Osten, 1943—1944

Nachdem sie die sowjetische Offensive bei Charkow im März 1943 aufgehalten hatten, bildeten die drei Divisionen des SS-Panzerkorps (»Leibstandarte Adolf Hitler«, »Das Reich« und »Totenkopf«) den Stoßkeil der deutschen Sommeroffensive im Mittelabschnitt der Ostfront im Gebiet von Orel und Kursk. Es war die letzte große Offensive der Deutschen im Osten. Trotz einiger Anfangserfolge mußte der Angriff angesichts des sich versteifenden sowjetischen Widerstandes und Hitlers Wunsch, das SS-Panzerkorps nach Italien zu verlegen, um Mussolinis wankendes Regime zu stützen, eingestellt werden[1].

Der Eindruck der Niederlage in Tunesien und die bevorstehende alliierte Invasion hatten das faschistische Regime in Italien an den Rand des Zusammenbruches gebracht. Defätismus war im Heer und unter der Bevölkerung stark verbreitet, und Hitler hatte seit einiger Zeit bereits die Möglichkeit eines italienischen Abfalls erwogen. Bei einer militärischen Lagebesprechung am 19. Mai stellte er fest, daß er unter solchen Umständen seine drei Elite-SS-Divisionen in Italien würde verwenden müssen, »weil sie den Faschismus am besten kennen«. Andere Einheiten hätten »nicht die Erfahrung, auch politisch gesehen, nicht die Gewandtheit wie meine alten SS-Divisionen, die Propagandisten sind. Ich bin der Überzeugung, wenn die drei besten SS-Divisionen hineinkommen, haben sie mit dem Faschismus in kürzester Zeit dickste Verbrüderung«[2].

Am 10. Juli 1943 landeten anglo-amerikanische Streitkräfte auf Sizilien. In der Nacht vom 24. zum 25. Juli stimmte der Faschistische Großrat, der zum ersten Male seit Dezember 1939 zusammentrat, für Mussolinis Absetzung. Am nächsten Tage wurde der Duce zu einem Gespräch mit dem König befohlen, mit dürren Worten entlassen und in Haft genommen[3]. Am selben Tage befahl Hitler die Verlegung des SS-Panzerkorps nach Italien. Feldmarschall von Kluge, Oberbefehlshaber der Heeresgruppe Mitte, flog sofort ins Führerhauptquartier, um zu protestieren, aber Hitler blieb hart:

---

1 Die Offensive hatte den Schlüsselnamen Zitadelle; ihr Zweck war, wie der späterer Offensiven Hitlers, das Gesetz des Handelns wiederzugewinnen und das Vertrauen in die deutsche Sache wiederherzustellen. Einzelheiten in »Zitadelle und die Abwehrschlachten im Osten«, KTB/OKW, III, 1619 ff. und Kriegstagebuch, Eintragungen beginnend mit dem 5. Juli 1943, S. 748 ff. S. auch Manstein, a. a. O., S. 473 ff.; Hitlers Lagebesprechungen, S. 269, 274, 297, I, Clark, a. a. O. S. 322 ff.
2 »Besprechung des Führers mit Feldmarschall Keitel am 19. Mai 1943«, Hitlers Lagebesprechungen, S. 207.
3 Die beste Darstellung der Ereignisse in Italien zu dieser Zeit gibt F. W. Deakin, a. a. O., S. 439 ff.

»Es ist ein sehr schwerer Entschluß, aber es bleibt nichts anderes übrig. Ich kann dort unten nur durch ganz erstklassige Verbände, die vor allen Dingen auch politisch dem Faschismus nahestehen, etwas machen. Sonst könnte ich auch ein paar Heerespanzerdivisionen hinziehen. Aber ... ich will das faschistische Metall (das als Magnet dienen soll; Anm. d. Verf.) nicht wegnehmen ... (dafür müsse er) Verbände haben, die mit einer politischen Fahne kommen[4].«

Doch am Ende erreichte eine neuerliche russische Gegenoffensive, was Kluges Argumenten nicht gelungen war: die SS-Divisionen »Das Reich« und »Totenkopf« blieben im Osten, und nur die »Leibstandarte Adolf Hitler« wurde nach Italien verlegt[5]. Kurz nach dem Abzug der »Leibstandarte« nahmen die beiden übriggebliebenen SS-Divisionen an einem Gegenangriff teil, der die sowjetischen Vorausabteilungen über den Mius zurückwarf und vorübergehend zu einer Wiederherstellung der Front in diesem Abschnitt führte[6]. Es folgte eine Serie sowjetischer Offensiven an verschiedenen Abschnitten der mittleren und der südlichen Front, die sich mit nur kurzen Pausen bis zum Beginn der Schlammperiode im Frühling 1944 fortsetzten. Die Deutschen mußten Hunderte von Quadratkilometern Gelände preisgeben und hatten sich am Jahresende bis hinter den Dnjepr zurückgezogen. Aber trotz wiederholter Durchbrüche konnten die Russen keinen entscheidenden Sieg erringen. Auf Einbrüche gab es Gegenangriffe, während die deutschen Kräfte zu beiden Seiten auf neue Stellungen zurückwichen.

Viele der in dieser Zeit in Rußland geführten Abwehrschlachten wurden durch den Einsatz der SS-Divisionen zum Erfolg. Für ehemalige Kriegsteilnehmer der Waffen-SS ist es daher verständlicherweise ein Grund zur Verbitterung, daß dieser Umstand in den vielen Erinnerungen, die nach Kriegsende von ehemaligen Heerführern veröffentlicht worden sind, kaum oder überhaupt nicht erwähnt wird. Ganze Geschichten des Ostfeldzuges sind geschrieben worden, in denen auf die Taten der Waffen-SS kaum Bezug genommen wird[7].

Die amtlichen Aufzeichnungen aus der Kriegszeit sprechen eine andere Sprache. Am 17. August 1943 zum Beispiel erhielt die SS-Division »Das

---

4 »Besprechung des Führers mit Feldmarschall von Kluge am 26. Juli 1943«, Hitlers Lagebesprechungen, S. 373/374.
5 KTB/OKW, III, 836, 879; Hitlers Lagebesprechungen, S. 309, 339 und 371 Anm. 2.
6 A. a. O., S. 310, Anm. 1; Manstein, a. a. O., S. 503 f.; Clark, a. a. O., S. 346 f.
7 Zwei bemerkenswerte Ausnahmen sind die in jüngster Zeit erschienenen und schon erwähnten Arbeiten von Alan Clark und Paul Carell.

Reich« folgendes Lob vom Oberbefehlshaber der Heeresgruppe Süd, Feldmarschall von Manstein:

»Die Division hat in dem von ihr kühn und schwungvoll geführten Angriff in der Westflanke der Armee namhafte Feindkräfte zerschlagen und damit die Voraussetzung für weitere Operationen geschaffen. Ich spreche der Division und ihrer zielbewußten Führung für diese Leistung meine besondere Anerkennung aus. Nennung der Division im Wehrmachtsbericht ist beantragt[8].«

Am 26. August schildert das Kriegstagebuch des OKW die Aktion wie folgt:

»Die 6. Armee mußte ihre Front gegenüber starken feindlichen Angriffen teilweise zurücknehmen. Die 1. Panzer- und 8. Armee wiesen feindliche Angriffe ab. Hierbei erzielte die SS-Panzergrenadierdivision ›Das Reich‹ einen besonderen Abwehrerfolg[9].«

Trotzdem wird diese Aktion in Mansteins Memoiren nirgends erwähnt. Die Wehrmachtoffiziere waren nicht nur schnell geneigt, sich über Mißerfolge der Waffen-SS zu beklagen, sondern ebenso schnell waren sie bei der Hand, wenn es galt, die Taten der unter ihrem Befehl stehenden Waffen-SS-Verbände der Wehrmacht gutzuschreiben. Diese bereits während des Krieges bemerkbare Tendenz ist in der Nachkriegsliteratur immer stärker zutage getreten.

Man kann den Beitrag der Waffen-SS zu den erfolgreichen Abwehrschlachten von 1943–1944 zusammenfassen, indem man erneut die Worte eines Wehrmachtgenerals aus der Kriegszeit zitiert: General Wöhler, Kommandeur der 8. Armee, lobte eine SS-Panzerdivision, weil sie bei Einbrüchen in Nachbarabschnitte »wie ein Fels im Heer« gestanden habe. In einem anderen Tagesbefehl bezeichnet derselbe Offizier die SS-Panzerdivision »Totenkopf« als »blitzendes Vergeltungsschwert« und bescheinigt der Division, sie habe »in unerschütterlicher Kampfkraft alle Aufgaben« erfüllt[10]. Um die Nachkriegsberichte richtigzustellen, braucht man im übrigen nur das Kriegstagebuch des OKW oder Hitlers Lagebesprechungen durchzusehen, und man wird erkennen, welcher Wert den Divisionen der Waffen-SS in den Planungen der deutschen Kriegsführung beigemessen wurde.

Als sich im Herbst 1943 die Lage an der Ostfront verschlechterte, sah sich Hitler gezwungen, die Rückkehr der »Leibstandarte Adolf Hitler« aus Italien zu befehlen. Im November, knapp drei Monate nach ihrem Abzug,

---

8 Kanis, a. a. O., S. 237.
9 KTB/OKW, IV, 1010.
10 Abdruck dieser und anderer Anerkennungen bei Kanis, a. a. O., S. 233 ff.

war die Division — ausgeruht und mit Panzern des neuesten Modells ausgerüstet — wieder in Rußland[11]. Am 15. November führte die Leibstandarte zusammen zwei frischen Panzerdivisionen des Heeres einen Gegenangriff gegen ein sowjetisches Panzerkorps, das die deutsche Dnjeprlinie in der Nähe von Kiew durchstoßen hatte. Die russische Truppe wurde durch den Angriff zerschlagen, und am 19. November eroberten die Deutschen Schitomir zurück. Wieder einmal hatte ein Unternehmen, bei dem eine SS-Division den Stoßkeil bildete, vorübergehend einen Frontabschnitt gefestigt[12].

Aber die verbissenen Bemühungen der Panzereinheiten von Heer und SS und die heftigen Gegenangriffe frischer Infanterieverbände vermochten die sowjetische Flut nur für kurze Zeit aufzuhalten. Der entscheidende Schlag kam mit der großen Winteroffensive. Am 13. Dezember stießen die Russen aus dem Nevelfrontbogen nach Südwesten vor und überwältigten die Heeresgruppe Mitte. Am Heiligen Abend rollten sie aus dem Gebiet von Kiew nach vorn und hatten binnen einer Woche Schitomir und Korosten zurückerobert. Dann erreichten die Sowjets, in südwestlicher Richtung einschwenkend, die polnische Vorkriegsgrenze und drohten auf diese Weise, den gesamten Südabschnitt der deutschen Linie zu umfassen. Außerdem griff die Rote Armee am 14. Januar die Heeresgruppe Nord an und zwang sie, die Belagerung von Leningrad aufzugeben[13].

Im Verlauf der Sowjetoffensive und zum ersten Male seit Stalingrad wurden an zwei Stellen große deutsche Verbände eingekreist: zwei Korps in Tscherkassy im Februar und die gesamte 1. Panzerarmee im Gebiet von Kamenez-Podolsk im März. Zwei Elitepanzerdivisionen der SS saßen in der Falle: »Wiking« im Kessel von Tscherkassy und die »Leibstandarte Adolf Hitler« mit einer 2500 Mann starken Kampfgruppe der Division »Das Reich« im Süden[14].

Nachdem die im Kessel von Tscherkassy eingekreisten deutschen Einheiten den ständig schrumpfenden Ring ihrer Stellungen mehr als zwei Wochen lang verteidigt hatten, erhielten sie den Befehl zum Ausbruch. »Wiking« als die einzige Panzerdivision in der Falle bekam den Auftrag, den Stoßkeil zu bilden. Der Ausbruch gelang teilweise, aber die SS-Division verlor dabei

---

11 Hitlers Lagebesprechungen, S. 371, Anm. 2, 399; KTB/OKW, III, 1209 und 1215.
12 Manstein, a. a. O., S. 557; Hitlers Lagebesprechungen, S. 408, 494, Anm. 1; Kriegstagebucheintragungen 15.—19. November 1943, KTB/OKW. III, 1281 ff.
13 Übersichten über die Situation in Hitlers Lagebesprechungen, S. 408, 434 f., 469 und 526.
14 Der größere Teil der SS-Division »Das Reich« war zur Auffrischung nach Frankreich geschickt worden. S. KTB/OKW, IV, 285.

ihre restlichen Panzer, ihr gesamtes Gerät und die Hälfte ihres Mannschaftsbestandes[15].
Der Versuch, wieder eine Verbindung zu der eingeschlossenen 1. Panzerarmee herzustellen, war eine viel schwierigere Aufgabe, denn sie setzte voraus, daß die sowjetische Offensive in der Gegend von Tarnopol zum Stehen gebracht würde. Die dafür verfügbaren deutschen Truppen hatten das bereits versucht und dabei versagt. Nach langen qualvollen Kämpfen und auf die wiederholten Vorstellungen der Frontkommandeure hin, gab Hitler die letzte seiner SS-Reserven für einen neuen Versuch frei: Im April 1944 kamen das II. SS-Panzerkorps mit der 9. SS-Panzerdivision »Hohenstaufen« und der 10. SS-Panzerdivision »Frundsberg« unter dem Befehl des sehr tüchtigen Paul Hausser aus Frankreich an. Die SS-Divisionen unternahmen sofort einen Flankenangriff, der die Spitze des sowjetischen Stoßkeils glatt abschnitt und es ermöglichte, die in der Falle sitzende 1. Panzerarmee herauszuholen[16]. So hatten, knapp ein Jahr nach der Katastrophe von Stalingrad, Einheiten der Waffen-SS bei zwei Gelegenheiten ein neues Stalingrad verhindert.

Unmittelbar nach ihrer Befreiung wurden die Leibstandarte und die Kampfgruppe »Das Reich« nach dem Westen beordert. Die Leibstandarte kam zur Auffrischung nach Belgien, während die Kampfgruppe zu dem Rest ihrer Division in Südfrankreich stoßen sollte. Hitler erwartete mit gutem Grund eine alliierte Invasion des Kontinents und arbeitete fieberhaft daran, seine SS-Reserve wiederaufzubauen. Das II. SS-Panzerkorps, »Hohenstaufen« und »Frundsberg«, mußte er in Polen behalten, um eine Erneuerung des russischen Vormarsches zu verhindern; Hitler machte jedoch seine Kommandeure von vornherein darauf aufmerksam, daß er sie im Falle einer alliierten Landung abberufen werde.

In der Zwischenzeit waren einige Überlebende der SS-Division »Wiking« zu einer 4000-Mann-Kampfgruppe umgebildet und zurück an die Front geschickt worden, während man die übrigen nach Polen brachte, wo sie als Kern einer neuen Division dienen sollten. Von den anderen Elitedivisionen der SS setzte »Totenkopf« ihre seit Jahren ununterbrochene Verteidigung an der südlichen Mittelfront fort, während Felix Steiners III. SS-Panzerkorps (11. SS-Panzergrenadierdivision »Nordland« und SS-Brigade »Nederland«) eine bedeutende Rolle bei der Verteidigung des Ostseeraumes spielte[17].

---

15 Einzelheiten bei Steiner, Die Freiwilligen, S. 238 ff. Zwei dramatische Augenzeugenberichte von dem Ausbruch (einen russischen und einen deutschen) findet man bei Werth, a. a. O., S. 780 f. und Clark, a. a. O., S. 376 f.
16 KTB/OKW, IV, 112, 274; Liddell Hart, The Red Army, S. 119; Hitlers Lagebesprechungen, S. 549, Anm. 3, 550, 552 und 615, 4.
17 Steiner, Die Freiwilligen, S. 187 ff.

Der russische Vormarsch im Süden hatte die Rote Armee gefährlich nahe an Ungarn herangebracht. Hitler reagierte auf diese Gefahr, indem er das Unternehmen »Margarethe« befahl, die deutsche Besetzung Ungarns. Der Plan, im September 1943 aufgestellt, wurde zwischen dem 19. und 31. März 1944 ausgeführt. Hitler bediente sich bei diesem Unternehmen, das größtenteils eine Sache der SS war, der zweiten Garnitur der SS-»Feuerwehr«. Im April hatten die 16. SS-Panzergrenadierdivision »Reichsführer SS«, die 18. SS-Panzergrenadierdivision »Horst Wessel« und die 8. SS-Kavalleriedivision »Florian Geyer« Stellung in Ungarn bezogen[18].

## Die alliierte Invasion und die Schlacht um Frankreich 1944

Unmittelbar vor der alliierten Invasion waren vier von den zehn in Frankreich und Belgien stehenden deutschen Panzerdivisionen Verbände der Waffen-SS: die 1. SS-Panzerdivision »Leibstandarte Adolf Hitler«, die 2. SS-Panzerdivision »Das Reich«, die 12. SS-Panzerdivision »Hitlerjugend« und die 17. SS-Panzergrenadierdivision »Götz von Berlichingen«[19]. Schon am 7. Juni 1944, einen Tag nach der Landung in der Normandie, stand die »Hitlerjugend« im Gebiet von Caen im Kampf gegen alliierte Streitkräfte. Am 11. Juni befahl Hitler, die geplante Offensive bei Kowel an der Ostfront aufzugeben und das II. SS-Panzerkorps sofort nach Frankreich zu verlegen. Vor Monatsende erhielten die deutschen Anstrengungen, die Alliierten ins Meer zurückzuwerfen, neue Impulse durch das beträchtliche Gewicht der SS-Panzerdivisionen »Hohenstaufen« und »Frundsberg«[20]. Der Erfolg aber blieb aus. Immerhin waren die sechs Elitepanzerdivisionen der SS bei weitem der gefährlichste Gegner, dem sich die anglo-amerikanischen Truppen zu stellen hatten.

Am 22. Juni, knapp zweieinhalb Wochen nach der Invasion, eröffneten die Russen ihre große Sommeroffensive. Die erdrückende Wucht des sowjetischen Ansturms zerschlug die Heeresgruppe Mitte und riß eine 320 Kilometer breite Lücke in die deutsche Front. Am 13. Juli begann die Rote

---

18 S. »Deutsche Gegenmaßnahmen: Die Vorbereitung und Durchführung des Unternehmens ›Margarethe‹ (Besetzung Ungarns) . . .«, KTB/OKW, IV, 189 ff.
19 Hitlers Lagebesprechungen, S. 575, Anm. 2.
20 S. »Die Kämpfe in der Normandie von der Landung bis zum Durchbruch bei Avranches (6. Juni bis 31. Juli)«, KTB/OKW, IV, 311 ff. Einzelheiten der Schlacht, wie sie der Befehlshaber der 12. SS-Panzerdivision »Hitlerjugend« sah, findet man bei Meyer, a. a. O., S. 208 ff.

Armee einen Angriff gegen die Heeresgruppe Nord und wandte sich am Tag darauf gegen die Heeresgruppe Nordukraine. Mitte Juli war die deutsche Ostfront der Länge nach durchlöchert. Bei Monatsende stand die Sowjetarmee im Norden an der Rigaer Bucht, im Mittelabschnitt in den Vororten von Warschau und in der Ukraine am San[21].

Für Hitler und sein Drittes Reich war das ein Augenblick der allgemeinen Krise. Im Westen drohte der Verlust von Frankreich und Belgien, in der Heimat war die Moral durch das Attentat auf das Leben des Führers erschüttert[22], im Osten rückte die Rote Armee weiter vor, und während die russischen Truppen in den Warschauer Vorstädten kämpften, erhob sich die polnische Widerstandsbewegung in der Hauptstadt zu einem offenen Aufstand. Aber wiederum rettete die Waffen-SS die Lage.

In der ersten Augustwoche unternahm das neuaufgestellte IV. SS-Panzerkorps, das aus den Elite-SS-Panzerdivisionen »Wiking« und »Totenkopf« (verstärkt durch die 19. Panzerdivision des Heeres) bestand, einen Gegenangriff, der die Russen aus Warschau und über die Weichsel zurücktrieb. In den folgenden beiden Monaten wehrten die drei Divisionen zwei vollständige Sowjetarmeen ab, und im Oktober stellten die Russen schließlich den Angriff ein[23]. Sie waren in den ersten fünf Wochen nahezu 700 Kilometer vorgestoßen, aber überlange Nachschubwege und die Schlappe bei Warschau brachten ihre Offensive am Ende zum Stehen. So vermochten die Deutschen, den Warschauer Aufstand niederzuschlagen, und bis Januar 1945 blieb die Lage an der Weichsel verhältnismäßig ruhig[24].

Trotz dieser vorübergehenden Stabilisierung der Hauptfront begann am 20. August eine neue Sowjetoffensive im tiefen Süden. Rumänien kapitulierte binnen drei Tagen, und die Russen konnten ungehindert die lebenswichtigen Erdölfelder von Ploesti besetzen. Am Ende des Monats war das ganze Land in den Händen der Sowjets, und am 8. September begann die russische Besetzung Bulgariens. Ebenfalls im September zogen sich die Finnen aus dem Krieg zurück und wandten sich gegen die 20. deutsche Gebirgsarmee, als diese sich weigerte, finnisches Hoheitsgebiet zu räumen. In den folgenden Monaten verlor Hitler Griechenland und den größten Teil

---

21 S. die Lageübersichten in Hitlers Lagebesprechungen, S. 583 und 609; ferner »Der Kriegsverlauf an der Ostfront im Jahre 1944«, KTB/OKW, IV, 856 ff.
22 Den besten Bericht bietet Wheeler-Bennett, a. a. O., S. 635 ff.
23 Steiner, Die Freiwilligen, S. 288 ff.; vgl. Liddell Hart, The Red Army, S. 121.
24 Über den Warschauer Aufstand s. Hitlers Lagebesprechungen, S. 625 ff., und (aus russischer Sicht) Werth, a. a. O., S. 867 ff. Mit Ausnahme einiger ungarischer Volksdeutscher von der 22. SS-Kavalleriedivision scheinen keine regulären Einheiten der Waffen-SS an der brutalen Unterdrückung des Aufstands beteiligt gewesen zu sein. Über die Rolle, die die SS-Brigaden Kaminski und Dirlewanger dabei spielten, s. Kap. X, Abschn. 4.

Jugoslawiens, und Anfang Dezember begannen die Russen, Budapest zu belagern[25].

Wieder einmal zeichnete sich die Waffen-SS in der Verteidigung aus. Obwohl es keine Elitepanzerdivisionen waren, die auf dem Nebenkriegsschauplatz Balkan standen, taten die Volksdeutschen der 7. SS-Gebirgsdivision »Prinz Eugen« in Jugoslawien ihr Bestes, während die 8. SS-Kavalleriedivision »Florian Geyer« und die 22. SS-Kavalleriedivision in der eingeschlossenen ungarischen Hauptstadt bis zum Ende kämpften[26]. Auf welchen Stand die Verbände der Wehrmacht 1945 abgesunken waren, läßt sich daran ablesen, daß diese zweitrangigen SS-Divisionen das Rückgrat der deutschen Verteidigung in ihren Operationsgebieten bildeten.

Obwohl Hitler ein paar Verbände minderer Qualität für die Verteidigung der Ost- und der Südostfront abzweigte, hatte sich sein Hauptinteresse nach dem Westen verlagert. Dort begannen am 25. Juli die Amerikaner eine große Offensive, um aus dem normannischen Brückenkopf auszubrechen. Während die britischen und kanadischen Streitkräfte sieben der verbleibenden neun deutschen Panzerdivisionen im Abschnitt Caen banden, stießen sechs Divisionen der Ersten und der Dritten US-Armee auf der Westseite der Halbinsel Cherbourg nach Süden vor. Die einzigen deutschen Panzerdivisionen, die ihnen im Wege standen, waren die 2. SS-Panzerdivision »Das Reich« und die 17. SS-Panzergrenadierdivision »Götz von Berlichingen«. Beide SS-Verbände kämpften verbissene Rückzugsgefechte, ohne freilich den amerikanischen Vormarsch aufhalten zu können[27].

Der entscheidende Durchbruch erfolgte am 31. Juli, als die 4. US-Panzerdivision das »Schloß des Tores von Avranches sprengte«. Die Panzer von General Pattons Dritter Armee jagten durch die Lücke und überrollten den größten Teil der Bretagne. General Eisenhower schilderte die Lage in seinem Bericht an die interalliierten Stabschefs: »Die feindliche Infanterie war nicht in der Lage, uns Widerstand zu leisten, und nur die müden, stark angeschlagenen Panzertruppen lieferten einen nennenswerten Kampf.« Während deutsche Truppen »in völliger Auflösung« zurückfluteten, waren die SS-Divisionen noch immer gefährliche Gegner. »Nach heftigen Kämpfen nahmen wir am 2. August Vire, das jedoch am folgenden Tage von zwei SS-Panzerdivisionen zurückerobert wurde. Es gab tagelang ein erbittertes

---

25 Liddell Hart, The Red Army, S. 121; KTB/OKW, IV, 859 ff.; Hitlers Lagebesprechungen, S. 650 f.
26 Einzelheiten in »Der südöstliche Kriegsschauplatz«, KTB/OKW, IV, 599 ff., und »Die Ereignisse in Ungarn von Anfang April bis zum Ende der Schlacht um Budapest...«, ibid. S. 827 ff.
27 Report by the Supreme Commander to the Combined Chiefs of Staff on the Operations in Europe of the Allied Expeditionary Force, 6 June 1944 to 8 May 1945, Washington 1946, S. 36 ff. im folgenden als SHAEF-Bericht zitiert. Die Lage aus deutscher Sicht schildert das KTB/OKW, IV, 327 ff.

Ringen, ehe der Feind endgültig aus diesem Abschnitt zurückgedrängt werden konnte[28].«

Die deutsche linke Flanke war gänzlich zusammengebrochen, so daß keine Möglichkeit mehr bestand, den raschen Vormarsch von Pattons schnellen Panzerkolonnen aufzuhalten. Die einzige denkbare Gefährdung dieses reißenden Stromes lag in der Möglichkeit, daß die Deutschen etwa einen Gegenangriff zustande bringen konnten, um den Engpaß bei Avranches, durch den der Nachschub aufrechterhalten werden mußte, abzuschneiden. Auf Hitlers Befehl begann man auch mit den Vorbereitungen für einen derartigen Angriff. Ungeachtet des Risikos wurden alle verfügbaren deutschen Panzerverbände für einen umfassenden Sturmangriff aus dem Bereich von Mortain nach Westen durch Avranches in Richtung auf die Küste eingesetzt. Denn »ohne Rücksicht auf den in die Bretagne durchgebrochenen Feind« sollten die Angreifer »nach Norden und Nordosten eindrehen und vom Westflügel aus die amerikanischen Divisionen packen und zerschlagen... und dadurch die Front in der Normandie zum Einbruch bringen«[29].

Der deutsche Angriff begann in der Nacht des 7. August mit der 1. SS-, 2. SS- und der 116. Panzerdivision, die von Infanterie und Teilen der 17. SS-Panzergrenadierdivision unterstützt wurden. Diese gewaltige Streitmacht stand unter dem Befehl von SS-Oberstgruppenführer (Generaloberst) Paul Hausser[30]. Aber die Amerikaner waren vorbereitet und hielten den Angriff in einer harten Schlacht auf. Nachdem der deutsche Stoßkeil einmal festsaß, wurde er das Ziel eines ungestümen alliierten Luftangriffs. Mit Raketen zerstörten und beschädigten Jagdbomber zahlreiche Panzer und eine große Anzahl ungepanzerter Fahrzeuge. In seinem amtlichen Bericht meldete der Alliierte Oberbefehlshaber: »das Ergebnis des energischen Angriffs durch Land- und Luftstreitkräfte war, daß der feindliche Angriff wirksam zum Stehen gebracht und die Gefahr in einen großen Sieg verwandelt wurde[31]«.

Für die Elitedivisionen der Waffen-SS waren die beiden Monate nach der alliierten Invasion bitter und enttäuschend gewesen. An Fehlschläge waren sie nicht gewöhnt. Selbst während der großen Rückzüge im Osten hatte ein geballter Angriff von zwei Elite-SS-Panzerdivisionen unweigerlich zu einem, sei es auch nur örtlichen, Sieg geführt. Im Westen aber erwartete die SS-Truppen das, was sie verbittert als »Materialschlacht« bezeichneten. Gegen schweren Beschuß durch Schiffsgeschütze, endlose Panzersäulen, vollmotorisierte Infanterie, überlegene Artillerie und vor allem zermürbende

---

28 SHAEF-Bericht, S. 40.
29 KTB/OKW, IV, 336 f.
30 A. a. O., S. 338. Unter den Frontoffizieren der Waffen-SS hatten nur Hausser und Dietrich diesen höchsten SS-Rang.
31 SHAEF-Bericht, S. 43.

Angriffe aus der Luft nutzte selbst die Entschlossenheit der SS-Verbände nichts.

Hitler aber — fern in seinem abgelegenen Hauptquartier in Ostpreußen — betrachtete die Ereignisse auch weiterhin im Lichte seiner früheren Erfahrungen. Er befahl, den Angriff mit zusätzlichen Kräften, die aus anderen Frontabschnitten abgezogen wurden, zu erneuern. Doch die Ereignisse rollten zu rasch ab, als daß sie die Durchführung seines Planes noch erlaubt hätten. Obwohl die vorher bei dem Angriff eingesetzten Einheiten auch weiterhin versuchten, nach Avranches durchzubrechen, wurde es den Deutschen an der Front klar, daß ihre Anstrengungen vergebens sein würden. Alliierte Vorstöße auf allen Seiten machten es unmöglich, die notwendigen Truppen zu sammeln. Nur die 10. SS-Panzerdivision »Frundsberg« und eine Werferbrigade des Heeres verstärkten den fortgesetzten Angriff. Am 11. August wurde Hitler davon in Kenntnis gesetzt, daß selbst »SS-Oberstgruppenführer Hausser nicht mehr glaube, daß der Angriff auf Avranches möglich sei«. Am folgenden Tage wurde beschlossen, den Angriff einzustellen und die beteiligten Verbände zurückzunehmen[32].

In der gespannten Atmosphäre des Führerhauptquartiers wurde nach dem Stauffenberg-Attentat das Scheitern der Gegenoffensive als ein neuer Fall von Verrat gedeutet. Nach Hitlers Meinung stellte sich der Erfolg nur deshalb nicht ein, »weil Kluge (Oberbefehlshaber West und Heeresgruppe B) gar nicht siegen wollte«[33]. Und am 14. August, als Kluge durch einen Feuerriegel der feindlichen Artillerie zwölf Stunden lang von seinem Hauptquartier abgeschnitten war, argwöhnte Hitler, der Feldmarschall versuche Kontakt mit den Alliierten herzustellen, um seine Truppen zu übergeben. Er enthob Kluge seines Postens und befahl SS-Oberstgruppenführer Hausser, den Oberbefehl über die Heeresgruppe bis zur Ernennung eines neuen OB West zu übernehmen[34]. Dennoch scheint nun auch die Waffen-SS — zum ersten Male — ihren Führer enttäuscht zu haben; sowohl Hausser als auch Sepp Dietrich hatten offiziell gegen den Befehl protestiert, den Angriff auf Avranches zu erneuern. Das war Hitler nicht entgangen und erweckte bei ihm die ersten Zweifel an der Zuverlässigkeit sogar der Waffen-SS.

In Wirklichkeit hatten die SS-Divisionen fast übermenschliche Anstrengungen gemacht, die Anweisungen aus Berlin zu befolgen. »Wie bei früheren

---

32 KTB/OKW, IV, 339 f.; SHAFF-Bericht, S. 43.
33 Zitiert bei Alan Bullock, Hitler, S. 754.
34 Hitlers Ansicht über den Fall Kluge findet man in der »Besprechung des Führers mit Generalleutnant Westphal und Generalleutnant Krebs am 31. August 1944 in der Wolfsschanze«, Hitlers Lagebesprechungen, S. 610 ff. S. auch Kluges Abschiedsbrief an Hitler, »Abschiedsschreiben des Gen.-Feld-Ms. von Kluge ... an Hitler v. 18. August«, KTB/OKW, IV, 1573 ff. Kluge war sowohl OB West als auch Kommandeur der Heeresgruppe B gewesen. Hausser ersetzte ihn nur als OB. HGr. B. S. ibid., S. 345.

Gelegenheiten«, berichtete General Eisenhower, »hatte die fanatische Hartnäckigkeit der Naziführer und die eingefleischte Zähigkeit ihrer Männer die Deutschen dazu bewogen, sich zu lange an einer Stellung festzuklammern, aus der sich früher zurückzuziehen, militärische Klugheit geboten haben würde[35].« Das Ergebnis war für die deutschen Verteidiger verhängnisvoll.

Für die Vorbereitung des Angriffs hatten sie einen Teil ihrer stärksten Verbände nach dem Westen geholt, und indem sie sich nun hartnäckig weigerten, den Rückzug anzutreten, ermöglichten sie es den amerikanischen Panzerverbänden, die in ihrem Rücken ostwärts vorstießen, sie einzukreisen. So war alles für die Schlußszene, die Kesselschlacht von Falaise-Argentan, bereit.

Mitte August wurden fünf SS-Panzerdivisionen, sechs Panzerdivisionen des Heeres und acht Infanteriedivisionen in einem Kessel zwischen der Dritten US-Armee und der Kanadischen Ersten Armee abgeschnitten; nur zwischen Falaise und Argentan blieb eine schmale Lücke offen. Aber der erbitterte Widerstand der deutschen Panzerdivisionen — besonders der 12. SS-Panzerdivision »Hitlerjugend« — hielt die Kneifer der Zange lange genug offen, um einem Teil der in der Falle sitzenden Truppen ein Entkommen zu ermöglichen. Am 17. August war die Öffnung allerdings so eng geworden, daß unter den zurückflutenden Truppen eine Panik ausbrach. Das II. SS-Panzerkorps (2. und 9. SS-Panzerdivision), dem es gelungen war, vorher auszubrechen, unternahm nun einen Gegenangriff, der einem Teil der eingeschlossenen Kameraden zu entkommen half[36]. Während die Überreste des deutschen Heeres im Westen sich Hals über Kopf über die Seine zurückzogen, schrumpfte der Kessel von Falaise unter den schweren Hammerschlägen der alliierten Angreifer weiter zusammen. In seinem Bericht an die interalliierten Stabschefs bemerkte General Eisenhower: »Während die SS-Truppen wie gewöhnlich bis zur Vernichtung kämpften, kapitulierte die reguläre deutsche Infanterie in ständig wachsender Zahl.« Am 20. August hatte sich die alliierte Zange bei Chambois geschlossen, und zwei Tage später war der Kessel ausgeräumt. Rund »50 000 Gefangene wurden gemacht und 10 000 Tote auf dem Schlachtfeld gefunden«[37].

Während ein Teil der 10. SS-Panzerdivision »Frundsberg« in dem Kessel eingeschlossen und vernichtet wurde, war den übrigen SS-Divisionen die Flucht geglückt, freilich unter schweren Verlusten und Verzicht auf den größten Teil von Waffen und Gerät. Die 12. SS-Panzerdivision »Hitler-

---

35 SHAEF-Bericht, S. 43; zusätzlich zu den bereits zitierten Eintragungen im Kriegstagebuch des OKW s. KTB/OKW, IV, 462 ff.
36 Bei diesem Entlastungsangriff wurde SS-Obergruppenführer Hausser schwer verwundet. Ibid. S. 357. Eine lebendige Darstellung der Kesselschlacht von Falaise durch den Befehlshaber der 12. SS-Panzerdivision »Hitlerjugend« findet man bei Meyer, a. a. O., S. 297 ff.
37 SHAEF-Bericht, S. 44 f. Die deutschen Verlustziffern verzeichnet B. H. Liddell Hart, Strategy (rev. Ausgabe New York 1961), S. 317.

jugend« zum Beispiel verlor 80 Prozent ihrer Kampftruppen, mit denen sie ins Gefecht gegangen war. Auch ihre Unterstützungstruppen erlitten ungewöhnlich hohe Verluste durch Luftangriffe. Die Division verlor mehr als 80 Prozent ihrer Panzer, 70 Prozent ihrer Panzerfahrzeuge, 60 Prozent ihrer Artillerie und 50 Prozent ihrer Kraftfahrzeuge. Anfang September belief sich die Gefechtsstärke der »Hitlerjugend« nur noch auf 600 Mann ohne einen einzigen Panzer[38]. Die anderen fünf Elitedivisionen der SS befanden sich wahrscheinlich in keinem besseren Zustand und wurden in der offiziellen Liste des OKW vom 16. September 1944 nicht mehr als Divisionen, sondern als »Kampfgruppen« aufgeführt[39].

Feldmarschall von Rundstedt, der im September den Befehl als OB West übernahm, hat nach dem Krieg alliierten Vernehmungsoffizieren erklärt: »Meiner Meinung nach war der Krieg im September zu Ende.« Aber Hitler war anscheinend anderer Meinung. Er war sich offenbar klar darüber, daß Deutschland den Krieg nicht mehr gewinnen konnte, hoffte ihn aber bis zu einem vorteilhaften Frieden verlängern zu können. In seiner Lagebesprechung vom 31. August 1944 machte Hitler seinen Generalen ganz klar, daß er den Kampf fortzusetzen beabsichtige[40].

»Für eine politische Entscheidung ist das noch nicht reif ... im Moment schwerer militärischer Niederlagen auf einen günstigen politischen Moment zu hoffen, um irgend etwas zu machen, ist natürlich kindlich und naiv. Solche Momente können sich ergeben, wenn man Erfolge hat ... Aber es werden Momente kommen, in denen die Spannungen der Verbündeten so groß werden, daß dann trotzdem der Bruch eintritt. Koalitionen sind in der Weltgeschichte noch immer einmal zugrunde gegangen. Nur muß man den Augenblick abwarten, und wenn es noch so schwer geht ...
Wir werden uns schlagen, wenn nötig sogar am Rhein. Das ist völlig gleichgültig. Wir werden unter allen Umständen diesen Kampf so lange führen, bis, wie Friedrich der Große gesagt hat, einer unserer verfluchten Gegner es müde wird, weiter zu kämpfen, und bis wir dann einen Frieden bekommen, der der deutschen Nation für die nächsten 50 oder 100 Jahre das Leben sichert und der vor allem unsere Ehre nicht ein zweites Mal so schändet, wie es im Jahre 1918 geschehen ist.«

Kurz nach dieser Besprechung befahl Hitler Pläne für jenes Unternehmen gegen die westlichen Alliierten vorzubereiten, das als deutsche Ardennenoffensive bekannt werden sollte.

38 Meyer, a. a. O., S. 312 f.
39 S. »Gliederung des deutschen Heeres ...«, 16. September 1944, KTB/OKW, IV, 1879.
40 Hitlers Lagebesprechungen, S. 614, 615 und 617. Vgl. Gilbert, a. a. O., S. 105 f.

## Die letzte deutsche Offensive im Westen: Ardennen 1944/1945

So wie die sowjetische Großoffensive im August 1944 zum Stillstand kam, so erschöpfte sich die alliierte Offensive im Westen im Monat darauf. General Hans Speidel hat das nach dem Kriege als »eine deutsche Variante des ›Wunders an der Marne‹ für die Franzosen 1918« bezeichnet. Der stürmische Vormarsch der Alliierten erlahmte plötzlich. In Wirklichkeit war daran nichts Wunderbares. Die anglo-amerikanischen Streitkräfte litten einfach an dem, was Liddell Hart das »strategische Gesetz der Überdehnung« genannt hat: die alliierten Nachschublinien wurden länger, während die der Deutschen kürzer wurden. Hinzu kamen ein ungewöhnlich schlechtes Flugwetter und Meinungsverschiedenheiten unter den Alliierten über die Führung des Feldzuges. Und vielleicht ebenso wichtig wie alle diese Faktoren zusammen war die außergewöhnliche Regeneration der deutschen Truppen, die jetzt vor der Aufgabe standen, ihre Heimat zu verteidigen[41]. Auf alle Fälle war es ihnen Ende September gelungen, eine durchgehende Front westlich des Rheines längs der deutschen Grenze zu errichten[42].

Inzwischen wurde hinter der Front Deutschland auf den totalen Krieg vorbereitet. Nach dem Attentat auf Hitler waren Himmler zum Oberbefehlshaber des Ersatzheeres und Chef der Heeresrüstung und Goebbels zum Bevollmächtigten für den totalen Krieg ernannt worden. Das Paar Himmler—Goebbels verwandelte, von Martin Bormann, der die Parteiorganisation lenkte, unterstützt, Deutschland rasch in ein großes Heerlager[43].

Trotz schwerer alliierter Bombenangriffe blieb Deutschlands Rüstungsproduktion in der zweiten Jahreshälfte 1944 auf früherer Höhe und wurde in einigen Fällen sogar gesteigert. Treibstoffe und Rohstoffe waren freilich sehr knapp. »Deutschland erholte sich in den letzten drei Monaten 1944 beachtlich, aber Hitler zehrte nun von den letzten Reserven an Menschen, Material und Moral; vergeudete er diese, blieb nichts mehr übrig[44].« Im Dezember setzte Hitler für eine letzte Offensive im Westen alles aufs Spiel — und verlor.

Seitdem die Alliierten aus dem normannischen Brückenkopf ausgebrochen waren, hatte Hitler nach einer Gelegenheit gesucht, die Initiative im Westen wiederzugewinnen. Die verhältnismäßige Ruhe, die im September an der Westfront eintrat, bot ihm seine Chance. Am 16. September gab Hitler einigen seiner militärischen Mitarbeiter seine Absicht bekannt, eine Offensive zu unternehmen. Für diesen Angriff wählte man schließlich den Ardennen-

---

41 Liddell Hart, Strategy, S. 319; SHAEF-Bericht, S. 121.
42 Einzelheiten in »Der Wiederaufbau des Westheeres. Die Instandsetzung des Westwalls und die Sicherung der Deutschen Bucht«, KTB/OKW, IV, 376 ff.
43 Reitlinger, a. a. O., S. 381 ff.
44 Bullock, a. a. O., S. 759.

abschnitt, wo die Wehrmacht in den Siegestagen von 1940 ihren entscheidenden Durchbruch erkämpft hatte[45].

Hitler legte seine Gründe für den Angriff in einer weitschweifigen Ansprache vor einer Zuhörerschaft von Generalen dar, die an dem Unternehmen teilnehmen sollten. Im Endergebnis hoffte er, »dem Gegner seine Siegessicherheit zu nehmen« und so die Spaltung zwischen den Alliierten zu beschleunigen, durch die er den Frieden, wenn nicht den Krieg zu gewinnen hoffte. Den Westen statt des Ostens wählte Hitler als Schauplatz für seinen Schlag, weil er glaubte, daß die Engländer und die Amerikaner weniger gefährliche Gegner seien als die fanatischen Russen[46].

Die Vorbereitungen für das »Unternehmen Wacht am Rhein« (Hitlers Deckname für die Offensive) wurden rein technisch glänzend geplant und einwandfrei durchgeführt. Panzer, Sturmgeschütze, Artillerie, Panzerwagen, Lkw, Treibstoff und sogar Flugzeuge wurden in Mengen zusammengezogen, wie man sie seit den ersten Kriegsjahren auf deutscher Seite nicht mehr gesehen hatte[47]. Im Sommer 1943 hatten drei SS-Divisionen den Stoßkeil der letzten großen deutschen Offensive im Osten gebildet. Jetzt, anderthalb Jahre später, wählte Hitler vier SS-Divisionen aus, um jene große deutsche Offensive im Westen zu führen, die die letzte sein sollte.

Die neuausgerüsteten SS-Panzerdivisionen »Leibstandarte Adolf Hitler«, »Das Reich«, »Hohenstaufen« und »Hitlerjugend« wurden zur 6. Panzerarmee (später 6. SS-Panzerarmee) umgruppiert unter dem Befehl von SS-Oberstgruppenführer Sepp Dietrich. Ziel des deutschen Angriffs war es, durch die Ardennen zu stoßen, am ersten Tage die Maas zu überqueren und weiter vorzurücken, um am Ende der Woche den wichtigsten alliierten Versorgungshafen, Antwerpen, zu erobern. Wenn alles planmäßig verlief, würden die britischen Streitkräfte sowohl von ihren amerikanischen Verbündeten als auch von ihrem Nachschub abgeschnitten sein. Sie konnten dann zwischen den Deutschen in ihrem Rücken und denen an ihrer Front vernichtet werden. Von den drei deutschen Armeen, die an dem Unternehmen teilnahmen, war Dietrichs Armee die stärkste, und ihr wurde die Führungsrolle zugewiesen: ein Vorstoß an der Nordflanke des Angriffs, dem kürzesten Weg nach Antwerpen[48].

45 S. »Die Vorbereitung einer eigenen Offensive zwischen Monschau und Echternach (bis 16. Dezember)«, KTB/OKW, IV, 430 ff., und John Toland, Battle: The Story of the Bulge, New York 1960, Signet Edition, S. 22 ff.
46 »Ansprache des Führers vor Divisionskommandeuren am 12. Dezember 1944 im Adlerhorst«, Hitlers Lagebesprechungen, S. 713 ff.
47 S. Bericht eines deutschen Quartiermeisters, »Mitteilungen des Oberst d. G. Poleck (Qu) am 3. 1. 1945«, KTB/OKW, IV, S. 981 ff.; Toland, a. a. O., S. 22 und 31.
48 KTB/OKW, IV, 435 ff.; Toland, a. a. O., S. 29 f.; B. H. Liddell Hart, The German Generals Talk, Berkley Editon, New York 1958, S. 229 f.

Am Morgen des 16. Dezember rückten etwa zwanzig deutsche Divisionen an der 110 Kilometer langen Front zwischen Monschau und Echternach vor und stießen in die vier amerikanischen Divisionen, die diesen Abschnitt verteidigten. Infolge der Überraschung und des Wetters, das die alliierte Luftwaffe am Boden festhielt, erzielten die Deutschen in den ersten Etappen des Angriffs beträchtliche Bodengewinne. Am Morgen des 18. Dezember zogen über fünfzig deutsche Kolonnen durch die Ardennen. Den größten Einbruch erreichte eine Kampfgruppe der 1. SS-Panzerdivision »Leibstandarte Adolf Hitler«. Von dem SS-Obersturmbannführer (Oberstleutnant) Jochen Peiper vorwärts gepeitscht, war diese starke, mit Panzern und Panzerspähwagen ausgerüstete Truppe etwa 50 Kilometer vorgestoßen und stand nur noch 40 Kilometer von der Maas entfernt. Aber die anderen Kolonnen von Dietrichs Panzerarmee waren in eine ungeheuere Verkehrsstauung hineingeraten, die ihren Vormarsch auf zwei bis drei Kilometer beschränkte.

Im Süden bei Manteuffels 5. Panzerarmee, die aus drei Panzerdivisionen des Heeres und einer Anzahl von Volksgrenadierdivisionen (Infanterie) bestand, ging es besser. Zu Dietrichs großem Kummer war sogar die Infanterie der zweitklassigen 7. Armee zu Fuß weiter vorgedrungen, als es den meisten der vielgerühmten SS-Panzer gelungen war[49]. Um Hitlers wachsende Besorgnis zu beschwichtigen, versprach Dietrich ihm für den nächsten Tag einen größeren Durchbruch. Er ist nie zustande gekommen. Und als ob das noch nicht genügt hätte, versetzte Hitler Dietrichs Stolz einen weiteren Schlag, indem er die 2. SS-Panzerdivision »Das Reich« zu Manteuffels Armee versetzte, um den weit erfolgreicheren Einbruch in jenem Gebiet auszunutzen.

Der Verlauf der Ardennenoffensive ist allgemein bekannt und oft geschildert worden. Die deutsche Offensive scheiterte aus einer Vielzahl von Gründen; der wichtigste war vielleicht der, daß die große Masse der Elitepanzertruppen der SS niemals wirklich zum Kampf kam. General Ridgway schrieb nach dem Kriege: »Die ganze Ardennenschlacht war eine Schlacht der Straßenkreuzungen, weil die Armeen in dem bewaldeten Gebiet und im tiefen Schnee sich nicht von den Straßen lösen konnten.« Und selbst obwohl ihre Einheiten zerschlagen und überrannt worden waren, harrten kleine Gruppen umgangener amerikanischer Soldaten bei der Verteidigung von Kreuzungen aus. Sie wurden zwar samt und sonders vernichtet, aber es gelang ihnen, den Vormarsch der an die Straße gebundenen deutschen Panzerverbände lange genug aufzuhalten, um gigantische Verkehrsstauun-

---

49 SHAEF-Bericht, S. 76 f.; Toland, a .a. O., S. 32 ff.; »Das Unternehmen ›Wacht am Rhein‹: die Ardennenoffensive bis zum Beginn des Zurückweichens (16. Dezember 1944 bis 13. Januar 1945)«, KTB/OKW, IV, 1342 ff.

gen zu bewirken, die oft kilometerweit zurückreichten. Wie Hitler später seinen Generalen sagte, sind überhaupt nur die Angriffsspitzen der Panzerkolonnen jemals mit dem Feind in Berührung gekommen, der Rest dieser gewaltigen Verbände lag oft hilflos an den Straßen fest und wartete darauf, daß die Führungsgruppen die Hindernisse aus dem Weg räumten[50].

Nachdem die anfängliche Überraschung nicht ausgenutzt und die Maas in der ersten Phase des Angriffs nicht erreicht werden konnte, war die deutsche Offensive zum Scheitern verurteilt. Die Alliierten schlugen kraftvoll zurück, der Einbruch wurde abgeriegelt, und frische Truppen, die in Eile herangeführt wurden, zwangen die Deutschen bald in die Verteidigung zurück. Der tiefste Einbruch — rund hundert Kilometer — war der 2. Panzerdivision des Heeres gelungen; aber auch er erreichte nicht die Maas. Die SS-Kampfgruppe Peiper, die zuerst an der Spitze des Vormarsches lag, war weit zurückgelassen worden. Ihr 50-km-Vorstoß war der tiefste Einbruch, den Dietrichs SS-Armee erreichte. Weniger als eine Woche nach Beginn der Offensive kämpften Peipers Männer im Raume von La Gleize und Stoumont um ihr nacktes Leben. Ohne Treibstoff, knapp an Munition und mit den neu eingetroffenen Fallschirmjägern der kampferprobten 82. US-Luftlandedivision als Gegner, war Peipers Lage hoffnungslos. Am 24. Dezember befahl der SS-Kommandeur die Zerstörung der ihm verbliebenen Fahrzeuge und führte dann 800 überlebende SS-Männer (und einen gefangenen amerikanischen Major) in einem langen Rückzug zu den deutschen Linien zurück. Die Männer der SS-Kampfgruppe hatten mit ihren Anstrengungen nichts erreicht, als die Schwerter zum Ritterkreuz für ihren Kommandeur und die Schmach, eine große Gruppe amerikanischer Gefangener bei Malmédy niedergemetzelt zu haben[51].

Hitler versuchte die scheiternde Offensive in den Ardennen zu retten, indem er weitere Kräfte in den Kampf warf und eine neue Offensive im Elsaß befahl, wo die amerikanische Linie verdünnt worden war, damit Verstärkungen an die Einbruchsstelle geschickt werden konnten. Das Unternehmen — Deckname »Nordwind« — begann am Neujahrstag mit acht Divisionen, an der Spitze ein SS-Korps, bestehend aus der 17. SS-Panzergrenadierdivision »Götz von Berlichingen« und der 36. Volksgrenadierdivision. Trotz einiger Geländegewinne wurde kein Durchbruch erzielt.

---

50 S. »Ansprache des Führers vor Divisionskommandeuren am 28. Dezember 1944 im Adlerhorst«, Hitlers Lagebesprechungen, S. 750. Diese lange Rede verdient besonderes Interesse, weil sie Hitlers persönliches Urteil über die Ardennenoffensive enthält.
51 Das »Heldenlied« der Kampfgruppe Peiper findet man bei Toland, a. a. O. passim. Über den umstrittenen Meuchelmord von Malmédy s. Kap. X, Abschn. 5.

Der folgende Einsatz der 10. SS-Panzerdivision »Frundsberg« und der 6. SS-Gebirgsdivision »Nord« vermochte die Lage nicht zu ändern[52]. Taktisch gesehen, waren die Ardennenoffensive und die Offensive an der Saar nicht ganz erfolglos. Obwohl sie ihre Ziele nicht erreichten, verzögerten sie die alliierte Invasion Deutschland erheblich und fügten dem Gegner beträchtlichen Schaden zu[53]. Deutschland freilich konnte selbst angemessene Verluste nicht mehr ertragen, vor allem nicht bei seinen Elitepanzerverbänden: Im Hinblick auf Deutschlands Gesamtlage erwies sich Hitlers Vabanquespiel als tödlich[54].

Für Generaloberst Guderian, den Chef des Generalstabs des Heeres und OB der Ostfront, waren die Gefahren, die hinter Hitlers Versuch einer umfassenden Offensive im Westen lauerten, schon am 22. Dezember klar: Ein vernünftiger Kommandeur würde sich, meinte Guderian, der drohenden Gefahren an der Ostfront erinnert haben, denen man nur durch einen rechtzeitigen Abbruch des Unternehmens im Westen, das schon, auf weite Sicht betrachtet, mißlungen war, hätte begegnen können. Er entschloß sich daraufhin, zum Führerhauptquartier zu fahren und zu fordern, daß der Kampf, der so schwere Verluste verursacht, abgebrochen wird und alle entbehrlichen Kräfte sofort an die Ostfront geschafft werden[55].

Am 24. Dezember trug Guderian in einer Besprechung mit Hitler die Ansicht seines Stabes vor, daß die Russen ihren Angriff am 12. Januar erneuern würden, und zwar mit einer totalen Übermacht von 15 zu 1 bei

---

52 Hitlers Hoffnungen auf »Nordwind« kamen in seiner Ansprache vor den Divisionskommandeuren am 28. Dezember zum Ausdruck. Hitlers Lagebesprechungen, S. 738 ff. Einen Bericht von deutscher Seite über das Unternehmen findet man in »Das Unternehmen ›Nordwind‹: das Freikämpfen des nördlichen Elsasses (21. Dezember 1944 bis 13. Januar 1945)«, KTB/OKW, IV, 1347 ff.
53 Der amtliche SHAEF-Bericht, S. 79, schätzte die deutschen Verluste für den am 16. Januar 1945 endenden Monat auf 120 000 Mann. Die Materialverluste wurden auf 600 Panzer und Sturmgeschütze, 1620 Flugzeuge und 13 000 Kraftfahrzeuge sowie 1150 Lokomotiven geschätzt, die zerstört oder beschädigt wurden. Ende Januar behaupteten die Alliierten: »Der Feind habe 220 000 Mann verloren, darunter 110 000 Gefangene.« Aber das OKW verzeichnete einen Höchstverlust von nur 98 024 Mann deutscher Truppen zwischen dem 12. Dezember 1944 und dem 25. Januar 1945 und schätzte die den Alliierten zugefügten Verluste für denselben Zeitabschnitt auf etwa 120 000 Mann. KTB/OKW, IV, 1362. Vgl. die Vergleichstabelle der Verluste in Hitlers Lagebesprechungen, S. 742, Anm. 2.
54 General Eisenhower (SHAEF-Bericht) sagte, daß »schwerer wiegend als die Materialverluste letztlich die weitgreifende Enttäuschung im deutschen Heer und in Deutschland selbst war, die mit der Erkenntnis gekommen sein mußte, daß der Durchbruch kein einziges wirklich wichtiges Ziel erreicht und nichts Entscheidendes bewirkt hatte«.
55 Heinz Guderian, Erinnerungen eines Soldaten, Heidelberg 1951, S. 343 ff.

Zugrundelegung der gegenwärtigen deutschen Stärke an der Ostfront. Infolgedessen setzte er sich für die Freigabe von Truppen aus den Ardennen und vom Oberen Rhein ein. »Aber dies half alles nichts«, schrieb Guderian nach dem Kriege. Er wurde abgewiesen und mit Instruktionen entlassen, die Ostfront müsse für sich selber sorgen[56].

## Die letzte deutsche Offensive im Südosten: Ungarn 1945

Während Guderian vergebens versuchte, Hitlers Aufmerksamkeit auf den Osten zu lenken, traf die Nachricht ein, daß die letzte Verbindung mit den deutschen Verteidigern in Budapest abgerissen sei. In der Stadt eingeschlossen waren 50 000 Mann des IX. SS-Korps, zu dem die 8. SS-Kavalleriedivision »Florian Geyer« und die 22. SS-Freiwilligenkavalleriedivision gehörten, unter dem Befehl des bewährten Polizeigenerals SS-Obergruppenführer Pfeffer-Wildenbruch[57].

Hitlers Reaktion auf diese Nachricht bestand darin, daß er einen Angriff zur Entsetzung der ungarischen Hauptstadt befahl; zu Guderians Kummer aber zog er die dafür notwendigen Kräfte nicht aus dem Westen, sondern vom Osten ab. Während Guderian in sein Hauptquartier zurückkehrte (und ohne ihn zu informieren), rief das OKW die beiden Elite-SS-Divisionen SS-Panzerdivision »Totenkopf« und »Wiking« aus Gilles IV. SS-Panzerkorps von der Verteidigung Warschaus ab, um »die Belagerung von Budapest aufzuheben«.

Der Angriff sollte am Neujahrstag beginnen. Guderian, der am Tage des Angriffs im Führerhauptquartier war, berichtete: Obwohl »Hitler große Ergebnisse von diesem Angriff erwartete, war ich skeptisch, weil für die Vorbereitung sehr wenig Zeit gelassen worden war und weder die Truppen noch die Kommandeure den Schwung wie in alten Tagen besaßen«[58]. Guderians Skepsis war wohl begründet. Der Angriff dauerte fast zwei Wochen, aber trotz Vernichtung einiger russischer Kräfte, die die Stadt umklammerten, gelang es nicht, nach Budapest durchzubrechen[59]. So enttäuschten die Elitedivisionen der Waffen-SS im Laufe von weniger als sechs Monaten ihren Führer zum dritten Male.

---

56 Guderian, a. a. O., S. 347 f.
57 Hitlers Lagebesprechungen, S. 803, Anm. 1.
58 Guderian, a. a. O., Kap. XI.
59 Einzelheiten über den Entlastungsangriff bei Steiner, Die Freiwilligen, S. 294 ff., und Lagebucheintragungen ab 2. Februar 1945 in KTB/OKW, IV, 977 ff.

Inzwischen hatte sich Hitler endlich mit der Hoffnungslosigkeit der Lage in den Ardennen abgefunden. Am 8. Januar gab er Anweisungen, die 6. SS-Panzerarmee aus dem Unternehmen herauszuziehen. Einige Tage später befahl er die beschleunigte Auffrischung der vier SS-Panzerdivisionen und ihrer Korpsverbände (I. und II. SS-Panzerkorps)[60].

Am 12. Januar 1945 eröffneten die Russen ihre letzte und größte Offensive. Ende des Monats hatten sie den Unterlauf der Oder erreicht und standen nur 65 Kilometer von Berlin entfernt. Die deutsche Front, die sich von der Ostsee bis zum Böhmerwald erstreckte und längs der Oder-Neiße-Linie verlief, war nun nur noch 300 Kilometer lang. Diese verkürzte Frontlinie, deren Verteidigung weniger Truppen erforderte, machte die von den Deutschen in den vorhergehenden Wochen erlittenen Verluste großenteils wett und trug, zusammen mit anderen Faktoren, dazu bei, den sowjetischen Vormarsch Mitte Februar vorübergehend zum Stillstand zu bringen[61].

Vier Tage nach Beginn der sowjetischen Offensive kehrte Hitler vom »Adlerhorst«, dem westlichen Hauptquartier bei Bad Nauheim, von wo aus er den Ardenneneinsatz geleitet hatte, nach Berlin zurück. Dort erwartete ihn Guderians dringendes Ersuchen, Truppen vom Westen abzuziehen und sie zur Abwehr der Russen an die Oder zu bringen. Der Führer aber hatte andere Pläne. Er setzte den Chef des Generalstabes davon in Kenntnis, daß er tatsächlich beschlossen habe, im Westen zur Verteidigung überzugehen, um Truppen für den Osten freizumachen; diese Truppen aber, Sepp Dietrichs 6. SS-Panzerarmee, sollten nach Ungarn gehen. Trotz Guderians heftiger Opposition blieb Hitler bei »seiner Absicht, in Ungarn anzugreifen, die Russen über die Donau zurückzuwerfen und Budapest zu entsetzen«[62].

Hitler war im Westen gescheitert, hatte aber seinen Traum von einer Großoffensive in letzter Stunde nicht aufgegeben. Die Wiedereroberung der ungarischen Hauptstadt sollte der Prestigesieg werden, den er so dringend brauchte. Am 20. Januar wurde dem OB West mitgeteilt, er habe die sofortige Verlegung »der gesamten 6. Panzerarmee mit vier SS-Panzerdivisionen« nach dem Osten vorzubereiten. Am nächsten Tag kam eine Anweisung, die Hitlers Absichten im Hinblick auf die wechselnde militärische Lage darlegte[63].

»Der britische Angriff südlich Roermond, die amerikanischen Angriffe im Ardennenbogen, die zähen Kämpfe im Unterelsaß sowie der

---

60 S. »Der Übergang der Initiative in den Angriffsräumen an den Gegner (14. bis 28. Januar 1945)«, a. a. O., S. 1353, und »Mittagslage vom 10. Januar 1945 im Adlerhorst«, Hitlers Lagebesprechungen, S. 794 f.
61 Liddell Hart, The Red Army, S. 124 f.
62 Guderian, a. a. O., Kap. XI.
63 KTB/OKW, IV, 1353 f.

französische Angriff in den oberen Vogesen ließen die Absicht des Feindes erkennen, die deutsche Führung an der Verfügung über ihre Reserven zu hindern und dadurch die Erfolge der Sowjets bis zum Zusammenbruch der Reichsverteidigung auszuweiten. Demgegenüber habe sich der Führer entschlossen, die Voraussetzungen zum Auffangen der Russen zu schaffen und zum Gegenangriff überzugehen. Deshalb sei der Abtransport des Panzer-AOK 6, der beiden Führerbrigaden, 1. Infanteriedivision oder VGD, zweier VAK und mehrerer Brückenbaukolonnen befohlen worden.«

Wiederum setzte Hitler vor allem auf die Kampfkraft seiner SS-Divisionen.

Warum entschied Hitler sich für eine Offensive in Ungarn und nicht an der Oderlinie? Von seinem Verlangen nach einem Prestigesieg abgesehen, hatte er einen durchaus praktischen Grund: Ende Januar 1945 war der größte Teil der Produktionsstätten für die Gewinnung von synthetischem Mineralöl durch alliierte Bombenangriffe zerstört. Die bereits treibstoffhungrige Wehrmacht war daher auf Erdöl aus den Feldern bei Zistersdorf in Österreich und um den Plattensee in Ungarn angewiesen[64]. Selbst Guderian, der sich lange und heftig gegen den Angriff gesträubt hatte, räumte ein, daß Hitler die verbleibenden Quellen und Raffinerien, die für Panzer- und Luftwaffe von lebenswichtiger Bedeutung waren, unter Kontrolle behalten wollte[65].

Inzwischen setzten die SS-Panzerdivisionen »Wiking« und »Totenkopf« ihre vergeblichen Anstrengungen fort, Budapest aus der Umklammerung zu befreien. Ihr dritter und letzter Versuch schlug am 29. Januar fehl. Dennoch kapitulierten die belagerten Verteidiger nicht, sondern führten noch zwei Wochen lang erbitterte Kämpfe von Haus zu Haus. Schließlich, als keine Hoffnung auf Entsatz mehr bestand (von der bevorstehenden Offensive der 6. SS-Panzerarmee waren sie nicht unterrichtet worden), versuchten die Überlebenden auszubrechen, doch von der ursprünglich 50 000 Mann starken Garnison erreichten nur 785 die deutschen Linien[66].

---

64 Im Januar 1945 beliefen sich die deutschen Treibstoffvorräte nur noch auf 28 Prozent der Bestände vom August 1944, und die Vorräte an Flugzeugbenzin waren seit Mai um 94 Prozent zusammengeschmolzen. Die Treibstoffknappheit war einer der Gründe für die lange Verzögerung bei der Verlegung der 6. SS-Panzerarmee nach Ungarn. S. »Mitteilungen des Oberst d. G. Poleck (Qu) am 26. 1. 45, 10 Uhr«, KTB/OKW, IV, 1042 f. S. auch Polecks Bericht vom 3. 1. 45, ibid., S. 986.
65 Guderian, a. a. O., Kap. XI.
66 Hitlers Lagebesprechungen, S. 803, Anm. 1. Die Einzelheiten des Endkampfes um Budapest findet man in den täglichen Lagebucheintragungen unter Heeresgruppe Süd, KTB/OKW, IV, 1072 ff.

Anfang Februar hatten die Russen die Offensive wieder aufgenommen, und der Druck ihrer Angriffe verstärkte sich nach dem Fall der ungarischen Hauptstadt. Die stark angeschlagenen Divisionen der Heeresgruppe Süd, einschließlich »Wiking« und »Totenkopf«, vermochten die Front nur mit Mühe zu halten. Endlich trafen, nach langen Verzögerungen durch schlechte Eisenbahnverbindungen und Treibstoffmangel, die ersten Einheiten der 6. SS-Panzerarmee nach und nach ein. Andere Verstärkungen, so die 16. SS-Panzergrenadierdivision »Reichsführer SS«, kamen hinzu, und am 6. März rollte beiderseits des Plattensees die deutsche Offensive an[67].

An der Südseite des Sees blieb der Angriff bald stecken, aber im Norden machten Dietrichs SS-Panzerdivisionen zuerst gute Fortschritte. Als sie sich jedoch der Donau näherten, waren sie am Ende ihrer Kräfte. Der Frühjahrsschlamm erschwerte alle Bewegungen, und der zähe Widerstand der Sowjettruppen forderte schwere Opfer. Im übrigen hatte sich die SS-Panzerarmee niemals gänzlich von der Ardennenoffensive erholt, und ein großer Teil der Ersatzmannschaften bestand aus Soldaten der Marine und der Luftwaffe, die keine Erfahrung im Landkrieg hatten. Mitte März war die deutsche Offensive am Ende, und die SS-Divisionen befanden sich auf dem Rückzug[68]. Hitlers Befehle, den Angriff zu erneuern, blieben vergeblich, und sogar seine üblichen Durchhalteweisungen wurden nicht befolgt. Guderian, der sich zu dieser Zeit bei Hitler befand, berichtet, daß Hitler, als er das erfuhr, »fast den Verstand verlor. Er bekam einen Wutanfall und befahl, den Divisionen, unter denen seine eigene Leibwache, die Leibstandarte, war, sollten die Ärmelstreifen abgenommen werden«. Als dieser Befehl bei Sepp Dietrich eintraf, weigerte sich der, ihn weiterzugeben. Allerdings hatten die SS-Truppen aus Gründen der Sicherheit ihre verräterischen Ärmelstreifen schon abgelegt[69]. Anfang April hatte sich die 6. SS-Panzerarmee unter Verzicht auf einen großen Teil ihres schweren Gerätes über die österreichische Grenze zurückgezogen.

---

67 »Lagebuch 6. 3. 45«, ibid., S. 1146. Vgl. Hitlers Lagebesprechungen, S. 907, Anm. 2. Noch vor dem Beginn der Hauptoffensive nahmen die 12. SS-Panzerdivision »Hitlerjugend« und Teile der 1. SS-Panzerdivision »Leibstandarte Adolf Hitler« an einer erfolgreichen Operation teil, bei der ein seit langem bestehender Brückenkopf über den Gran zerstört wurde. S. Lagebucheintragungen ab 18. Februar 1945, KTB/OKW, IV, 1104 ff., und »Der Einsatz der 12. SS-Panzerdivision vom Invasionsende bis zum Kriegsschluß«, Meyer, a. a. O., S. 338 ff.

68 S. Lagebucheintragungen unter Heeresgruppe Süd ab 6. März 1945, KTB/OKW, IV, 1146 ff.; Meyer, a. a. O., 339 ff.; Hitlers Lagebesprechungen, S. 907, Anm. 2 und S. 925, Anm. 3.

69 Die Elitetruppen der SS trugen am unteren linken Ärmel einen schmalen Streifen ihrer Division oder — in einzelnen Fällen — ihres Regiments. Guderian, a. a. O., Meyer, a. a. O., S. 342 f.; vgl. Reitlinger, a. a. O., S. 370.

Im Jahre 1944 hatte Himmler eine Rede vor Goebbels und seinem Stabe mit folgenden Worten beendet: »Bisher hat die Waffen-SS an keiner Stelle enttäuscht, und sie wird bei den schwersten Belastungen, die noch kommen werden, auch an keinem Tag in der Zukunft enttäuschen.« Dieser Feststellung war »starker, anhaltender Beifall« gefolgt[70]. Im April 1945 jedoch gab es keinen Beifall mehr in Deutschland, nicht einmal für die Waffen-SS. Viermal in weniger als einem Jahr hatte Hitler seine Hoffnungen auf seine SS-Elitedivisionen gesetzt, und viermal war er enttäuscht worden. Seine endgültige Enttäuschung sollte nur noch wenige Wochen auf sich warten lassen.

## Die Schlacht um Berlin und der Zusammenbruch des Dritten Reiches

Während die Überlebenden der einstigen Elitepanzerdivisionen der Waffen-SS darum kämpften, die »Ostmark« und ihre Hauptstadt zu halten, brach die Westfront zusammen. Am 1. April war die Heeresgruppe B im Ruhrgebiet eingeschlossen, und zehn Tage später erreichten die Amerikaner die Elbe. Am 9. April fiel Königsberg, die Hauptstadt Ostpreußens. Vier Tage darauf wurden Sepp Dietrichs Truppen endgültig aus Wien hinausgedrängt, und am 16. durchbrachen die Russen die Oderlinie. Berlin war bedroht und Deutschland in Gefahr, in zwei Teile zerschnitten zu werden[71].

In diesem kritischen Augenblick befand sich die Mehrzahl der besten SS-Verbände im Süden und im Westen. Von den vielen Einheiten im Osten, die die Bezeichnung SS trugen, waren nur einige wenige erstrangig. Diese waren in der neuaufgestellten 11. Panzerarmee unter dem Befehl von SS-Oberstgruppenführer (General) Felix Steiner zusammengefaßt worden, die den Befehl erhielt, eine Offensive zur Ablenkung des drohenden sowjetischen Vormarsches auf Berlin zu unternehmen. Am 16. Februar stießen die 10. SS-Panzerdivision »Frundsberg«, die 4. SS-Polizeipanzergrenadierdivision, die 11. SS-Panzergrenadierdivision »Nordland«, die SS-Brigade »Nederland«, die SS-Kampfgruppe »Wallonien« und eine Anzahl verschiedenartigster Verbände in südwestlicher Richtung gegen die Nordflanke von Marschall Schukows 1. Weißrussischer Front (Heeresgruppe) vor. In den ersten Stunden eroberten die SS-Truppen Arnswalde zurück und

---

70 »Rede des Reichsführers SS auf der Tagung der RPA-Leiter am 28. Januar 1944«, Geheim, RFSS/T-175, 94/2614818.
71 KTB/OKW, IV, 1216, 1232, 1238, 1241 und 1244.

befreiten die eingeschlossene Garnison, doch die Russen nahmen eine Umgruppierung ihrer Kräfte vor, um den Ansturm aufzufangen, und am 18. war Steiners Offensive zum Stehen gebracht[72].

In den folgenden Wochen zogen russische Vorstöße an anderen Frontabschnitten Steiners beste Divisionen eine nach der andern ab. Als am 16. April der entscheidende sowjetische Stoß gegen Berlin begann, behielt die 11. Panzerarmee nur noch drei zuverlässige Divisionen. Eine, die 18. Panzergrenadierdivision, wurde am selben Tage an die Front östlich von Berlin verlegt. Zwei Tage später wurde die 11. SS-Panzergrenadierdivision »Nordland« in die belagerte Hauptstadt geholt, und die SS-Brigade »Nederland« wurde südlich von Berlin eingesetzt, um an der Abwehr eines sowjetischen Durchbruchs mitzuwirken. Die Wallonen schließlich wurden bei dem Versuch aufgerieben, den Brückenkopf von Altdamm zu verteidigen, und die Überlebenden zogen sich nach Mecklenburg zurück. Steiner selber schrieb: »Ich war ein General ohne Truppen[73].«

Inzwischen hatte Hitler in der in Trümmern liegenden Hauptstadt jede Kontrolle über das Geschehen verloren und war über das, was draußen vorging, nicht mehr hinlänglich informiert. Ursprünglich hatte er die Absicht gehabt, am 20. April, seinem Geburtstag, Berlin zu verlassen, nach Obersalzberg zu gehen und dort mit den noch immer starken Divisionen der 6. SS-Panzerarmee die Verteidigung in der »Alpenfestung« fortzusetzen; doch bei der Lagebesprechung an jenem Tage zögerte er. Dieser Anlaß hatte noch einmal alle noch verbliebenen Größen des Dritten Reiches versammelt: Himmler, Göring, Goebbels, Bormann, Ribbentrop, Speer und die Militärbefehlshaber Keitel, Jodl, Krebs, Burgdorf und Dönitz. Sie drängten Hitler, die Stadt, deren Schicksal besiegelt war, zu verlassen, aber er hoffte immer noch, Berlin retten zu können. Hitler war jedoch mit der Errichtung von zwei getrennten Führungsstäben einverstanden — für den Fall, daß Deutschland durch eine Vereinigung der amerikanischen und der sowjetischen Streitkräfte gespalten würde. Admiral Dönitz erhielt den Oberbefehl über alle deutschen Streitkräfte im Norden, und Hitler ließ die Möglichkeit offen, daß er sich in Kürze nach dem Süden begeben und den Oberbefehl dort selbst übernehmen würde[74].

Aber zunächst wollte er noch einen Versuch machen, Berlin zu entlasten. Während Hitler plante, flüchteten die meisten seiner Besucher aus der Stadt: Dönitz, Himmler und Speer nach Norden, Göring und Ribbentrop nach Süden. Nur Goebbels, Bormann und die Generale blieben bei ihrem Führer.

---

72 Steiner, Die Freiwilligen, S. 317 ff.
73 A. a. O., S. 324.
74 H. R. Trevor-Roper, »Hitlers letzte Tage« und »Übersicht über den Zusammenbruch des ›Dritten Reiches‹ (20. April bis 23. Mai 1945)«, KTB/OKW, IV, 1436, Vgl. Hitlers Befehle, S. 1587 und 1590.

Am nächsten Tag, dem 21. April, legte Hitler seinen Plan dar: Busses 9. Armee, die die Oderlinie südöstlich der Stadt hielt, wird auf Berlin in Marsch gesetzt; Wencks 12. Armee, die die Elbe nach Südwesten gegen die Amerikaner hielt, wird gedreht und soll sich durchkämpfen, um die Stadt zu entsetzen. Schließlich soll SS-Obergruppenführer Steiner seine 11. Panzerarmee südlich von Eberswalde in einem umfassenden Angriff vom Norden her heranführen. Da die 9. und die 12. Armee noch immer in heftige Kämpfe verwickelt waren, sollte zunächst Steiner sofort mit dem Unternehmen beginnen. Die anderen Verbände sollten so bald wie möglich dazu stoßen. Dementsprechend sollten sämtliche verfügbaren Truppen in dem Raume nördlich von Berlin zur Verstärkung von Steiners Angriff herangeholt werden. Fieberhaft begann Hitler die notwendigen Befehle herauszugeben[75].

Aber Hitler lebte, wie Trevor-Roper schrieb, in einem »Wolkenkuckucksheim«. »Seine Befehle hatten keinerlei Beziehungen zur Wirklichkeit mehr. Er bewegte imaginäre Bataillone, machte akademische Pläne und verteilte nicht bestehende Verbände[76].« Es hatte einmal eine 11. Panzerarmee unter Steiner gegeben, aber in den schweren Kämpfen der letzten Wochen war sie in alle Winde zerstreut worden. Als Hitler seine Befehle ausgab, bestand die 11. Panzerarmee bereits aus kaum mehr als einem kleinen Stab, der die Aufgabe hatte, eine Kampfgruppe aus Marine- und Luftwaffenangehörigen und all den Versprengten zu bilden, die ihnen in die Hände fielen.

Entweder war sich Hitler dieser Sachlage nicht bewußt oder er wollte sie nicht wahrhaben, denn er erließ weiterhin seine Befehle: die Hitlerjugend sollte mobilisiert und zu Steiner geschickt werden, ein Bataillon Bodentruppen der Luftwaffe, das Görings Landsitz Karinhall bewachte, sollte »unverzüglich SS-Obergruppenführer Steiner« unterstellt werden, und der Chef des Generalstabes der Luftwaffe, Karl Koller, erhielt einen mündlichen Befehl unmittelbar von Hitler: »Alle Kräfte der Luftwaffe im Nordraum, die für den Einsatz auf der Erde verfügbar gemacht werden können, müssen sofort Steiner zugeführt werden. Jeder Kommandeur, der Kräfte zurückhält, hat binnen 5 Stunden sein Leben verwirkt... Sie selbst haften mir mit Ihrem Kopf, daß der letzte Mann eingesetzt wird[77]!«

---

75 Steiner, Die Freiwilligen, S. 324 ff., und Jürgen Thorwald, Die große Flucht, Stuttgart, o. J., S. 350 ff. Das letztere Werk ist eine neue einbändige Ausgabe von Thorwalds beiden wichtigen Untersuchungen über die letzten Tage des Dritten Reiches: »Es begann an der Weichsel« und »Das Ende an der Elbe«, beide 1950 erschienen.
76 Trevor-Roper, a. a. O., S. 179 der Originalausgabe.
77 »Die Vorgänge im FHQu (Bunker unter der Reichskanzlei in Berlin) am 21. bis 23. April 1945 (Tagebuchaufzeichnungen von General d. Fl. Karl Koller, Chef des Gen.-Stabs der Luftwaffe«, KTB/OKW, IV, 1687 f.

Als Koller aus dem Führerbunker angerufen wurde, um zu bestätigen, daß er die notwendigen Anweisungen erteilt habe, versicherte ihm der freudig erregte Hitler, es werde alles gut gehen: »Sie werden sehen, der Russe erleidet die größte Niederlage, die blutigste Niederlage seiner Geschichte vor den Toren der Stadt Berlin.« Für die ganze Umgebung des Führers war indessen offensichtlich, daß er die übertriebensten Hoffnungen auf den Erfolg von Steiners Angriff baute[78].

Während Hitler begierig auf Nachrichten von Steiners Vormarsch wartete, brachen die Russen durch den äußeren Verteidigungsring und drangen in den Norden von Berlin ein. Den ganzen Morgen des 22. gelang es mit einer Reihe von immer erregteren Anrufen aus dem Bunker nicht, irgendeine zuverlässige Information über die Fortschritte von Steiners Angriff zu erhalten. Von Hohenlychen rief Himmler an, um mitzuteilen, der Angriff habe begonnen — aber die Luftwaffe meldete, er habe nicht begonnen. Schließlich kam am späten Nachmittag eine zuverlässige Meldung: Steiner hatte den Angriff nicht befohlen, weil die ihm unterstellten Einheiten von Heer und Luftwaffe nicht erschienen waren. Er hoffe aber am nächsten Tag angreifen zu können, so hieß es in dem Bericht, falls dann die Truppen zur Verfügung stünden[79].

Die Nachricht wurde Hitler während der Lagebesprechung am Nachmittag mitgeteilt. Er war den ganzen Tag über gereizt gewesen, und wer ihn kannte, merkte, daß er einem hysterischen Anfall nahe war. Jetzt brach er los, und Hitler tobte die nächsten fünf Stunden lang. Das Ende war gekommen. Er konnte nicht mehr weitermachen. Er würde in Berlin sterben; wer die Stadt verlassen wolle, könne es tun[80].

Diese dramatische Szene ist oft geschildert worden. Alle Berichte stützen sich in erheblichem Umfange auf die Untersuchungen von Trevor-Roper, dessen Studie wiederum auf dem Zeugnis einer Anzahl von Teilnehmern an der Lagebesprechung beruht[81]. Alle zu dem Thema veröffentlichten Berichte stimmen darin überein, daß Hitlers Entschluß, in Berlin zu sterben, auf den nicht stattgefundenen Steiner-Angriff zurückzuführen sei, aber niemand hat

---

78 A. a. O., S. 1689.
79 A. a. O., S. 1691.
80 A. a. O., S. 1692, und »Die Vorgänge im Bunker der Reichskanzlei am 22. April (nach Auskünften des Stenographen Dr. Gerhard Herrgesell)«, a. a. O., S. 1696. Hitlers Entschluß, in Berlin zu bleiben, wurde dem Hauptquartier Nord der Wehrmacht übermittelt und dort in das Kriegstagebuch des Führungsstabes Nord (A) am 22. April eingetragen, a. a. O., S. 1453. Eine öffentliche Bekanntmachung der Entscheidung erfolgte am Tag darauf, s. »Wehrmachtbericht 23. April«, a. a. O., S. 1262.
81 S. Bullock, a. a. O., S. 783 f.; William L. Shirer, Rise and Fall of the Third Reich, S. 1122 ff.; Trevor-Roper, a. a. O., S. 180 ff.; Reitlinger, a. a. O., S. 428 f.

sich bemüht, den Grund für Hitlers hysterischen Ausbruch und seinen plötzlichen Nervenzusammenbruch gründlicher zu analysieren. Vielleicht hat man geglaubt, der Mißerfolg des Angriffsplanes spreche für sich selbst. Indessen hatte es schon vorher viele Fehlschläge gegeben. Außerdem verlor Hitler nicht für die Dauer sein Interesse an der militärischen Lage. Schon am nächsten Tag und dann täglich bis zum 30. April, als er seinem Leben ein Ende machte, plante Hitler weiterhin Entsatzangriffe für Berlin.

Was hat Hitler veranlaßt — vorübergehend, aber vollkommen —, seine gewohnte fanatische Entschlossenheit zu verlieren? Die Antwort wurde ganz deutlich drei Wochen nach dem Vorfall von einem der wenigen Menschen gegeben, die sich während der ganzen fünf Stunden im Konferenzraum aufhielten und deshalb jedes ausgesprochene Wort hören konnten: dem Stenographen Gerhard Herrgesell. Herrgesell war (mit der Niederschrift der Konferenz) mit dem letzten Passagierflugzeug, das Berlin verließ, nach Berchtesgaden geflogen. Dort erzählte er einige Tage nach Kriegsende einem TIME-Korrespondenten, daß Hitler alle Hoffnung aufgegeben habe, weil er *von der Waffen-SS verraten* worden sei. Nicht einfach »verraten«, wie Trevor-Roper schreibt. Über Verrat hatte sich Hitler schließlich schon eine ganze Zeit vor der Steiner-Affäre beklagt. Fraglos war der entscheidende Faktor die Annahme, er sei von seiner Prätorianergarde verraten worden[82].

Herrgesell erinnerte sich Hitlers Worte und berichtete: »Das Vertrauen in die Wehrmacht hatte er schon seit geraumer Zeit verloren... An diesem Nachmittag (22. April) sagte er, zum ersten Male verliere er das Vertrauen in die Waffen-SS. Er habe immer auf die Waffen-SS als Elitetruppe gerechnet, die ihn nie im Stich lassen würde.« Überdies sei er stets entschlossen gewesen zu kämpfen, solange noch irgendein Teil Deutschlands unbesetzt geblieben sei, aber »daß es den SS-Truppen nicht gelungen war, die Russen nördlich von Berlin aufzuhalten, hatte Hitler anscheinend zu der Überzeugung gebracht, daß seine Elitetruppe den Mut verloren habe«. Herrgesell erinnerte sich, daß »der Führer stets behauptet habe, keine Truppe, sie sei noch so gut ausgebildet und ausgerüstet, könne kämpfen, wenn sie den Mut verloren habe, und nun war seine letzte Reserve (die Waffen-SS) dahin«[83].

---

82 Herrgesells Interview mit dem TIME-Korrespondenten Percival Knauth wurde am 21. Mai 1945 in der Ausgabe des Magazins veröffentlicht. Herrgesell hat es vor einiger Zeit auf seine Richtigkeit durchgesehen, und es ist dann in englischer Sprache im KTB/OKW, IV, 1696 ff. abgedruckt worden. Erwähnt sei, daß auch Trevor-Roper Herrgesell interviewt hat, aber Hitlers Äußerungen über die SS nicht anführt. Vgl. Thorwald, a. a. O., S. 383, der in seiner Darstellung der Auffassung, daß Hitlers enttäuschter Glaube an die Waffen-SS die Ursache seines vorübergehenden Zusammenbruchs war, sehr nahekommt.
83 KTB/OKW, IV, 1696 f.

Aber die Waffen-SS hatte ihn keineswegs im Stich gelassen. In Wirklichkeit stand die große Masse der einfachen SS-Männer noch immer zu der Devise auf ihrem Koppelschloß »Meine Ehre heißt Treue«. Tatsache ist, daß die Truppen der Waffen-SS, alles in allem, erbittert bis zum Ende des Krieges weiterkämpften. Nur einige ihrer höheren Offiziere — und am Ende ihr Reichsführer — verloren den Mut.

Einer dieser höheren Offiziere war Felix Steiner. Von Hitlers Standpunkt aus betrachtet, hatte er seinen Eid gebrochen. Trotz eines direkten Befehls hatte er nicht angegriffen. Der Grund wurde bereits erwähnt: Steiner glaubte nicht genügend stark zu sein. In seinem Buche schreibt Steiner, die ihm zur Verfügung stehenden Kräfte seien geringer gewesen als ein »schwaches Korps«[84]. Außerdem wußte er, daß sein Angriff wenig oder gar keine Unterstützung finden würde. Busses 9. Armee war schon eingeschlossen, und Wencks 12. Armee bestand nur mehr aus ein paar schwer angeschlagenen Divisionen: »Mir schien das geforderte Unternehmen in unserer Lage wahnwitzig.« Hitlers »Verstärkungen« bestanden aus nicht einmal 5000 Mann Luftwaffenpersonal und einer Schar Hitlerjungen, nur mit Handwaffen ausgerüstet. Steiner schickte sie in ihre Standorte zurück. »Ihr Einsatz wäre verantwortungslos gewesen[85].«

Am Tage nach seinem hysterischen Ausbruch indessen bewies Hitler wieder Interesse an der militärischen Lage. Eine seiner ersten Anordnungen war der Befehl, Steiner seines Kommandos zu entheben und ihn durch Generalleutnant Holste zu ersetzen, einen Korpskommandeur in der Armee Wenck. Holste und Steiner kamen jedoch überein, den Befehl nicht zu beachten und ihre eigenen Einheiten weiterzuführen. Nun beorderte Hitler auch Keitel und Jodl an die Front und gab ihnen Anweisung, Fühlung mit den Entsatzkräften aufzunehmen und ihren Vormarsch auf Berlin zu beschleunigen. Jodl begab sich daraufhin in Steiners Hauptquartier, Keitel zu Wenck[86].

Am 25. April erhielt Steiners nun etwas verstärkte »Armee« erneut den Befehl zum Angriff in Richtung Berlin. Laut Kriegstagebuch des OKW gehorchte Steiner diesmal dem Befehl, und es gelang seinen Truppen (meist Wehrmacht, nicht SS), einen Brückenkopf am andern Ufer des Ruppiner Kanals auf dem Wege nach Berlin zu errichten. Aber die verhältnismäßig schwache deutsche Truppe war kein ebenbürtiger Gegner für die sowjetischen Panzerdivisionen, die rasch gegen sie geworfen wurden. Es dauerte nicht lange, und der Vorstoß saß fest. Am 27. brachen die Russen in Steiners Nachhut ein, und seine beiden besten Divisionen wurden abgezogen, um

---

84 Steiner, Die Freiwilligen, S. 326.
85 A. a. O. Vgl. Reitlinger, a. a. O., S. 432 f.
86 »Kriegstagebuch des Führungsstabs Nord (A)«, 22. April 1945, KTB/OKW, IV, 1454. S. auch Thorwald, a. a. O., S. 403 f.

die Gefahr zu bannen. Um 15 Uhr verzeichnet das Kriegstagebuch: »So schwer es ist, es bleibt kein anderer Entschluß, als den Angriff Steiner einzustellen[87].« Verständlicherweise hatten weder Keitel noch Jodl den Mut, Hitler diese Entscheidung mitzuteilen, der jedenfalls keine Ahnung hatte, daß Steiner überhaupt noch Kommandeur des Entsatzverbandes Nord war. Aber die Wahrheit kam am folgenden Tag (28. April) ans Licht, als die Russen die inneren Verteidigungsanlagen Berlins durchbrachen und die Kämpfe sich zur Stadtmitte hin verlagerten. Den Lärm der näherrückenden Schlacht im Ohr, telefonierte General Krebs, Hitlers übriggebliebener militärischer Berater, mit Keitel und bat besorgt um Meldungen über den Fortgang des Entsatzunternehmens. Ein aufschlußreicher Auszug aus dem Gespräch wurde in das Kriegstagebuch des OKW aufgenommen[88].

»*Krebs:* Am meisten ist der Führer interessiert am Angriff westlich Oranienburg. Wie steht es dort? Kommt Angriff vorwärts? Steiner lehnt der Führer als Befehlshaber dort ab!!! Hat Holste den Befehl dort übernommen? Wenn uns nicht in den nächsten 36 bis 48 Stunden geholfen wird, dann ist es zu spät!!!«

Es folgt eine Darstellung der militärischen Lage durch Keitel in dem Sinne, daß der von Steiner errichtete Brückenkopf über den Kanal westlich von Oranienburg nicht groß genug ist, um deutsche Panzer darin operieren zu lassen, und vom Feind von drei Seiten angegriffen wird. Außerdem sind bei Templin russische Panzer durchgebrochen und bedrohen Steiners rückwärtige Verbindungen so stark, daß die Aktion »mit weiterem Vordringen den Angriff sowieso zum *Erliegen bringen wird*«*!!!*

»*Krebs:* Warum führt Holste dort nicht? Zu Steiner hat der Führer kein Vertrauen!
*Keitel:* Holste ist am Westflügel seiner weitgespannten Fronten; ich habe ihn noch nicht heranholen können. Im Augenblick ist dort auch gar nichts zu machen, wie die Dinge stehen.

---

87 KTB/OKW, IV, 1460. Vgl. Thorwald, a. a. O., S. 418. Obwohl Thorwalds Buch keine Quellenangaben bringt, ist deutlich erkennbar, daß er schon frühzeitig Zugang zu einem Teil des im »Kriegstagebuch des Führungsstabs Nord (A)« enthaltenen Materials hatte. Seine Bibliographie zeigt, daß ihm »Tagebuchnotizen« von Joachim Schultz zur Verfügung gestellt worden waren, der während des letzten Kriegsmonats als Major für die Führung des amtlichen Tagebuches des Führungsstabs Nord verantwortlich gewesen war. Schultz hat später ein Buch veröffentlicht mit dem Titel »Die letzten 30 Tage: Aus dem Kriegstagebuch des OKW«, Stuttgart 1951.
88 KTB/OKW, IV, 1461 f. (Hervorhebungen im Original).

*Krebs:* Der Führer erwartet schnellste Hilfe; es sind nur noch höchstens 48 Stunden Zeit. Wenn bis dahin keine Hilfe kommt, ist es zu spät!! Das läßt der Führer nochmals sagen!!!
*Keitel:* Wir werden Wenck und Busse zu äußerster Energie treiben; dort liegen die Aussichten für die Entlastung durch Vorstoß nach Norden.«

Das war das letzte Telefongespräch mit Berlin. Um 5 Uhr früh riß die Fernsprechverbindung mit der Hauptstadt ab.

In der Zwischenzeit veranlaßten Berichte von Hitlers Wutausbruch während der Lagebesprechung am 22. April und besonders seine Äußerungen, er sei von der SS verraten worden, Himmler, dem beharrlichen Drängen des SS-Gruppenführers Schellenberg nachzugeben und Waffenstillstandsverhandlungen einzuleiten[89]. Am Abend des 23. April traf sich Himmler im schwedischen Konsulat in Lübeck mit dem Grafen Bernadotte, um die Angelegenheit zu besprechen. Die Nachricht von diesem Kontakt sickerte an die Presse durch, wurde in einer BBC-Sendung aus London berichtet und in den Ruinen von Berlin vom Abhördienst des Propagandaministeriums aufgefangen[90].

Der Auftritt, der nun folgte, war eine kürzere, aber heftigere Wiederholung des geschilderten Wutausbruchs. Als der Führer die Mitteilung erhielt, »steigerte sich seine Farbe zu einem Zornesrot, und sein Gesicht verzerrte sich zur Unkenntlichkeit... Nach einem längeren Ausbruch versank Hitler in eine Lethargie, und eine Zeitlang schwieg alles im Bunker«[91]. Aber er erholte sich bald. Nun schien alles klar: Sepp Dietrichs Versagen in Ungarn und Steiners Ungehorsam waren Teil eines größeren Komplotts gewesen; Himmler, der getreue Heinrich, und die SS hatten seit längerer Zeit konspiriert, um ihn zu verraten. Hitlers erster Gedanke war »Rache«. Himmlers Stellvertreter, SS-Obergruppenführer (General) Fegelein, der bereits verhaftet worden war, nachdem er ohne Genehmigung den Bunker verlassen hatte, wurde nun eingehend verhört. Anscheinend gab er eine gewisse Kenntnis von Himmlers Verhandlungsabsichten zu; jedenfalls wurde er in den Hof der Reichskanzlei hinausgeführt und erschossen. Es ist interessant, daß die Exekution von Angehörigen der SS-Begleitmannschaft Hitlers vorgenommen wurde, die aus Mitgliedern der »Leibstandarte Adolf Hitler«

---

89 Himmler stand in Kontakt mit SS-Obergruppenführer Fegelein, seinem Vertreter im Führerhauptquartier (S. Trevor-Roper, a. a. O., S. 186). Walter Schellenberg war im letzten Kriegsjahr Chef des militärischen Nachrichtendienstes.
90 Trevor-Roper, S. 224.
91 Verhör von Hanna Reitsch. Nürnberger Dokumente 3734-PS, zitiert bei Bullock, a. a. O., S. 791.

bestand: Offenbar erstreckte sich Hitlers Mißtrauen gegen die SS nicht auch auf die Angehörigen seines persönlichen Stabes, denn er behielt seine SS-Adjutanten und -Wachen bis zum Ende. Nach der Hinrichtung wandten sich Hitlers Gedanken Fegeleins Herrn und Meister zu. Himmler war schwerer zu erreichen, aber Hitler befahl dem neuen Chef der Luftwaffe, Ritter von Greim, aus Berlin herauszufliegen und zu versuchen, den Reichsführer zu verhaften. »Niemals darf mir ein Verräter als Führer nachfolgen«, erklärte er. »Sie müssen hinaus, um dafür zu sorgen, daß das nicht geschieht.« Es gelang Greim und der Testpilotin Hanna Reitsch, in einem kleinen Flugzeug zu entkommen. Sie konnten sogar Himmler im Hauptquartier von Dönitz in Plön gegenübertreten, vermochten aber nichts gegen den immer noch mächtigen SS-Führer zu unternehmen[92].

Während seiner Wutausbrüche hätte Hitler freilich nur ein paar Schritte aus seinem Bunker herauszugehen brauchen, um festzustellen, daß er nicht von der Waffen-SS verraten worden war: Neben den beiden stark geschwächten Heeresdivisionen des LVII. Armeekorps von General Mummert waren die einzigen regulären Truppen in Berlin die Männer der 11. SS-Panzergrenadierdivision »Nordland«, verstärkt durch 300 französische SS-Männer von der 33. Waffengrenadierdivision der SS »Charlemagne« und ein Bataillon lettischer SS-Männer von der 15. Waffengrenadierdivision der SS (lett. Nr. 1). Weitere 600 SS-Männer verstärkten die Verteidigung, als Himmler im letzten Augenblick sein Begleitbataillon nach Berlin schickte[93].

Aus den vorliegenden Zeugenaussagen scheint hervorzugehen, daß SS und Hitlerjugend wie gewöhnlich die verbissensten Kämpfer waren. Sie kämpften nicht nur gegen den Feind; vielmehr wurden aus jungen Offizieren von Himmlers Begleitbataillon »fliegende Feld- und Standgerichte« gebildet, die Drückeberger und Deserteure jagten und, wenn sie sie fanden, am nächsten Laternenpfahl henkten. Im Tagebuch eines jungen deutschen Offiziers des Heeres in Berlin werden diese fliegenden Standgerichte beschrieben: »Meistens ganz junge SS-Führer. Kaum eine Auszeichnung. Blind und fanatisch.« Aber sie erfüllten ihren Zweck. »Die Hoffnung auf Entsatz und gleichzeitig die Furcht vor den Gerichten rappelt die Männer immer wieder auf«, schloß der Offizier[94]. Die SS-Männer von »Nordland« kämpften sogar noch am 1. Mai, als sie hörten, daß Hitler tot war und Berlin vor der Kapitulation stand. Nach den Mitteilungen eines der wenigen Überlebenden versuchten weniger als 100 Mann — alles was von der Division übrig-

---

92 Trevor-Roper, a. a. O., S. 230 ff. und 309.
93 Steiner, Die Freiwilligen, S. 330 ff.; Thorwald, a. a. O., S. 424 ff.; Reitlinger, a. a. O., S. 428.
94 Zitiert bei Thorwald, a. a. O., S. 427.

geblieben war — in der Nacht durchzubrechen; sie wurden jedoch durch feindliches Feuer niedergemäht oder zurückgetrieben[95].

Inzwischen erhielt Keitel am Abend des 29. in seinem Hauptquartier außerhalb von Berlin einen Funkspruch von General Krebs und Reichsleiter Bormann im Bunker. Darin hieß es: »... verbreitet Auslandspresse neuen Verrat. Der Führer erwartet von Ihnen, daß Sie blitzschnell und stahlhart ohne Unterschied durchgreifen. Von Wenck, Schörner und anderen erwartet der Führer, daß diese ihre Treue zu ihm durch schnellsten Entsatz unter Beweis stellen[96].«

Um 23 Uhr erhielt Generaloberst Jodl, der die Entsatzversuche von Süden und Westen koordinierte, folgenden Funkspruch Hitlers[97]:

»Es ist mir sofort zu melden:
1. Wo sind die Spitzen von Wenck?
2. Wann greifen sie weiter an?
3. Wo ist die 9. Armee?
4. Wohin bricht die 9. Armee durch?
5. Wo sind die Spitzen von Holste?«

Nach Erhalt dieser Fragen berieten sich Keitel und Jodl über die Antwort, die zu geben sei. Man beschloß zum ersten Male seit Monaten, daß Hitler nun die ungeschminkte Wahrheit erfahren müsse. Es würde nicht länger sinnvoll sein, die Fiktion einer möglichen Rettung aufrechtzuerhalten. Um 1 Uhr früh am 30. April meldete Keitel nach Berlin:

»1. Spitze Wenck liegt südlich Schwielowsee fest.
2. 12. Armee kann daher Angriff auf Berlin nicht fortsetzen.
3. 9. Armee mit Masse eingeschlossen.
4. Korps Holste in die Abwehr gedrängt[98].«

Nachdem damit die letzte Hoffnung auf Entsatz in Scherben gegangen war und als die Russen nur noch zwei Straßenzüge vom Bunker entfernt standen, bereitete Hitler sich darauf vor, seinem Leben ein Ende zu machen. Am Nachmittag war er tot. Knapp einen Monat später — der Krieg war

---

95 S. den Bericht von Rolf Holzboog, SS-Panzerflakabteilung 11, in Steiner, Die Freiwilligen, S. 332.
96 KTB/OKW, IV, 1466.
97 A. a. O.
98 A. a. O., S. 1467; desgl. »Kriegstagebuch des Führungsstabs Süd (B)«, 1. Mai 1945, S. 1450.

schon vorbei — folgte der Reichsführer SS Heinrich Himmler seinem ehemaligen Führer[99].

Am 7. Mai 1945 wurde in der französischen Stadt Reims die Kapitulation der Deutschen Wehrmacht unterzeichnet; sie trat zwei Tage später in Kraft[100]. Nachdem die Abwicklung der Dinge nun erneut in den Händen der Berufssoldaten lag, wurde die Waffen-SS wiederum »unsichtbar«. Die Kapitulation und die verschiedenen Anweisungen, die im Zusammenhang mit ihr vom OKW ausgegeben wurden, richteten sich nur an Heer, Marine und Luftwaffe. Aber die Generale vergaßen die in Österreich zusammengezogenen, noch immer starken, Kräfte der Waffen-SS nicht. Die Eintragung für den 9. Mai im Tagebuch des OKW verzeichnet: »Feldmarschall Kesselring teilte SS-Oberstgruppenführer Dietrich mit, daß die Waffenstillstandsbedingungen auch für die Truppenteile der Waffen-SS verbindlich sind. Feldmarschall Keitel erwartet, daß ebenso wie die Gesamtwehrmacht auch die Waffen-SS ein einwandfreies, korrektes Verhalten zeigt[101].«

Und das tat sie auch. Ein neuerer Apologet schrieb: »Alle Divisionen der Waffen-SS gingen unmittelbar aus dem Kampf in die Gefangenschaft[102].« Aber im Gegensatz zu den vielen mutlosen und niedergedrückten Truppen der Wehrmacht, die niedergeschlagen in die Kriegsgefangenenlager schlurften, wahrten die SS-Männer selbst als Besiegte ein gewisses Maß von Dünkel und Herausforderung. Am 9. Mai schickte das SS-Panzergrenadierregiment »Deutschland«, das älteste der Waffen-SS, folgende Funkmeldung an das Hauptquartier der 2. SS-Panzerdivision »Das Reich«:

»Das Regiment ›Deutschland‹, von allen Verbindungen abgeschnitten, ohne Nachschub, mit 70 Prozent Verlusten an Mannschaften und Material, am Ende seiner Kräfte, muß kapitulieren. Morgen wird das Regiment erhobenen Hauptes in die Gefangenschaft marschieren. Das Regiment, das den Namen ›Deutschland‹ tragen durfte, meldet sich ab.«

Ein ehemaliger SS-Offizier schilderte die letzte Fahrt des Regiments. Danach fuhren »die Wagen noch genauer in den Abständen als sonst. Noch aufgerichteter sitzen die Grenadiere. In vorbildlicher Haltung fahren wir nach Westen. Dort sind die Amerikaner«[103].

99 Über die Ereignisse, die zu Himmlers Selbstmord führten, s. Reitlinger, a. a. O., S. 438 ff.
100 Text s. »Urkunde über die militärische Kapitulation«, KTB/OKW, IV, 1676 f.
101 A. a. O., S. 1488.
102 Kanis, a. a. O., S. 232.
103 »Aus einem Bericht des holländischen Freiwilligen, Leutnant der Waffen-SS van Tienen«, zitiert bei Steiner, Die Freiwilligen, S. 339 ff.

Eine ähnliche Schilderung eines ehemaligen Offiziers der 12. SS-Panzerdivision »Hitlerjugend« berichtet, wie seine Division »den demütigenden Befehl des Amerikaners«, alle Fahrzeuge mit weißen Fahnen zu versehen, mißachtete und zwei Kilometer vor der Demarkationslinie noch einmal vor ihrem Divisionskommandeur vorbeimarschierte: »diszipliniert und in männlicher Haltung« fuhr die Division in die Gefangenschaft[104].

---

104 »Der Einsatz der 12. SS-Panzerdivision vom Invasionsende bis zum Kriegsschluß«, Meyer, a. a. O., S. 341. Aus naheliegenden Gründen wählten die Verbände der Waffen-SS da, wo sie die Möglichkeit hatten, lieber die Kapitulation vor den westlichen Alliierten.

# X. KAPITEL

## Der befleckte Ehrenschild

*Kriminalität der Waffen-SS*

Keine wissenschaftliche Untersuchung über die Waffen-SS wäre vollständig ohne eine nähere Prüfung der Frage nach den von ihr begangenen Verbrechen. Seitdem die SS vor dem Internationalen Militärgerichtshof in Nürnberg als verbrecherische Organisation angeklagt worden ist, haben Verteidiger der Waffen-SS immer wieder erklärt, deren einzige Übereinstimmung mit der SS sei der gemeinsame Name gewesen. Die Waffen-SS, so behaupten sie, war eine rein militärische Organisation, die sich in keiner Weise von anderen Wehrmachtteilen unterschied, und hatte nichts mit den von anderen Gliederungen der SS begangenen Verbrechen zu tun[1]. Die Anklage in Nürnberg hat diesen Einwand verworfen und erklärt, die Waffen-SS sei »in Theorie und Praxis ebenso Bestandteil der SS-Organisation wie jede andere Gliederung der SS«[2].

Dieser Auffassung schloß sich das Militärgericht an, und die Waffen-SS wurde in das Urteil einbezogen, wonach die SS »für Zwecke eingesetzt (wurde), welche gemäß der Satzung des Gerichtshofes verbrecherisch waren, nämlich für die Verfolgung und Ausrottung der Juden, Grausamkeiten und Tötungen in Konzentrationslagern, Übergriffe in der Verwaltung besetzter Gebiete, Durchführung des Zwangsarbeiterprogramms sowie Mißhandlung und Ermordung von Kriegsgefangenen«[3]. Besonders erwähnt wurde die Waffen-SS wegen ihrer Teilnahme an Unternehmungen, »welche zum Angriffskrieg führten«, wie etwa »die Besetzung des Sudetenlandes, Böhmens und Mährens und des Memellandes«. Im Zusammenhang mit den

---

[1] S. z. B. Zeugenaussage von Paul Hausser vor dem Internationalen Militärgerichtshof, 6. August 1946, TGMWC, XX, 300 und Plädoyer des SS-Verteidigers Dr. Horst Pelckmann, TGMWC, XXII, 102 ff.
[2] Plädoyer des stellvertretenden Hauptanklagevertreters Sir David Maxwell-Fyfe, a. a. O., S. 282.
[3] Urteil des Internationalen Militärgerichtshofes, a. a. O., S. 480. Die Satzung des Internationalen Militärgerichtshofes ist abgedruckt a. a. O., S. 550 ff.

Anklagen wegen Kriegsverbrechen und Verbrechen gegen die Menschlichkeit erklärte das Gericht, daß »Einheiten der Waffen-SS unmittelbar mit der Tötung von Kriegsgefangenen und Greueln in besetzten Ländern zu tun hatten. Die Waffen-SS stellte Personal für die Einsatzgruppen und hatte den Befehl über die Wachmannschaften der Konzentrationslager, nachdem die Totenkopf-SS, der ursprünglich das KZ-System unterstand, in der Waffen-SS aufgegangen war«[4].

Hinsichtlich der vor dem Internationalen Gerichtshof angeklagten Organisationen diente das Verfahren nur dazu, diese Organisationen »zu identifizieren und zu verurteilen«. Die Erklärung zur verbrecherischen Organisation ermächtigte das Gericht nicht, Strafen über diese Organisationen oder über Einzelpersonen nur wegen ihrer Mitgliedschaft zu verhängen[5]. In Sonderprozessen vor alliierten Militärgerichten wurden jedoch ein paar hundert Angehörige der Waffen-SS, darunter auch Angehörige der kämpfenden Verbände, für schuldig erkannt und in einigen wenigen Fällen wegen besonderer verbrecherischer Taten hingerichtet. Außerdem wurden Führer und Unterführer der Waffen-SS bis vier Jahre nach dem Krieg in Gefangenenlagern festgehalten. Nach ihrer Entlassung wurden diese Männer vor deutsche Entnazifizierungskammern geschleppt. 99 Prozent wurden für frei von persönlicher Schuld befunden. Der zufallsbedingten Durchführung dieses Programms entsprechend, wurde jedoch ein Teil dieser Personengruppe der Mitgliedschaft in einer »verbrecherischen Organisation« für schuldig befunden und für eine gewisse Zeit einiger bürgerlicher Rechte entkleidet[6]. Ganz allgemein kann man sagen, daß Maßnahmen dieser Art im Laufe der Jahre seltener wurden und daß nur noch gelegentlich ein ehemaliges Mitglied der Waffen-SS herausgegriffen und – einer besonderen Anschuldigung gemäß – vor Gericht gestellt wurde.

Das waren die Jahre des Schweigens, in deren Verlauf die Angehörigen der Waffen-SS noch zu sehr von Scham erfüllt oder zu eingeschüchtert waren, um die Aufmerksamkeit auf sich zu lenken. Es war eine Zeit, in der

---

4 A. a. O., S. 479 f.
5 Folgende Erklärung über Gesetz und Verfahren, die von der Anklagevertretung bezüglich der in Nürnberg angeklagten Nazi-Gruppen und -Organisationen angewandt würden, gab Justice Jackson am 28. Februar 1946 vor dem Militärgerichtshof ab: »Es war die Absicht der Satzung, die Anhörungsverfahren dieses Gerichtes zu verwenden, um jene Nazi- und militärischen Kräfte festzustellen und zu verurteilen, die so organisiert waren, daß sie eine ständige Drohung für die langfristigen Ziele darstellten, für die unsere Länder das Leben ihrer jungen Männer gegeben haben ... Die einzige Frage in diesem Prozeß betrifft die Kollektivkriminalität der Organisation oder Gruppe. In welchem Maße, muß durch Feststellungsurteil geklärt werden. Die Erklärung legt keine Strafe fest, weder für die Organisation noch gegen einzelne Mitglieder.« (NCA, II, 5 f.)
6 S. Kanis, a. a. O., S. 243; Dornberg, a. a. O., S. 9 ff.

frühere Offiziere der Wehrmacht versuchten, jede Verantwortung für die Scheußlichkeiten des Naziregimes und für die Niederlage von sich abzuwälzen. In einer Flut von Memoiren, Zeitungsartikeln und historischen Untersuchungen zogen deutsche Militärkreise einen scharfen Trennungsstrich zwischen sich und der Waffen-SS und schrieben vieles von dem, was der Wehrmacht zur Last gelegt worden war, der Tätigkeit oder dem Einfluß der SS zu. Die vielleicht übelste und gänzlich unverdiente Beschuldigung, die militärische Sprecher gegen die Waffen-SS richteten, war die, daß sie im Kampfe völlig versagt habe und für die Niederlage der Wehrmacht verantwortlich sei[7].

Als die Kriegsverbrecherprozesse allmählich in Vergessenheit gerieten und die Menschen in Europa und in den USA aufhörten, von Nazigreueln zu reden und daran zu denken, fanden führende Männer der ehemaligen Waffen-SS, daß die Zeit nun reif sei, den Makel auf ihrer »Ehre« zu tilgen. Sie hatten allerdings auch andere Beweggründe: Denn trotz ihrer meist erfolgreichen Wiedereingliederung in das bürgerliche Leben hielt der Ruch der Kriminalität, der den alten Kämpfern der Waffen-SS anhaftete, die deutschen Dienststellen davon ab, ihnen bezüglich Pension und Versorgung die gleiche Behandlung zuteil werden zu lassen wie anderen ehemaligen Wehrmachtsangehörigen.

Um ihre Ansprüche auf persönliche, politische und finanzielle Wiedereinsetzung in ihre Rechte durchzudrücken, begannen ehemalige Waffen-SS-Männer sich auf Ortsebene zusammenzuschließen. Daraus erwuchs die »Hilfsorganisation auf Gegenseitigkeit der Waffen-SS« (HiaG), die eine Zeitschrift, »Der Freiwillige«, herausgibt, die die Veröffentlichung von Verteidigungsschriften ehemaliger Angehöriger der Waffen-SS finanziert, alljährliche Treffen veranstaltet, die der Auffindung vermißter Kameraden dienen sollen und von Tausenden von ehemaligen SS-Männern besucht werden, und die unablässig durch eine Lobby für die Rechtfertigung ihrer Mitglieder eintritt[8].

Der erste Versuch zur Rehabilitierung der Waffen-SS scheint die Kampagne für eine Revision des Urteils in dem berühmten Prozeß um das Massaker von Malmédy gewesen zu sein, in dem SS-Standartenführer (Oberst) Joachim Peiper und 72 Angehörige seiner Kampfgruppe, die zur 1. SS-Panzerdivision »Leibstandarte Adolf Hitler« gehörte, für schuldig

---

7 S. z. B. Siegfried Westphal, Heer in Fesseln, Bonn 1950.
8 S. Dornberg, a. a. O., S. 42 und 111 ff.; Kurt Hirsch, SS: Gestern, heute und..., Darmstadt 1960, passim. Die HiaG-Zeitschrift wurde zuerst 1953 unter dem Titel »Wiking-Ruf« herausgegeben; 1958 wurde sie mit einer ähnlichen Publikation verschmolzen und erschien nun als »Der Freiwillige/ Wiking-Ruf«. Gegenwärtig heißt sie »Der Freiwillige: Kameradschaftsblatt der HiaG« und wird in Osnabrück vom Verlag »Der Freiwillige« herausgegeben.

befunden worden waren, 71 amerikanische Soldaten während der Ardennen-Gegenoffensive 1944 ermordet zu haben[9]. Mit Unterstützung rechtsgerichteter Organe und konservativer Geistlicher wurden harte Anschuldigungen gegen die Untersuchungsrichter und die Staatsanwaltschaft erhoben. Weitere Unterstützung erhielt die revisionistische Kampagne durch den verstorbenen Senator Joseph McCarthy und andere interessierte Kreise in den Vereinigten Staaten. Obwohl ein eigens eingesetzter Untersuchungsausschuß des Kongresses die Unparteilichkeit des Prozesses bestätigte, wurde keiner der 43 zum Tode verurteilten Angeklagten hingerichtet. Die Kampagne ging weiter mit der Veröffentlichung von Dietrich Ziemssens Buch »Der Malmédy-Prozeß« im Jahre 1952. Vier Jahre später wurde Peiper aus dem US-Kriegsverbrechergefängnis in Landsberg bedingt entlassen. Im Juni 1964 gaben westdeutsche Behörden bekannt, daß gegen Peiper erneut ein Untersuchungsverfahren laufe, diesmal wegen der Beschuldigung, für Greuel in Norditalien im Jahre 1943 verantwortlich zu sein[10].

Unterdessen erhielt die Waffen-SS bei ihren Bemühungen um ihre Ehrenrettung Hilfe von unerwarteter Seite. Generaloberst Guderian, der vorletzte Generalstabschef des OKH, lobte in seinen Memoiren Führung und Kampfkraft der SS-Divisionen[11]. Und als der ehemalige SS-Obergruppenführer (Generaloberst) Paul Hausser die erste Geschichte der Waffen-SS veröffentlichte, steuerte Guderian folgende Einleitung bei:

>»Unsere Ehre heißt Treue. Dies war der Wahlspruch, nach dem die Waffen-SS erzogen wurde und nach dem sie gekämpft hat. Wer sie erlebte, muß dies bezeugen ... Weil so viel Ungerechtes und Unwahres über sie geredet und geschrieben wurde, begrüßen wir es besonders, daß Generaloberst a. D. Paul Hausser mit der ihm eigenen Schlichtheit hier von ihren Taten Zeugnis ablegt. Das Buch wird helfen, die Nebel der Lüge und Verleumdung zu zerstreuen, die sich um die Waffen-SS gebildet haben, und dieser tapferen Truppe den Platz an der Seite der Wehrmachtsteile zu verschaffen, der ihr gebührt[12].«

Die Bemühungen der HiaG und der Revisionisten trugen bald reiche Früchte. Schon im August 1953 erklärte Bundeskanzler Adenauer in einer öffentlichen Rede in Hannover, die Angehörigen der Frontverbände der

---

9 Vgl. Kap. IX, Abschn. 4; Peiper nannte sich meist Jochen statt Joachim; in den SS-Akten werden beide Namensformen verwendet.
10 Vgl. S. 248. Über die Untersuchung des Kongresses s. United States Senate Commitee on Armed Forces, »Malmédy Massacre Investigation Hearings 1949«, Washington 1949.
11 Guderian, a. a. O.
12 Zitiert bei Hirsch, a. a. O., S. 84.

Waffen-SS seien Soldaten wie alle anderen gewesen[13]. In den folgenden Monaten wurde eine Anzahl ehemaliger Waffen-SS-Männer, die wegen Kriegsverbrechen in Haft waren, aus alliierter Gefangenschaft entlassen, darunter der immer noch jugendliche frühere Kommandeur der 12. SS-Panzerdivision »Hitlerjugend« Kurt Meyer (»Panzer-Meyer«), der bald der Hauptsprecher der HiaG wurde. Viele der entlassenen Kriegsverbrecher beantragten und erhielten Heimkehrerentschädigungen oder Kriegsgefangenen-Entlassungsbeihilfen von örtlichen Behörden. 1955 nahm Hasso von Manteuffel, ein ehemaliger Wehrmachtgeneral und nun Bundestagsabgeordneter der FDP, den Kampf um die Rehabilitierung der Waffen-SS auf, und 1956 gab der Bundesminister der Verteidigung bekannt, daß ehemalige Angehörige der Waffen-SS bis zum Rang eines Obersturmbannführers (Oberstleutnant) mit ihrem alten Dienstgrad in die Bundeswehr aufgenommen werden könnten[14].

Die allmähliche Rehabilitierung der Waffen-SS hat sich nicht widerspruchslos vollzogen. Bisher hat die Bundesregierung es abgelehnt, jene Bestimmungen des sogenannten 131er-Gesetzes, die die Ruhegelder und Pensionen für ehemalige Berufssoldaten der Wehrmacht regeln, auf frühere Angehörige der Waffen-SS auszudehnen. Aber die Bemühungen des HiaG-Kreises gehen weiter, und der Meinungsstreit um die Kriminalität der Waffen-SS hat sich in den letzten Jahren verstärkt. Obwohl inzwischen viel Zeit vergangen ist, haben sowohl diejenigen, die die Waffen-SS verdammen, als auch die, die sie verteidigen, wenig neues Beweismaterial beigebracht. Die von beiden Seiten vorgebrachten Argumente sind im Grunde lediglich Wiederholungen oder Variationen jener Argumente, die man schon 1945 und 1946 vor dem Internationalen Militärgerichtshof gehört hat.

In einer Ansprache vor rund 8000 ehemaligen SS-Männern auf einem HiaG-Treffen in Karlberg (Bayern) im Jahre 1957 brachte Kurt Meyer die Stellungnahme der Apologeten auf einen simplen Nenner: »SS-Truppen haben keine Verbrechen begangen«, behauptete er, »ausgenommen das Massaker von Oradour, und das war die Tat eines einzelnen. Er sollte vor ein Kriegsgericht gestellt werden, starb aber den Heldentod, bevor er

---

13 Deutsche Soldaten-Zeitung, August 1956, zitiert von Hirsch, a. a. O., S. 90/98.
14 S. ibid. S. 88 und 91 f.; »Allgemeine Ausnahmegenehmigung für das Überspringen von Dienstgraden durch Soldaten«, Ministerialblatt des Bundesministers der Verteidigung, Bonn, Nr. 1, 1. September 1956, abgedruckt bei Reimund Schnabel, »Macht ohne Moral: Eine Dokumentation über die SS«, Frankfurt a. M. 1957 S. 548 f. Bis Ende September 1956 waren folgende Zahlen von ehemaligen Angehörigen der Waffen-SS, die in der Bundeswehr dienten, gemeldet worden: 33 Offiziere, 5 Offiziersanwärter, 5 Musiker, 270 Unteroffiziere und 1917 Mann. Außerdem dienten in der Bundeswehr 4 ehemalige Angehörige der Allgemeinen SS. S. Hirsch, a. a. O., S. 91 f.

abgeurteilt werden konnte.« Die Anschuldigung des Nürnberger Gerichtshofes, die Waffen-SS sei in die Zerstörung und das Massaker von Lidice verwickelt gewesen, wurde geleugnet, und Meyer beharrte auf dem Standpunkt: »Die Waffen-SS war eine reguläre Truppe des Heeres wie jede andere in der Wehrmacht.« Er verurteilte die Theorie von der »Kollektivschuld« und verlangte, daß mit jenen staatlichen Methoden Schluß gemacht werde, wonach »ehemalige SS-Soldaten als Bürger zweiter Klasse behandelt werden, (obwohl) sie nichts weiter getan haben, als daß sie für ihr Vaterland kämpften«[15].

In seinem Buche, das im selben Jahr herauskam, hat Meyer seine Ansichten etwas eingehender dargelegt. Aufschlußreich ist die Wahl seiner Worte. »Die Behauptung, daß Einheiten der Divisionen der Waffen-SS mit Vernichtungsaktionen beauftragt gewesen seien, ist eine Irreführung, um die Truppe zu diffamieren.« Aber Meyer leugnete nicht — wie manche Neonazis —, daß derartige Verbrechen begangen worden sind:

»Es soll und darf im Interesse einer wahren Geschichtsschreibung nichts beschönigt werden. Während des Krieges sind Dinge geschehen, die der deutschen Nation unwürdig sind. Die ehemaligen Soldaten der Waffen-SS sind Manns genug, wirkliche Vergehen gegen ein menschenwürdiges Verhalten als solche zu werten und zu verabscheuen. Es wäre töricht, alle uns zur Last gelegten Vorgänge lediglich als Propagandaerfindungen unserer früheren Feinde abtun zu wollen. Selbstverständlich haben sie Propaganda damit gemacht... Aber Verbrechen sind geschehen. Es ist müßig, über die Höhe der Opfer zu debattieren — die Tatsache als solche ist belastend genug[16].«

Diesem verhältnismäßig offenen Eingeständnis folgt jedoch keine gründliche Erörterung der Verbrechen, die der Waffen-SS zur Last gelegt werden. Meyer kommt nur mit einer vagen Entgegnung auf eine der häufigsten Anschuldigungen:

»Die Waffen-SS wird heute mit den Vorgängen in den Konzentrationslagern belastet, weil führende Persönlichkeiten des Staates Sonderformationen auf den Etat der Fronttruppe setzten... Die Truppe hatte von den Vorgängen in der Heimat nicht mehr und nicht weniger Kenntnis als die Masse des deutschen Volkes sie gehabt hat.«

---

15 Zitiert bei Dornberg, a. a. O., S. 113. In bezug auf Lidice hatte Meyer recht. Die Waffen-SS hatte mit dem Massaker dort nichts zu tun. S. den Bericht über die Aktion bei Schnabel, a. a. O., S. 468.
16 Meyer, a. a. O., S. 412.

Die Soldaten der Waffen-SS, schließt Meyer, »mußten für Geschehnisse unmenschlich leiden, für die sie weder verantwortlich waren, noch die Möglichkeit hatten, sie zu verhindern«[17].

Die entgegengesetzte Ansicht wird in gedrängter Form im Vorwort zu einer kürzlich erschienenen deutschen Dokumentation dargelegt, die sich den Kampf gegen eine Rehabilitierung der Waffen-SS besonders angelegen sein läßt: Die SS war die Verkörperung der brutalsten Aspekte von Hitlers Regime, und die Behauptungen der Apologeten der Waffen-SS »ändern nichts an der Tatsache, daß die Waffen-SS ein Teil der Parteigliederung SS gewesen ist und daß die Mehrzahl der Waffen-SS von den Greueln zumindest gewußt hat«[18].

Viel hängt davon ab, wie man die Bezeichnung »Waffen-SS« definiert. Die Ankläger betonen die Einheit der SS-Organisation und stützen ihr Verdammungsurteil zum großen Teil auf die ursprünglich in Nürnberg formulierte Theorie von der Kollektivschuld. Sprechen sie von der Waffen-SS, so beziehen sie alle Einheiten, Abteilungen, Organisationen und Einzelpersonen, die die Bezeichnung SS trugen, darin ein. Infolgedessen verwerfen sie alle Argumente und Erklärungen, die zwischen »Kampfverbänden« und nichtkämpfenden Verbänden, zwischen »regulärer Waffen-SS« und »nomineller Waffen-SS« zu unterscheiden versuchen. Ganz allgemein weigert sich diese Gruppe, Unterschiede zwischen der Waffen-SS und ihrer Dachorganisation anzuerkennen. Daher enthalten ihre Veröffentlichungen, die ganz offenkundig gegen eine Ehrenrettung der Waffen-SS gerichtet sind, viel entsetzliches Beweismaterial für Verbrechen, die von Himmlers SS begangen worden sind, aber wenig, das sich auf verbrecherische Handlungen der Waffen-SS bezöge[19].

Andrerseits verstehen die Verteidiger der Waffen-SS die Bezeichnung nur im engsten Sinne. Kurt Meyer, zum Beispiel, bringt in dem oben zitierten Absatz eine schwungvolle Verteidigung der Waffen-SS, bezieht sich aber ausdrücklich nur auf »Einheiten, die zu den Divisionen der Waffen-SS gehörten«. Die Tatsache, daß auch die Wachen der KZ und der Vernichtungslager Angehörige der Waffen-SS gewesen sind, wird als Verrat der Fronttruppe durch »führende Persönlichkeiten des Staates« abgetan. Bezüglich der Anschuldigung, daß Einheiten und Personal der Waffen-SS,

---

17 A. a. O., S. 413.
18 Schnabel, a. a. O., S. 12 f.
19 Neben den bereits genannten Arbeiten vgl. man den vom Komitee der Antifaschistischen Widerstandskämpfer in der Deutschen Demokratischen Republik zusammengestellten umfangreichen Band »SS im Einsatz: Eine Dokumentation über die Verbrechen der SS«, Berlin 1964.

die nicht an der Front standen, in verbrecherische Handlungen verwickelt gewesen sind, schweigen die Verteidiger.

Eine gründliche Prüfung des von den Kontrahenten in diesem Meinungsstreit angebotenen Materials führt unweigerlich zu dem Schluß, daß weder die Verteidiger noch die Ankläger in erster Linie an der Wahrheit interessiert sind. Beiden Seiten geht es um Höheres. Kurt Hirsch, Verfasser einer der am meisten überzeugenden Abhandlungen neueren Datums aus der Fülle journalistischer Anklagen gegen die Waffen-SS, meint: »Bei der seit Jahren betriebenen (apologetischen) Propaganda geht es aber in Wirklichkeit weniger um ›Witwen und Waisen‹ und auch nicht um ›Schwerversehrte‹, sondern vielmehr um eine Rehabilitierung der Waffen-SS des Zweiten Weltkrieges und damit des ganzen nationalsozialistischen Unrechtsstaates[20].« Der Meinungsstreit um die Kriminalität der Waffen-SS müsse also als Teil eines größeren politischen und ideologischen Kampfes zwischen liberalen und konservativen Elementen im heutigen Deutschland betrachtet werden.

Trotz ihres tendenziösen Charakters sind die im Laufe der Kontroverse veröffentlichten Arbeiten nützlich. Die die SS verdammen, bringen manche interessanten Erkenntnisse und bieten gleichzeitig eine zweckdienliche Zusammenstellung von sonst zerstreutem Material. Über die von dem HiaG-Kreis veröffentlichten Bücher hat Karl O. Paetel gesagt, daß sie nur zu beweisen versuchten, »was kein einigermaßen Informierter jemals zu leugnen versucht hat, nämlich, daß die Soldaten der Waffen-SS tapfere Kämpfer gewesen sind, schwere Verluste erlitten haben und, soweit sie an der Front standen, keine Vernichtungslager geleitet haben«[21]. Leider gibt es zur Zeit keine Arbeit, die eine bedeutsame und sachliche Erörterung der verbrecherischen Handlungen der Waffen-SS bietet[22]. Eine gründliche Analyse dieser Art würde den Rahmen der vorliegenden Untersuchung sprengen; immerhin soll versucht werden, einige der wichtigeren Fragen hier zu prüfen oder erneut zu prüfen und eine Meinung über die Kriminalität der Waffen-SS vorzutragen.

---

20 Hirsch, a. a. O., S. 118.
21 Karl O. Paetel, »The Black Order: A Survey of the Literature on the SS«, The Wiener Library Bulletin, XII, Nr. 3—4, London 1959, S. 35. Es handelt sich um die Übersetzung eines Artikels, der ursprünglich in Neue Politische Literatur, Nr. 4, Stuttgart und Düsseldorf 1958, erschienen war.
22 Die beste derzeitige Abhandlung über dieses Thema bietet Reitlinger, a. a. O., aber die Bezüge auf verbrecherische Handlungen der Waffen-SS sind über das ganze Buch verstreut und bilden keine zusammenhängende und gehaltvolle Erörterung des Themas. S. auch Robert M. W. Kempner, »SS im Kreuzverhör«, München 1964, das, obwohl es nur zum geringen Teil mit der Waffen-SS befaßt, eine interessante und wertvolle Zusammenstellung von Auszügen aus verschiedenen Kriegsverbrecherprozessen bietet, darunter einigen, die in den letzten Jahren in Deutschland stattgefunden haben.

## Waffen-SS, Totenkopfverbände und Konzentrationslager

Im Oktober 1939 wurden rund 6500 Angehörige der SS-Totenkopfverbände zu der neu aufgestellten SS-Totenkopfdivision versetzt. Die ehemaligen Bewacher von Deutschlands Konzentrationslagern bildeten auf diese Weise die Stammannschaft eines jener Kampfverbände, die zur Elite der Waffen-SS gehörten. Der Kommandeur dieser Division war bis zu seinem Tode im Jahre 1943 Theodor Eicke, der berüchtigte Chef des gesamten KZ-Systems von 1934 bis 1939. Obwohl die deutschen Konzentrationslager der Vorkriegszeit noch nicht die Vernichtungslager der späteren Kriegsjahre waren, passen die ehemaligen Mitglieder der Totenkopfverbände nur schwer zu dem von den Ehrenrettern entworfenen Muster des anständigen jungen Soldaten, der von diesen Vorgängen »nicht mehr und nicht weniger Kenntnis als die Masse des deutschen Volkes... gehabt hat«[23].

Während der ersten beiden Kriegsjahre waren 30 000 bis 40 000 Mitglieder der vierzehn verstärkten SS-Totenkopfstandarten mit »polizeilichen Sonderaufgaben« in verschiedenen Teilen des von Deutschen besetzten Europas betraut. Im Osten führte Totenkopfpersonal die Verschleppungen und Hinrichtungen durch, die für die ersten Etappen von Hitlers Rassenpolitik kennzeichnend waren. Diese Aufgaben wurden schließlich anderen SS- oder Polizeiverbänden übertragen, und als die Deutschen in die Sowjetunion einfielen, waren die übriggebliebenen Totenkopfstandarten in SS-Totenkopfinfanterieregimenter umgewandelt worden. Einige wurden unmittelbar in Frontverbände der SS eingegliedert, andere blieben eine Zeitlang unter Himmlers Leitung zur Verwendung bei der Bekämpfung von Partisanen hinter der Front. Da die Partisanenbekämpfung oft als Deckmantel für die Massenausrottung von Zivilisten diente, endeten die verbrecherischen Handlungen einiger dieser Einheiten nicht mit ihrer Versetzung zu Fronttruppen der Waffen-SS[24].

Ende 1941 gab es Zehntausende von Männern in den Frontverbänden der Waffen-SS, die an verbrecherischen Handlungen teilgenommen, sie unterstützt oder ihnen beigewohnt hatten. Diese Tatsache entkräftet die Behauptung, daß die Frontkämpfer der Waffen-SS keine Beziehungen zu den hinter der Front begangenen Greueln gehabt hätten, in besonderem Maße.

Wenn Sprecher der HiaG die Verantwortung für das leugnen, was in den Konzentrationslagern geschah, stehen sie schon auf festerem Grunde. Bis in die zweite Hälfte des Jahres 1940 unterstand die Inspektion der Konzentrationslager formell dem SS-Hauptamt. In der Praxis war ihr Leiter

---

23 Meyer, a. a. O., S. 413.
24 Vgl. S. 246 ff.

nur Himmler verantwortlich[25]. Einige Monate nach Kriegsbeginn gab das Oberkommando der Wehrmacht eine Anweisung heraus, in der die Teile der SS aufgeführt wurden, die amtlich als Verbände der Waffen-SS anerkannt waren. Weder das SS-Hauptamt noch das Konzentrationslagersystem gehörten dazu[26].

Im August 1940 errichtete Himmler eine neue Hauptamtsstelle, das SS-Führungshauptamt, dem alle Verbände der Waffen-SS unterstellt wurden[27]. Die Inspektion Konzentrationslager, an deren Spitze jetzt SS-Brigadeführer (Generalmajor) Richard Glücks stand, wurde Amt VI des SS-Führungshauptamtes. Diese Umgliederung berührte die Sonderstellung, die Glücks innehatte, in keiner Weise, und die Inspektion blieb eine autonome Organisation[28]. Aber auf Grund seiner Stellung innerhalb des SS-Führungshauptamtes wurde das Konzentrationslagersystem nominell Teil der Waffen-SS.

Im April 1941 fühlte sich Himmler stark genug, um das OKW in der Frage der Bezeichnung von SS-Verbänden als Einheiten der Waffen-SS übergehen zu können. Er veröffentlichte eine Anweisung, die 163 Einheiten, Abteilungen und Einrichtungen verzeichnete, die künftig als Teile der Waffen-SS zu gelten hätten. Auf dieser Liste stehen sämtliche damals vorhandenen Konzentrationslager[29]. Es ist bekannt, daß dieser Schritt aus wirtschaftlichen und verwaltungstechnischen Gründen erfolgte. Trotz der Inkonsequenz seines Vorgehens beabsichtigte Himmler, das Konzentrationslagersystem von seiner geliebten Waffen-SS säuberlich getrennt zu halten[30]. Dennoch trug das KZ-Personal Uniformen der Waffen-SS und hatte Soldbücher der Waffen-SS.

Anfang 1942 beschloß Himmler, die Lager in Wirtschaftsgroßbetriebe umzuwandeln. Am 3. März 1942 gliederte er das gesamte Konzentrationslagersystem aus dem SS-Führungshauptamt aus und unterstellte es dem SS-Wirtschafts- und Verwaltungshauptamt (WVHA). Als Amtsgruppe D dieser Organisation unterstand die Inspektion Konzentrationslager formell dem SS-Obergruppenführer (General) Oswald Pohl, Chef des WVHA, aber wiederum behielt Glücks seine Autonomie und erhielt bis zum Ende des Krieges seine Befehle unmittelbar vom Reichsführer SS. Obwohl Pohl, Glücks und die meisten Angehörigen ihres Stabes nominell Waffen-SS-Ränge

---

25 Enno Georg, »Die wirtschaftlichen Unternehmungen der SS« (Schriftenreihe der Vierteljahrshefte für Zeitgeschichte, Nr. 7, Stuttgart 1963), S. 39 f.
26 Vgl. Kap. II, Abschn. 6.
27 Vgl. Kap. IV, Abschn. 4.
28 Georg, a. a. O., S. 39 f.
29 Vgl. Kap. IV, Abschn. 4.
30 Kersten, a. a. O., S. 250 f.; Reitlinger, a. a. O., S. 265.

bekleideten, stand ihre Organisation in keiner unmittelbaren Verbindung mit den kämpfenden Verbänden der SS[31].

Dennoch gab es während des ganzen Krieges einen ständigen Personalaustausch zwischen den Feldeinheiten der Waffen-SS und den Konzentrationslagerkommandos. Bis zu einer gründlichen Durchforschung der Personalakten der SS läßt sich das Ausmaß dieses Verfahrens nur schätzen. Rudolf Höß, vom Mai 1940 bis Dezember 1943 Kommandant von Auschwitz, erinnerte sich nach dem Kriege, daß während seiner Amtsdauer annähernd 2500 Angehörige seines Stabes zu Feldeinheiten der Waffen-SS versetzt und durch andere ersetzt wurden[32]. Der Kommandant des kleineren Lagers Sachsenhausen schätzte, daß etwa 1500 seiner Wachen zwischen August 1942 und Mai 1945 auf ähnliche Art versetzt worden seien[33]. In den letzten Kriegsmonaten ist eine große Anzahl von KZ-Bewachern, von denen vorher viele als nicht frontdiensttauglich zurückgestellt worden waren, wieder zu den Felddivisionen der Waffen-SS eingezogen worden. Sie wurden in beträchtlichem Umfange durch ältere Männer von anderen Wehrmachtteilen oder ihren Hilfstruppen ersetzt, die niemals der SS angehört hatten. Alles Wachpersonal wurde, ungeachtet seiner Herkunft, in die Waffen-SS eingegliedert. Wo sich ein KZ in der Nähe einer Anlage der Waffen-SS befand, wurden auch Rekruten oder Personal, das sich in der Ausbildung befand, im späteren Verlauf des Krieges als Wachmannschaften eingesetzt. Reitlinger berichtet von einem britischen General, der 1945 erlebte, wie deutsche Wachen »wahllos in den Haufen schlotternder Skelette hineinschossen«. Die Wachen erwiesen sich als volksdeutsche Rekruten aus Ungarn, die sich zur Ausbildung in einer nahen Panzergrenadierschule der Waffen-SS befanden[34].

Der Personalaustausch zwischen Fronteinheiten und Konzentrationslagern war nicht nur auf Mannschaften beschränkt, sondern erstreckte sich auch auf Offiziere. Auch hier ist das Ausmaß der Austauschverfahren nicht bekannt, und das letzte Wort darüber kann erst nach genauer Prüfung der Akten des SS-Personalhauptamtes gesprochen werden. Es scheint, daß fähige Frontoffiziere selten zu Konzentrationslagern versetzt wurden, soweit sie nicht verwundet oder auf andere Weise frontdienstuntauglich geworden waren. Aber es konnte geschehen, daß Offiziere, die sich als unfähig für ein Front-

---

31 Hans Buchheim, »Die SS in der Verfassung des Dritten Reiches«, Vierteljahrshefte für Zeitgeschichte, III, Nr. 2 (April 1955), S. 142 und 149; Reitlinger, a. a. O., S. 262 ff.; TGMWC, XXII, 122 ff.; Nürnberger Dokumente NO-498 und NO-1210.
32 Nürnberger Dokumente D-749-B, NCA, VII, 212 f.
33 Nürnberger Dokumente D-745-A, NCA, VII, 208 f.
34 Reitlinger, a. a. O., S. 266.

kommando erwiesen hatten, für einen KZ-Posten abgestellt wurden. Ein derartiger Fall ist der des SS-Obersturmbannführers (Oberstleutnants) Friedrich Hartjenstein, der nach dem Kriege im Natzweilerprozeß auf der Anklagebank saß. Hartjenstein war 1938 freiwillig von der Wehrmacht zu den SS-Totenkopfverbänden übergewechselt und war zeitweilig Kommandeur einer Wachkompanie im Konzentrationslager Sachsenhausen. 1940 wurde er Offizier in Eickes Totenkopfdivision und diente bis 1942 an der Front; dann wurde er wegen Unfähigkeit seines Postens enthoben und nach Auschwitz versetzt, wo er wiederum ein Wachkommando erhielt. 1944 wurde Hartjenstein Kommandant des Vernichtungslagers Birkenau, und von Mai 1944 bis Januar 1945 leitete er das berüchtigte Lager Natzweiler[35].

Zusammenfassend kann man sagen: das KZ-System unterstand aus verwaltungstechnischen Gründen derselben Dienststelle wie die Waffen-SS und lief auch unter dem Namen »Waffen-SS«, bildete aber in Himmlers Reich eine besondere Organisation und hatte eine Funktion, die mit der der Frontverbände wenig gemeinsam hatte. Dennoch war der Personalaustausch zwischen beiden Organisationen umfassend genug, um den Behauptungen, die Kampftruppen hätten absolut keine Beziehung zu den Konzentrationslagern gehabt und nicht gewußt, was dort passierte, den Boden zu entziehen.

## Waffen-SS und Einsatzgruppen

Eine weitere Beschuldigung, die geprüft werden muß, ist die einer Beteiligung der Waffen-SS an den Unternehmen der berüchtigten Einsatzgruppen, der Vernichtungskommandos, die Hitler aufgestellt hatte, damit sie den deutschen Armeen in die Sowjetunion folgen sollten, um Widerstandsgruppen zu bekämpfen und »politisch und rassisch Unerwünschte« hinzurichten. Zu diesem Komplex hatten die Verteidiger der Waffen-SS nichts zu sagen; sogar der verstorbene Kurt Meyer, der rückhaltloseste Verteidiger der Waffen-SS, schwieg diskret über dieses Thema.

---

[35] Höß, a. a. O., S. 118, Anm. 1. Über das Verhalten der Wachen und das KZ-System im allgemeinen, s. Kogon, a. a. O. Die Stammrolle einiger Angeklagter im sogenannten Auschwitz-Prozeß, der 1963 in Deutschland begann, besagt, daß sie einige Zeit in regulären Feldtruppen der Waffen-SS dienten, entweder vor oder nach einer Dienstzeit in einem Konzentrationslager. S. Kempner, a. a. O., S. 165 ff.

Die vier Einsatzgruppen, die kurz vor der Invasion Rußlands geschaffen wurden, beliefen sich nur auf rund 3000 Mann, aber es gelang ihnen, in einem Zeitraum von sechs Monaten fast eine halbe Million Menschen zu ermorden[36]. Ihre Einsätze wurden vom Reichssicherheitshauptamt (RSHA) in Berlin geleitet, und die Offiziere der Vernichtungseinheiten stellten Gestapo, SD und Kripo. Die Mannschaften jedoch kamen größtenteils aus der Waffen-SS oder von der Ordnungspolizei. Die Abkommandierung von SS-Fronttruppen zu den Einsatzgruppen gehörte »regelrecht zur Ausbildung der Waffen-SS«. Der Kommandeur der 2. SS-Panzerdivision »Das Reich«, Georg Keppler, hat dieses Verfahren wie folgt beschrieben:

»Sie sind zu spät zum Dienst gekommen oder im Dienst eingeschlafen. Sie werden vor ein Kriegsgericht gestellt, aber man sagt ihnen, sie könnten um eine Bestrafung herumkommen, wenn sie sich freiwillig für ein Sonderkommando melden. Aus Angst vor Strafe und weil sie glauben, ihre Laufbahn sei so und so ruiniert, beantragen diese jungen Männer die Versetzung zu den Sonderkommandos. Nun, diese Kommandos, bei denen sie zuerst einmal eine Sonderausbildung erhalten, sind Mordkommandos. Wenn die jungen Männer merken, was man von ihnen verlangt, und sich weigern, an Massenmorden teilzunehmen, sagt man ihnen, die Befehle wären ihnen als eine Art Bestrafung erteilt worden. Sie könnten entweder gehorchen und die Strafe auf sich nehmen oder nicht gehorchen und würden dann erschossen. Mit ihrer Soldatenlaufbahn ist es in jedem Falle aus. Durch solche Methoden werden oft anständige junge Männer zu Verbrechern gemacht[37].«

Bei einer Prüfung der Zusammensetzung der Einsatzgruppen stellt man fest, daß in der Einsatzgruppe A, die im Herbst 1941 hinter dem Nordabschnitt der Ostfront tätig war, 340 Angehörige der Waffen-SS dienten; die Sollstärke der Gruppe betrug 990 Mann[38].

Auf Grund des vorliegenden Beweismaterials kann man den Schluß ziehen, daß vielleicht 1500 Angehörige der Waffen-SS bei den Einsatzgruppen dienten, daß mindestens einige der höheren Frontoffiziere der SS sich über die Art ihrer Verwendung im klaren waren und daß aus diesen Gründen die Waffen-SS ihren Teil an Mitverantwortung für den kaltblütigen Mord an Hunderttausenden von Zivilisten tragen muß.

---

36 Zitiert bei Reitlinger, a. a. O., S. 185, NCA II 265 ff.
37 Zitiert bei Reitlinger, a. a. O., S. 171.
38 Nürnberger Dokumente L-180, NCA, II, 227. Die beste kurzgefaßte Übersicht über die Tätigkeit der Einsatztruppen und Einsatzkommandos findet man bei Kempner, a. a. O., S. 18 ff

## Die SS-Sonderkommandos Dirlewanger und Kaminski

Bevor wir die Beschuldigungen prüfen, die gegen die Fronttruppen der Waffen-SS erhoben worden sind, muß ein Wort über die unrühmlichen Verbände Dirlewanger und Kaminski gesagt werden. Beide Einheiten haben zahlreiche Greuel begangen, am übelsten während des verfrühten Warschauer Aufstands vom August 1944. Diese Greuel wurden in Nürnberg auf das Schuldkonto der Waffen-SS gesetzt. SS-Führer von hohem Rang, wie Paul Hausser, Gottlob Berger und Erich von dem Bach-Zelewski, bezeugten jedoch, daß keine der beiden Einheiten als Teil der Waffen-SS betrachtet wurde. Die Verbrechen selbst leugneten sie nicht. Die waren aktenkundig. Selbst deutsche Dienststellen hatten bei mehreren Gelegenheiten deswegen in Berlin protestiert[39].

Prüft man das Beweismaterial, dann stellt man fest, daß Kaminski ein russischer Ingenieur war, der mit den deutschen militärischen Besatzungsbehörden zusammengearbeitet und deshalb die Erlaubnis erhalten hatte, einen halbautonomen »Selbstverwaltungsbezirk« hinter der Heeresgruppe Mitte zu leiten. Um sein Gebiet gegen sowjetische Partisanenhorden zu verteidigen, erhielt Kaminski Erlaubnis, eine bewaffnete Miliz aufzustellen. Während der nächsten zwei Jahre arbeitete Kaminskis Miliz mit deutschen Truppen bei Aktionen gegen die Partisanen zusammen. Als im Herbst 1943 die Rote Armee näherrückte, mußte sich Kaminski mit seiner Bande, die inzwischen zu Brigadestärke angewachsen und mit Artillerie und erbeuteten Sowjetpanzern ausgerüstet war, zusammen mit den deutschen Streitkräften zurückziehen. Bis dahin hatte weder Kaminski noch seine Truppe irgendeine offizielle Verbindung mit der SS gehabt, nun aber wurden die russischen Kollaborateure, durch Überläufer aus den Gefangenenlagern verstärkt, zusammen mit den zur Partisanenbekämpfung eingesetzten Verbänden unter SS-Obergruppenführer (General) von dem Bach-Zelewski eingesetzt, und Kaminski erhielt den Rang eines SS-Oberführers[40].

Während des Warschauer Aufstandes wurde die Brigade Kaminski auf Himmlers persönlichen Befehl offiziell in die Waffen-SS eingegliedert. Die 6500 Russen unter Kaminskis Kommando bildeten die größte einzelne Einheit, die von den Deutschen zur Unterdrückung des Aufstandes eingesetzt wurde. Die Grausamkeiten, die die Russen begingen — unter ihnen viele Ukrainer, traditionelle Polenhasser —, wurden nur bei den Aktionen der 4000 Mann umfassenden Brigade Dirlewanger erreicht. Ihre Verbrechen

---

39 S. Hellmuth Auerbach: »Die Einheit Dirlewanger«, Vierteljahrshefte für Zeitgeschichte, X, Nr. 3 (Juli 1962), S. 252 f.
40 Hitlers Lagebesprechungen, S. 378, Anm. 1. Ein SS-Oberführer war ranghöher als ein Oberst der deutschen Wehrmacht, aber unter dem Rang eines Generalmajors.

waren derart scheußlich, daß Generaloberst Guderian, der Generalstabschef des Heeres, und SS-Gruppenführer Fegelein, der SS-Verbindungsoffizier im Führerhauptquartier, den Führer dringend ersuchten, die beiden Einheiten zurückzuziehen. Das geschah, aber keiner der beiden Verbände wurde aufgelöst. Kaminski verschwand unter rätselhaften Umständen. Die wahrscheinlichste Erklärung ist die, die von dem Bach-Zelewski gegeben hat, der mit der Warschauer Aktion beauftragt worden war und behauptete, er habe Kaminski verurteilen und hinrichten lassen[41]. Kaminskis Männer wurden in die von den Deutschen unterhaltene »Russische Befreiungsarmee« Andrej Wlassows eingegliedert[42].

Das andere hier zu untersuchende Sonderkommando ist die SS-Brigade Dirlewanger, vielleicht die irregulärste der vielen irregulären Formationen der Nazis im Zweiten Weltkrieg. Sie wurde im Sommer 1940 aufgestellt, als Gottlob Berger mit allen erdenklichen Mitteln auf der Suche nach Männern für die SS war. Der Chef des SS-Erfassungsamtes überredete Himmler zur Aufstellung einer Sonderformation aus den vielen verurteilten Wilderern, die in den von der SS geleiteten Gefängnissen und Konzentrationslagern Strafen verbüßten[43].

Der Vorschlag scheint den Hang zur Romantik angesprochen zu haben, der in dem Reichsführer steckte; er gab Berger seine Zustimmung. Längere Zeit zögerte er allerdings, Bergers Freund Oskar Dirlewanger zum Führer dieser Einheit zu bestimmen; denn selbst nach SS-Begriffen war Dirlewanger ein schmieriger Charakter. Seine weltanschauliche Bindung an den Nationalsozialismus stand außer Zweifel: Er war alter Freikorpskämpfer, wilder Antisemit und Mitglied der NSDAP seit 1923. Aber im Jahre 1934, als Dirlewanger als Beamter diente, wurde er wegen Beihilfe an dem Vergehen einer Minderjährigen, zu der er sexuelle Beziehungen unterhielt, zu zwei Jahren Gefängnis verurteilt. Kaum war er entlassen, als er unter der gleichen Beschuldigung erneut verhaftet wurde. Diesmal schickte man ihn in ein Konzentrationslager. Zum Glück für Dirlewanger war sein mächtiger Freund Berger in der Lage, seine Entlassung durchzusetzen. Dirlewanger ging rasch außer Landes und diente in den nächsten Jahren der faschistischen Sache in Spanien, zuerst in der Spanischen Fremdenlegion und später, auf Bergers Empfehlung, in der deutschen Legion Condor. Als Dirlewanger Mitte 1939 zurückkehrte, verschaffte ihm Berger

---

41 Reitlinger, a. a. O., S. 377; Guderian, a. a. O., S. 322 ff., Darüber und über die Brigade Kaminski im allgemeinen s. auch den nicht dokumentierten, aber bemerkenswert offenen Beitrag »Die Brigade Kaminski«, Der Freiwillige, X, Nr. 8, August 1964, S. 13 ff.
42 S. Dallin, a. a. O., S. 553 ff.
43 Nürnberger Dokumente NO-2920, USMT IV, Case 11, PDB 66-C, S. 1 ff.; Auerbach, a. a. O., S. 250.

eine Führerstelle bei der Allgemeinen SS. Bei Kriegsausbruch versuchte der getreue Berger seinem Freund einen Posten in der Waffen-SS zuzuschanzen, aber der merkwürdig puritanische Himmler befürchtete einen Rückfall Dirlewangers in seine früheren Gewohnheiten. Mitte 1940 war der Reichsführer schließlich anderen Sinnes geworden. Er gab Bergers Drängen nach und ernannte Dirlewanger zum Obersturmführer (Oberleutnant) der Waffen-SS und übertrug ihm die Ausbildung einer Einheit aus verurteilten Wilddieben[44].

Über den amtlichen Status der Dirlewanger-Einheit hat es zahlreiche Debatten gegeben. Weil ihr Kommandeur Offizier der Waffen-SS war und weil die Einheit bei Kriegsende 36. Waffengrenadierdivision der SS hieß, schlossen die Ankläger in Nürnberg, sie sei tatsächlich ein Verband der Waffen-SS gewesen. Zeugen der Verteidigung behaupteten dagegen, die Einheit habe unmittelbar Bergers SS-Hauptamt unterstanden und sei deshalb nicht Teil der Waffen-SS gewesen[45].

In Wirklichkeit war Dirlewangers Einheit in den ersten anderthalb Jahren ihres Bestehens ein organisatorisches Waisenkind. Unter der Bezeichnung »Wilddiebkommando Oranienburg« wurde sie in den Listen der 5. SS-Totenkopfstandarte geführt und war dadurch bestenfalls dem Namen nach ein Verband der Waffen-SS. Bis Anfang 1942 wurde sie in Polen eingesetzt, zuerst als Arbeitsbataillon, später zur Bewachung eines Lagers für jüdische Arbeiter. Am 29. Januar 1942, kurz vor ihrer Verlegung nach Rußland zur Teilnahme an der Partisanenbekämpfung, gab Himmler eine Anweisung heraus, wonach das »SS-Sonderkommando Dirlewanger« als Freiwilligenverband der Waffen-SS bezeichnet wurde und eine ähnliche Stellung erhielt wie die aus Freiwilligen der germanischen Länder West- und Nordeuropas bestehenden Einheiten[46].

Durch Himmlers Anweisung wurde Dirlewangers Kommando der Zuständigkeit des SS-Führungshauptamtes unterstellt und damit technisch zu einem Teil der Waffen-SS gemacht. Berger hielt jedoch weiterhin seine schützende Hand über die Dirlewanger-Einheit und konnte von seiner Berliner Position aus zugunsten Dirlewangers intervenieren. Das hat zu dem irrigen Schluß geführt, die Dirlewanger-Einheit habe unter dem Befehl des SS-Hauptamtes gestanden und darum nicht zur Waffen-SS gehört[47].

Die Versetzung der Dirlewanger-Einheit zur Waffen-SS bedeutete keineswegs das Ende ihrer irregulären Existenz. Tatsächlich unterschied sie sich durch die Art ihrer Anwerbung, ihrer Zucht und durch ihre Verwendung

---

44 Auerbach, a. a. O., S. 251.
45 Reitlinger, a. a. O., S. 172; Haussers Zeugenaussage, TGMWC, XX, 331.
46 Auerbach, a. a. O., S. 253.
47 A. a. O., S. 252.

sehr stark von den anderen Frontverbänden der Waffen-SS. Die Entwicklung und die Aktionen der Dirlewanger-Einheit können hier nur skizziert werden. Die Einheit, die selten im Fronteinsatz war, stand meist unter dem Befehl von Himmlers Höheren SS- und Polizeiführern im Kampf gegen Partisanen und Zivilisten. Dabei beging der Verband so viele Greueltaten, daß selbst SS-Führer sich veranlaßt sahen, über ihre Unternehmen Beschwerde zu führen. Versuche des Hauptamts SS-Gericht, Dirlewanger anzuklagen und seine Leute der Gerichtsbarkeit des SS-Gerichts zu unterstellen, wurden durch Bergers Einschreiten vereitelt[48].

Anfang 1942 war das Reservoir an verurteilten Wilddieben erschöpft, und man ging dazu über, gewöhnliche Verbrecher für Dirlewangers Haufen anzuwerben oder in die Einheit zu pressen. Außerdem nahm man gebürtige Russen und Volksdeutsche aus der Sowjetunion in so großer Anzahl auf, daß im Februar 1943 etwa die Hälfte der 700 Mann starken Einheit, die jetzt als Bataillon bezeichnet wurde, Nichtdeutsche waren. Mit der Zeit wurden auch Angehörige des SD, kriegsgerichtlich verurteilte Männer der Waffen-SS und Sträflinge aus den Militärgefängnissen der Wehrmacht zu der Einheit gepreßt. Auf diese Weise wuchs die Einheit Dirlewanger zu einem Regiment und später zu einer Brigade heran. Gegen Kriegsende wurden sogar politische Gefangene aus den Konzentrationslagern zum Dienst in der Dirlewanger-Einheit geschickt[49].

Die Zucht innerhalb der Einheit war fast ebenso brutal wie ihr Verhalten gegenüber der Zivilbevölkerung. Schläge mit Knüppeln und Erschießungen auf der Stelle waren an der Tagesordnung. Dirlewanger zögerte nicht, Männer, die ihm mißfielen, eigenhändig mit seiner Pistole niederzuknallen. Kein Wunder, daß seine Männer — besonders die zwangsweise eingereihten politischen Gefangenen, von denen viele ehemalige Kommunisten waren — bei der ersten sich bietenden Gelegenheit zum Feind überliefen[50].

Nach Schätzungen sind nur 10 bis 15 Prozent der Dirlewanger-Männer Angehörige der Waffen-SS auf Bewährung gewesen. 30 Prozent waren ehemalige KZ-Insassen und mehr als 50 Prozent waren ehemalige Angehörige der drei Wehrmachtteile Heer, Kriegsmarine und Luftwaffe. Die meisten Unteroffiziere waren alte Wilddiebe, während die meisten »Offiziere« degradierte ehemalige Offiziere waren, die hier ohne Rangabzeichen dienten[51].

---

48 Nürnberger Dokumente NO-3028, USMT IV, Case 11, PDB 66-C, S. 28 ff.; Auerbach, a. a. O., S. 258 ff.
49 Nürnberger Dokumente NO-2713, NO-2061, NO-2061-B, NO-070, 1309-Ps, USMT IV, Case 11, PDB 66-C, S. 49 ff.; Auerbach, a. a. O., S. 253 ff.
50 A. a. O., S. 259.
51 A. a. O., S. 258. Die übrigen 5 bis 10 Prozent der Mannschaft waren Ausländer.

Die bekanntesten Verbrechen der Brigade Dirlewanger wurden bei der Unterdrückung des Warschauer Aufstands von 1944 begangen. Während Kaminski dafür mit seinem Leben bezahlte, erhielt Dirlewanger das Ritterkreuz, die begehrteste militärische Auszeichnung Nazideutschlands. Er erhielt diese Ehrung trotz Beschwerden von Dienststellen des Heeres und der SS, daß er seine Truppen ermuntert habe, auf das brutalste vorzugehen, daß er Erlaubnis zum Plündern gegeben und sogar einige seiner eigenen Leute erschossen habe, um sich ihre Beute selber anzueignen[52].

Keine der gegen Dirlewanger vorgebrachten Beschuldigungen hatte irgendeinen Erfolg. Sein Protektor Berger war zum Oberbefehlshaber der deutschen Streitkräfte in der Slowakei ernannt worden und ließ die Brigade dorthin verlegen, damit sie ihm helfe, eine nationale Revolte zu ersticken, die bei der Annäherung der Sowjetarmee ausgebrochen war. In den letzten Wochen des Jahres 1944 wurde die Brigade Dirlewanger an die Front in Nordungarn geschickt, aber so viele ihrer Männer liefen zu den Russen über, daß sie zurückgezogen werden mußte. Nachdem sie erneut aufgefüllt und in 36. Waffengrenadierdivision der SS umbenannt worden war, wurde die Einheit in den Kämpfen an der Oderfront eingesetzt. Mitte Februar 1945, nach wenigen Tagen Einsatz, wurde Dirlewanger verwundet. Dadurch entging er dem Schicksal seiner Division, die südöstlich von Berlin eingekesselt und am 29. April zur Kapitulation gezwungen wurde[53].

An Quellenmaterial zur Geschichte der Brigade Dirlewanger ist kein Mangel. Ihre Entwicklung, Struktur, Zusammensetzung, ihre Einsätze und Verbrechen sind größtenteils aktenkundig. Durch dieses Material wird die Behauptung, die Einheit sei nicht Teil der SS gewesen, unhaltbar. Es trifft zu, daß nur wenige ihrer Angehörigen SS-Männer waren, aber ebenso wie die SS-Polizeiregimenter war die Brigade Dirlewanger Bestandteil von Himmlers SS. Eine Frage bleibt allerdings offen: Kann diese ganz und gar irreguläre Formation wirklich als Teil der *Waffen-SS* angesehen werden?

Gerald Reitlinger gibt keine direkte Antwort darauf, folgert aber, daß die Verleihung des Ritterkreuzes an Dirlewanger nach der Warschauer

---

52 A. a. O., S. 263.
53 Ein Bericht aus neuerer Zeit bringt folgende ergänzende Information über das Schicksal der Dirlewanger-Einheit nach ihrer Kapitulation: »In einem der scheußlichsten Massaker des Ostfeldzuges wurde die ganze Einheit und eine große Anzahl deutscher Zivilisten von den Russen niedergemacht« (Clark, a. a. O., S. 460). Dirlewanger wurde kurz nach dem Kriege verhaftet und starb aus unbekannten Ursachen am 7. Juni 1945. Gerüchte, daß er noch am Leben sei und sich der Justiz entzogen habe (z. B., s. a. a. O., wonach Dirlewanger 1955 in Ägypten gelebt habe), veranlaßten die deutschen Behörden, seinen Leichnam 1960 exhumieren zu lassen. Der Bericht des Gerichtsmediziners stellte endgültig fest, daß der in Althausen (Oberschwaben) begrabene Leichnam der Dirlewangers war. S. Auerbach, a. a. O., S. 252.

Affäre und seine Aufnahme in Ernst Krätschmers Buch »*Die Ritterkreuzträger der Waffen-SS*« das Alibi zerstörten, daß das Regiment Dirlewanger nicht Teil der Waffen-SS gewesen sei[54]. Hellmuth Auerbach dagegen meint, die Zusammensetzung und das Vorgehen der Einheit hätten in den Reihen der SS so viel Opposition hervorgerufen, daß sie »nie zu einer vollgültigen Formation der Waffen-SS gemacht wurde«[55].

Dennoch ist die Feststellung wichtig, daß Auerbachs Definition der Waffen-SS sehr eng gefaßt ist. Darum kann er auch erklären:

»Wenn auch Dirlewanger selbst und die zur ›Bewährung‹ zu seiner Einheit abkommandierten SS-Männer Angehörige der Waffen-SS waren und die Einheit in einer Zusammenstellung des Statistischwissenschaftlichen Instituts des Reichsführers SS über die Einheiten der Waffen-SS nach dem Stand vom 30. 6. 44 als Feldtruppenteil aufgeführt wurde, so galt die Einheit doch nicht als vollgültige Truppe der Waffen-SS. Ihre Angehörigen (die aus der Wehrmacht kommenden ausgenommen) waren sozusagen SS-Angehörige minderen Rechts, ebenso wie die Angehörigen der lettischen, kroatischen und sonstigen nichtgermanischen ›Waffengrenadierdivisionen der SS‹[56].«

In vorangegangenen Kapiteln wurde dargelegt, daß die Ausländerverbände wenn nicht ihrer Leistung, so doch ihrer Größe nach einen bedeutsamen Teil der Waffen-SS darstellten. Und allein aus diesem Grunde könnte man Auerbachs Vergleich leicht bestreiten. Aber es ist zweifelhaft, ob diese Art der Argumentation zu für den Historiker sinnvollen Ergebnissen führen würde. Am Ende hängt es weitgehend von der eigenen Begriffsbestimmung der Bezeichnung Waffen-SS ab, in welchem Umfang man der Waffen-SS eine kriminelle Schuld anlastet.

## *Militärische Greueltaten der Waffen-SS*

Infolge der organisatorischen und verwaltungsmäßigen Vielschichtigkeit der SS wird es — wie dargetan — stets eine gewisse Verwirrung oder Meinungsverschiedenheiten bezüglich der Beziehungen der Waffen-SS zu den Konzentrationslagern, den Einsatzgruppen und Sonderkommandos à la

---
54 Reitlinger, a. a. O., S. 174, Anm. 4.
55 Auerbach, a. a. O., S. 258.
56 A. a. O., S. 252 f.

Brigade Dirlewanger geben. Aber keine terminologischen Schwierigkeiten können die kriminelle Schuld der Feldtruppenteile der Waffen-SS verschleiern. Nach der eigenen Definition der Apologeten der Waffen-SS waren die Feldtruppenteile der Waffen-SS diejenigen, die an der Front unter dem Einsatzkommando des Heeres kämpften. Und selbst im Rahmen dieser engen Abgrenzung gilt noch Kurt Meyers Wort: »Die Tatsachen sind belastend genug[57].«

Das erste aktenkundige Verbrechen, das von einem Angehörigen eines Feldtruppenteils der Waffen-SS begangen wurde, geschah am 19. September 1939 während des Polenfeldzuges. Ein SS-Sturmmann namens Ernst (Angehöriger des der Panzerdivision Kempf zugeteilten SS-Artillerieregiments) und ein Polizeiwachtmeister der Feldpolizei trieben fünfzig Juden einer Arbeitsgruppe in einer Synagoge zusammen und erschossen sie. Die beiden Männer wurden verhaftet, vor ein Kriegsgericht gestellt und wegen Totschlages verurteilt. Der SS-Mann erhielt drei Jahre Gefängnis, der Polizeiwachtmeister neun Jahre Zuchthaus. Der Anklagevertreter forderte dagegen die Todesstrafe wegen Mordes und legte Berufung gegen das Urteil in Berlin ein. Der Oberkriegsgerichtsrat der Armee bestätigte jedoch das Urteil gegen den SS-Mann, weil er »durch zahlreiche Greueltaten der Polen gegen Volksdeutsche im Reizzustand gewesen (sei), als SS-Mann im besonderen Maße beim Anblick der Juden die deutschfeindliche Einstellung des Judentums empfunden, daher in jugendlichem Draufgängertum völlig unüberlegt gehandelt« habe. Das Fernschreiben des Oberkriegsgerichtsrats schloß mit dem Vermerk: »Tüchtiger Soldat, unvorbestraft.« Im Falle des Polizeiwachtmeisters wurde die Zuchthausstrafe in drei Jahre Gefängnis umgewandelt. Kurze Zeit später schon fielen beide Urteile unter Amnestie. Keiner der beiden Männer büßte auch nur mit einem einzigen Tag Gefängnis für sein Verbrechen[58].

Die Anklagevertretung in Nürnberg spielte diesen Fall hoch und wies auf das Mißverhältnis zwischen dem auf drei Jahre Gefängnis lautenden Urteil und dem Mord an fünfzig Menschen hin. In Anbetracht der späteren Geschehnisse liegt das Mißverhältnis freilich in der Tatsache, daß die Männer überhaupt vor Gericht gestellt wurden, und um eine Wiederholung ähnlicher Situationen zu vermeiden, schuf sich die SS im Oktober 1939 ihre eigene Gerichtsbarkeit[59].

Falls Angehörige von Fronteinheiten der Waffen-SS während des Polenfeldzuges und später noch andere Verbrechen begangen haben sollten, so

---

57 Vgl. S. 230.
58 Nürnberger Dokumente D-421, abgedruckt bei Poliakow und Wulf, a. a. O., S. 485. S. auch die Niederschrift des Verfahrens in Nürnberg, TGMWC, XX, 355.
59 Vgl. Kap. II, 2. Abschn.

sind sie mit den vielen von den SS-Totenkopfstandarten im selben Zeitraum verübten Greueln unentwirrbar verfilzt[60].

Das nächste Verbrechen der Waffen-SS, über das Akten vorhanden sind, war das Massaker unter etwa hundert britischen Gefangenen in Le Paradis durch Angehörige der SS-Totenkopfdivision während der Schlacht um Flandern im Sommer 1940. Wieder versuchte das Heer die Täter vor Gericht zu bringen, aber diesmal gelang es SS-Dienststellen, das Verfahren abzuwürgen, noch bevor es überhaupt in Gang kam. Erst nach dem Kriege wurde der verantwortliche Offizier bestraft. Er wurde 1948 vor ein britisches Militärgericht gestellt, des Mordes für schuldig befunden und gehenkt[61].

Das Massaker von Le Paradis war nur der erste Zwischenfall dieser Art im Westen. Die meisten Greuel der Waffen-SS scheinen allerdings im Osten vorgekommen zu sein. Die SS-Truppen, die man gelehrt hatte, daß sie sich in einem Weltanschauungs- und Rassenkrieg gegen einen »untermenschlichen« Feind befänden, bekundeten in der Kriegsführung oft ein Verhalten, das sich sehr stark von den anerkannten Formen der Kriegsführung unterschied. Die Erschießung von Gefangenen, die Niedermetzelung der Zivilbevölkerung, die unbarmherzige Zerstörung von Dörfern scheint, wenn auch nicht allgemein, so doch oft genug vorgekommen zu sein, um bezeichnend für die Unternehmen der Waffen-SS an der Ostfront zu werden.

So ermordete knapp zwei Wochen nach der deutschen Invasion der Sowjetunion die SS-Division »Wiking« 600 galizische Juden »als Vergeltung für sowjetische Greuel«[62]. Bei einer anderen Vergeltungsmaßnahme, diesmal für die brutale Ermordung von sechs gefangenen SS-Männern durch die GPU Anfang 1942, erschoß die SS-Division »Leibstandarte Adolf Hitler« jeden Russen, der während der folgenden drei Tage gefangengenommen wurde. Nach Aussage eines ehemaligen Offiziers der Division »war es eine Frage des Lebens von 4000 Mann, denn das war die Anzahl, die uns während jener für sie so verhängnisvollen Tage in die Hände fiel«[63]. Es bedarf wohl kaum der Erwähnung, daß keiner der Russen, die erschossen wurden, irgend etwas mit dem Mord an den sechs SS-Männern zu tun hatte.

60 S. Broszat, a. a. O., S. 60.
61 Vgl. Kap. III, 5. Abschn.
62 Reitlinger, a. a. O., S. 157.
63 Zitiert in a. a. O., S. 171; s. auch oben Kap. V, 4. Abschn. Einige Monate später reichte — ein seltener Akt der Entrüstung — Generaloberst Georg Lindemann, Kommandeur der 18. Armee, eine Beschwerde beim SS-Hauptquartier ein, in der er bestimmte Fälle aufführte, in denen Angehörige der 2. SS-Infanteriebrigade Kriegsgefangene erschossen hatten. Himmler verteidigte seine SS-Männer und weigerte sich, disziplinarische Maßnahmen gegen sie zu ergreifen. S. Himmlers Brief an Lindemann, 23. August 1942, Geheim, RFSS/T-175, 109/2633404 f.

Im Gegensatz zu den Unternehmen der SS-Einsatzgruppen und der SS-Partisanenbekämpfungsverbände wurden von Fronttruppen der SS begangene Greuel selten aktenkundig, und die erbeuteten SS-Dokumente bieten dem Historiker in dieser Hinsicht wenig. Das Ausmaß dieser kriminellen Tätigkeit läßt sich oft nur aus Zufallsmaterial erschließen. Die russischen Vertreter beim Nürnberger Prozeß legten überraschend wenig Beweismaterial vor, um ihre Anklage gegen die Waffen-SS zu unterstützen, und was sie vortrugen, waren zum großen Teil Gerüchte. Zum Beispiel behaupteten die Russen, daß »die Einheiten der SS — besonders die SS-Division von Adolf Hitler unter der Führung von Obergruppenführer Dietrich und die SS-Division ›Totenkopf‹ unter der Führung von Obergruppenführer Simon für die Ausrottung von mehr als 20 000 friedlichen Bürgern von Charkow verantwortlich sind, sowie dafür, Kriegsgefangene erschossen oder lebendig verbrannt zu haben«[64]. Es wurde kein überzeugendes Beweismaterial zur Erhärtung dieser Anschuldigung beigebracht; denkt man aber an die erwiesenen Greuel der Waffen-SS an anderer Stelle, so mag sie dennoch eine Grundlage gehabt haben. Sollte diese Behauptung zutreffen, dann wäre Charkow nicht nur als der Schauplatz des größten militärischen Sieges der Waffen-SS, sondern auch der ihres schlimmsten militärischen Verbrechens anzusehen.

Wohl das entsetzlichste Material gegen die Waffen-SS wurde von der jugoslawischen Delegation vorgetragen. Es betraf die verbrecherischen Handlungen der 7. SS-Gebirgsdivision »Prinz Eugen« und bot anschauliche Beschreibungen der Niederbrennung von Dörfern, der Abschlachtung ihrer Einwohner und der Folterung und Ermordung gefangener Partisanen. Ein unwiderlegliches Beweisstück war u. a. ein Foto, das ein Waffen-SS-Gefangener gemacht hatte und das die Enthauptung eines Jugoslawen mit einer Holzfälleraxt zeigt, während grinsende SS-Männer zuschauen[65]. Selbst ausweichende Zeugen vor dem Internationalen Militärgerichtshof, wie SS-Oberstgruppenführer Paul Hausser, versuchten diese Verbrechen nicht zu leugnen, sondern verlegten sich auf die Entschuldigung, die Division »Prinz Eugen« habe großenteils aus Volksdeutschen aus Jugoslawien bestanden, und auf dem Balkan seien Kriege von jeher brutal geführt worden. Beides ist richtig, enthebt aber die Waffen-SS nicht ihrer Verantwortung für das Verhalten ihrer Truppen, um so mehr, als die Division »Prinz Eugen« größtenteils von deutschen Offizieren und Unteroffizieren geführt worden ist.

Kurz vor dem Einmarsch in die Sowjetunion kamen OKW und OKH überein, Himmlers Polizeiführern die Kontrolle der Sicherheitsmaßnahmen

---

64 TGMWX, XXII, 352.
65 Das Foto ist bei Schnabel, a. a. O., S. 489, und »SS im Einsatz«, S. 454, abgebildet. Weiteres Material s. TGMWC, XXII, 305 f.

hinter dem Kampfgebiet zu überlassen. Theoretisch konnte die SS auf die Heereseinheiten der rückwärtigen Gebiete zurückgreifen, um sich die zusätzlichen Kräfte zu beschaffen, die sie für die Bekämpfung der Partisanen brauchte. Aber da diese Unternehmen ebensooft gegen die jüdische Bevölkerung wie gegen die Partisanen gerichtet gewesen zu sein scheinen, verwendeten die höheren SS- und Polizeiführer lieber Einheiten der Waffen-SS zur Verstärkung ihrer Sicherheitskräfte. Da die Kampftruppen der SS-Divisionen gewöhnlich im Fronteinsatz waren, wurden in den meisten Fällen Verfügungs- oder Ersatzeinheiten des rückwärtigen Gebietes verwendet. So unterstützte zum Beispiel im September 1941, als die SS-Division »Das Reich« auf dem Marsch von einem Frontabschnitt zum andern war, eine ihrer rückwärtigen Kompanien ein SS-Vernichtungskommando bei der Erschießung von 920 Juden in der Nähe von Minsk[66]. Ähnlich war die endgültige Auflösung des Warschauer Gettos im Frühjahr 1943 größtenteils das Werk angehender SS-Männer, die von zwei in dem Gebiet liegenden Ausbildungs- und Ersatzeinheiten abgezogen worden waren[67].

In einigen Fällen wurden auf Himmlers Anforderung Kampftruppen der Waffen-SS zurückgehalten oder von der Front abgezogen und den SS-Polizeiführern für großangelegte Partisanenbekämpfungsaktionen zugeteilt. Im Spätsommer 1941 zum Beispiel nahm die SS-Kavalleriebrigade (später 8. SS-Kavalleriedivision »Florian Geyer«) an einer »Befriedungsaktion« im Gebiet der Pripetsümpfe teil, in deren Verlauf eines ihrer Regimenter die Erschießung von 295 russischen Soldaten und die Hinrichtung von 6504 Zivilisten berichtete[68].

Im folgenden Jahr operierten sowohl die 1. SS-Infanteriebrigade als auch das SS-Freikorps »Dänemark« hinter der Heeresgruppe Mitte unter dem Befehl von SS-Obergruppenführer von dem Bach-Zelewski, dem Sonderbevollmächtigten des Reichsführers SS für die Bandenbekämpfung. Und es gab viele andere Gelegenheiten, bei denen Feldtruppen der Waffen-SS gegen Partisanen, vermeintliche Partisanen oder gewöhnliche Zivilisten verwendet wurden, die das Unglück hatten, zu den durch Hitlers Rassenpolitik Geächteten zu gehören[69].

Kurz nach Mussolinis Sturz 1943 erschien die 1. SS-Panzerdivision »Leibstandarte Adolf Hitler« in Italien, um das, was noch vom faschistischen Regime übriggeblieben war, zu unterstützen. Man hat im allgemeinen angenommen, die SS-Division habe während ihres kurzen Aufenthalts in

---

66 Reitlinger, a. a. O., S. 169.
67 Vgl. Kap. II, 4. Abschn.
68 TGMWC, XXII, 352.
69 S. »Unsere Ehre heißt Treue: Kriegstagebuch des Kommandostabes Reichsführer SS / Tätigkeitsberichte der 1. und 2. SS-Inf.-Brigade, der 1. SS-Kav.-Brigade und von Sonderkommandos der SS«, Wien, Europa Verlag, 1965.

Italien — vor der Rückkehr an die russische Front — wenig mehr getan, als die Palastwache für den Duce nach seiner dramatischen Rettung durch eine Gruppe von SS-Fallschirmjägern zu spielen[70]. Im Juni 1964 gaben jedoch deutsche Dienststellen bekannt, daß gegen Joachim Peiper, den ehemaligen Offizier der Leibstandarte, der einst wegen der Abschlachtung amerikanischer Gefangener bei Malmédy (Belgien) zum Tode verurteilt worden war, ein Ermittlungsverfahren wegen einer neuen Beschuldigung lief: Er habe eine führende Rolle bei der Zerstörung der Stadt Boves in Norditalien (südlich von Cuneo) und bei der Massenexekution ihrer Einwohner im September 1943 gespielt[71]. Diese Greueltat war Teil eines SS-Unternehmens gegen antifaschistische Partisanen in diesem Gebiet. Und sie war nicht der einzige Vorfall dieser Art in Italien.

Im Spätsommer 1944 nahm die 16. SS-Panzergrenadierdivision »Reichsführer SS«, die sich nach einer erbitterten Schlacht gegen britische Streitkräfte an der Arnofront in Ruhestellung befand, an einer Vergeltungsmaßnahme teil, die zu dem Massaker von 2700 italienischen Zivilisten führte. Der Divisionskommandeur, SS-Gruppenführer Max Simon, »wurde von einem britischen Gericht in Padua zum Tode verurteilt, aber die Strafe wurde umgewandelt, und 1954 wurde er freigelassen«[72].

Während der ersten Monate des Jahres 1944 befand sich die Elitedivision »Das Reich« (2. SS-Panzerdivision) in Südfrankreich, um sich nach einem harten Winter voller Kämpfe an der russischen Front zu erholen. In dieser Zeit half die Division den örtlichen Sicherheitstruppen bei einer Aktion gegen Partisanenbanden, die in den Bergen der Auvergne operierten. Allein in dem Dörfchen Tulle wurden 99 Menschen — Männer und Frauen — gehenkt, und die SS-Aktion war bald als »Unternehmen Blut und Asche« bekannt. Unmittelbar nach der alliierten Invasion Frankreichs wurde die SS-Division »Das Reich« nach Norden verlegt, um bei der Verteidigung der Normandie mitzuwirken. Als Teile der Division in der Nähe des Dorfes Oradour-sur-Glane vorbeikamen, schoß ein Heckenschütze der französischen Widerstandsbewegung auf einen SS-Offizier und tötete ihn. Als Vergeltung brannte das der Division angehörende 1. Bataillon des SS-Panzergrenadierregiments Nr. 4 »Der Führer« das Dorf nieder und ermordete seine gesamte Bevölkerung; 642 Bewohner, darunter 207 Kinder, wurden erschossen oder verbrannt. Im Tagesbericht des Regiments ist von einer »Säuberungsaktion« die Rede, bei der der Ort niedergebrannt wurde, weil »fast in jedem Haus... Munition gelagert« war. Der Massenmord an unbewaffneten Männern, Frauen und Kindern wurde wie eine militärische Operation be-

---

70 S. F. W. Deakin, a. a. O., S. 543 ff.
71 The New York Post, 29. Juni 1964.
72 Reitlinger, a. a. O., S. 245.

handelt, und der SS-Bericht verzeichnete »548 Feindtote« bei »—/1/1 eigenen Verwundeten«[73]. Anscheinend waren zwei SS-Männer einem Feuer zu nahe gekommen oder versehentlich von ihren Kameraden angeschossen worden. Ein Parallelfall ereignete sich im selben Jahr mit einer SS-Division in Griechenland: Als eine Kolonne der 4. SS-Polizeipanzergrenadierdivision, die sich nach einem unheilvollen Jahr an der russischen Front zur Auffrischung in Nordgriechenland befand, von griechischen Guerillas in der Nähe von Klissura aus dem Hinterhalt angegriffen wurde, führten Angehörige der SS-Einheit unmenschliche Vergeltungsmaßnahmen gegen die Ortsbewohner durch[74].

Mit der alliierten Invasion Frankreichs im Juni 1944 trafen zum ersten Male seit 1940 Soldaten der Westmächte auf die Waffen-SS. Für die Amerikaner und Kanadier war es eine vollkommen neue Erfahrung, während die Briten feststellten, daß die SS-Truppen noch ebenso tüchtig und zäh waren, wie sie sie in Erinnerung hatten. Überdies entdeckten die alliierten Soldaten bald, daß die Waffen-SS ihrem an der Ostfront erworbenen Ruf der Brutalität nichts schuldig blieb.

In den zehn Tagen nach der Errichtung des alliierten Brückenkopfes in der Normandie wurden 64 waffenlose kanadische und britische Gefangene, darunter viele Verwundete, von Angehörigen der 12. SS-Panzerdivision »Hitlerjugend« erschossen. Obwohl viele ihrer Offiziere und Unteroffiziere von der Leibstandarte zu der Division versetzt worden waren, hatte diese nie zuvor im Feuer gestanden. Ein Untersuchungsgericht der SHAEF stellte fest, daß einige Einheiten der Division Geheimbefehle erhalten hatten, ihre Gefangenen nach dem Verhör zu erschießen, und »es drängte sich unwiderstehlich die Schlußfolgerung auf, daß man in der Division der Meinung war: keinen Pardon zu geben und Gefangene nach dem Verhör zu erschießen, sei ein Verfahren, das offen Billigung finde«[75].

Infolge der Untersuchung wurde der Divisionskommandeur, SS-Brigadeführer (Generalmajor) Kurt Meyer, vor ein kanadisches Militärgericht gestellt und zum Tode verurteilt. Das Urteil, am 28. Dezember 1945 gefällt, machte Meyer, den jüngsten Divisionskommandeur der Wehrmacht bei seiner Ernennung, zum ersten deutschen Kriegsverbrecher, der von den

---

73 Der Bericht ist abgedruckt bei Schnabel, a. a. O., S. 493. Schilderungen des Massakers geben Reitlinger, a. a. O., S. 400, und Lord Russell of Liverpool, »The Scourge of the Swastika«, New York 1954, S. 99 ff. Eine neuere Darstellung des Falles Oradour in der Zeitschrift der ehemaligen Waffen-SS-Soldaten liefert ebenfalls einige interessante Einzelheiten bei dem Versuch, das Massaker zu rechtfertigen. S. »Die Wahrheit über Oradour«, Der Freiwillige, X, Nr. 7 (Juli 1964), S. 5 ff.
74 Görlitz, a. a. O., S. 27.
75 NCA, II, 229.

westlichen Verbündeten zum Tode verurteilt wurde. Aber wie so viele andere Todesurteile gegen Männer der Waffen-SS wurde auch dieses in eine Freiheitsstrafe umgewandelt, und am 7. September 1954 wurde Meyer entlassen[76].

Das bekannteste, obwohl keineswegs das schändlichste Verbrechen, das Kampftruppen der SS begangen haben, war die Ermordung von 71 amerikanischen Kriegsgefangenen bei Malmédy am 17. Dezember 1944 während der deutschen Gegenoffensive in den Ardennen. Diese Untat war das Werk einer Panzergruppe, die von der 1. SS-Panzerdivision »Leibstandarte Adolf Hitler« abkommandiert und von SS-Obersturmbannführer Joachim (Jochen) Peiper geführt worden war.

Die genauen Umstände des Massakers bleiben umstritten; einige Verteidiger der SS haben behauptet, die Gefangenen, die auf einem Feld neben der Straße zusammengetrieben worden waren, seien erschossen worden, als man sie im Nebel irrtümlich für einen angreifenden Feind hielt. Andere behaupteten, sie seien erschossen worden, als sie einen Massenausbruch versuchten. Aber der einzige amerikanische Offizier, der das Massaker überlebte, sagte als Zeuge aus:

> »Man beschloß, es sei das Beste, sich angesichts der überwältigenden Übermacht, der Ersten Adolf-Hitler-SS-Panzerdivision, wie wir später erfuhren, zu ergeben. Das taten wir... Wir wurden auf das Feld gebracht, etwa 150 bis 160 Mann, vielleicht auch 175... Die Deutschen setzten zu der Zeit ihren Vormarsch in südlicher Richtung auf Bastogne fort, und eines ihrer 8,8-Sturmgeschütze erhielt Befehl, anzuhalten. Es wurde herumgedreht, so daß es den auf dem Feld gedrängten Menschen gegenüber stand. Nach dem, was geschah, zweifle ich heute nicht daran, daß sie mit ihrer Artillerie auf Kernschußweite in die Gruppe der Männer hineingefeuert haben würden, wenn sie imstande gewesen wären, die Mündung des Geschützes auf unsere Gruppe zu richten. Das konnten sie jedoch nicht, weil wir mehr oder weniger in einer Senke unterhalb des Geschützes standen, und sie konnten es nicht nach unten kurbeln. Da das Sturmgeschütz nun nur ihren Vormarsch behinderte, wurde es abgezogen. Zur gleichen Zeit ließen sie zwei Schützenpanzerwagen auffahren und im Abstand von fünf bis sechs Metern voneinander der Gruppe gegenüber Aufstellung nehmen. Ein Mann, den ich später in Dachau wiedererkannte, richtete sich in seinem Fahrzeug auf und schoß mit seiner Pistole... in die Gruppe. Wir befahlen unseren

---

76 Einen Bericht des Prozesses aus der Sicht des Angeklagten findet man bei Meyer, a. a. O., S. 358 ff. Einen Abriß des Prozesses bietet United Nations War Crimes Commission, »Law Reports of Trials of War Criminals«, Bd. IV, Fall Nr. 22, S. 97 ff.

Leuten, sich nicht zu rühren, weil wir wußten, wenn sie ausbrechen, dann würden sie berechtigt sein, mit ihren Maschinengewehren wild in uns hineinzufeuern. Sein erster Schuß tötete meinen Fahrer. Der zweite, den er in die Gruppe feuerte, war das Signal für einige Maschinengewehre, die in die hilflose Gruppe unbewaffneter amerikanischer Kriegsgefangener feuerten. Wer von uns beim ersten Feuerstoß nicht sofort getötet wurde, warf sich zu Boden... Wir blieben liegen, und das Feuer krachte weiter in uns hinein... Als sie nach annähernd fünf Minuten, vielleicht waren es auch drei, das Feuer einstellten, kamen sie in die Gruppe hinunter und jagten den Männern, die noch lebten und sich im Todeskampf wanden, eine Kugel in den Kopf... Bei dem ersten Beschuß war ich nur einmal getroffen worden[77]«.

Er schilderte dann weiter, wie er und vielleicht zwanzig andere, die übersehen und am Leben gelassen worden waren, stundenlang auf dem Felde lagen und sich Fluchtpläne zuflüsterten. Wenn Fahrzeuge mit deutschen Soldaten vorbeidröhnten, konnte er sie »lachen hören, und ab und zu feuerten sie in die Gruppe der Männer, die am Boden lagen, als eine Art Übungsschießen«.

Schließlich, bei Anbruch der Dämmerung, sprangen die überlebenden Amerikaner auf und rannten auf den Wald zu. Einige wurden sofort von SS-Wachen erschossen, die an den nahen Straßenkreuzungen standen, andere wurden erschossen, nachdem sie aus einem Hause verjagt worden waren, in dem sie Schutz gesucht hatten. Der Offizier erreichte, nachdem er sich bis tief in die Nacht hinein in einem Schuppen in der Nähe versteckt hatte, amerikanische Truppen in Malmédy[78]. Ein paar Wochen später, als die Amerikaner das verlorene Gelände zurückeroberten, fanden sie die steifgefrorenen Opfer noch im Schnee liegen, so wie sie gefallen waren.

Himmler soll sich vor der Gegenoffensive mit folgenden Worten an seine SS-Kommandeure gewandt haben: »Ich verlasse mich darauf, daß Sie sich Ihrer SS-Runen würdig erweisen und den Sieg garantieren, *so oder so*[79].« Die Waffen-SS siegte zwar letztlich nicht in den Ardennen, bewies aber ein für allemal, daß ihre eigenartigen Regeln der Kriegsführung nicht ausschließlich dem Kampf gegen »bolschewistische Untermenschen« vorbehalten waren.

Für den Mord an den amerikanischen Soldaten und an einer unbestimmten Anzahl belgischer Zivilisten wurden Peiper, der Kommandeur der

---

77 »Aussage des ehemaligen Oberleutnants Virgil T. Lary, jr., Malmedy Massacre Investigation Hearings«, S. 1032 ff.
78 A. a. O., S. 1033. Weitere Berichte s. a. a. O., S. 105 f.; Toland, a. a. O., S. 67 ff.
79 Zitiert bei Reitlinger, a. a. O., S. 394.

Kampfgruppe, Hermann Prieß, Kommandeur der Leibstandarte, Fritz Krämer, Kommandeur des 1. SS-Panzerkorps, und Sepp Dietrich, Kommandeur der 6. SS-Panzerarmee, zusammen mit 69 ihrer Untergebenen vor ein amerikanisches Kriegsgericht in Dachau gestellt. Am 16. Juli wurden 43 der Angeklagten, darunter Peiper, zum Tode verurteilt, 23 zu lebenslänglichem Zuchthaus und der Rest zu befristeten Freiheitsstrafen. Davon erhielten Dietrich 25 Jahre, Prieß 18 Jahre und Krämer 10 Jahre Zuchthaus. Alle Todesurteile wurden später in Freiheitsstrafen umgewandelt; 1956 war die letzte Gruppe aus der Haft entlassen[80].

Die Verbrechen der Waffen-SS beschränkten sich nicht auf den Feind; auch deutsche Soldaten und Zivilisten waren unter ihren Opfern. Während der letzten Kriegsmonate wurden Hunderte, vielleicht auch Tausende, von Deutschen erschossen oder gehenkt wegen mangelnder Entschlossenheit oder »Feigheit vor dem Feinde«, wie man das nannte. Es heißt, daß es kaum eine deutsche Ortschaft gibt, »wo nicht gegen Kriegsende irgendeine Greueltat begangen worden wäre«[81]. Sie wurden durchaus nicht alle von der Waffen-SS begangen, aber SS-Standgerichte, die jeder SS-Befehlshaber auf eigene Initiative einberufen durfte, waren besonders eifrig, Todesurteile wegen »Verrat oder Nachlässigkeit« auszusprechen. So verurteilte SS-Gruppenführer Max Simon (dessen 16. SS-Panzergrenadierdivision »Reichsführer SS« für den Massenmord an italienischen Zivilisten 1944 verantwortlich gewesen war), eine Anzahl von Deutschen am 7. April 1945 in dem schwäbischen Städtchen Brettheim und ließ sie hinrichten. Unter den zum Tode Verurteilten befand sich ein älterer Bauer, der eine Gruppe von Hitlerjungen entwaffnet hatte, um zu verhindern, daß sie von den heranrückenden Amerikanern getötet würden. Ende 1955, ein Jahr nach seiner Entlassung aus einem britischen Militärgefängnis, wurde Simon wegen des Falles Brettheim vor ein deutsches Gericht in Ansbach gestellt. Er wurde freigesprochen, weil das Gericht entschied, er habe lediglich einem gesetzmäßigen Befehl gehorcht, den Himmler in seiner doppelten Eigenschaft als Innenminister und Chef der SS und der Polizei erteilt habe[82].

In Berlin führten in den letzten Tagen des Kampfes fanatische junge Waffen-SS-Offiziere, die zu den Bataillonen von Hitlers und Himmlers Leibwache gehörten, Standgerichtsaktionen durch, die dazu führten, daß zahllose deutsche Soldaten oder zwangsverpflichtete Zivilisten, die der Feigheit, der Fahnenflucht oder des »Widerstands gegen die Kriegsanstrengungen« schuldig befunden worden waren, gehenkt oder erschossen wurden.

---

80 A. a. O., S. 395, Anm. 1. Die Namen sämtlicher Angeklagten findet man in Military Government Court Charge Sheet, »Malmedy Massacre Investigation Hearings«, S. 1191 f.
81 Dornberg, a. a. O., S. 31.
82 Reitlinger, a. a. O., S. 450.

Noch Tage nach dem Fall der Hauptstadt und lange nach Hitlers Selbstmord setzten Gruppen fanatischer SS-Männer den Widerstand fort und schossen häufig auf diejenigen, die sich den russischen Eroberern ergaben[83].

Die umfangreiche, aber keineswegs abschließende Zusammenstellung von Greueltaten auf den vorhergehenden Seiten macht deutlich, daß die Waffen-SS, was auch sonst zu ihren Gunsten gesagt werden mag, nicht frei von Schuld gewesen ist und daß ihr Verhalten im Kampf wie außerhalb des Fronteinsatzes die Behauptung widerlegt, sie habe sich von dem Heer, in dem sie kämpfte, nicht unterschieden. Aber in das andere Extrem zu verfallen und die Waffen-SS in erster Linie als eine Organisation von Terroristen und Mördern zu werten, würde mit den Tatsachen ebensowenig im Einklang stehen.

Tatsächlich hat nur eine Minderheit jener Männer — etwa eine Million —, die im Zweiten Weltkrieg durch die Waffen-SS gegangen sind, etwas mit irgendwelchen der bekannten Greueltaten zu tun gehabt. Das anzuerkennen bedeutet freilich nicht eine Übereinstimmung mit den Apologeten, die die große Mehrzahl der Männer in der Waffen-SS als idealistische, saubere, anständige und ehrenhafte Soldaten hinstellt. In ihrer Gesamtheit waren sie hart, zäh, rücksichtslos und zu dem scheußlichsten Verhalten imstande. Dennoch sollte man das Maß der von der Waffen-SS verübten Greuel nicht übertreiben, und ebensowenig sollte man dulden, daß die Greuel, die tatsächlich vorgekommen sind, die geschichtliche Bedeutung der Waffen-SS verdunkeln: Diese Bedeutung ist nicht sosehr in ihrer Rolle bei den Massakern von Le Paradis oder Malmédy zu suchen, sondern in ihrem Anteil an den großen Schlachten zur Verteidigung von Hitlers Europa.

---

83 S. Historical Division, Headquarters United States Army, Europe, Foreign Military Studies: »The German Defense of Berlin«, MS P-136.

XI. KAPITEL

Zusammenfassung und Bewertung

Ein Merkmal war den drei großen totalitären Systemen des 20. Jahrhunderts — Kommunismus, Faschismus und Nationalsozialismus — gemeinsam: der Aufbau einer paramilitärischen Parteimiliz neben den regulären staatlichen Sicherheitsorganen: Militär und Polizei. Die Parteimiliz, ursprünglich Instrument des Terrors und der Unterdrückung, dessen Aufgabe es war, den Primat des Diktators zu gewährleisten, entwickelte im Kriegsfalle einen neuen Ausläufer. Die Elitedivisionen der GPU und des NKWD der Sowjetunion während der Herrschaft Stalins, die italienischen Divisionen aus Angehörigen von Mussolinis faschistischer Miliz (MVSN) und die Waffen-SS-Verbände in Hitlers Drittem Reich waren sämtlich gleichartige Manifestationen des modernen totalitären Parteistaates[1]. Die Waffen-SS entwickelte sich im Zweiten Weltkrieg zur größten, bestorganisierten und kampfstärksten der militarisierten Parteiarmeen.

Noch korrekter wäre es, die Waffen-SS nicht als Parteiarmee, sondern als die Privatarmee des Diktators, als seine Prätorianergarde, zu bezeichnen. Die NSDAP war eine Massenpartei, eine schwer klassifizierbare Zusammenballung von Menschen und alles andere als die Elitegruppe, deren es bedurfte, um den Erfolg der Nazirevolution zu sichern. Tatsächlich sollte sich denn auch die SS, nicht die NSDAP, als der dynamische Kern des Nazisystems erweisen, und die SS war von den frühesten Tagen der Nazibewegung an stärker an Hitler, den künftigen Diktator, als an die Partei gebunden.

Als Hitler im ersten Jahre seiner Amtszeit als Reichskanzler die Leibstandarte »Adolf Hitler« aufstellte, legten ihre Angehörigen den folgenden Eid ab: »Ich schwöre dir, Adolf Hitler, als Führer und Kanzler des Reiches,

---

1 Darauf wird bei Görlitz, a. a. O., S. 5 f., hingewiesen.

Treue und Tapferkeit. Ich gelobe dir und den von dir bestimmten Vorgesetzten Gehorsam bis in den Tod, so wahr mir Gott helfe[2].« Dieser Eid, den alle Angehörigen der Waffen-SS schworen, bestimmte den Charakter der Waffen-SS in den Kriegsjahren, und — was von entscheidender Bedeutung für die spätere Entwicklung der Waffen-SS ist — er hob die Leibstandarte aus dem Status einer Parteiformation in den Rang einer echten Prätorianergarde, die über Partei und Staat stand. Es war eine Tatsache von ganz unmittelbarer Bedeutung, daß Hitler ohne jede gesetzliche Ermächtigung eine stehende Truppe geschaffen hatte, die nur ihm verantwortlich war und nicht Hindenburg, der noch immer Reichspräsident und Oberbefehlshaber der Reichswehr war[3]. So schuf Hitler sich ein neues Hoheitsgebiet als Partei- und Regierungschef und tat damit einen wichtigen Schritt auf dem Wege zum totalitären Diktator[4].

Unter den vielen Sonderorganisationen der SS, die sich in den ersten Jahren des Dritten Reiches entwickelten, gab es eine Anzahl bewaffneter Verbände nach dem Muster der Leibstandarte. Bis 1936 hatten sich daraus zwei Abteilungen kristallisiert: die SS-Verfügungstruppe und die SS-Totenkopfverbände. Als »Organisationen im Dienste des Staates« legitimiert, wurden beide über den Polizeietat des Innenministeriums finanziert. Auf diese Weise erhielten die beiden ständigen militärischen Verbände der SS einen festen Platz neben Wehrmacht und Polizei.

Der vielzitierte Führererlaß vom 17. August 1938, der mitten in den militärischen Vorbereitungen Deutschlands gegen die Tschechoslowakei veröffentlicht wurde, klärte und verdeutlichte die Stellung, welche die Waffen-SS tatsächlich in den vorhergehenden Jahren erlangt hatte. Ihre Zukunftsbedeutung lag jedoch in der unbestimmten und widersprüchlichen Fassung des Erlasses, der die Wehrmacht von der Waffen-SS trennte und gleichzeitig Bindeglieder zwischen beiden schmiedete.

Die wesentlicheren Bestimmungen über die Trennung von Waffen-SS und Wehrmacht besagten, daß die SS-Verfügungstruppe eine Sonderformation sei, die vorbehaltlos zu Hitlers persönlicher Verfügung stand, daß sie weder Teil der Wehrmacht noch der Polizei war, daß ihr Befehlshaber im Frieden der Reichsführer SS und Chef der deutschen Polizei war, daß sie ungeachtet ihrer Verwendung »politisch« (aber nicht rechtlich) ein Verband der NSDAP blieb und daß sie finanziell weiterhin aus dem Polizeietat des Innenministeriums unterhalten werden solle.

---

2 Vgl. »Dich ruft die SS«, New York Public Library, Microcopy Z-941.
3 Über die komplizierte verfassungsrechtliche Stellung der verschiedenen Gliederungen der SS s. Buchheim, Die SS.
4 Zur Definition des Begriffes »totalitärer Diktator« s. Carl J. Friedrich und Zbigniew K. Brzezinski, Totalitarian Dictatorship and Autocracy, New York 1961, S. 3 ff.

Zu den Bestimmungen, die die Waffen-SS mit der Wehrmacht verknüpften, gehörten die Verfügungen, daß der Dienst in der SS-Verfügungstruppe als Wehrdienst angerechnet wurde, daß sie vom Heer mit Waffen und Gerät zu versorgen sei, daß ihre Führer an Lehrgängen des Heeres teilnehmen mußten, daß Sold und Versorgung ihres Personals sich nach den Bestimmungen der Wehrmacht regelten und daß sie im Mobilmachungsfalle (mit Hitlers Zustimmung) im Rahmen der Wehrmacht und unter taktischer Führung des Heeres dienen sollte.

Hitlers Erlaß klärte auch einige der Unterschiede zwischen den SS-Totenkopfverbänden und der SS-Verfügungstruppe. Danach waren, kurz gesagt, die Totenkopfverbände weitaus enger mit der Polizei als mit der Wehrmacht verbunden. Obwohl der Erlaß bestimmte, daß ihnen ihre »politischen Polizeiaufgaben« vom Führer zugewiesen würden, standen sie ihm nicht vorbehaltlos zur Verfügung. Ihre Hauptaufgabe war die Bewachung der Konzentrationslager. Im Gegensatz zu den Verfügungstruppen waren sie nicht Hitlers Haustruppe. Der Dienst in den Totenkopfverbänden zählte nicht als Wehrdienst, und die Angehörigen der Totenkopfverbände mußten ihrer Wehrpflicht entweder bei der Verfügungstruppe oder bei der Wehrmacht genügen.

1939 bestand die Waffen-SS aus der Leibstandarte, drei Regimentern Verfügungstruppen (nebst Reserveeinheiten) und fünf Totenkopf-Regimentern, die nicht volle Stärke hatten. Obwohl Himmler und die Männer der Verfügungstruppe hofften, sie würde einmal die Kerntruppe einer politischen Armee völlig neuen Typs werden, gibt es keine Beweise dafür, daß Hitler diese Bestrebungen unterstützte. Im Gegenteil, durch seine Säuberung des Oberkommandos im Jahre 1938 hatte er eindeutig seine Autorität über die reguläre Armee hergestellt, die nun ein einigermaßen gefügiges Werkzeug für die Durchführung seiner Angriffspläne war. In jedem Falle konnte Hitler auf der Schwelle eines von ihm seit einiger Zeit geplanten Krieges nicht an der bestehenden Struktur des deutschen militärischen Apparates herumpfuschen.

So blieb die Waffen-SS für Hitler eine Schutzstaffel: die Leibstandarte als unmittelbarer Schutz für ihn und sein Regime; die anderen Regimenter der Verfügungstruppe als militarisierter Polizeiverband; die Totenkopfverbände für die Bewachung der Konzentrationslager und die »Säuberung« der Gebiete, die Hitler dem Reich einzuverleiben gedachte.

Bei Kriegsbeginn war die Waffen-SS zu einem kleinen Berufsheer von rund 28 000 Mann angewachsen. Strenge Personalauslese und gründliche körperliche, militärische und weltanschauliche Schulung hatten einen zähen, opferbereiten und tüchtigen Kader für die stark erweiterte Waffen-SS späterer Jahre heranwachsen lassen.

Hitlers Entschluß, der Waffen-SS die Übernahme einer aktiven Rolle im Kriege zu erlauben, beruhte auf seiner Überzeugung, daß sie des Respekts der Deutschen nicht mehr sicher wäre, wenn sie nicht an der Front ihre Pflicht tun würde. Hitler betrachtete die Waffen-SS in ihrer militärischen Rolle als eine Garde in der Bedeutung, die dieser Begriff im 18. oder 19. Jahrhundert hatte[5]. Im Sinne einer militärischen Verherrlichung des Nationalsozialismus war es ihre Aufgabe, dem Heer ein Beispiel zu geben. Hitler versicherte indessen den Generalen 1940, nach dem Kriege werde die Waffen-SS die »militarisierte Staatspolizei« des Dritten Reiches werden und nicht über 5 bis 10 Prozent der Friedensstärke der Wehrmacht hinausgehen.

Darum verwarf Hitler auch, trotz der hervorragenden Leistungen der Waffen-SS in den Feldzügen 1939/40, Himmlers Ersuchen, die Waffen-SS in erheblichem Umfange zu vergrößern. In der ersten Hälfte des Krieges mußten sich die SS-Führer mit einem langsamen (aber stetigen) Wachstum begnügen, das die Wehrmacht unter Aufgebot aller Kräfte nicht aufzuhalten vermochte.

Trotz der Behauptungen mancher Apologeten geht aus Hitlers Haltung gegenüber der Waffen-SS in den ersten Kriegsjahren deutlich hervor, daß er nicht die Absicht hatte, einen vierten Wehrmachtsteil zu schaffen. Theodor Eschenburg, der Mitherausgeber der führenden deutschen Zeitschrift für neueste Geschichte nach dem Kriege (Vierteljahrshefte für Zeitgeschichte), glaubt, daß die Nazis die Waffen-SS als »Antipode des Heeres« ansahen; »ihre Kameradschaft zur Armee bei Kampfhandlungen und ihre Rolle als ›vierter Wehrmachtsteil‹ ergab sich zwangsläufig aus der Praxis der Kriegführung, entsprach aber nicht dem nationalsozialistischen Plan«[6].

Wenn man auch die Waffen-SS der letzten Kriegsjahre als einen eigenen Wehrmachtsteil bezeichnen kann, so war sie es doch nur de facto. Gewiß war die Waffen-SS mit einer Höchststärke von 38 Divisionen und rund 600 000 Mann eine ganz gewaltige Formation; trotzdem aber wurde sie niemals eine ernste Rivalin des Heeres. Ungeachtet ihrer vielen Sonderrechte, erlangte sie niemals eine vollständige Unabhängigkeit ihres Kommandos, und ihren Offizieren gelang es nicht, in die oberen Rangstufen des deutschen Oberkommandos vorzudringen. Versuche der Waffen-SS, ein eigenes Beschaffungssystem aufzubauen, waren nur teilweise erfolgreich, und in bezug auf schwere Waffen und vieles andere blieb sie vom Heer abhängig. Das endgültige Urteil über die Stellung der Waffen-SS wurde wohl am 9. Mai 1945 gesprochen, als die deutsche Kapitulation in Berlin von Vertretern des Heeres, der Kriegsmarine und der Luftwaffe unterzeichnet

---

5 Der Ausdruck »Waffen-SS« für die bewaffneten SS-Verbände kam erst Ende 1939 in Gebrauch und wurde Anfang 1940 zur amtlichen Bezeichnung.
6 Vorwort zu »Die Rede Himmlers vor den Gauleitern am 3. August 1944«, Vierteljahrshefte für Zeitgeschichte, I, Nr. 4 (Oktober 1953), S. 360.

wurde; die Waffen-SS war weder eingeladen, noch wurde sie offiziell erwähnt[7].

Obwohl also die Waffen-SS offiziell kein Teil der Wehrmacht war, gehörten ihre Verbände doch zu den besten des deutschen militärischen Apparates. Ende 1941 standen sechs Divisionen der Waffen-SS an der Front; hinzu kamen selbständige Brigaden, Regimenter und Bataillone in einer Gesamtstärke von weiteren zwei Divisionen. Vom militärischen Standpunkt aus haben die besten dieser Verbände den Titel »Garde« verdient. Die »Leibstandarte« zum Beispiel hat jedes der militärischen Abenteuer Hitlers mitgemacht: die Remilitarisierung des Rheinlands, die Besetzung Österreichs, des Sudetenlandes und der Tschechoslowakei, die Invasion Polens, den Feldzug im Westen, den Balkanfeldzug und die Invasion der Sowjetunion.

In den Kämpfen vor Moskau im Winter 1941/42 bewies die Waffen-SS, was in Hitlers Augen ihre größte Tugend werden sollte: die Fähigkeit, sich auch bei Niederlagen ihren Kampfgeist zu bewahren. Aber der Fanatismus, die wilde Verwegenheit, die für die militärischen Leistungen der Eliteverbände der SS charakteristisch war, führte zu ungeheuren Verlustziffern. Fest steht, daß der größte Teil der alten Garde, die Berufssoldaten der Vorkriegs-SS, an der Ostfront gefallen ist.

Als die militärischen Rückschläge sich häuften und die Menschenverluste kritischer wurden, zwang der Personalbedarf die Waffen-SS, einen großen Teil ihrer rassischen und körperlichen Ausleseprinzipien zu opfern. Ende 1942 nahm sie auch Männer auf, die lediglich den gewöhnlichen Tauglichkeitsvoraussetzungen der Wehrmacht entsprachen. Der Menschenbedarf der Waffen-SS führte auch dazu, daß in großem Umfange Ausländer angeworben wurden. Bald war die Zahl der Ausländer in der Waffen-SS größer als die der Heimatdeutschen. Von den 38 SS-Divisionen, die 1945 bestanden, war keine rein deutsch, und mindestens 19 bestanden größtenteils aus Ausländern. In der Waffen-SS dienten Niederländer, Norweger, Dänen, Finnen, Schweizer, Schweden, Flamen, Wallonen, Franzosen und ein paar Briten, sowie Letten, Esten, Ukrainer, Kroaten, Bosniaken, Italiener, Albanier, Kaukasier, Russen, Turko-Tataren, Aserbeidschaner, Rumänen, Bulgaren, Ungarn und einige Inder, sowie eine große Anzahl Volksdeutsche aus dem Elsaß, aus Dänemark, der Tschechoslowakei, Italien, Ungarn, Rumänien, Polen und Jugoslawien. Möglicherweise ist die Waffen-SS die größte Vielvölkerarmee gewesen, die jemals unter einer Flagge kämpfte.

Der Ausbau der Waffen-SS infolge der massiven Mobilisierung von Ausländern führte jedoch nicht zu einer entsprechenden Steigerung der militäri-

---

[7] Der Text des Kapitulationsabkommens ist abgedruckt im KTB/OKW, IV, 1679 f.

schen Leistung. Nur die Westeuropäer, zahlenmäßig die kleinste Gruppe, kämpften — alles in allem gesehen — gut. Bei den Volksdeutschen schwankte die Leistung zwischen ausgezeichnet und kümmerlich, und die Osteuropäer scheinen, mit sehr wenigen Ausnahmen, eher eine Last als ein Gewinn gewesen zu sein.

Ende 1942 hatte sich das Kriegsglück vom Dritten Reich abgewendet. Nach drei Jahren fast ständiger Vormärsche hatte die Wehrmacht die Initiative eingebüßt und begann ihren langen Rückzug. Unter diesen Umständen gab es keine unmittelbare Zukunft für die Waffen-SS nach Hitlers früherer Konzeption. Wenn Deutschland sein Großreich nicht festzuhalten vermochte, bedurfte es keines Eliteverbandes, um es in Zucht zu halten. Aber immer dringender wurde dafür der Ruf nach einer zuverlässigen Einsatztruppe, von der man sicher war, daß sie verbissen kämpfte — ohne Ausflüchte und ohne Rücksicht auf die allgemeine militärische Lage. Hitler erkannte diese Notwendigkeit, und das veranlaßte ihn, eine sofortige und erhebliche Vergrößerung der Waffen-SS zu sanktionieren. Seit Herbst 1942 verdoppelte sich die Stärke der Waffen-SS alljährlich bis Kriegsende.

Obwohl zu Beginn des Jahres 1944 die Waffen-SS zahlenmäßig weniger als 5 Prozent der Wehrmacht ausmachte, waren beinahe ein Viertel der Panzerdivisionen und ein Drittel der Panzergrenadierdivisionen des deutschen Militärs Verbände der SS. Darüber hinaus war das Gefechtspotential dieser Elite-SS-Divisionen in Anbetracht ihrer großen Ist-Stärke, ihrer besseren Ausrüstung und ihrer hohen Kampfmoral sogar noch höher, als sich aus ihrer Anzahl schließen läßt. Der militärische Wert der Waffen-SS lag nicht in den Banden der Ost-SS, sondern in den großenteils deutschen Panzerdivisionen, die nach Auswahl, Ausbildung und Führung die geistigen Nachfolger der Vorkriegsverfügungstruppe waren.

Die Waffen-SS ist oft als der Stoßkeil der Naziaggression bezeichnet worden, und wie wir gesehen haben, standen SS-Einheiten stets an der Spitze von Hitlers Armeen, wenn diese in Nachbarländer einmarschierten. Dennoch gründete sich die militärische Bedeutung der Waffen-SS nicht sosehr auf ihre Taten in den Jahren des deutschen Sieges als vielmehr auf ihre Siege in den Jahren der deutschen Niederlage. Die deutschen Offensiven der ersten Kriegsjahre hätten auch ohne Beteiligung der Waffen-SS durchgeführt werden können, aber die Verteidigung des Dritten Reiches wäre ohne die Elitedivisionen der SS viel früher zusammengebrochen.

In den letzten beiden Kriegsjahren kämpften die Divisionen der Waffen-SS an allen Fronten. Wo immer die alliierte Gefahr am größten war, da erschienen die SS-Panzer- und -Panzergrenadierdivisionen von Hitlers »Feuerwehr«: bei Charkow, in Warschau, in der Normandie, in den Ardennen, in Budapest und Berlin. SS-Divisionen standen an der Spitze von Gegenangriffen, durch die der Vormarsch der Alliierten zeitweilig zurückgeworfen oder aufgehalten wurde.

Vom militärischen Standpunkt aus und von moralischen Erwägungen abgesehen, waren die Kampfleistungen der Elite-SS-Divisionen bemerkenswert. Ihre Gegner haben das offen anerkannt. General Dwight D. Eisenhower zum Beispiel berichtete den Combined Chiefs of Staff, daß selbst bei einer Niederlage die Moral der SS, »gestärkt durch blindes Vertrauen auf den Naziendsieg, außergewöhnlich gut war, und sie im Angriff wie in der Verteidigung als Männer mit fanatischem Mut kämpften«[8].

Eine neuere Untersuchung hat bestätigt, daß die viel kritisierte Entscheidung, US-Truppen vom Marsch auf Berlin abzuziehen, großenteils auf der vermeintlichen Existenz einer Alpenfestung beruhte, von der aus die Nazis einen Kampf der letzten Linie planten, der sich — wie man vermutete — auf die immer noch starken SS-Divisionen von Sepp Dietrichs 6. SS-Panzerarmee stützte[9]. Die Alpenfestung erwies sich als Märchen, aber der Verfasser der Studie schließt: »Nichts an der militärischen Leistung der SS im Kriege konnte alliierte Beobachter zu der Meinung veranlassen, (Hitlers) Befehle würden nicht mit Energie und Fanatismus ausgeführt worden sein[10].«

Aber Fanatismus hat einen hohen Preis: ein Drittel von der Million Männer, die in den Reihen der Waffen-SS standen, mag gefallen oder schwer verwundet worden sein. Außerdem verloren 36 Generale der Waffen-SS ihr Leben; etwa ein General pro SS-Division[11].

Viele Wissenschaftler, die sich ernsthaft mit der Erforschung der SS befaßt haben, stimmen mit der Politologin Ermenhild Neusüß-Hunkel überein, »daß der weitaus größere Teil der im aktiven Einsatz stehenden Verbände von hohem militärischen Wert war — die ungewöhnlich hohen Verluste bezeugen, daß diese Truppen nicht geschont wurden und sich im allgemeinen nicht von der Kampfesweise der Wehrmachtverbände unterschieden«[12]. Wie die meisten Verallgemeinerungen bedarf aber auch diese einer Einschränkung: Die Waffen-SS hatte viele Gesichter, und selbst ihre Frontverbände unterschieden sich in mancher Hinsicht von denen des Heeres.

Der Unterschied lag nicht, wie von vielen Autoren angenommen wurde, etwa darin, daß die Waffen-SS großenteils aus aktiven Nazis bestanden hätte. Im Gegenteil, aus dem vorliegenden Material geht hervor, daß die überwiegende Mehrheit der aktivsten Nationalsozialisten — Mitglieder der NSDAP, der SA, der Allgemeinen SS und der Hitlerjugend — ihrer

---

8 SHAEF-Bericht, S. 30.
9 Die 6. SS-Panzerarmee zog sich nach ihrem erfolglosen Versuch, die Russen aus den ungarischen Erdölfeldern zu vertreiben, nach Westen zurück.
10 Rodney G. Minott, The Fortress That Never Was: The Myth of Hitler's Bavarian Stronghold, New York 1964, S. 17.
11 S. die Zahlen bei Neusüß-Hunkel, a. a. O., S. 104 ff., und Kanis, a. a. O., S. 241.
12 Neusüß-Hunkel, a. a. O., S. 110.

Dienstpflicht in der Wehrmacht genügten. Obwohl zu dieser Frage noch viel Forschungsarbeit zu leisten bleibt, scheint es keinen spezifischen Waffen-SS-Typ gegeben zu haben. Vielgestaltigkeit war das Kennzeichen der SS im Kriege. In den Reihen der Waffen-SS standen junge Idealisten neben zähen Abenteurern, stumpfsinnigen Tölpeln, entmenschten KZ-Wächtern, begeisterten Hitlerjungen, verwirrten Zwangseinberufenen, fanatischen Nazis und Tausenden von Ausländern, die wenig oder gar kein Deutsch verstanden, von der NS-Weltanschauung ganz zu schweigen[13].

Und doch kann es kaum Zweifel daran geben, daß die Waffen-SS einen besonderen Charakter hatte, der sie vom Heer unterschied. Eugen Kogon hat in seiner wegweisenden Untersuchung *Der SS-Staat* einen wertvollen Einblick in diesen Charakter gegeben: »Es gab viel naiven und knabenhaften Idealismus in den Reihen der Waffen-SS in Verbindung mit wildem Abenteurergeist.« Die meisten Männer der Waffen-SS, meint Kogon, wußten wenig oder nichts Konkretes über den SS-Superstaat oder SS-Ziele. Sie begnügten sich mit der Erkenntnis eines einzigen SS-Ideals »einer zähen Verwegenheit. Für sie war das der Inbegriff der SS«[14].

Unter dem Vorbehalt, daß diese »zähe Verwegenheit« und der »wilde Abenteurergeist« eine ausgeprägt nationalsozialistische Färbung hatten, klingt Kogons Deutung überzeugend. Wenige von den Männern der Waffen-SS waren alt genug, um irgendeinen persönlichen Kontakt mit den nach dem Ersten Weltkrieg entstandenen Freikorps gehabt zu haben, und doch waren es der Geist dieser Freikorpsbewegung, ihr Nihilismus und ihr Elitedenken, die dem der Waffen-SS wohl am nächsten kommen[15].

Am populärsten hat diesen Geist der deutsche Dichter und Romancier Ernst Jünger gemacht, der 1919 von »einem neuen Menschen« schrieb, dem »Sturmsoldaten, der Elite Mitteleuropas. Eine vollkommen neue Rasse, verschlagen, stark und voller Entschlußkraft... schlachtbewährt, mitleidslos gegen sich und andere«[16]. Jüngers Krieger war nur ein Produkt seiner Phantasie, aber er hätte durchaus das Muster des SS-Führers beschreiben können, das Ideal der Junkerschulen der Waffen-SS.

Charakteristisch für das Offizierskorps der Waffen-SS im Kriege waren die neuen nationalsozialistischen »Volksoffiziere«, Männer, die sich durch ihre körperliche Eignung, ihre »Rasseeinheit« und ihre mutmaßliche weltanschauliche Überzeugung qualifizierten – statt durch Bildung, soziales Herkommen und Charakterfestigkeit. Obwohl ihr Einfluß nicht gänzlich außer acht gelassen werden kann, verkörperten die »alten Kämpfer« oder

13 Vgl. Paetel, a. a. O., S. 22 f.
14 Kogon, a. a. O., S. 32 und 338.
15 Über die Freikorps s. Robert G. L. Waite, Vanguard of Nazism: The Free Corps Movement in Postwar Germany, 1918–1293, Cambridge, Massachusetts 1952.
16 Ernst Jünger, In Stahlgewittern (Stuttgart: Klett).

Polizeigenerale, die durch einen Federstrich Himmlers zu Frontkommandeuren gemacht worden waren, Schlächter wie Theodor Eicke, Friedrich Jeckeln, Friedrich Krüger, Heinz Reinefarth, Erich von dem Bach-Zelewski und Oskar Dirlewanger, nicht das Wesen der Waffen-SS. Von weit größerer Bedeutung war der Einfluß ehemaliger Offiziere der regulären Armee, die an der Spitze der SS-Verfügungstruppe standen: Männer wie Paul Hausser, Felix Steiner, Herbert Gille, Wilhelm Bittrich und Georg Keppler. Wenn man die Divisionen der Waffen-SS manchmal von denen des Heeres nicht mehr unterscheiden konnte, war das in nicht geringem Maße den Bemühungen dieser Männer zu verdanken.

Aber der wahre Geist der Waffen-SS kam in der großen Masse jüngerer SS-Offiziere zum Ausdruck, die aus den SS-Junkerschulen hervorgegangen waren oder aus den Reihen der Vorkriegs-SS. Im großen und ganzen waren das Männer, die sich blindem Gehorsam gegenüber allen Befehlen verschrieben hatten, die vom Führer oder seinen Vertretern kamen, und deren höchste Ideale Treue und Zähigkeit waren. Sie erkannten keine allgemeingültigen Verhaltensnormen an und ließen sich von einem pervertierten Sittengesetz leiten, das dem menschlichen Leben — auch ihrem eigenen — geringen Wert beimaß.

Diese Offiziere, obwohl hart, rücksichtslos und oft hochmütig, unterhielten doch ein enges persönliches Verhältnis zu ihren Männern, ein Verhältnis, das die traditionelle Kluft außer acht ließ, die beim Heer zwischen Offizieren und Mannschaften herrschte. Oft stellten sich diese jungen SS-Offiziere, die für eine besonders anspruchsvolle Art der »Mir-nach!«-Führung eintraten, an die Spitze eines Angriffs, selbst wenn sie hohe Ränge bekleideten. So wie sie bereitwillig ihr eigenes Leben und das ihrer Männer aufs Spiel setzten, so töteten sie selbst ohne Gewissensbisse und hielten ihre Männer selten von Ausschreitungen ab. Diese Elite innerhalb der Elite, die manchmal von ihren Männern geliebt, dann wieder gehaßt wurde, denen man oft Respekt, immer aber Gehorsam entgegenbrachte, gab der Waffen-SS ihr Gepräge.

Im letzten Kriegsjahr kommandierten Hunderte solcher jungen SS-Offiziere Regimenter und Bataillone, und in den letzten Monaten vor dem Zusammenbruch standen einige von ihnen, obwohl erst in den Dreißigern, an der Spitze von Divisionen. Solche Männer waren es, die oft versuchten, einen verzweifelten Widerstand zu organisieren, die Drückeberger erschossen, Deserteure henkten und Ortsbehörden bedrohten, die Anzeichen von Kapitulationsbereitschaft zeigten. Bezeichnenderweise war der erste Deutsche, der als Kriegsverbrecher vor ein alliiertes Gericht gestellt wurde, SS-Brigadeführer Kurt Meyer, Kommandeur der 12. SS-Panzerdivision »Hitlerjugend« und jüngster Divisionsbefehlshaber der Wehrmacht; er wurde zum Tode verurteilt, weil er es zugelassen hatte, daß seine Männer in der Schlacht um die Normandie kanadische Kriegsgefangene erschossen.

Während man weder das weltanschauliche Schulungsmaterial der SS noch Himmlers anfeuernde Reden als bare Münze für den Glauben der Waffen-SS in der Praxis zu nehmen braucht, steht doch fest, daß der Nihilismus der Waffen-SS durch die nationalsozialistische Ideologie verstärkt und gelenkt wurde. Die Nazi-Ideologie an sich war jedoch nicht der wichtigste Kausalfaktor für die meisten Greuel der Waffen-SS. Die bekanntesten dieser Greuel — das Massaker unter britischen Soldaten in Le Paradis 1940, die Niedermetzelung französischer Zivilisten in Oradour 1944 und das Massaker unter amerikanischen Soldaten in Malmédy Ende 1944 — waren sämtlich nicht wohlüberlegt, sondern von Offizieren niederen Ranges an Ort und Stelle angestiftet worden. Die Gemordeten gehörten nicht zu den durch die Rassenpolitik der Nazis Verfolgten, sie waren eher Opfer eines Piratendenkens, das die Männer der Freikorps ohne weiteres begriffen haben würden.

Es gab, wie wir gesehen haben, einen schwachen Zusammenhang zwischen der Waffen-SS und jenen SS-Verbänden, die Hitlers Rassenpolitik zu vollstrecken hatten. Wenn sie, sei es als einzelne, sei es im Verband, aufgerufen wurden, bei solchen Unternehmen mitzuhelfen — ob es nun um die Auflösung des Warschauer Gettos ging oder um die Vernichtung der Juden in Minsk —, bewiesen die Männer der Waffen-SS ihre Kardinaltugend: blinden Gehorsam. Trotzdem haben verhältnismäßig wenige Fronttruppen der SS an solchen Unternehmen teilgenommen, obwohl viele davon gewußt haben müssen.

Die Besatzungspolitik der Nazis brachte manche Truppen der Waffen-SS mit einer Kampfesweise in Berührung, die selbst unter den besten Verhältnissen rauh und wild ist. Jene SS-Männer, die sich zu der Dichotomie *Herrenmensch—Untermensch* bekannten, fanden in der Partisanenbekämpfung eine perfekte Gelegenheit, die Rassentheorie der Nazis in die Praxis umzusetzen. Andere bewiesen die übliche Lebensverachtung der Waffen-SS, und der Rest gehorchte einfach Befehlen. Das Ergebnis waren oft Greueltaten großen Ausmaßes. Die meisten der Waffen-SS zur Last gelegten Verbrechen wurden im Laufe von Operationen begangen, die als »Unternehmen zur Partisanenbekämpfung« oder »Befriedungsaktionen« bezeichnet wurden. Bemerkenswerterweise hat keiner der Ehrenretter der SS bisher zu erklären versucht, wie die unschuldigen Zivilisten — Männer, Frauen und Kinder —, die von Soldaten der Waffen-SS in Minsk, Charkow, Boves, Klissura und Oradour ermordet worden sind, mit Partisanen verwechselt werden konnten[17].

---

17 Ein wenig überzeugender Versuch, das Massaker von Oradour zu erklären und zu rechtfertigen, erschien in einer neueren Nummer der HiaG-Zeitschrift. Das kann als Ausnahme von dieser Feststellung betrachtet werden. S. »Die Wahrheit über Oradour«, Der Freiwillige, X, Nr. 7 (Juli 1964), S. 5 ff.

Selbst wenn man die falschen Anschuldigungen gegen die Waffen-SS beiseite läßt, bleiben mehr als genug berechtigte übrig, um die Schlußfolgerung zu erhärten, daß die Männer der Waffen-SS zu oft von den anerkannten Regeln der Kriegführung abwichen, um Anspruch darauf erheben zu können, sie seien »Soldaten wie alle anderen« gewesen.

Es sei nicht vergessen, daß die Waffen-SS in vieler Hinsicht eine von den Anforderungen eines langen und verzweifelten Krieges geprägte Organisation gewesen ist. Tatsache ist, daß die Waffen-SS im Zweiten Weltkrieg eine Rolle spielte, für die sie ursprünglich nicht vorgesehen war. Als Elitetruppe des Führers und militarisierte Polizei der Nazirevolution geplant, wurde sie zur Elitewaffe in Hitlers Wehrmacht.

Es war ein langer Weg von den wenigen schwarzuniformierten Schutzstaffelleuten, die Sepp Dietrich während der Röhm-Säuberung 1934 befehligte, bis zu der gewaltigen SS-Panzerarmee, die er zehn Jahre später während der Ardennenoffensive führte. Auf diesem Wege verschmolzen Leibstandarte, Verfügungstruppe und Totenkopfverbände zur Waffen-SS, und die Divisionen der Waffen-SS, durch Hunderttausende von neuen Rekruten — Freiwilligen und Einberufenen, Deutschen und Ausländern — aufgebläht, wurden in jeder Beziehung ein Teil der Armee. »Und je länger der Krieg dauerte«, schrieb Generaloberst Heinz Guderian, »desto mehr wurden sie die unseren[18].«

Niemals aber sind die Unterschiede zwischen Wehrmacht und Waffen-SS völlig verschwunden. Obwohl die Waffen-SS im Laufe des Krieges einige Merkmale ihres ursprünglichen Charakters einbüßte, bewahrte sie sich doch ein ausgesprochen nationalsozialistisches Ethos. Und niemals ist sie gänzlich aus dem düsteren Schatten herausgetreten, den ihre Schwesterorganisation warf: Himmlers SS.

18 Guderian, a. a. O., S. 406.

# Anhang I

## Vergleichstafel der Dienstgrade von Waffen-SS und Wehrmacht

| Waffen-SS | Wehrmacht |
|---|---|
| *Offiziere* | |
| SS-Oberstgruppenführer (und Generaloberst der Waffen-SS) | Generaloberst |
| SS-Obergruppenführer (und General der Waffen-SS) | General |
| SS-Gruppenführer (und Generalleutnant der Waffen-SS) | Generalleutnant |
| SS-Brigadeführer (und Generalmajor der Waffen-SS) | Generalmajor |
| SS-Oberführer | |
| SS-Standartenführer | Oberst |
| SS-Obersturmbannführer | Oberstleutnant |
| SS-Sturmbannführer | Major |
| SS-Hauptsturmführer | Hauptmann |
| SS-Obersturmführer | Oberleutnant |
| SS-Untersturmführer | Leutnant |
| *Unteroffiziere* | |
| SS-Sturmscharführer | Stabsfeldwebel |
| SS-Standarten-Oberjunker | Oberfähnrich |
| SS-Hauptscharführer | Oberfeldwebel |
| SS-Oberscharführer | Feldwebel |
| SS-Standartenjunker | Fähnrich |
| SS-Scharführer | Unterfeldwebel |
| SS-Unterscharführer | Unteroffizier |

*Mannschaften*

SS-Rottenführer             { Stabsgefreiter  
                                    Obergefreiter  
SS-Sturmmann               Gefreiter  
SS-Mann                       Schütze

# Anhang II

## Verzeichnis der Feldeinheiten der Waffen-SS 1944/45[1]

\* Einheiten, die nur dem Namen nach Divisionen waren, oft aber nicht größer als Regimenter
A+ Einheiten, die überwiegend aus Ausländern bestanden
A− Einheiten mit einem beträchtlichen Ausländeranteil
V+ Einheiten, die überwiegend aus Volksdeutschen bestanden
V− Einheiten mit einem beträchtlichen Anteil an Volksdeutschen

## I. Divisionen

1. SS-Panzerdivision »Leibstandarte Adolf Hitler«
2. SS-Panzerdivision »Das Reich«
3. SS-Panzerdivision »Totenkopf«
4. SS-Polizeipanzergrenadierdivision
5. SS-Panzerdivision »Wiking«     A−
6. SS-Gebirgsdivision »Nord«
7. SS-Freiwilligengebirgsdivision »Prinz Eugen«     V+
8. SS-Kavalleriedivision »Florian Geyer«     V−
9. SS-Panzerdivision »Hohenstaufen«
10. SS-Panzerdivision »Frundsberg«
11. SS-Freiwilligenpanzergrenadierdivision »Nordland«     A−
12. SS-Panzerdivision »Hitlerjugend«
13. Waffengebirgsdivision der SS »Handschar« (kroat. Nr. 1)     A+

---

1 Ein Verzeichnis der anderen, nicht zu den Feldtruppen gehörenden, Verbände der Waffen-SS (wie Reserve- und Ausbildungsbataillone, Schulen, Übungslager, Versorgungs- und Nachschubeinheiten) bei Keilig, »Das deutsche Heer«, II, Abschnitt 141, S. 25 ff.

14. Waffengrenadierdivision der SS (galiz. Nr. 1)    A+
 15. Waffengrenadierdivision der SS (lett. Nr. 1)    A+
 16. SS-Panzergrenadierdivision »Reichsführer SS«    V−
 17. SS-Panzergrenadierdivision »Götz von Berlichingen«    V−
 18. SS-Freiwilligenpanzergrenadierdivision »Horst Wessel«    V+
 19. Waffengrenadierdivision der SS (lett. Nr. 2)    A+
 20. Waffengrenadierdivision der SS (estn. Nr. 1)    A+
 *21. Waffengebirgsdivision der SS »Skanderbeg« (alban. Nr. 1)    A+
 22. Freiwilligenkavalleriedivision der SS »Maria Theresia«    A+/V−
 *23. Waffengebirgsdivision der SS »Kama« (kroat. Nr. 2)    A+
 (sie wurde Ende 1944 aufgelöst, und ihre Divisionsnummer erhielt die SS-Freiwilligenpanzergrenadierdivision »Nederland«)
 *24. Waffengebirgskarstjägerdivision der SS
 *25. Waffengrenadierdivision der SS »Hunyadi« (ungar. Nr. 2)    A+
 *26. Waffengrenadierdivision der SS (ungar. Nr. 2)    A+
 *27. SS-Freiwilligengrenadierdivision »Langemarck«    A+
 *28. SS-Freiwilligengrenadierdivision »Wallonien«    A+
 *29. Waffengrenadierdivision der SS (russ. Nr. 1)    A+
 (Später der Wlassow-Armee zugeteilt; ihre Divisionsnummer bekam die Waffengrenadierdivision der SS [ital. Nr. 1] im April 1945)
 30. Waffengrenadierdivision der SS (russ. Nr. 2)    A+
 *31. SS-Freiwilligenpanzergrenadierdivision »Böhmen-Mähren« (aufgestellt 1945 um einen Mannschaftskern von den verschiedenen Schulen der Waffen-SS und den Ausbildungslagern in Böhmen-Mähren)    A−/V−
 *32. SS-Panzergrenadierdivision »30. Januar« (geschaffen durch Mobilisierung der Schüler und Lehrer an den verschiedenen Panzer- und Panzergrenadierschulen)
 *33. Waffenkavalleriedivision der SS (ungar. Nr. 3); Anfang 1945 während der Schlacht um Budapest vernichtet. Ihre Divisionsnummer erhielt die Waffengrenadierdivision der SS »Charlemagne« (franz. Nr. 1)    A+
 *34. SS-Freiwilligengrenadierdivision »Landstorm Nederland«    A+
 *35. SS-Polizeigrenadierdivision (aufgestellt 1945 durch Mobilisierung von Angehörigen der Ordnungspolizei)
 *36. Waffengrenadierdivision der SS (eine nominelle Aufwertung der berüchtigten Strafbrigade Dirlewanger)
 *37. SS-Freiwilligenkavalleriedivision »Lützow«    A+
 *38. SS-Panzergrenadierdivision »Nibelungen« (teilweise bestehend aus Ausbildern und Schülern der SS-Junkerschule Bad Tölz)

## II. Andere Feldtruppenteile[1]

| | |
|---|---|
| 1. Kosaken-Kavalleriedivision der SS | A+ |
| 2. Kosaken-Kavalleriedivision der SS | A+ |
| Osttürkischer Waffenverband der SS | A+ |
| Kaukasischer Waffenverband der SS | A+ |
| Serbisches SS-Freiwilligenkorps | A+ |
| Indische Freiwilligenlegion der SS | A+ |
| British Freecorps (SS) | A+ |
| Waffengrenadierregiment der SS (rumän. Nr. 1) | A+ |
| Waffengrenadierregiment der SS (rumän. Nr. 2) | A+ |
| Waffengrenadierregiment der SS (bulgar. Nr. 1) | A+ |
| Norwegisches SS-Skijägerbataillon | A+ |
| Begleitbataillon (mot.) »Reichsführer SS« | |
| Wachbataillon (mot.) »Leibstandarte Adolf Hitler« | |

## III. Armee- und Korpskommandos[2]

Armeeoberkommando 6. SS-Panzerarmee
Generalkommando I. SS-Panzerkorps »Leibstandarte Adolf Hitler«
Generalkommando II. SS-Panzerkorps
Generalkommando III. SS-Panzerkorps (german.)
Generalkommando IV. SS-Panzerkorps
Generalkommando V. SS-Gebirgskorps
Generalkommando VI. SS-Freiwilligenkorps (lett.)
Generalkommando IX. Waffengebirgskorps der SS (kroat.)
Generalkommando XI.–XV. SS-Armeekorps
 (gemischte Stäbe Heer und Waffen-SS)
Generalkommando XVIII. SS-Armeekorps (Rheinfront)

---

1 Es handelt sich nur um ein Teilverzeichnis. Neben den genannten Einheiten unterhielt die Waffen-SS eine Anzahl Korpstruppen, selbständige Einheiten und Sonderverbände wie schwere Artilleriebataillone, schwere Panzerbataillone, Fernmeldeeinheiten, selbständige Panzergrenadierbrigaden, Werferbataillone und Fallschirmjägerbataillone. Zeitweilig existierten auch andere kleine Einheiten, die aus Ausländern bestanden, wie z. B. das finnische Freiwilligenbataillon. S. Keilig, »Das deutsche Heer«, II, Abschnitt 141, S. 23 ff.
2 Vgl. a. a. O., S. 14 f.

# ANHANG III: Organisationstafel der SS, 1943

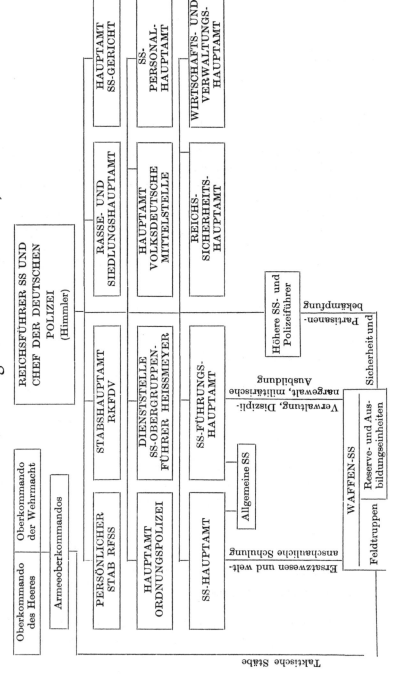

# Bibliographie

## 1. Unveröffentlichtes dokumentarisches Material

Documents: Series PS, F, L, R, C, D, EC. Nuremberg: International Military Tribunal, n.d (vervielfältigt).

Documents: United States Military Tribunal IV, Case 11. Nuremberg: U.S. Military Tribunals, 1948 (vervielfältigt).

Documents and Staff Evidence Analysis: Series NG, NI, NO, NOKW. Nuremberg: U.S. Military Tribunals, 1947–1948 (vervielfältigt).

Miscellaneous SS Records: Einwandererzentralstelle, Waffen-SS und SS-Oberabschnitte. Washington: National Archives, Microcopy T-354 (zitiert als SS/T-354).

Official Transcript of Testimony for the Defense of Organizations. Nuremberg: International Military Tribunal, 1946 (vervielfältigt).

Records of Headquarters, German Armed Forces High Command (Oberkommando der Wehrmacht/OKW). Washington: National Archives, Microcopy T-77 (zitiert als OKW/T-77).

Records of Headquarters, German Army High Command (Oberkommando des Heeres/OKH). Washington: National Archives, Microcopy T-78 (zitiert als OKH/T-78).

Records of the National Socialist German Labor Party (Nationalsozialistische Deutsche Arbeiterpartei). Washington: National Archives, Microcopy T-81 (zitiert als NSDAP/T-81).

Records of the Reich Leader of the SS and Chief of the German Police (Reichsführer SS und Chef der deutschen Polizei). Washington: National Archives, Microcopy T-175 (zitiert als RFSS/T-175).

## 2. Veröffentlichtes dokumentarisches Material, Handbücher und Aufzeichnungen

Hitler Directs His War: The Secret Record of His Daily Military Conferences. Edited by Felix Gilbert. New York: Oxford University Press, 1950.

Hitlers Lagebesprechungen: Die Protokollfragmente seiner militärischen Konferenzen, 1942—1945. Herausgegeben von Helmut Heiber (Quellen und Darstellungen zur Zeitgeschichte, Bd. 10). Stuttgart: Deutsche Verlags-Anstalt, 1962.

Hitler's Secret Conversations, 1941—1944. Übersetzt von Norman Cameron und R. H. Stevens, New York: Signet Books, 1961.

Hitlers Weisungen für die Kriegführung, 1939—1945. Herausgegeben von Walther Hubatsch, Frankfurt am Main: Bernard & Graefe Verlag für Wehrwesen, 1962.

Hofer, Walther (Hrg.). Der Nationalsozialismus: Dokumente, 1933—1945. Frankfurt am Main: Fischer Bücherei, 1957.

Jacobsen, Hans-Adolf (Hrg.). Dokumente zum Westfeldzug, 1940. Göttingen: Musterschmidt Verlag, 1960.

— und Hans Dollinger (Hrg.). Der Zweite Weltkrieg: In Bildern und Dokumenten. 3 Bde. München: Verlag Kurt Desch, 1962—1964.

— und Werner Jochmann (Hrg.). Ausgewählte Dokumente zur Geschichte des Nationalsozialismus, 1933—1945. Bielefeld: Verlag Neue Gesellschaft, 1961 ff.

Kriegstagebuch des Oberkommandos der Wehrmacht (Wehrmachtführungsstab), 1940—1945. Bde. IV—V. Bd. IV herausgegeben von Walther Hubatsch. Bd. V von Percy Ernst Schramm. Frankfurt am Main: Bernard & Graefe Verlag für Wehrwesen, 1961—1963 (zitiert als KTB/OKW).

Nationalsozialistische Deutsche Arbeiterpartei. Organisationsbuch der NSDAP. München: Zentralverlag der NSDAP, 1943.

— Verfügungen, Anordnungen, Bekanntgaben. Bd. III. München: Zentralverlag der NSDAP, 1943.

Nazi Conspiracy and Aggression. 10 Bde. Washington: U.S. Government Printing Office, 1946 (zitiert als NCA).

Poliakov, Leon, und Josef Wulf (Hrg.). Das Dritte Reich und seine Diener: Dokumente. Berlin: Arani Verlag, 1956.

Schnabel, Reimund (Hrg.). Macht ohne Moral: Eine Dokumentation über die SS. Frankfurt am Main: Röderberg Verlag, 1957.

SS im Einsatz: Eine Dokumentation über die Verbrechen der SS. Herausgegeben vom Komitee der Antifaschistischen Widerstandskämpfer in der Deutschen Demokratischen Republik. Berlin (Ost): Deutscher Militärverlag, 1964.

Supreme Headquarters Allied Expeditionary Force. Report by the Supreme Commander to the Combined Chiefs of Staff on the Operations in Europe of the Allied Expeditionary Force, 6 June 1944 to 8 May 1945. Washington: U.S. Government Printing Office, 1946 (zitiert als SHAEF Report).

The Trial of German Major War Criminals: Proceedings of the Inter-

national Military Tribunal Sitting at Nuremberg, Germany. 23 vols. London: H. M. Stationery Office, 1949—1951 (zitiert als TGMWC).
Trial of the Major War Criminals before the International Military Tribunal. 42 vols. Nuremberg: International Military Tribunal, 1947 bis 1949 (zitiert als IMT).
Trial of War Criminals before the Nuremberg Military Tribunals. 15 vols. Washington: U.S. Government Printing Office, 1951—1952 (zitiert als NMT).
United Nations War Crimes Commission. Law Reports of Trials of War Criminals. 15 vols. London: London: H. M . Stationery Office, 1947—1949.
United States Senate Committee on Armed Forces. Malmedy Massacre Investigation Hearings, 1949. Washington: U.S. Government Printing Office, 1949.

## 3. Memoiren, Tagebücher und Briefe

Blücher, Wipert von. Gesandter zwischen Diktatur und Demokratie. Wiesbaden: Limes Verlag, 1951.
Bormann, Martin. The Bormann Letters. Edited by H. R. Trevor-Roper, London: Weidenfeld & Nicolson, 1954.
Bryant, Arthur. The Turn of the Tide, 1939—1943: A History of the War Years Based on the Diaries of Field-Marshal Lord Alanbrooke, Chief of the Imperial General Staff. Garden City: Doubleday, 1957. (Deutsch: *Kriegswende,* 1939—1943, Düsseldorf: Droste Verlag, 2. Aufl., 1957.)
Gisevius, Hans B. Bis zum bitteren Ende, 2 Bde. Hamburg: Claassen & Goverts, 1947.
Goebbels, Joseph. Goebbels' Tagebücher. Herausgegeben von Louis P. Lochner, Zürich: Atlantis Verlag, 1948.
Guderian, Heinz. Panzer Leader. London: Michael Joseph, 1952. (Deutsche Originalausgabe: *Erinnerungen eines Soldaten.* Heidelberg: Vowinckel, 1951.)
Halder, Franz. Kriegstagebuch. Vol. I. Hrg. von Hans-Adolf Jacobsen. Stuttgart: W. Kohlhammer Verlag, 1962.
Hanfstaengl, Ernst. Hitler: The Missing Years. London: Eyre & Spottiswoode, 1957.
Höss, Rudolf. Kommandant in Auschwitz: Autographische Aufzeichnungen von Rudolf Höss. Hrg. von Martin Broszat. (Quellen und Darstellun-

gen zur Zeitgeschichte, Bd. 5.) Stuttgart: Deutsche Verlags-Anstalt, 1958.
Kersten, Felix. The Kersten Memoirs, 1940—1945. New York: Macmillan, 1957.
Mannerheim, Carl G. Erinnerungen. Zürich: Atlantis Verlag, 1952.
Manstein, Erich von. Verlorene Siege. Bonn: Athenäum, 1955.
Rommel, Erwin. The Rommel Papers. Edited by B. H. Liddell Hart. New York: Harcourt, Brace, 1958.
Schlabrendorff, Fabian. Offiziere gegen Hitler. Zürich: Europa Verlag, 1946.
Warlimont, Walter. Im Hauptquartier der deutschen Wehrmacht 1939 bis 1945. Frankfurt am Main: Bernard & Graefe Verlag für Wehrwesen, 1962.
— Inside Hitler's Headquarters 1939—1945. New York: Frederick A. Praeger, 1964 (englische Übersetzung).
Westphal, Siegfried. Heer in Fesseln: Aus den Papieren des Stabschefs von Rommel, Kesselring und Rundstedt. Bonn: Athenäum-Verlag, 1950.

## 4. Darstellungen von ehemaligen Mitgliedern der Waffen-SS

Degrelle, Leon. Die verlorene Legion. Stuttgart: Veritas Verlag, 1952.
Hausser, Paul. Waffen-SS im Einsatz. Göttingen: Plesse Verlag, 1953.
Kanis, K., u. a. Waffen-SS im Bild. Göttingen: Plesse Verlag, 1957.
Krätschmer, Ernst-Günther. Die Ritterkreuzträger der Waffen-SS. Göttingen: Plesse Verlag, 1955.
Meyer, Kurt (»Panzermeyer«). Grenadiere. München: Schild Verlag, 1957.
Steiner, Felix. Die Freiwilligen: Idee und Opfergang. Göttingen: Plesse Verlag, 1958.
— Die Armee der Geächteten. Göttingen: Plesse Verlag, 1963.

## 5. Deutsche Veröffentlichungen während des Krieges über die Waffen-SS

Aufbruch: Briefe von germanischen Freiwilligen der SS-Division Wiking. Berlin: Nibelungen Verlag, 1943.
Best, Walter. Mit der Leibstandarte im Westen: Berichte eines SS-Kriegsberichters. München: F. Eher, 1944. (New York Public Library Microcopy Z-921.)

Dich ruft die SS. Berlin: H. Hilger, 194? (New York Public Library Microcopy Z-941.)

Heiss, Friedrich. Der Sieg im Westen: Ein Bericht vom Kampf des deutschen Volksheeres in Holland, Belgien und Frankreich. Prag: Volk und Reich Verlag, 1943.

Zachakel, Friedrich. Waffen-SS im Westen: Ein Bericht in Bildern. München: F. Eher, 1941.

## 6. Darstellungen und Broschüren

Absolon, Rudolf. Wehrgesetz und Wehrdienst, 1935–1945: Das Personalwesen in der Wehrmacht. (Schriften des Bundesarchivs, Bd. 5.) Boppard am Rhein: Harold Boldt Verlag, 1960.

Benoist-Méchin, Jacques. Soixante jours qui ébranlèrent L'Occident. 3 vols. Paris: Editions Albin Michel, 1956. (Deutsch: *Der Himmel stürzt ein.* Düsseldorf: Droste, 1958.)

Broszat, Martin. Nationalsozialistische Polenpolitik, 1939–1945. (Schriftenreihe der Vierteljahrshefte für Zeitgeschichte, Nr. 2.) Stuttgart: Deutsche Verlags-Anstalt, 1961.

Buchheim, Hans. SS und Polizei im NS-Staat. (Staatspolitische Schriftenreihe.) Bonn: Selbstverlag d. Studiengesellschaft f. Zeitprobleme, 1964.

Bullock, Alan. Hitler: A Study in Tyranny. Completely revised edition. New York: Harper & Row, 1962. (Deutsche Ausgabe: *Hitler: Eine Studie über Tyrannei.* Düsseldorf: Droste Verlag, vollständig überarbeitete Neuauflage, 1967.)

Carell, Paul. Unternehmen Barbarossa. Frankfurt am Main: Ullstein Verlag, 1963.

Clark, Alan. Barbarossa: The Russian-German Conflict, 1941–1945. New York: William Morrow, 1965.

Craig, Gordon. The Politics of the Prussian Army, 1940–1945. New York: Oxford University Press, 1956. (Deutsche Ausgabe: *Die preußischdeutsche Armee 1640–1945.* Düsseldorf: Droste Verlag, 1960.)

Dallin, Alexander. German Rule in Russia, 1941–1945: A Study of Occupation Policies. New York: St. Martin's, 1957. (Deutsche Ausgabe: *Deutsche Herrschaft in Rußland 1941–1945.* Düsseldorf: Droste Verlag, 1958.)

Deakin, F.W. The Brutal Friedenship: Mussolini, Hitler and the Fall of Italian Fascism. New York: Harper & Row, 1962.

Dornberg, John. Schizophrenic Germany. New York: Macmillan, 1961.

Ellis, L. F. The War in France and Flanders, 1939—1940. London: H. M. Stationery Office, 1953. (U.K. Official History.)

Friedrich, C. J., and Z. K. Brzezinski. Totalitarian Dictatorship and Autocracy. New York: Frederick A. Praeger, 1961.

Georg, Enno. Die wirtschaftlichen Unternehmungen der SS. (Schriftenreihe der Vierteljahrshefte für Zeitgeschichte, Nr. 7.) Stuttgart: Deutsche Verlags-Anstalt, 1963.

Görlitz, Walter. Die Waffen-SS. (Das Dritte Reich, Nr. 5.) Berlin: Arani Verlag, 1960.

Gray, J. Glenn. The Warriors: Reflections on Men in Battle. New York: Harcourt, Brace, 1959.

Gutachten des Instituts für Zeitgeschichte. München: Institut für Zeitgeschichte, 1958.

Hegner, H. S. Die Reichskanzlei, 1933—1945. Frankfurt am Main: Verlag Frankfurter Bücher, 1960.

Herzog, Robert. Die Volksdeutschen in der Waffen-SS. (Studien des Instituts für Besatzungsfragen in Tübingen zu den deutschen Besetzungen im 2. Weltkrieg, Nr. 5.) Tübingen: Institut für Besatzungsfragen, 1955.

Hirsch, Kurt. SS: Gestern, heute und ... Darmstadt: Progress Verlag, 1960.

Hory, Ladislaus, und Martin Broszat. Der kroatische Ustascha-Staat, 1941 bis 1945. (Schriftenreihe der Vierteljahrshefte für Zeitgeschichte, Nr. 8.) Stuttgart: Deutsche Verlags-Anstalt, 1954.

Jacobsen, Hans-Adolf. Fall Gelb: Der Kampf um den deutschen Operationsplan zur Westoffensive, 1940. (Veröffentlichungen des Instituts für europäische Geschichte Mainz, Bd. 16.) Wiesbaden: Franz Steiner Verlag, 1957.

Keilig, Wolf. Das Deutsche Heer, 1939—1945. 2 Bde. Bad Nauheim: Podzun Verlag, 1956.

Kempner, Robert M. W. SS im Kreuzverhör. München: Rütten & Loening Verlag, 1964.

Koehl, Robert. RKFDV: German Resettlement and Population Policy, 1939—1945. Cambridge: Harvard-University Press, 1957.

Kogon, Eugen. Der SS-Staat: Das System der deutschen Konzentrationslager. Frankfurt am Main: Verlag der Frankfurter Hefte, 1946.

Liddell Hart, B. H. The German Generals Talk. New York: Berkley Books, 1958.

— Strategy. Revised edition. New York: Frederick A. Praeger, 1961.

— (ed.). The Red Army. New York: Harcourt, Brace, 1956.

Lundin, Leonard C. Finland in the Second World War. Bloomington: Indiana University Press, 1957.

Meissner, Hans Otto, und Harry Wilde. Die Machtergreifung: Ein Bericht über die Technik des Nationalsozialistischen Staatsstreiches. Stuttgart: J. G. Gotta'sche Buchhandlung, 1958.

Minott, Rodney G. The Fortress That Never Was: The Myth of Hitler's Bavarian Stronghold. New York: Holt, Rinehart and Winston, 1964.
Neufeldt, Hans-Joachim, Jürgen Huck und Georg Tessin. Zur Geschichte der Ordnungspolizei, 1936—1945. (Schriften des Bundesarchivs, Bd. 3.) Koblenz: Bundesarchiv, 1957.
Neusüss-Hunkel, Ermenhild. Die SS. (Schriftenreihe des Instituts für wissenschaftliche Politik in Marburg/Lahn, Nr. 2.) Hannover: Norddeutsche Verlagsanstalt, 1956.
Philippi, Alfred, und Ferdinand Heim. Der Feldzug gegen Sowjetrußland, 1941—1945. Stuttgart: W. Kohlhammer Verlag, 1962.
Prittie, Terence. Germans against Hitler. Boston: Little, Brown, 1964.
Reitlinger, Gerald. The SS: Alibi of a Nation, 1922—1945. New York: Viking Press, 1957.
— The House Built of Sand: The Conflicts of German Policy in Russia, 1939—1945. London: Weidenfeld & Nicolson, 1960.
Ritter, Gerhard. Carl Goerdeler und die deutsche Widerstandsbewegung. Stuttgart: Deutsche Verlags-Anstalt, 1954.
Rooney, Andrew A. The Fortunes of War. Boston: Little, Brown, 1962.
Saller, Karl. Die Rassenlehre des Nationalsozialismus in Wissenschaft und Propaganda. Darmstadt: Progress Verlag, 1961.
Shirer, William. The Rise and Fall of the Third Reich. New York: Simon and Schuster, 1960. (Deutsche Ausgabe: *Aufstieg und Fall des Dritten Reiches*. Köln: Kiepenheuer & Witsch, 1961.)
Shulman, Milton. Defeat in the West. New York: E. P. Dutton, 1948.
Taylor, Telford. The March of Conquest: The German Victories in Western Europe, 1940. New York: Simon and Schuster, 1958.
Thorwald, Jürgen. Die große Flucht. Stuttgart: Steingrüben Verlag. (Zunächst als zweibändige Ausgabe veröffentlicht, 1950.)
Toland, John. Battle: The Story of the Bulge. New York: Signet Books, 1960.
Trevor-Roper, H. R. The Last Days of Hitler. 3rd edition. New York: Collier Books, 1962.
Waite, Robert G. L. Vanguard of Nazism: The Free Corps Movement in Postwar Germany, 1918—1923. Cambridge: Harvard University Press, 1952.
Werth, Alexander. Russia at War, 1941—1945. New York: E. P. Dutton, 1964. (Deutsche Ausgabe: *Rußland im Krieg 1941—1945*. München: Droemer Knaur, 1966.)
Wheeler-Bennett, John W. The Nemesis of Power: The German Army in Politics, 1918—1945. 2nd edition. London: Macmillan, 1964. (Deutsche Ausgabe: *Die Nemesis der Macht*. Düsseldorf: Droste Verlag, 1954.)
Zipfel, Friedrich. Gestapo und Sicherheitsdienst. (Das Dritte Reich, Nr. 3.) Berlin: Arani Verlag, 1960.

## 7. Zeitschriftenaufsätze

Auerbach, Hellmuth. »Die Einheit Dirlewanger«, Vierteljahrshefte für Zeitgeschichte, X, Nr. 3 (Juli 1962), S. 250—263.

Berger, Gottlob. »Zum Ausbau der Waffen-SS«, Nation Europa: Monatsschrift im Dienst der europäischen Erneuerung, III, Nr. 4 (April 1953), S. 55—56.

Buchheim, Hans. »Die Höheren SS- und Polizeiführer«, Vierteljahrshefte für Zeitgeschichte, XI, Nr. 4 (Oktober 1963), S. 362—391.

— »Die SS in der Verfassung des Dritten Reiches«, Vierteljahrshefte für Zeitgeschichte, III, Nr. 2 (April 1955), S. 127—157.

Dmytryshyn, Basil. »The Nazis and the SS Volunteer Division ›Galicia‹«, American Slavic and East European Review, XV, Nr. 1 (Februar 1956), S. 1—10.

Himmler, Heinrich. »Die Rede Himmlers vor den Gauleitern am 3. August 1944«, Vierteljahrshefte für Zeitgeschichte, I, Nr. 4 (Oktober 1953), S. 357—394.

Koehl, Robert. »The Character of the Nazi SS«, The Journal of Modern History, XXXIV, Nr. 3 (September 1962), S. 275—283.

Loock, Hans Dietrich. »Zur ›Großgermanischen Politik‹ des Dritten Reiches«, Vierteljahrshefte für Zeitgeschichte, VIII, Nr. 1 (Januar 1960), S. 37—63.

Paetel, Karl O. »Die SS: Ein Beitrag zur Soziologie des Nationalsozialismus«, Vierteljahrshefte für Zeitgeschichte, II, Nr. 1 (Januar 1954), S. 1—33.

— »The Black Order: A Survey of the Literature on the SS«, The Wiener Library Bulletin, XII, Nrn. 3—4 (1959), S. 34—35.

Stein, George H. »The Myth of a European Army«, The Wiener Library Bulletin, XIX, Nr. 2 (April 1965), S. 21—22.

Wiking-Ruf: Zeitschrift der Soldaten der ehemaligen Waffen-SS. 1955 bis 1958. Später: Der Freiwillige/Wiking-Ruf: Kameradschaftsblatt der HiaG (Hilfsgemeinschaft aus Gegenseitigkeit). Stemmen über Hannover: Wiking Verlag; seit 1958 monatlich unter dem Titel: Der Freiwillige: Kameradschaftsblatt der HiaG, Osnabrück: Verlag »Der Freiwillige«.

# Namen- und Sachregister

Aaltonen (Chef der finnischen Staatspolizei) 143 f.
Adlerhorst, Hitlers Hauptquartier bei Bad Nauheim 210
Aisne 75, 79
Allgemeine SS XI, XIII, XVIII, 4, 9, 20, 30, 33 f., 42, 83, 88, 136, 240, 261
Alpenfestung 214, 261
Amery, John 171
Amsterdam 43
Antwerpen 205
Ardennen-Offensive 203, 206, 208, 210, 228, 250 f., 260, 265
Argonner Wald 80
Arras 62
Auschwitz XVII, 235
Avranches 200 f.
Axmann, Arthur (Reichsjugendführer) 184

Bach-Zelewski, Erich von dem (SS-Obergruppenführer) 116, 238 f., 247, 263
Bailleul 73
Bakke, Jørgen (Hauptmann) 138
›Barbarossa‹, Unternehmen 101, 107, 136
Belgien 134 f., 184
Belgrad 102, 104
Berger, Gottlob (SS-Obergruppenführer, Chef des SS-Ergänzungsamtes) 29 f., 32—41, 44, 47, 85, 87 f., 90, 127, 129, 131, 134 ff., 138, 142 ff., 146, 153, 155—158, 171, 184, 238 ff.
Berlin, Kampf um 174, 260
Béthune 66, 70
Bittrich, Wilhelm 263
Blaskowitz, Johannes (Generaloberst) 28
Blomberg, Werner von (Reichskriegsminister, Generalfeldmarschall) 16 f.

Bock, Fedor von (Generalfeldmarschall) 63, 107
Bormann, Martin (Reichsleiter der NSDAP) 204, 214, 222
Boves, Massaker der Bevölkerung von 248, 264
Brauchitsch, Walther von (Generalfeldmarschall Ob. d. H.) 16, 27 f., 39, 103, 151
Brettheim 252
Britisches Expeditionskorps 104, 106
Budapest 209 ff., 260
Bulgarien 104
Burgdorf, Wilhelm (General der Infanterie) 175, 214
Busse, Theodor (General der Infanterie) 215, 218

Caen 197, 199
Cambrai 62, 73
Charkow 122, 132, 177 f., 180, 184 f., 191 f., 246, 260, 264
Château-Thierry 75 f.
Chatillon 77
Choltitz, Dietrich von (General) 60 f.

Daluege, Kurt XIV
Debica, SS-Truppenübungsplatz 98
Demelhuber, Karl (SS-Standartenführer) 8
Dänemark 48, 55, 125, 133 f., 137
Dietrich, Sepp (SS-Oberstgruppenführer, Kommandeur der Leibstandarte ›Adolf Hitler‹) 4, 6, 8 f., 17, 52, 60, 65, 72 f., 76, 78, 82, 120, 179, 188, 201, 205 f., 210, 212 f., 223, 252, 261, 265
Dijon 76
Dirlewanger, Oskar 238—243, 263
Dnjepr 108, 185, 193, 195
Dönitz, Karl (Großadmiral) 214, 221
Don 180

Donez 184
Dünkirchen 66, 72 f.

Echternach 204
Eicke, Theodor (Inspekteur der Konzentrationslager und Führer der SS-Totenkopfverbände) XVIII, 5 f., 30, 52 f., 63, 71 f., 79, 83, 172, 233, 263
Einsatzgruppen der SS 113, 116, 226, 236 f., 243
Eisenhower, Dwight D. (Oberbefehlshaber der Allied Expeditionary Forces) 180, 199, 202, 261
Ergänzungsamt der Waffen-SS 33, 160
Ernst (SS-Sturmmann) 244
Estland 158 f.

Falaise-Argentan, Kessel von 202
Falkenhorst, Nikolaus von (Generaloberst) 108
Fegelein, Hermann (SS-Gruppenführer) 220, 239
Festung Holland 59 f.
Finnland 94, 108, 134
Freikorps 33
Fritsch, Werner Freiherr von (Generaloberst) 16
Fromm, Friedrich (Generaloberst) 49
Führererlasse (17. August 1938) XVI, 20, 30, 32, 35, 42, 256
(18. Mai 1939) 30, 35, 37, 42, 44, 46

Gärtner (SS-Oberführer) 46, 48
›Gelb‹, Fall 50, 52, 55, 57
Germanische SS 133 f., 142
Gestapo (Geheime Staatspolizei) XIV, 92
Gille, Herbert (Kommandeur des IV. SS-Panzerkorps) 188, 263
Glücks, Richard (SS-Gruppenführer) 234
Goebbels (Reichsminister für Volksaufklärung und Propaganda) 39, 92, 120, 163, 179, 204, 213 f.
Göhler, Johannes (SS-Sturmbannführer) 174
Gönner, von (Reichsarbeitsführer) 40
Göring, Hermann (Reichsmarschall) 6, 16 f., 88, 92, 214
Griechenland 102 ff., 198
Greim, Robert, Ritter von (Generalfeldmarschall) 221

Guderian, Heinz (General) 17, 208 f., 212, 228, 239, 265

Halder, Franz (Generaloberst) 28, 41, 52, 63, 89
Hartjenstein, Friedrich (SS-Obersturmbannführer) 236
Hauptamt SS-Gericht 130, 154, 241
Hausser, Paul (SS-Oberstgruppenführer) 8—11, 17, 52, 58, 61, 77, 79, 83, 130, 135, 165 f., 181, 196, 200 ff., 225, 228, 238, 263
Heer 32, 90, 182, 223, 258
Heimwehr Danzig 26
Herrgesell, Dr. Gerhard 216 f.
Heydrich, Reinhard (Leiter der Sicherheitspolizei) XIII, XIV, 6, 16
HiaG 227 ff., 232 f.
Himmler, Heinrich (Reichsführer SS und Chef der deutschen Polizei) XI, XII, XVI, 6, 9 f., 12—17, 22, 25—34, 37 f., 41—44, 47 f., 50, 52, 68, 82, 85, 87—90, 92—95, 97 f., 100 f., 110 f., 113, 116 f., 120 ff., 126, 128—137, 139 ff., 144 f., 153 ff., 157 ff., 161 ff., 165 ff., 171, 176 ff., 184, 186 f., 197, 204, 213, 216, 220 f., 223, 234, 240, 245, 251 f., 263
Hindenburg, Paul von (Reichspräsident) 1, 256
Hitler, Adolf 1—6, 9, 14—23, 26—32, 36 f., 41, 45, 47, 50, 55, 57, 68, 76, 82 f., 88 ff., 92, 94, 98, 103, 109, 131 f., 134 ff., 137, 140, 145 f., 149 ff., 153 ff., 161 f., 174, 177—185, 188, 191, 194, 197, 201, 203 ff., 208, 210 f., 215 f., 218, 221 f., 256, 258, 260
›Hitlerjugend‹, 12. SS-Panzerdivision 186, 202 f., 205, 224, 229, 249, 252, 261, 263
Hoepner, Erich (Generaloberst) 71
Höss, Rudolf (Kommandant des KZ Auschwitz) XIII, 235
Holste, Rudolf (Generalleutnant) 218, 222

Ijssel 58

Jeckeln, Friedrich (SS-Obergruppenführer) 263
Jodl, Alfred (Generaloberst) 22, 28, 57, 87, 214, 219, 222

Jørgensen (SS-Sturmbannführer) 141
Jüttner, Hans (Leiter des SSFHA; SS-Obergruppenführer) 47, 49, 90, 96, 98, 144, 155 f., 183 f.
Jugoslawien 102 ff., 107, 135, 153, 155, 165, 180, 188, 199

Kaltenbrunner, Ernst (SS-Obergruppenführer) 31
Kaminski, Mieczyslaw (Brigadegeneral) 238 f., 242
Kammerhofer, Konstantin (Generalmajor) 162
Kastoria 105
Kaul (SS-Gruppenführer) 34
Keitel, Wilhelm (Generalfeldmarschall) 16, 28, 37, 39, 47, 96, 153, 182, 214, 218 f., 222 f.
Keppler, Georg 82 f., 237, 263
Kersten, Felix 131
Kesselring, Albert (Generalfeldmarschall) 223
Kiew 108, 149, 195
Kirkenes 94, 97
Kleist, Ewald von (Generalfeldmarschall) 74 ff., 78 ff., 180
Klidi-Paß 104
Klingenberg (SS-Hauptsturmführer) 104
Klissura-Paß 104, 249, 264
Kluge, Günther von (Generalfeldmarschall) 192 f., 201
Knochlein, Fritz (SS-Obersturmführer) 70 f.
Koller, Karl (General der Flieger) 215 f.
Kommando der Waffen-SS 94 f.
Kommandostab Reichsführer SS 94, 100, 109
Kommissarbefehl 119
Konzentrationslager XVII, XVIII, XIX, 5, 14, 20, 52, 92, 99, 225, 230, 233 ff., 241, 243, 257
Korosten 195
Kowel 197
Krämer, Fritz (Kommandeur des I. SS-Panzerkorps) 252
Krass (SS-Obersturmführer) 58
Krebs, Hans (General der Infanterie) 214, 219, 222
Krüger, Friedrich Wilhelm (SS-Gruppenführer) 140 f., 263

Kryssing (Oberstleutnant) 138, 141
Kurland 174

Le Cateau 62
Leeb, Ritter von (Generalfeldmarschall) 107
Leibstandarte SS ›Adolf Hitler‹ XVI, 4 f., 7 ff., 16 ff., 21, 26, 29, 40, 44, 47, 51, 56 ff., 60, 63—66, 72—76, 78 f., 81 f., 86, 91, 98, 101 f., 104 ff., 108, 110, 119, 121, 180 f., 183, 185, 187, 191 f., 194 ff., 205 f., 220, 227, 245, 247, 250, 257, 259
Leningrad 107, 140, 149, 195
Le Paradis 71 f., 84, 245, 253, 264
Les Islettes 80
Ley, Robert (Leiter der deutschen Arbeitsfront) 39
Lidice, Massaker von 230
Lindemann, Georg (Generaloberst) 245
Loire 78
Luftwaffe 32, 90, 223, 258
Lutze, Viktor (Stabschef der SA) 39
Lys 67, 69

Maas 205 f.
Mackensen, Eberhard von (General) 121
Maikop, Erdölfelder von 180
Maizière, Ulrich von (Oberstleutnant) 175
Malmédy, Massaker von 72, 207, 227 f., 248, 250 f., 253, 264
Manstein, Fritz Erich von (Generalfeldmarschall) 27, 53, 119, 184 f., 194
Manteuffel, Hasso von 206, 229
Marine 32, 223, 258
›Marita‹, Unternehmen 102
Merville 64—68
Metsovon-Paß 105
Meyer, Kurt (Panzer-Meyer) 105, 202, 224, 229 ff., 236, 249, 263
Mius 193
Moerdijk-Brücken 59
Monschau 206
Moskau 108, 120 f., 149 f., 153
Mummert, Werner (General) 221
Mussert, Anton (niederländischer Nationalistenführer) 126, 135
Mussolini, Benito 247

Natzweiler 236
Niederlande 133, 135, 137
›Nordwind‹, Unternehmen 208
Normandie 249, 260, 263
Norwegen 48, 55, 125, 133 f., 137, 141, 143
NSB (Nationaal Socialistische Beweging) 135
NSDAP XII, 6, 16, 18 f., 39, 41, 111, 255, 258, 261

Oder-Front 213, 242
OKH (Oberkommando des Heeres) 19, 22, 26 f., 30, 32, 37, 42, 46, 48 f., 56, 60, 64, 74, 94, 101 f., 178, 228, 246
OKL (Oberkommando der Luftwaffe) 88
OKW (Oberkommando der Wehrmacht) XIV, 16 ff., 22, 30, 32—37, 39 f., 43 f., 46 f., 49, 51, 87—90, 93, 136, 152, 160, 165 f., 178, 182, 194, 203, 208 f., 218 f., 223, 234, 246
Oradour-sur-Glane, Massaker von 229, 248 f., 264
Ordnungspolizei XIV

Paris 75, 76, 77
Parrington, Brigadier 171
Partisanenbekämpfung XV, 94, 100, 158 f., 162, 179, 187, 233, 241, 264
Patton, George S. (General) 199 f.
Peiper, Jochen [Joachim] (SS-Obersturmbannführer) 206 f., 227 f., 248, 250 f.
Pfeffer-Wildenbruch, Karl von (SS-Obergruppenführer) 52, 79 f., 83, 209
Plattensee 212
Ploesti 198
Polen 23, 27, 29, 51, 259
Polizeiregiment 101
Prag 85
Priess, Hermann 252

Quisling, Vidkun (Chef der Nasjonal Samling) 126

RAD (Reichsarbeitsdienst) 39, 182, 183
Ratke (Major) 38
Rauter, Hanns Albin (SS-Gruppenführer) 127

Reichenau, Walter von (Generalfeldmarschall) 26
Reichssicherheitshauptamt (RSHA) XIV, 237
Reichstag 7, 23, 82
Reims, Kapitulation von 223
Reinecke, Günter (Generalmajor) 37, 154
Reinhardt, Hans-Georg (General) 104
Reitlinger, Gerald 10, 71, 174, 177 f., 242
Reitsch, Hanna 221
Rhein 76
Ribbentrop, Joachim von (Reichsaußenminister) 214
Röhm, Ernst (Stabschef der SA) 5
Rommel, Erwin (Generalfeldmarschall) 62
Rosenberg, Alfred (Reichsminister für die besetzten Ostgebiete) 159
Rostow 149 f.
›Rot‹, Fall 56, 73 f., 79
Rotterdam 58, 60
Rundstedt, Gerd von (Generalfeldmarschall) 108, 203
Rumänien 153, 156, 174, 198
Rote Armee 149 f., 174, 180, 195, 197, 238

SA 1, 4 f., 39
St. Etienne 79, 81
St. Venant 65 ff.
Salla, Niederlage der Waffen-SS bei 117 f.
Saloniki 106
Schlabrendorff, Fabian von 27
Schalburg, Christian von (SS-Sturmbannführer) 141
Schellenberg, Walter (SS-Gruppenführer) 220
Schitomir 195
Schmidt, Andreas (Führer der Volksdeutschen von Siebenbürgen) 152
›Seelöwe‹, Unternehmen 89, 101
Sennheim 129
Sizilien 186
Simon, Max (SS-Obergruppenführer) 246, 248
Slowakei 42, 242
Somme 74 f.
Speer, Albert (Reichsminister für Bewaffnung und Munition) 50, 214

Speidel, Dr. Hans (Generalleutnant) 204
SS, Ergänzungsstellen 33, 35, 129, 155
— Führungshauptamt 95 f., 144, 155, 234, 240
— Hauptamt XV, 143 ff., 171, 233 f.
— Junkerschulen 10 f., 18, 44, 74, 99, 167, 263
— Polizeiregimenter XV, 43, 85
— Polizeidivisionen 31, 44, 47, 50, 81, 89, 98, 101, 108
— Schulungsamt 12, 83
— Totenkopfdivision 31, 41, 44, 47, 50—53, 56, 62 ff., 66—69, 71—74, 76 f., 79 ff., 87 ff., 98, 101, 108, 172, 226, 233, 245 f.
— Totenkopfstandarte XVIII, 21, 32, 35 ff., 39 f., 42, 45 f., 48, 85, 94 f., 97 f., 117, 233, 240
— Totenkopfverbände XVIII, XIX, 5, 8, 17 f., 20 f., 30, 35, 37 f., 40, 99, 233, 236, 256 f.
— Totenkopfwachsturmbanne 26
— Verfügungsdivision 31, 41, 44, 47, 51, 58 f., 61 f., 64 ff., 73 ff., 77—82, 94, 97
— Verfügungstruppe (SSTV) XVI, 7—10, 12 ff., 17—22, 25, 29, 40, 45, 56, 85, 99, 256 f.
— Wirtschafts- und Verwaltungshauptamt (WVHA) XVII, XIX, 234
Stalin 150
Stalingrad 159, 180 f.
Stauffenberg, Graf Schenk von 201
Steiner, Felix (SS-Obergruppenführer) 8, 68 f., 83, 96, 124 f., 127 f., 131 f., 143, 148, 165, 168, 213—216, 218 f., 263
Stroink (Oberst) 138 f.
Student, Karl (Generaloberst) 60 f.
Sudetenland XVI, XVIII, 19, 21 f., 33, 225, 259

Tarare 79
Tarnopol 196
Todt, Dr.-Ing. Fritz (Reichsminister für Bewaffnung und Munition) 48 bis 50
Totenkopfverbände s. SS
Trevor-Roper, Hugh R. 215 ff.
Tschechoslowakei XVI, XVIII, 21 f., 46, 256, 259

Tscherkassy 195
Tulle, Massenhinrichtungen in 248

Ukraine 124, 149, 168
US-Armee 199, 202, 207
Ungarn 153, 155 ff., 174, 211, 242

Valenciennes 64
Verfügungsdivision s. SS
Vichy 78
Villers-Cotterts 75
Völkischer Beobachter 6
Volksdeutsche 42, 124, 152 f., 156 f., 172 f., 179, 199, 241, 259 f.
Voncq 79, 80
VNV (Vlaamsch Nationaal Verbond) 135

›Wacht am Rhein‹, Unternehmen 205
Waffen-SS XIII, XVI, XVII, XIX, 3 ff., 7—11, 13—17, 20—23, 25, 28 bis 31, 33 ff., 37, 39 ff., 44 f., 49 f., 53, 55, 68, 71 f., 81—85, 89—93, 95 f., 101 f., 104 f., 108, 111—114, 117, 120, 124, 129 f., 132—137, 139, 143, 145, 147 f., 151 f., 154, 156 f., 160, 162, 165, 172, 174, 177, 179, 182 f., 193, 217 f., 223, 226 f., 256, 258 f., 264
Walcheren 61
Warschau 27, 43, 198, 209, 238, 242, 247, 260, 264
Watten 64 f.
Wehrbezirkskommandos (WBK) 32, 41, 87
Wehrkreise 33
Wehrkreiskommandos 97 f.
Wehrmacht 10, 29, 34, 37, 53, 137, 149 f., 156, 166, 199, 223, 256
Weichs, Maximilian Freiherr von (Generalfeldmarschall) 52 f.
Wenck, Walter (General der Panzertruppen) 218
›Weserübung‹, Unternehmen 55
Witt, Fritz (SS-Standartenführer) 184
Wlassow, Andrej (General) 174, 239
Wöhler, Otto (General) 194
Wolff, Karl (SS-Gruppenführer) 37, 71, 72

Zeeland 61
Zeitzler, Kurt (Generaloberst) 185
›Zitadelle‹ 192
Zwolle 58

# Inhalt

*Vorwort* — V

*Zu den Quellen des Buches* — VII

*Statt einer Einleitung* — XI
  Die Allgemeine SS — XI
  Sicherheitsdienst (SD) und Polizei — XIII
  Die Waffen-SS — XVI
  Die SS-Totenkopfverbände — XVII

I. Kapitel

  *Die Jahre des Aufbaus / 1933—1939* — 1
    Wachwechsel — 4
    Die SS-Verfügungstruppe: Organisation, Auslese
    und Ausbildung — 8
    Der Zweck der Verfügungstruppe — 13
    Wehrmacht und SS: der Führererlaß vom 17. August 1938 — 15
    Am Vorabend des Krieges — 21

II. Kapitel

  *Von der Verfügungstruppe zur Waffen-SS* — 25
    Die ersten Kriegsmonate 1939/1940 — 25
    Der Polenfeldzug 1939 — 25
    Vorbereitungen für den Feldzug im Westen — 27
    Kampf um Anerkennung und Mannschaften — 31
    Die Rekrutierungswelle der SS Anfang 1940 — 39
    Die Bezeichnung Waffen-SS wird amtlich — 43
    Das Ringen um Waffen — 45
    Die Waffen-SS stößt zum Heer: Letzte Vorbereitungen
    für die Offensive — 50

## III. Kapitel

*Auf dem Wege zu militärischer Geltung* … 55
Die Waffen-SS im Westfeldzug 1940 … 55
Der Fall Gelb und die Rolle der Waffen-SS … 55
Die Waffen-SS in den Niederlanden … 56
Die Waffen-SS in Flandern und im Artois … 62
Vormarsch auf Dünkirchen … 64
Die SS-Totenkopfdivision und das Massaker in Le Paradis … 69
Das Britische Expeditionskorps entkommt … 72
Die Waffen-SS und die Schlacht um Frankreich … 74
Die Waffen-SS und der Westfeldzug im Rückblick … 81

## IV. Kapitel

*Vom Westen nach dem Osten* … 85
Die Entwicklung der Waffen-SS zwischen der Niederlage
Frankreichs und dem Einfall in die Sowjetunion … 85
Der Kampf um die Wehrfähigen: Die Beziehungen
zwischen SS und Wehrmacht in den Jahren 1940/41 … 85
Umorganisation und Verstärkung für einen neuen Feldzug … 90
Zwischenspiel auf dem Balkan: Die Waffen-SS in
Jugoslawien und Griechenland, April 1941 … 102

## V. Kapitel

*Militärische Konsequenzen einer Ideologie:*
*Die Waffen-SS in Rußland* … 107
Unternehmen Barbarossa … 107
SS-Ideologie und der Krieg im Osten … 109
Eine Niederlage der Waffen-SS … 117
Eine neue Art des Krieges … 118

## VI. Kapitel

*Die westeuropäische SS* … 123
Das Aufgebot der Ausländer (I) … 123
Der Mythos von der europäischen Armee … 123
Die Germanische SS … 134
Germanische Legionen der Waffen-SS … 137
Die westeuropäische SS 1942 und danach … 142

## VII. Kapitel

*Die osteuropäische SS* … 149
Mobilisierung von Ausländern (II) … 149
Die russische Winteroffensive … 149
Volksdeutsche in der Waffen-SS … 152
Die baltischen Legionen der SS 1942–1945 … 157
Die östliche Waffen-SS … 161
Phantasterien: Die britische und die indische Legion … 169
Schlußfolgerungen … 172

VIII. Kapitel

    *Die Waffen-SS wird mündig: 1942—1943*      177
    Die Entwicklung der Waffen-SS 1942      181
    Aufbau und Entwicklung der Waffen-SS 1943      183

IX. Kapitel

    *Bis zum bitteren Ende*      191
    Die Waffen-SS und die Verteidigung des
    Dritten Reiches 1943—1945      191
    Abwehrschlachten im Osten, 1943—1944      192
    Die alliierte Invasion und die Schlacht um Frankreich 1944      197
    Die letzte deutsche Offensive im Westen: Ardennen 1944/45      204
    Die letzte deutsche Offensive im Südosten: Ungarn 1945      209
    Die Schlacht um Berlin und der Zusammenbruch des
    Dritten Reiches      213

X. Kapitel

    *Der befleckte Ehrenschild*      225
    Kriminalität der Waffen-SS      225
    Waffen-SS, Totenkopfverbände und Konzentrationslager      233
    Waffen-SS und Einsatzgruppen      236
    Die SS-Sonderkommandos Dirlewanger und Kaminski      238
    Militärische Greueltaten der Waffen-SS      243

XI. Kapitel

    *Zusammenfassung und Bewertung*      255

Anhang I : Vergleichstafel der Dienstgrade von
              Waffen-SS und Wehrmacht      267

Anhang II : Verzeichnis der Feldeinheiten der Waffen-SS 1944/45      269

Anhang III: Organisationstafel der SS, 1943      272

*Bibliographie*      273
  1. Unveröffentlichtes dokumentarisches Material      273
  2. Veröffentlichtes dokumentarisches Material, Handbücher
     und Aufzeichnungen      273
  3. Memoiren, Tagebücher und Briefe      275
  4. Darstellungen von ehemaligen Mitgliedern der Waffen-SS      276
  5. Deutsche Veröffentlichungen während des Krieges
     über die Waffen-SS      276
  6. Darstellungen und Broschüren      277
  7. Zeitschriftenaufsätze      280

*Namen- und Sachregister*      281